A checklist of the Lepidoptera of the British Isles

Edited by
David J.L. Agassiz, Stella D. Beavan and Robert J. Heckford

With contributions from:
Harry Beaumont, Richard Dickson, Brian Elliott
Colin Hart, Barry Henwood, John Langmaid
Jim Reid, Tony Simpson, Ian Sims
Gerry Tremewan, Mark Young

DAVID J.L. AGASSIZ, STELLA D. BEAVAN AND ROBERT J. HECKFORD

© Royal Entomological Society, 2013.

Published for the Royal Entomological Society
The Mansion House
Bonehill
Chiswell Green Lane
Chiswell Green
St Albans
AL2 3NS
www.royensoc.co.uk

By the Field Studies Council
Unit C1
Stafford Park 15
Telford
TF3 3BB
www.field-studies-council.org

This publication should be cited as:
Agassiz, D.J.L., Beavan, S.D. & Heckford, R.J. 2013.
A checklist of the Lepidoptera of the British Isles.

Front cover: *Oecophora bractella* (Linn.)
Photograph © R.J. Heckford

ISBN: 978 0 901546 96 8

All rights reserved. No part of this book may be reproduced or translated in any form or by any means, electronically, mechanically, by photocopying or otherwise, without written permission from the copyright holders.

Contents

Introduction	1
Higher Classification and Census of Species	3
Checklist of British Lepidoptera	5
1. MICROPTERIGIDAE	5
2. ERIOCRANIIDAE	5
3. HEPIALIDAE	5
4. NEPTICULIDAE	6
5. OPOSTEGIDAE	9
6. HELIOZELIDAE	9
7. ADELIDAE	9
8. INCURVARIIDAE	10
9. PRODOXIDAE	10
10. TISCHERIIDAE	10
11. PSYCHIDAE	10
12. TINEIDAE	11
13. ROESLERSTAMMIIDAE	13
14. BUCCULATRICIDAE	14
15. GRACILLARIIDAE	14
16. YPONOMEUTIDAE	17
17. YPSOLOPHIDAE	18
18. PLUTELLIDAE	18
19. GLYPHIPTERIGIDAE	18
20. ARGYRESTHIIDAE	19
21. LYONETIIDAE	20
22. PRAYDIDAE	20
23. HELIODINIDAE	20
24. BEDELLIIDAE	20
25. SCYTHROPIIDAE	20
26. DOUGLASIIDAE	20
27. AUTOSTICHIDAE	20
28. OECOPHORIDAE	21
29. CHIMABACHIDAE	22
30. LYPUSIDAE	22
31. PELEOPODIDAE	22
32. DEPRESSARIIDAE	22
33. ETHMIIDAE	24
34. COSMOPTERIGIDAE	24
35. GELECHIIDAE	25
36. BATRACHEDRIDAE	32
37. COLEOPHORIDAE	32
38. ELACHISTIDAE	35
39. PARAMETRIOTIDAE	37
40. MOMPHIDAE	38
41. BLASTOBASIDAE	38
42. STATHMOPODIDAE	38
43. SCYTHRIDIDAE	38
44. ALUCITIDAE	39
45. PTEROPHORIDAE	39
46. SCHRECKENSTEINIIDAE	41
47. EPERMENIIDAE	41
48. CHOREUTIDAE	41
49. TORTRICIDAE	42
50. COSSIDAE	55
52. SESIIDAE	55
53. LIMACODIDAE	56
54. ZYGAENIDAE	56
56. PAPILIONIDAE	57
57. HESPERIIDAE	57
58. PIERIDAE	58
59. NYMPHALIDAE	59
60. RIODINIDAE	61
61. LYCAENIDAE	61
62. PYRALIDAE	62
63. CRAMBIDAE	65
65. DREPANIDAE	69
66. LASIOCAMPIDAE	70
67. ENDROMIDAE	71
68. SATURNIIDAE	71
69. SPHINGIDAE	71
70. GEOMETRIDAE	72
71. NOTODONTIDAE	86
72. EREBIDAE	87
73. NOCTUIDAE	91
74. NOLIDAE	106
Notes to Species in the Main List	107
Appendix A. Adventive Species	112
Appendix B. Questionable Records	125
Bibliography and References	131
Index of Vernacular Names	139
Index of Scientific Names	152

Foreword

"Why do they keep changing the names?" This refrain is heard frequently from those who use checklists, and their frustration is understandable. A well-known species name gets sunk as a junior synonym of an older name because a specialist has unearthed it from the literature; another is shifted to a different genus so the binomial changes. Tiresome consequences of the changes are that a new nomenclature must be learned and specimen labels in collections replaced. Worse still, a long familiar name used in conversation with colleagues, or given in records from light traps or in published reports and papers, is rendered obsolete. Ironically, the vernacular name may be more stable than the scientific binomial.

Why, anyway, do we need another Lepidoptera checklist? There are two main reasons. The first of these is to add the names of species that have been found in Britain for the first time – *i.e.* new records. The principle of adding such new knowledge is hardly controversial. But the second reason is more complex, namely to reflect changes made by the process of taxonomic revision – this kind of research being more dynamic than often is appreciated. Revisionary taxonomy involves processes such as discovering that what was thought to be two species is considered to be just one (synonymy), or the obverse where one species is a complex of two species or more.

There are some subtle differences in this recent compilation compared with previous *Lists*. As David Agassiz has noted in his introduction, taxonomy has a more international flavour than was the case earlier. With modern means of communication, particularly email and networked databases, information is being exchanged between practitioners across Europe and beyond with ever greater speed and ease. This means that checklists become less insular as the work of a greater number of taxonomists, over a wider geographical area, influence the content of the UK list.

Given the altered dynamic of taxonomic knowledge (a blend of the electronic and social), it is incumbent on the taxonomic community to keep the baseline of names and taxonomic relationships up-to-date and accessible. Indeed, were new checklists not to be updated, the taxonomic community would be failing not only itself but, more importantly, its users. And users might reasonably expect taxonomists to provide them with the results of research that is current. The present checklist has the added, and very considerable, benefit of being held also in a computerised format so that it can be updated.

This checklist has a further, less visible, but profoundly important quality, and that is the way in which volunteers have worked together as a distributed community while taking due cognisance of the wider 'Fauna Europaea' database. Working together requires compromise and taking a balanced, collective judgement on the best consensus for, in the case of a checklist, the current name and its classification position. This social quality is perhaps as important as the content of the checklist, for without it we shall only impede our understanding and communication of our ever more threatened insect fauna.

A list of names belies the huge amount of effort that goes into its formulation. Kloet and Hincks has been a core work for UK lepidopterists for generations, and now present and future lepidopterists will benefit from the dedicated work of David Agassiz and his co-workers, Stella Beavan and Bob Heckford, in producing this revised and much updated edition.

Malcolm J. Scoble

Introduction

The *Checklist of British Insects* by Kloet & Hincks published in 1945, together with its *Second edition (completely revised) Part 2* in 1972, were prepared by professional entomologists at the British Museum (Natural History). At that time there was a large staff at the BM(NH) which meant they were leaders in their field in Europe, if not in the world. Since then there have been many changes so that taxonomic expertise in Europe is spread across many countries and their institutions. The European Community commissioned a list of fauna to be prepared which has appeared as Fauna Europaea www.faunaeur.org/ and this draws on the expertise of specialists worldwide.

This new list has been prepared by volunteers, few of whom would challenge the combined efforts of specialists from across Europe. The verified name of each species is usually in agreement with the Fauna Europaea list, and the sequence of families and genera also follows that classification, updated in certain respects (e.g. Sohn *et al.*, 2013). As in previous British lists adventive species which have appeared in the British Isles are included, which is not the case in Fauna Europaea.

Whether or not the Channel Islands should be included is a matter for debate. They were not included by Bradley (2000), but are included in *The Moths and Butterflies of Great Britain and Ireland*. Here there is a column for each of the countries: England, Scotland, Wales, Ireland and the Channel Islands so that it is clear when a species occurs only in the Channel Islands. As the tradition has been to regard Ireland as one recording unit for biological purposes this is continued, not making a political division as in Fauna Europaea. We use "The British Isles" to mean all of Great Britain and Ireland together with the Channel Islands, the Isle of Man is treated as though part of England. When we refer to the "British list" this refers to the list of Bradley (2000).

The sequence of families, genera and species is an attempt to arrange from the most primitive to the most developed.

Numbers were first assigned to species by Heslop (1947) in his first checklist which also included vernacular names. Bradley & Fletcher (1979) introduced a new set of numbers which were retained by Bradley & Fletcher (1986), Bradley (1998) and Bradley (2000). These numbers have been much used in subsequent publications on account of their convenience and use by computers. Many additional species have led to numbers with the addition of *a, b, c* or *d* and the sequence is no longer in agreement with modern classification. We have found it desirable to renew the numbering system, but those used by Bradley have been included for ease of reference. Here the families are numbered and each species is given a number following the family number, so that the Red Admiral *Vanessa atalanta* is family 59 and species 23, thus 59.023. We follow Bradley in including vernacular names for macrolepidoptera and well known microlepidoptera, including those of economic importance.

All synonyms used in British literature were included in the 1972 list, but only a few in recent use in subsequent lists. A true synonym occurs when there is another name in existence for the same taxon, evidenced when possible by a holotype. In many cases names used were incorrectly applied, and were not necessarily true synonyms. In this list we have endeavoured to include all names which were listed as the name of a species in major works since 1850. Our intention is that anyone researching an old record will be directed to the correct current name of that species. In cases of misidentification we have cited the name *sensu* Author, date. My colleagues Bob Heckford and Stella Beavan have done a huge amount of work checking that this information is correct. Other synonyms have not been included but if needed they can be found in the 1972 checklist, or in LepIndex www.nhm.ac.uk/research-curation/projects/lepIndex/. Generic synonyms are not included; often species are placed in another genus, but that genus is not a synonym unless its type species belongs to the correct genus. If a species is given the same name as one already in existence in that genus it is a homonym and is not available.

The status of species, whether resident, extinct, protected, endangered or adventive is something which changes over time. We have marked with X in the final column those species which were given as extinct in Kloet & Hinks (1945; 1972) as well as those that have not been recorded for many years as listed by Parsons (2003) updated as necessary, the date given being the last time they were recorded in the notes. Deliberate introductions are also indicated in the status column by Int. Legislation in the United Kingdom gives protection to certain species, this is revised from time to time and people should consult The Wildlife and Countryside Act, 1981(as amended): Schedule 5 (Animals) and equivalent legislation in Ireland.

In addition to the main list we provide two Appendices.

The main list comprises resident, and transitory resident species, species believed to be extinct and immigrants and some species that have probably been imported but have been found in the wild. In some cases it has been difficult to decide, for example the Apollo *Parnassius apollo* can in no sense be regarded as a British butterfly – but there are two or three specimens which appear to have been genuinely wild caught; it does not have migratory habits but these could have strayed to this country so it is included in the main list.

There has been an increasing number of adventive species recorded in Britain, which cannot be regarded as part of our fauna, and are probably unlikely to recur, for example those imported from a great distance with produce. Instead of including these in the main list they are assigned to Appendix A.

When an apparently adventive species is taken in the wild we have had to make a judgement about its status. We recognise that others may take different views. If such a species has been taken on more than one occasion (e.g. *Thaumatotibia leucotreta*, the False Codling Moth) then it may be included in the main list. If a species has only been recorded once but occurs on the near Continent and its host plant is found in the British Isles, so that more records may be anticipated, then it is included in the main list, the same applies to species known to have migratory habits.

Over time species in Appendix A may become established and need then to be transferred to the main list. For this reason we have assigned to each a number with four decimal figures so that if it is transferred to the main list its place will be known and readily dealt with by computer programs.

Species which are intercepted at the port of entry, or found dead on arrival are not included, unless they have been published.

Appendix B lists species whose records are either erroneous or unable to be confirmed. The numbers given to them are for the purpose of indexing only.

Conventions

If a species was described in a different genus from that currently used, its name is included in parentheses ( ), as required by the ICZN Code Article 51.3. If the author's name is inferred, rather than stated on the title page, then the name is included in brackets [ ]. If the date is not given on the publication it is given in brackets. Some publications, such as works by Hübner, were published in parts over a period of years, without dates on each part. In these cases the last date is given in brackets. Where a publication appeared in a different year from that stated within it the actual date of publication is given in brackets. As far as possible questionable dates have been verified by reference to original publications. The endings of names is given as in the original description, regardless of the genus to which the species now belongs. This practice is followed by the great majority of European Lepidopterists following Sommerer (2002).

Subspecies

With some reluctance we have included subspecific names, but the distinction between local forms and subspecies is often a matter of opinion. Where an authoritative publication has reduced subspecies to forms (or vice versa) that view has been followed. Where the nominate subspecies of a species does not occur in the British Isles, the name is included with no entry in the country column.

Notes

Notes are provided wherever it was deemed necessary and are marked, in the main list, with a bullet point • against the number. There is a note for every species in the Appendices and a reference to every species added to this list since Bradley (2000).

An electronic version of this list will be maintained, and kept up-to-date at the Angela Marmont Centre at the Natural History Museum, London.

Acknowledgements

Besides those who have contributed directly to the compilation of this list we are very grateful to the following for advice of various kinds: Leif Aarvik (Oslo), Zsolt Bálint (Budapest), Ray Barnett, Ken Bond (Ireland), Graham Collins, Martin Corley, Peter Costen (Guernsey), Tony Galsworthy, Martin Honey, Ole Karsholt (Copenhagen), Roy McCormick, Marko Mutanen (Oulu), Erik van Nieukerken (Leiden), Matthias Nuss (Dresden), Mark Parsons, Tony Pickles, Rhian Rowson, Klaus Sattler, Malcolm Scoble, Susan Sharratt, Bernard Skinner, David Slade, Phil Sterling, John Tennent, Gerry Tremewan and Hugo van der Wolf (Nuenen). We also thank Adrian Hine of the Natural History Museum for advising on IT matters so that our spreadsheet could be converted into a printable document and Rebecca Farley-Brown of the Field Studies Council for making various corrections.

David Agassiz, July 2013

A checklist of the Lepidoptera of the British Isles

Higher Classification and Census of Species

	Main List	of which Extinct	Appendix A
Order LEPIDOPTERA			
Suborder ZEUGLOPTERA			
Superfamily MICROPTERIGOIDEA			
1. MICROPTERIGIDAE	5	0	0
Suborder GLOSSATA			
Infraorder DACNONYMPHA			
Superfamily ERIOCRANIOIDEA			
2. ERIOCRANIIDAE	8	0	0
Infraorder EXOPORIA			
Superfamily HEPIALOIDEA			
3. HEPIALIDAE	5	0	1
Infraorder HETERONEURA			
Superfamily NEPTICULOIDEA			
4. NEPTICULIDAE	100	2	0
5. OPOSTEGIDAE	4	0	0
Superfamily ADELOIDEA			
6. HELIOZELIDAE	5	0	0
7. ADELIDAE	15	0	0
8. INCURVARIIDAE	5	0	0
9. PRODOXIDAE	7	0	0
Superfamily TISCHERIOIDEA			
10. TISCHERIIDAE	6	1	0
Superfamily TINEOIDEA			
11. PSYCHIDAE	18	0	0
12. TINEIDAE	48	1	14
Superfamily GRACILLARIOIDEA			
13. ROESLERSTAMMIIDAE	2	1	0
14. BUCCULATRICIDAE	13	0	0
15. GRACILLARIIDAE	93	0	2
Superfamily YPONOMEUTOIDEA			
16. YPONOMEUTIDAE	24	2	0
17. YPSOLOPHIDAE	16	1	0
18. PLUTELLIDAE	7	0	0
19. GLYPHIPTERIGIDAE	14	0	0
20. ARGYRESTHIIDAE	24	0	0
21. LYONETIIDAE	9	1	0
22. PRAYDIDAE	5	0	1
23. HELIODINIDAE	1	1	0
24. BEDELLIIDAE	1	0	0
25. SCYTHROPIIDAE	1	0	0
Superfamily DOUGLASIOIDEA			
26. DOUGLASIIDAE	2	0	0
Superfamily GELECHIOIDEA			
27. AUTOSTICHIDAE	4	0	0
28. OECOPHORIDAE	28	2	0
29. CHIMABACHIDAE	3	0	0
30. LYPUSIDAE	4	0	0
31. PELEOPODIDAE	1	0	0
32. DEPRESSARIIDAE	51	2	0
33. ETHMIIDAE	6	0	0
34. COSMOPTERIGIDAE	14	2	2
35. GELECHIIDAE	161	11	0
36. BATRACHEDRIDAE	2	0	1

	37. COLEOPHORIDAE	109	5	0
	38. ELACHISTIDAE	49	0	0
	39. PARAMETRIOTIDAE	6	0	0
	40. MOMPHIDAE	15	0	0
	41. BLASTOBASIDAE	6	0	0
	42. STATHMOPODIDAE	2	0	2
	43. SCYTHRIDIDAE	11	2	1
Superfamily ALUCITOIDEA				
	44. ALUCITIDAE	1	0	0
Superfamily PTEROPHOROIDEA				
	45. PTEROPHORIDAE	45	2	0
Superfamily SCHRECKENSTEINIOIDEA				
	46. SCHRECKENSTEINIIDAE	1	0	0
Superfamily EPERMENIOIDEA				
	47. EPERMENIIDAE	8	0	0
Superfamily CHOREUTOIDEA				
	48. CHOREUTIDAE	7	0	0
Superfamily TORTRICOIDEA				
	49. TORTRICIDAE	382	7	13
Superfamily COSSOIDEA				
	50. COSSIDAE	3	0	0
	51. CASTNIIDAE	0	0	1
	52. SESIIDAE	16	0	0
Superfamily ZYGAENOIDEA				
	53. LIMACODIDAE	2	0	2
	54. ZYGAENIDAE	10	0	2
Superfamily THYRIDOIDEA				
	55. THYRIDIDAE	0	0	1
Superfamily PAPILIONOIDEA				
	56. PAPILIONIDAE	3	0	4
	57. HESPERIIDAE	9	0	4
	58. PIERIDAE	14	1	0
	59. NYMPHALIDAE	36	0	15
	60. RIODINIDAE	1	0	0
	61. LYCAENIDAE	20	3	5
Superfamily PYRALOIDEA				
	62. PYRALIDAE	77	1	11
	63. CRAMBIDAE	122	0	21
Superfamily MIMALLONOIDEA				
	64. MIMALLONIDAE	0	0	1
Superfamily DREPANOIDEA				
	65. DREPANIDAE	16	0	0
Superfamily LASIOCAMPOIDEA				
	66. LASIOCAMPIDAE	12	1	0
Superfamily BOMBYCOIDEA				
	67. ENDROMIDAE	1	0	0
	68. SATURNIIDAE	1	0	1
	69. SPHINGIDAE	18	0	9
Superfamily GEOMETROIDEA				
	70. GEOMETRIDAE	307	5	10
Superfamily NOCTUOIDEA				
	71. NOTODONTIDAE	29	0	0
	72. EREBIDAE	88	1	29
	73. NOCTUIDAE	368	6	18
	74. NOLIDAE	12	0	3
Total		**2518**	**61**	**174**

Checklist of British Lepidoptera

Layout of the list

❶ Species number
❷ Number assigned by Bradley (2000) and earlier lists
❸ List of species — Junior synonyms are indented and not in **bold** type. Subspecies are shown as trinomens, it should be clear from the country distribution if the nominate subspecies does not occur in the British Isles. Higher ranks are given in upper case, subgenus names are in italic capitals. Tribes end –INI, subfamilies end –INAE, families end –IDAE, superfamilies end –OIDEA
❹ Vernacular names
❺ Country distribution
E (England)
S (Scotland)
W (Wales)
I (Ireland)
C (Channel Islands)
❻ Status

		LYCAENINI			
		LYCAENA Fabricius, 1807			
61.001	1561	***phlaeas phlaeas*** (Linnaeus, 1761)	Small Copper		
		phlaeas eleus (Fabricius, 1798)		E S W C	
		phlaeas hibernica Goodson, 1948		I	
•61.002	1562	***dispar dispar*** (Haworth, 1803)	Large Copper	E	X
		dispar rutilus Werneburg, 1864		E I	Int.

MICROPTERIGOIDEA
MICROPTERIGIDAE
MICROPTERIX Hübner, [1825]

1.001	1	***tunbergella*** (Fabricius, 1787)	E S W
		thunbergella (Fabricius, 1794)	
1.002	2	***mansuetella*** (Zeller, 1844)	E S I
1.003	3	***aureatella*** (Scopoli, 1763)	E S W I
		allionella (Fabricius, 1794)	
1.004	4	***aruncella*** (Scopoli, 1763)	E S W I C
		seppella (Fabricius, [1777])	
1.005	5	***calthella*** (Linnaeus, 1761)	E S W I C

ERIOCRANIOIDEA
ERIOCRANIIDAE
DYSERIOCRANIA Spuler, 1910

2.001	6	***subpurpurella*** (Haworth, 1828)	E S W I C

PARACRANIA Zagulajev, 1992

2.002	7	***chrysolepidella*** (Zeller, 1851)	E I
		kaltenbachii (Wood, 1890)	

ERIOCRANIA Zeller, 1851

2.003	8	***unimaculella*** (Zetterstedt, 1839)	E S W I
2.004	9	***sparrmannella*** (Bosc, 1791)	E S W I
		fimbriata Walsingham, 1900	
2.005	10	***salopiella*** (Stainton, 1854)	E S I
2.006	11	***cicatricella*** (Zetterstedt, 1839)	E S W I
		haworthi Bradley, 1966	
2.007	13	***semipurpurella*** (Stephens, 1835)	E S W I
2.008	12	***sangii*** (Wood, 1891)	E S W I

HEPIALOIDEA
HEPIALIDAE
TRIODIA Hübner, [1820]

3.001	15	***sylvina*** (Linnaeus, 1761)	Orange Swift	E S W C

KORSCHELTELLUS Börner, 1920

3.002	17	***lupulina*** (Linnaeus, 1758)	Common Swift	E S W I C

❶	❷	❸	❹	❺	❻
3.003	18	***fusconebulosa*** (De Geer, 1778)	Map-winged Swift	E S W I	
		velleda (Hübner, [1808])			
		PHYMATOPUS Wallengren, 1869			
3.004	16	***hecta*** (Linnaeus, 1758)	Gold Swift	E S W I	
		HEPIALUS Fabricius, 1775			
• 3.005	14	***humuli humuli*** (Linnaeus, 1758)	Ghost Moth	E S W I C	
		humuli thulensis Newman, 1865		S	

NEPTICULOIDEA
NEPTICULIDAE
NEPTICULINAE
NEPTICULINI
ENTEUCHA Meyrick, 1915

4.001	118	***acetosae*** (Stainton, 1854)		E S W I	
		STIGMELLA Schrank, 1802			
4.002	116	***lapponica*** (Wocke, 1862)		E S W I	
		vossensis (Grønlien, 1932)			
4.003	117	***confusella*** (Wood, 1894)		E S W I	
4.004	90	***tiliae*** (Frey, 1856)		E W	
4.005	110	***betulicola*** (Stainton, 1856)		E S W I	
4.006	113	***sakhalinella*** Puplesis, 1984		E S W	
		discidia Schoorl & Wilkinson, 1986			
		distinguenda sensu auctt. nec (Heinemann, 1862)			
4.007	112	***luteella*** (Stainton, 1857)		E S W I	
4.008	114	***glutinosae*** (Stainton, 1858)		E S W I	
		distinguenda (Heinemann, 1862)			
4.009	115	***alnetella*** (Stainton, 1856)		E S W I C	
4.010	111	***microtheriella*** (Stainton, 1854)		E S W I C	
4.011	109	***prunetorum*** (Stainton, 1855)		E S W	
4.012	102	***aceris*** (Frey, 1857)		E	
4.013	97	***malella*** (Stainton, 1854)	Apple Pygmy	E S W I C	
4.014	98	***catharticella*** (Stainton, 1853)		E W I	
4.015	92	***anomalella*** (Goeze, 1783)	Rose Leaf Miner	E S W I C	
		fletcheri (Tutt, 1899)			
4.016	94	***spinosissimae*** (Waters, 1928)		E S W I	
4.017	93	***centifoliella*** (Zeller, 1848)		E W C	
		hodgkinsoni (Stainton, 1884)			
4.018	80	***ulmivora*** (Fologne, 1860)		E W I C	
		ulmifoliae (Hering, 1931)			
		ulmicola (Hering, 1932)			
		ulmiphaga sensu auctt. nec (Preissecker, 1942)			
4.019	95	***viscerella*** (Stainton, 1853)		E W	
4.020	82	***paradoxa*** (Frey, 1858)		E S W I	
		nitidella (Heinemann, 1862)			
• 4.021	106	***torminalis*** (Wood, 1890)		E	X
4.022	107	***regiella*** (Herrich-Schäffer, 1855)		E W	
4.023	108	***crataegella*** (Klimesch, 1936)		E S W I C	
4.024	104	***magdalenae*** (Klimesch, 1950)		E S W I	
		nylandriella sensu auctt. nec (Tengström, 1848)			
4.025	103	***nylandriella*** (Tengström, 1848)		E S W I	
		aucupariae (Frey, 1857)			
4.026	100	***oxyacanthella*** (Stainton, 1854)		E S W I	
		aeneella sensu auctt. nec (Heinemann, 1862)			
4.027	101	***pyri*** (Glitz, 1865)		E	
4.028	91	***minusculella*** (Herrich-Schäffer, 1855)		E	
• 4.029	105	***desperatella*** (Frey, 1856)		E	X

❶	❷	❸	❹	❺	❻
4.030	99	*hybnerella* (Hübner, 1796)		E S W I C	
		ignobilella (Stainton, 1849)			
• 4.031	99a	*mespilicola* (Frey, 1856)		E ? W	
4.032	75	*floslactella* (Haworth, 1828)		E S W I	
4.033	76	*carpinella* (Heinemann, 1862)		E	
4.034	77	*tityrella* (Stainton, 1854)		E S W I C	
		turicella (Herrich-Schäffer, 1855)			
4.035	68	*salicis* (Stainton, 1854)		E S W I C	
	69	*auritella* (Skåla, 1939)			
4.036	72	*myrtillella* (Stainton, 1857)		E S W I	
4.037	71	*zelleriella* (Snellen, 1875)		E	
		repentiella (Wolff, 1955)			
4.038	70	*obliquella* (Heinemann, 1862)		E S W I C	
		diversa (Glitz, 1872)			
		salicis sensu auctt. nec (Stainton, 1854)			
		vimineticola sensu auctt. nec (Frey, 1856)			
4.039	73	*trimaculella* (Haworth, 1828)		E S W I C	
4.040	74	*assimilella* (Zeller, 1848)		E S W	
4.041	66	*sorbi* (Stainton, 1861)		E S W I	
4.042	67	*plagicolella* (Stainton, 1854)		E S W I C	
4.043	63	*lemniscella* (Zeller, 1839)		E S W I C	
		marginicolella (Stainton, 1853)			
4.044	64	*continuella* (Stainton, 1856)		E S W I	
4.045	50	*aurella* (Fabricius, 1775)		E S W I C	
	51	*nitens* (Fologne, 1862)			
		fragariella (Heyden, 1862)			
		gei (Wocke, 1871)			
4.046	54	*auromarginella* (Richardson, 1890)		E I	
4.047	53	*splendidissimella* (Herrich-Schäffer, 1855)		E S W I	
	52	*dulcella* (Heinemann, 1862)			
4.048	54a	*pretiosa* (Heinemann, 1862)		S	
4.049	55	*aeneofasciella* (Herrich-Schäffer, 1855)		E S I	
4.050	56	*dryadella* (Hofmann, 1868)		S I	
4.051	59	*poterii* (Stainton, 1857)		E S W I	
	60	*tengstroemi* (Nolcken, 1871)			
	61	*serella* (Stainton, 1888)			
	62	*tormentillella* sensu auctt. nec (Herrich-Schäffer, 1860)			
• 4.052	57	*filipendulae* (Wocke, 1871)		E I	
	58	*ulmariae* (Wocke, 1879)		E S W I	
4.053	78	*incognitella* (Herrich-Schäffer, 1855)		E S W	
		pomella (Vaughan, 1858)			
4.054	79	*perpygmaeella* (Doubleday, 1859)		E S W I	
		pygmaeella (Haworth, 1828) homonym			
4.055	81	*hemargyrella* (Kollar, 1832)		E S W I	
		basalella (Herrich-Schäffer, 1855)			
		fulgens (Stainton, 1888)			
4.056	65	*speciosa* (Frey, 1858)		E W C	
		pseudoplatanella (Skåla, 1939)			
4.057	85	*suberivora* (Stainton, 1869)		E W C	
4.058	89	*basiguttella* (Heinemann, 1862)		E S W	
4.059	87	*svenssoni* (Johansson, 1971)		E S W I	
4.060	84	*ruficapitella* (Haworth, 1828)		E S W I C	
4.061	83	*atricapitella* (Haworth, 1828)		E S W I	
4.062	88	*samiatella* (Zeller, 1839)		E W	
4.063	86	*roborella* (Johansson, 1971)		E S W C	

❶	❷	❸	❹	❺	❻
		TRIFURCULINI			
		TRIFURCULA Zeller, 1848			
		GLAUCOLEPIS Braun, 1917			
4.064	44	***headleyella*** (Stainton, 1854)	E		
		LEVARCHAMA Beirne, 1945			
4.065	48	***cryptella*** (Stainton, 1856)	E S W I		
4.066	49	***eurema*** (Tutt, 1899)	E S I		
		TRIFURCULA Zeller, 1848			
4.067	45	***subnitidella*** (Duponchel, [1843])	E S W I		
		griseella Wolff, 1957			
4.068	46	***immundella*** (Zeller, 1839)	E S W I C		
4.069	47	***beirnei*** Puplesis, 1984	E		
		pallidella sensu auctt. nec Zeller, 1848			
4.070	46a	***squamatella*** Stainton, 1849	E		
		maxima Klimesch, 1953			
		BOHEMANNIA Stainton, 1859			
4.071	40	***pulverosella*** (Stainton, 1849)	E S W I C		
4.072	19	***quadrimaculella*** (Boheman, [1853])	E S W I		
4.073	33	***auriciliella*** (Joannis, 1908)	E		
		bradfordi (Emmet, 1974)			
		ECTOEDEMIA Busck, 1907			
		ETAINIA Beirne, 1945			
4.074	21	***sericopeza*** (Zeller, 1839)	E W		
4.075	22	***louisella*** (Sircom, 1849)	E W		
		sphendamni (Hering, 1937)			
4.076	20	***decentella*** (Herrich-Schäffer, 1855)	E S W		
		FOMORIA Beirne, 1945			
4.077	43	***weaveri*** (Stainton, 1855)	E S W		
4.078	42	***septembrella*** (Stainton, 1849)	E S W I C		
		ZIMMERMANNIA Hering, 1940			
•4.079	41	***atrifrontella*** (Stainton, 1851)	E ?		
•4.080	41b	***longicaudella*** Klimesch, 1953	E		
4.081	41a	***amani*** Svensson, 1966	E		
		ECTOEDEMIA Busck, 1907			
4.082	25	***intimella*** (Zeller, 1848)	E S W I		
•4.083	24a	***hannoverella*** (Glitz, 1872)	E		
4.084	24	***turbidella*** (Zeller, 1848)	E		
		marionella (Ford, 1950)			
4.085	23	***argyropeza*** (Zeller, 1839)	E S W I		
•4.086	35a	***heckfordi*** van Nieukerken, Laštůvka & Laštůvka, 2010	E		
4.087	36	***quinquella*** (Bedell, 1848)	E		
•4.088	36a	***heringella*** (Mariani, 1939)	E		
4.089	37	***albifasciella*** (Heinemann, 1871)	E S W I		
		subapicella (Stainton, 1886)			
4.090	38	***subbimaculella*** (Haworth, 1828)	E S W I C		
4.091	39	***heringi*** (Toll, 1934)	E S W I		
		quercifoliae (Toll, 1936)			
4.092	32	***erythrogenella*** (Joannis, 1908)	E C		
4.093	26	***agrimoniae*** (Frey, 1858)	E		
		agrimoniella (Herrich-Schäffer, 1860)			
4.094	28	***angulifasciella*** (Stainton, 1849)	E S W I		
4.095	29	***atricollis*** (Stainton, 1857)	E S W I		
4.096	30	***arcuatella*** (Herrich-Schäffer, 1855)	E S W I		
4.097	31	***rubivora*** (Wocke, 1860)	E I		
4.098	27	***spinosella*** (Joannis, 1908)	E		

❶	❷	❸	❹	❺	❻
4.099	34	*occultella* (Linnaeus, 1767)		E S W I	
		mediofasciella (Haworth, 1828)			
		argentipedella (Zeller, 1839)			
4.100	35	*minimella* (Zetterstedt, 1839)		E S W I	
		woolhopiella (Stainton, 1887)			
		mediofasciella sensu auctt. nec (Haworth, 1828)			

OPOSTEGIDAE
OPOSTEGINAE
OPOSTEGA Zeller, 1839

| 5.001 | 119 | *salaciella* (Treitschke, 1833) | | E S W I | |
| 5.002 | 122 | *spatulella* Herrich-Schäffer, 1855 | | E | C |

PSEUDOPOSTEGA Kozlov, 1985

| 5.003 | 120 | *auritella* (Hübner, [1813]) | | E | |
| 5.004 | 121 | *crepusculella* (Zeller, 1839) | | E S W I | |

ADELOIDEA

HELIOZELIDAE
ANTISPILA Hübner, [1825]

6.001	158	*metallella* ([Denis & Schiffermüller], 1775)		E W	
		pfeifferella (Hübner, [1813])			
• 6.002	159	*treitschkiella* (Fischer von Röslerstamm, 1843)		E W	
		petryi Martini, 1898			

HELIOZELA Herrich-Schäffer, 1853

6.003	154	*sericiella* (Haworth, 1828)		E S W I	
	155	*stanneella* (Fischer von Röslerstamm, 1841)			
6.004	156	*resplendella* (Stainton, 1851)		E S W I	
6.005	157	*hammoniella* Sorhagen, 1885		E S W I	
		betulae (Stainton, 1890)			

ADELIDAE
ADELINAE
NEMOPHORA Hoffmannsegg, 1798

7.001	148	*degeerella* (Linnaeus, 1758)		E S W I C	
7.002	147	*metallica* (Poda, 1761)		E	
		scabiosella (Scopoli, 1763)			
7.003	146	*cupriacella* (Hübner, [1819])		E S W I	
7.004	144	*fasciella* (Fabricius, 1775)		E	
7.005	145	*minimella* ([Denis & Schiffermüller], 1775)		E S W I	

ADELA Latreille, [1796]

7.006	150	*reaumurella* (Linnaeus, 1758)		E S W I C	
		viridella (Scopoli, 1763)			
7.007	149	*cuprella* ([Denis & Schiffermüller], 1775)		E S W I	
7.008	151	*croesella* (Scopoli, 1763)		E S W I C	
		sulzella ([Denis & Schiffermüller], 1775)			

CAUCHAS Zeller, 1839

| 7.009 | 153 | *fibulella* ([Denis & Schiffermüller], 1775) | | E S W C | |
| 7.010 | 152 | *rufimitrella* (Scopoli, 1763) | | E S W I C | |

NEMATOPOGONINAE
NEMATOPOGON Zeller, 1839

7.011	142	*pilella* ([Denis & Schiffermüller], 1775)		E S W	
7.012	141	*schwarziellus* Zeller, 1839		E S W I	
		panzerella sensu auctt. nec (Fabricius, 1794)			
7.013	143a	*magna* (Zeller, 1878)		S I	
		variella (Brandt, 1937)			
7.014	143	*metaxella* (Hübner, [1813])		E S W I C	
7.015	140	*swammerdamella* (Linnaeus, 1758)		E S W I	

❶	❷	❸	❹	❺	❻
		INCURVARIIDAE			
		INCURVARIINAE			
		INCURVARIA Haworth, 1828			
8.001	129	*pectinea* Haworth, 1828		E S W I	
		zinckenii (Zeller, 1839)			
8.002	130	*masculella* ([Denis & Schiffermüller], 1775)		E S W I C	
8.003	131	*oehlmanniella* (Hübner, 1796)		E S W I	
8.004	132	*praelatella* ([Denis & Schiffermüller], 1775)		E S W I	
		PHYLLOPORIA Heinemann, 1870			
8.005	128	*bistrigella* (Haworth, 1828)		E S W I	
		PRODOXIDAE			
		LAMPRONIINAE			
		LAMPRONIA Stephens, 1829			
9.001	133	*capitella* (Clerck, 1759)	Currant Shoot Borer	E S W C	
9.002	135	*luzella* (Hübner, [1817])		E S W I	
9.003	136	*corticella* (Linnaeus, 1758)	Raspberry Moth	E S W I	
		rubiella (Bjerkander, 1781)			
9.004	137	*morosa* Zeller, 1852		E S	
		quadripunctella Stephens, 1835			
9.005	134	*flavimitrella* (Hübner, [1817])		E	
9.006	138	*fuscatella* (Tengström, 1848)		E S	
		tenuicornis (Stainton, 1854)			
9.007	139	*pubicornis* (Haworth, 1828)		E S I	
		TISCHERIOIDEA			
		TISCHERIIDAE			
		TISCHERIA Zeller, 1839			
10.001	123	*ekebladella* (Bjerkander, 1795)		E S W I C	
		complanella (Hübner, [1817])			
10.002	124	*dodonaea* Stainton, 1858		E W I	
		COPTOTRICHE Walsingham, 1890			
10.003	125	*marginea* (Haworth, 1828)		E S W I C	
10.004	125a	*heinemanni* (Wocke, 1871)		E	
• 10.005	126	*gaunacella* (Duponchel, [1843])		E	X
10.006	127	*angusticollella* (Duponchel, [1843])		E W C	
		TINEOIDEA			
		PSYCHIDAE			
		NARYCIINAE			
		NARYCIINI			
		DIPLODOMA Zeller, 1852			
11.001	180	*laichartingella* (Goeze, 1783)		E S W I	
		herminata (Geoffroy, 1785)			
		marginepunctella (Stephens, 1835)			
		NARYCIA Stephens, 1836			
11.002	175	*duplicella* (Goeze, 1783)		E S W C	
		monilifera (Geoffroy, 1785)			
		melanella (Haworth, 1828)			
		DAHLICINI			
		DAHLICA Enderlein, 1912			
11.003	176	*triquetrella* (Hübner, [1813])		E	
11.004	177	*inconspicuella* (Stainton, 1849)	Lesser Lichen Case-bearer	E	
	178	*douglasii* (Stainton, 1854)			
11.005	179	*lichenella* (Linnaeus, 1761)	Lichen Case-bearer	E S	
		TALEPORIINAE			
		TALEPORIINI			

❶	❷	❸	❹	❺	❻
		TALEPORIA Hübner, [1825]			
11.006	*181*	*tubulosa* (Retzius, 1783)		E S W	
		pseudobombycella (Hübner, 1796)			
		BANKESIA Tutt, 1899			
11.007	*182*	*conspurcatella* (Zeller, 1850)		E W C	
		staintoni (Walsingham, 1899)			
		douglasii sensu auctt. nec (Stainton, 1854)			
		PSYCHINAE			
		PSYCHINI			
		LUFFIA Tutt, 1899			
11.008	*184*	*lapidella* (Goeze, 1783)		E C	
•11.009	*185*	*ferchaultella* (Stephens, 1850)		E S W I C	
		BACOTIA Tutt, 1899			
11.010	*183*	*claustrella* (Bruand, 1845)		E C	
		sepium (Speyer & Speyer, 1846)			
		tabulella (Guenée, 1846)			
		PROUTIA Tutt, 1899			
11.011	*188*	*betulina* (Zeller, 1839)		E	
		salicolella (Bruand, 1845)			
		eppingella Tutt, 1900			
		PSYCHE Schrank, 1801			
11.012	*186*	*casta* (Pallas, 1767)		E S W I C	
		roboricolella Bruand, 1845			
		intermediella Bruand, 1850			
11.013	*187*	*crassiorella* Bruand, 1850		E I	
		EPICHNOPTERIGINAE			
		EPICHNOPTERIGINI			
		EPICHNOPTERIX Hübner, [1825]			
11.014	*189*	*plumella* ([Denis & Schiffermüller], 1775)		E W I	
		pulla (Esper, 1785)			
		WHITTLEIA Tutt, 1900			
11.015	*190*	*retiella* (Newman, 1847)		E	
		reticella (Newman, 1850) misspelling			
		OIKETICINAE			
		ACANTHOPSYCHINI			
		ACANTHOPSYCHE Heylaerts, 1881			
11.016	*191*	*atra* (Linnaeus, 1767)		E S W	
		opacella (Herrich-Schäffer, 1846)			
		PACHYTHELIA Westwood, 1848			
11.017	*192*	*villosella* (Ochsenheimer, 1810)		E	
		PHALACROPTERYGINI			
		STERRHOPTERIX Hübner, [1825]			
11.018	*195*	*fusca* (Haworth, 1809)		E W	
		hirsutella (Hübner, 1796)			
		calvella (Ochsenheimer, 1810)			
		TINEIDAE			
		MYRMECOZELINAE			
		MYRMECOZELA Zeller, 1852			
12.001	*207*	*ochraceella* (Tengström, 1848)		S	
		MEESSIINAE			
		TENAGA Clemens, 1862			
•12.002	*201*	*nigripunctella* (Haworth, 1828)		E W C	XEW
	248	*pomiliella* Clemens, 1862		E	
		EUDARCIA Clemens, 1860			
		MEESSIA Hofmann, [1898]			

❶	❷	❸	❹	❺	❻
12.003	202	*richardsoni* (Walsingham, 1900)		E	
		vinculella sensu Richardson, 1895 nec (Herrich-Schäffer, 1854)			
		INFURCITINEA Spuler, 1910			
•12.004		*captans* Gozmány, 1960		E	
		confusella sensu Pierce & Metcalfe, 1935 ♂ genitalia nec (Herrich-Schäffer, 1850)			
12.005	204	*albicomella* (Stainton, 1851)		E I	
		confusella sensu auctt. nec (Herrich-Schäffer, 1850)			
12.006	203	*argentimaculella* (Stainton, 1849)		E W I C	
		ISCHNOSCIA Meyrick, 1895			
12.007	205	*borreonella* (Millière, 1874)		E	
		subtilella (Fuchs, 1879)			
		STENOPTINEA Dietz, 1905			
12.008	206	*cyaneimarmorella* (Millière, 1854)		E	
		angustipennis (Herrich-Schäffer, 1854)			
		DRYADAULINAE			
		DRYADAULA Meyrick, 1893			
12.009	198	*pactolia* Meyrick, 1902		E S I	
		SCARDIINAE			
		MOROPHAGA Herrich-Schäffer, 1854			
12.010	196	*choragella* ([Denis & Schiffermüller], 1775)		E	
		boleti (Fabricius, [1777])			
		NEMAPOGONINAE			
		TRIAXOMERA Zagulajev, 1959			
12.011	225	*fulvimitrella* (Sodoffsky, 1830)		E S W I	
12.012	224	*parasitella* (Hübner, 1796)		E S W	
		ARCHINEMAPOGON Zagulajev, 1962			
12.013	222	*yildizae* Koçak, 1981		S	
		laterella (Thunberg, 1794) homonym			
		arcuatella (Stainton, 1854)			
		NEMAXERA Zagulajev, 1964			
12.014	223	*betulinella* (Paykull, 1785)		E S W	
		corticella (Curtis, 1834)			
		emortuella (Zeller, 1839)			
		NEMAPOGON Schrank, 1802			
12.015	215	*granella* (Linnaeus, 1758)	Corn Moth	E S W I C	
12.016	216	*cloacella* (Haworth, 1828)	Cork Moth	E S W I C	
		infimella (Herrich-Schäffer, 1851)			
12.017	217	*wolffiella* Karsholt & Nielsen, 1976		E W	
		albipunctella (Haworth, 1828) homonym			
12.018	216a	*inconditella* (Lucas, 1956)		E	
		heydeni Petersen, 1957			
12.019	219	*ruricolella* (Stainton, 1849)		E W I C	
		cochylidella (Stainton, 1854)			
12.020	218	*variatella* (Clemens, 1859)		E S	
		personella (Pierce & Metcalfe, 1934)			
		infimella sensu Corbett, 1943 nec (Herrich-Schäffer, 1851)			
12.021	220	*clematella* (Fabricius, 1781)		E S W I	
		arcella sensu auctt. nec (Fabricius, [1777])			
12.022	221	*picarella* (Clerck, 1759)		E S W	
		TRIAXOMASIA Zagulajev, 1964			
12.023	226	*caprimulgella* (Stainton, 1851)		E	
		TINEINAE			
		CEPHIMALLOTA Bruand, [1851]			
•12.024	213	*crassiflavella* Bruand, [1851]		E	X
		simplicella (Zeller, 1852)			
		angusticolella sensu auctt. nec (Zeller, 1839)			

❶	❷	❸	❹	❺	❻
		TRICHOPHAGA Ragonot, 1894			
12.025	234	*tapetzella* (Linnaeus, 1758)	Tapestry Moth	E S W I C	
		tapetiella misspelling			
		TINEOLA Herrich-Schäffer, 1853			
12.026	236	*bisselliella* (Hummel, 1823)	Common Clothes Moth	E S W I C	
		TINEA Linnaeus, 1758			
12.027	240	*pellionella* Linnaeus, 1758	Case-bearing Clothes Moth	E S W I C	
12.028	243	*dubiella* Stainton, 1859		E S W I C	
		turicensis Müller-Rutz, 1920			
12.029	244	*flavescentella* Haworth, 1828		E S I C	
12.030	245	*pallescentella* Stainton, 1851	Large pale Clothes Moth	E S W I C	
12.031	239	*columbariella* Wocke, 1877		E W	
12.032	246	*semifulvella* Haworth, 1828		E S W I C	
12.033	247	*trinotella* Thunberg, 1794		E S W I C	
		lappella Haworth, 1828 nec Linnaeus, 1758			
		ganomella Treitschke, 1833			
		lapella sensu auctt. nec Hübner, [1799]			
		NIDITINEA Petersen, 1957			
12.034	237	*fuscella* (Linnaeus, 1758)	Brown-dotted Clothes Moth	E S W I C	
		spretella ([Denis & Schiffermüller], 1775)			
		fuscipunctella (Haworth, 1828)			
12.035	238	*striolella* (Matsumura, 1931)		E	
		piercella (Bentinck, 1935)			
		MONOPIS Hübner, [1825]			
12.036	227	*laevigella* ([Denis & Schiffermüller], 1775)	Skin Moth	E S W I C	
		rusticella (Hübner, [1813])			
12.037	228	*weaverella* (Scott, 1858)		E S W I	
		spilotella sensu auctt. nec (Tengström, 1848)			
12.038	229	*obviella* ([Denis & Schiffermüller], 1775)		E S W C	
		ferruginella (Hübner, [1813]) nec (Thunberg, 1788)			
12.039	230	*crocicapitella* (Clemens, 1859)		E W I C	
12.040	231	*imella* (Hübner, [1813])		E S W I C	
12.041	232	*monachella* (Hübner, 1796)		E	
12.042	233	*fenestratella* (Heyden, 1863)		E	
		PERISSOMASTICINAE			
		HAPLOTINEA Diakonoff & Hinton, 1956			
12.043	211	*ditella* (Pierce & Metcalfe, 1938)		E S	
		misella sensu Pierce & Metcalfe, 1935 ♀ genitalia nec (Zeller, 1839)			
12.044	212	*insectella* (Fabricius, 1794)		E S W I	
		misella (Zeller, 1839)			
		HIEROXESTINAE			
		OPOGONA Zeller, 1853			
•12.045		*omoscopa* (Meyrick, 1893)		E C	
		OINOPHILA Stephens, 1848			
12.046	277	*v-flava* (Haworth, 1828)	Yellow V Moth	E S W I C	
		TEICHOBIINAE			
		PSYCHOIDES Bruand, 1853			
12.047	199	*verhuella* Bruand, 1853		E S W I C	
		verhuellella (Stainton, 1854)			
12.048	200	*filicivora* (Meyrick, 1937)		E S W I	

GRACILLARIOIDEA
ROESLERSTAMMIIDAE

		ROESLERSTAMMIA Zeller, 1839			
•13.001	446	*pronubella* ([Denis & Schiffermüller], 1775)		E S	X
13.002	447	*erxlebella* (Fabricius, 1787)		E S W	

❶	❷	❸	❹	❺	❻
		BUCCULATRICIDAE			
		BUCCULATRIX Zeller, 1839			
14.001	265	*cristatella* (Zeller, 1839)		E S W I	
14.002	266	*nigricomella* (Zeller, 1839)		E S W I	C
		aurimaculella Stainton, 1849			
14.003	267	*maritima* Stainton, 1851		E S W I	C
• 14.004	269a	*chrysanthemella* Rebel, 1896		E	
14.005	268	*humiliella* Herrich-Schäffer, 1855		S	
		obscurella Klemensiewicz, 1899			
		capreella Krogerus, 1952			
		merei Pelham-Clinton, 1967			
14.006	270	*frangutella* (Goeze, 1783)		E W I	C
		frangulella misspelling			
14.007	271	*albedinella* (Zeller, 1839)		E W I	C
		boyerella (Duponchel, 1840)			
14.008	272	*cidarella* (Zeller, 1839)		E S W I	
14.009	273	*thoracella* (Thunberg, 1794)		E S W	C
		hippocastanella (Duponchel, 1840)			
14.010	274	*ulmella* Zeller, 1848		E S W I	C
		sircomella (Stainton, 1848)			
		vetustella Stainton, 1849			
• 14.011	274a	*ulmifoliae* Hering, 1931		E	
14.012	275	*bechsteinella* (Bechstein & Scharfenberg, 1805)		E S W I	
		crataegi (Zeller, 1839)			
14.013	276	*demaryella* (Duponchel, 1840)		E S W I	
		GRACILLARIIDAE			
		GRACILLARIINAE			
		PARECTOPA Clemens, 1860			
15.001	299	*ononidis* (Zeller, 1839)		E W	
		CALOPTILIA Hübner, [1825]			
15.002	280	*cuculipennella* (Hübner, 1796)		E S W I	
15.003	281	*populetorum* (Zeller, 1839)		E S W I	
• 15.004	282	*elongella* (Linnaeus, 1761)		E S W I	C
15.005	283	*betulicola* (Hering, 1928)		E S W I	
15.006	284	*rufipennella* (Hübner, 1796)		E S W I	C
15.007	285	*azaleella* (Brants, 1913)	Azalea Leaf Miner	E S W I	C
• 15.008	286	*alchimiella* (Scopoli, 1763)		E S W I	C
		swederella (Thunberg, 1788)			
15.009	287	*robustella* Jäckh, 1972		E S W I	
15.010	288	*stigmatella* (Fabricius, 1781)		E S W I	C
15.011	289	*falconipennella* (Hübner, [1813])		E W I	C
15.012	290	*semifascia* (Haworth, 1828)		E W	C
	295	*hauderi* sensu auctt. nec (Rebel, 1906)			
		pyrenaeella sensu auctt. nec (Chrétien, 1908)			
15.013	291	*hemidactylella* ([Denis & Schiffermüller], 1775)		E	C
		GRACILLARIA Haworth, 1828			
15.014	293	*syringella* (Fabricius, 1794)		E S W I	C
		ASPILAPTERYX Spuler, 1910			
15.015	294	*tringipennella* (Zeller, 1839)		E S W I	C
		EUSPILAPTERYX Stephens, 1835			
15.016	297	*auroguttella* Stephens, 1835		E S W I	
		CALYBITES Hübner, 1822			
15.017	296	*phasianipennella* (Hübner, [1813])		E S W I	C
		POVOLNYA Kuznetzov, 1979			
15.018	292	*leucapennella* (Stephens, 1835)		E S W I	C
		sulphurella (Haworth, 1828) homonym			

❶	❷	❸	❹	❺	❻
		ACROCERCOPS Wallengren, 1881			
15.019	*313*	***brongniardella*** (Fabricius, 1798)		E W I C	
		DIALECTICA Walsingham, 1897			
15.020	*311*	***imperialella*** (Zeller, 1847)		E	
	312	*hofmanniella* sensu Stainton, 1864 nec (Schleich, 1867)			
		LEUCOSPILAPTERYX Spuler, 1910			
15.021	*314*	***omissella*** (Stainton, 1848)		E C	
		CALLISTO Stephens, 1834			
15.022	*310*	***denticulella*** (Thunberg, 1794)		E S W I C	
		guttea (Haworth, 1828)			
15.023	*310a*	***coffeella*** (Zetterstedt, 1839)		S	
		PARORNIX Spuler, 1910			
15.024	*300*	***loganella*** (Stainton, 1848)		E S W I	
15.025	*301*	***betulae*** (Stainton, 1854)		E S W I C	
• 15.026	*302*	***fagivora*** (Frey, 1861)		E W C	
15.027	*302a*	***carpinella*** (Frey, 1863)		E	
15.028	*303*	***anglicella*** (Stainton, 1850)		E S W I C	
15.029	*304*	***devoniella*** (Stainton, 1850)		E S W I	
		avellanella (Stainton, 1854)			
15.030	*305*	***scoticella*** (Stainton, 1850)		E S W I	
15.031	*306*	***alpicola*** (Wocke, 1877)		S	
	307	*leucostola* Pelham-Clinton, 1964			
15.032	*308*	***finitimella*** (Zeller, 1850)		E S W I C	
15.033	*309*	***torquillella*** (Zeller, 1850)		E S W I C	
		LITHOCOLLETINAE			
		PHYLLONORYCTER Hübner, 1822			
15.034	*315*	***harrisella*** (Linnaeus, 1761)		E S W I C	
		cramerella (Fabricius, [1777])			
• 15.035	*316*	***roboris*** (Zeller, 1839)		E S W I	
15.036	*317*	***heegeriella*** (Zeller, 1846)		E S W I	
15.037	*318*	***tenerella*** (Joannis, 1915)		E W	
		tenella (Zeller, 1846) homonym			
15.038	*319*	***kuhlweiniella*** (Zeller, 1839)		E S W	
		saportella (Duponchel, 1840)			
		hortella (Fabricius, 1794)			
15.039	*320*	***quercifoliella*** (Zeller, 1839)		E S W I C	
15.040	*321*	***messaniella*** (Zeller, 1846)		E S W I C	
15.041	*321a*	***platani*** (Staudinger, 1870)		E W	
15.042	*322*	***muelleriella*** (Zeller, 1839)		E S W	
		amyotella (Duponchel, 1840)			
15.043	*323*	***oxyacanthae*** (Frey, 1856)		E S W I C	
		pomonella (Zeller, 1846) invalid			
15.044	*324*	***sorbi*** (Frey, 1855)		E S W I	
• 15.045	*325*	***mespilella*** (Hübner, [1805])		E S W I C	
		pyrivorella (Bankes, 1899)			
15.046	*326*	***blancardella*** (Fabricius, 1781)		E S W I C	
		concomitella (Bankes, 1899)			
• 15.047		***hostis*** Triberti, 2007		E S W I	
		blancardella sensu Pierce & Metcalfe, 1935 nec (Fabricius, 1781)			
		cydoniella sensu auctt. nec ([Denis & Schiffermüller], 1775)			
15.048	*328*	***junoniella*** (Zeller, 1846)		E S W	
		vacciniella (Stainton, 1855)			
15.049	*329*	***spinicolella*** (Zeller, 1846)		E S W I C	
		pomonella sensu auctt. nec (Zeller, 1846)			
15.050	*330*	***cerasicolella*** (Herrich-Schäffer, 1855)		E S W	
15.051	*331*	***lantanella*** (Schrank, 1802)		E W C	

1	2	3	4	5	6
15.052	332	*corylifoliella* (Hübner, 1796)		E S W I	C
		betulae (Zeller, 1839)			
		caledoniella (Stainton, 1851)			
15.053	332a	*leucographella* (Zeller, 1850)	Firethorn Leaf Miner	E S W I	C
•15.054	333	*viminiella* (Sircom, 1848)		E S W I	C
		salictella sensu auctt. nec Zeller, 1846			
15.055	334	*viminetorum* (Stainton, 1854)		E I	
15.056	335	*salicicolella* (Sircom, 1848)		E S W I	
15.057	336	*dubitella* (Herrich-Schäffer, 1855)		E W	
15.058	337	*hilarella* (Zetterstedt, 1839)		E S W I	C
		spinolella (Duponchel, 1840)			
15.059	338	*cavella* (Zeller, 1846)		E S W	
15.060	339	*ulicicolella* (Stainton, 1851)		E	
15.061	340	*scopariella* (Zeller, 1846)		E S W I	
15.062	340a	*staintoniella* (Nicelli, 1853)		E	
15.063	341	*maestingella* (Müller, 1764)		E S W I	C
		faginella (Zeller, 1846)			
15.064	342	*coryli* (Nicelli, 1851)	Nut Leaf Blister Moth	E S W I	
15.065	343	*esperella* (Goeze, 1783)		E W	
		quinnata (Geoffroy, 1785)			
		carpinicolella (Stainton, 1851)			
15.066	344	*strigulatella* (Lienig & Zeller, 1846)		E W	C
		rajella sensu auctt. nec (Linnaeus, 1758)			
15.067	345	*rajella* (Linnaeus, 1758)		E S W I	C
		alnifoliella (Hübner, 1796)			
15.068	346	*distentella* (Zeller, 1846)		E W	
15.069	347	*anderidae* (Fletcher, 1885)		E S W	
15.070	348	*quinqueguttella* (Stainton, 1851)		E S W I	
15.071	349	*nigrescentella* (Logan, 1851)		E W I	
15.072	350	*insignitella* (Zeller, 1846)		E S I	
15.073	351	*lautella* (Zeller, 1846)		E S W I	C
15.074	352	*schreberella* (Fabricius, 1781)		E W	C
15.075	353	*ulmifoliella* (Hübner, [1817])		E S W I	
15.076	354	*emberizaepenella* (Bouché, 1834)		E S W I	
15.077	355	*scabiosella* (Douglas, 1853)		E	
15.078	356	*tristrigella* (Haworth, 1828)		E S W	C
15.079	357	*stettinensis* (Nicelli, 1852)		E S W	
15.080	358	*froelichiella* (Zeller, 1839)		E S W I	
15.081	359	*nicellii* (Stainton, 1851)		E S W I	
15.082	360	*klemannella* (Fabricius, 1781)		E S W I	
		kleemannella misspelling			
15.083	361	*trifasciella* (Haworth, 1828)		E S W I	C
15.084	362	*acerifoliella* (Zeller, 1839)		E W	
		sylvella (Haworth, 1828) homonym			
15.085	363	*joannisi* (Le Marchand, 1936)		E W	
		platanoidella (Joannis, 1920) homonym			
15.086	364	*geniculella* (Ragonot, 1874)		E S W I	C
15.087	365	*comparella* (Duponchel, [1843])		E	
15.088	366	*sagitella* (Bjerkander, 1790)		E W	

CAMERARIA Chapman, 1902

| •15.089 | 366a | *ohridella* Deschka & Dimić, 1986 | | E   W | C |

PHYLLOCNISTINAE

PHYLLOCNISTIS Zeller, 1848

| 15.090 | 367 | *saligna* (Zeller, 1839) | | E   W | |
| •15.091 | 367a | *ramulicola* Langmaid & Corley, 2007 | | E | C |

❶	❷	❸	❹	❺	❻
15.092	368	*unipunctella* (Stephens, 1834)		E S W I C	
		suffusella (Zeller, 1847)			
• 15.093	369	*xenia* Hering, 1936		E	

YPONOMEUTOIDEA
YPONOMEUTIDAE
YPONOMEUTINAE
YPONOMEUTA Latreille, [1796]

16.001	424	*evonymella* (Linnaeus, 1758)	Bird-cherry Ermine	E S W I C	
		padi Zeller, 1844			
16.002	425	*padella* (Linnaeus, 1758)	Orchard Ermine	E S W I C	
16.003	426	*malinellus* Zeller, 1838	Apple Ermine	E S W I C	
16.004	427	*cagnagella* (Hübner, [1813])	Spindle Ermine	E S W I C	
		cognatella Treitschke, 1832			
16.005	428	*rorrella* (Hübner, 1796)	Willow Ermine	E S W C	
16.006	429	*irrorella* (Hübner, 1796)		E	
16.007	430	*plumbella* ([Denis & Schiffermüller], 1775)		E W I C	
16.008	431	*sedella* Treitschke, 1832		E W	
		vigintipunctata (Retzius, 1783)			

EUHYPONOMEUTA Toll, 1941

• 16.009	432	*stannella* (Thunberg, 1788)		E	X

ZELLERIA Stainton, 1849

16.010	435	*hepariella* Stainton, 1849		E S W I C	
		insignipennella Stainton, 1849			
		fusca Stainton, 1876			
• 16.011	435a	*oleastrella* (Millière, 1864)		E	

KESSLERIA Nowicki, 1864
HOFMANNIA Wocke, 1876

16.012	434	*saxifragae* (Stainton, 1868)		S I	
• 16.013	433	*fasciapennella* (Stainton, 1849)		S	X

PSEUDOSWAMMERDAMIA Friese, 1960

16.014	436	*combinella* (Hübner, 1786)		E S W I C	
		apicella (Donovan, 1793)			

SWAMMERDAMIA Hübner, [1825]

16.015	437	*caesiella* (Hübner, 1796)		E S W I	
		heroldella Hübner, [1825]			
		griseocapitella (Stainton, 1851)			
16.016	437a	*passerella* (Zetterstedt, 1839)		S	
		nanivora Stainton, 1871			
16.017	438	*pyrella* (Villers, 1789)		E S W I C	
		caesia (Haworth, 1828)			
16.018	439	*compunctella* Herrich-Schäffer, 1855		E S W I C	
		nebulosella Stainton, 1870			

PARASWAMMERDAMIA Friese, 1960

16.019	440	*albicapitella* (Scharfenberg, 1805)		E S W I C	
		spiniella (Hübner, [1809])			
		caesiella (Hübner, [1813]) homonym			
		pruni (Stainton, 1859)			
16.020	441	*nebulella* (Goeze, 1783)		E S W I C	
		lutarea (Haworth, 1828)			

CEDESTIS Zeller, 1839

16.021	442	*gysseleniella* Zeller, 1839		E S	
16.022	443	*subfasciella* (Stephens, 1834)		E S W I C	
		farinatella (Zeller, 1839)			

OCNEROSTOMA Zeller, 1847

• 16.023	444	*piniariella* Zeller, 1847		E S I C	
16.024	445	*friesei* Svensson, 1966		E S W I	

❶	❷	❸	❹	❺	❻
		YPSOLOPHIDAE			
		YPSOLOPHINAE			
		YPSOLOPHA Latreille, [1796]			
17.001	*451*	***mucronella*** (Scopoli, 1763)		E W I	
		caudella (Linnaeus, 1767)			
17.002	*452*	***nemorella*** (Linnaeus, 1758)		E W I C	
17.003	*453*	***dentella*** (Fabricius, 1775)	Honeysuckle Moth	E S W I C	
		xylostella sensu auctt. nec (Linnaeus, 1758)			
• 17.004	*454*	***asperella*** (Linnaeus, 1761)		E	X
17.005	*455*	***scabrella*** (Linnaeus, 1761)		E W I	
17.006	*456*	***horridella*** (Treitschke, 1835)		E W C	
17.007	*457*	***lucella*** (Fabricius, 1775)		E W	
17.008	*458*	***alpella*** ([Denis & Schiffermüller], 1775)		E W	
17.009	*459*	***sylvella*** (Linnaeus, 1767)		E W	
17.010	*460*	***parenthesella*** (Linnaeus, 1761)		E S W I C	
		costella (Fabricius, 1775)			
17.011	*461*	***ustella*** (Clerck, 1759)		E S W I C	
		radiatella (Donovan, 1794)			
17.012	*462*	***sequella*** (Clerck, 1759)		E S W	
17.013	*463*	***vittella*** (Linnaeus, 1758)		E S W I C	
		OCHSENHEIMERIINAE			
		OCHSENHEIMERIA Hübner, [1825]			
• 17.014	*251*	***taurella*** ([Denis & Schiffermüller], 1775)		E S W I C	
		mediopectinellus (Haworth, 1828)			
		birdella (Curtis, 1831)			
17.015	*252*	***urella*** Fischer von Röslerstamm, 1842		E S W I C	
		bisontella Lienig & Zeller, 1846			
17.016	*253*	***vacculella*** Fischer von Röslerstamm, 1842	Cereal Stem Moth	E W	
		PLUTELLIDAE			
		PLUTELLA Schrank, 1802			
		PLUTELLA Schrank, 1802			
18.001	*464*	***xylostella*** (Linnaeus, 1758)	Diamond-back Moth	E S W I C	
		maculipennis (Curtis, 1832)			
		cruciferarum Zeller, 1843			
		PLUTELLOPTERA Baraniak, 2007			
18.002	*465a*	***haasi*** Staudinger, 1883		S	
		PSEUDOPLUTELLA Baraniak, 2007			
18.003	*465*	***porrectella*** (Linnaeus, 1758)		E S W I	
		RHIGOGNOSTIS Zeller, 1857			
18.004	*466*	***senilella*** (Zetterstedt, 1839)		E S W I	
		dalella (Stainton, 1849)			
18.005	*467*	***annulatella*** (Curtis, 1832)		E S W I C	
18.006	*468*	***incarnatella*** (Steudel, 1873)		E S W I	
		EIDOPHASIA Stephens, 1842			
18.007	*469*	***messingiella*** (Fischer von Röslerstamm, 1840)		E W	
		GLYPHIPTERIGIDAE			
		ORTHTELIINAE			
		ORTHOTELIA Stephens, 1829			
19.001	*470*	***sparganella*** (Thunberg, 1788)		E S W I C	
		GLYPHIPTERIGINAE			
		GLYPHIPTERIX Hübner, [1825]			
19.002	*397*	***thrasonella*** (Scopoli, 1763)		E S W I C	
		cladiella Stainton, 1859			
19.003	*396*	***fuscoviridella*** (Haworth, 1828)		E S W C	

❶	❷	❸	❹	❺	❻
19.004	393	*equitella* (Scopoli, 1763)		E S W C	
		minorella Snellen, 1882			
19.005	395	*haworthana* (Stephens, 1834)		E S W I	
19.006	394	*forsterella* (Fabricius, 1781)		E S W I	
		oculatella (Zeller, 1850)			
19.007	391	*simpliciella* (Stephens, 1834)	Cocksfoot Moth	E S W I C	
		fischeriella (Zeller, 1839)			
19.008	392	*schoenicolella* Boyd, 1858		E S W I	

ACROLEPIINAE
DIGITIVALVA Gaedike, 1970
DIGITIVALVA Gaedike, 1970

| 19.009 | 471 | *perlepidella* (Stainton, 1849) | | E | |

INULIPHILA Gaedike, 1970

| 19.010 | 472 | *pulicariae* (Klimesch, 1956) | | E S W I C | |
| | | *granitella* sensu auctt. nec (Treitschke, 1833) | | | |

ACROLEPIOPSIS Gaedike, 1970

19.011	473	*assectella* (Zeller, 1839)	Leek Moth	E S C	
19.012	474	*betulella* (Curtis, 1838)		E S	
19.013	475	*marcidella* (Curtis, 1850)		E C	

ACROLEPIA Curtis, 1838

19.014	476	*autumnitella* Curtis, 1838		E S W I C	
		pygmeana (Haworth, 1811) homonym			
		pygmaeana misspelling			

ARGYRESTHIIDAE
ARGYRESTHIA Hübner, [1825]
BLASTOTERE Ratzeburg, 1840

20.001	401	*laevigatella* Herrich-Schäffer, 1855		E S W I	
		atmoriella Bankes, 1896			
		glabratella sensu Pierce & Metcalfe, 1935 nec (Zeller, 1847)			
20.002	403	*glabratella* (Zeller, 1847)		E S W	
		illuminatella sensu Pierce & Metcalfe, 1935 nec Zeller, 1839			
20.003	404	*praecocella* Zeller, 1839		E S	
20.004	405	*arceuthina* Zeller, 1839		E S W I	
20.005	409a	*trifasciata* Staudinger, 1871		E S W I	
20.006	407	*dilectella* Zeller, 1847		E S W I	
20.007	409b	*cupressella* Walsingham, 1890	Cypress Tip Moth	E W I	

ARGYRESTHIA Hübner, [1825]

20.008	406	*abdominalis* Zeller, 1839		E S I	
20.009	408	*aurulentella* Stainton, 1849		E S W	
20.010	409	*ivella* (Haworth, 1828)		E W	
		andereggiella (Duponchel, 1840)			
		quadriella unjustified emendation			
20.011	410	*brockeella* (Hübner, [1813])		E S W I C	
20.012	411	*goedartella* (Linnaeus, 1758)		E S W I C	
		literella (Haworth, 1828)			
20.013	412	*pygmaeella* ([Denis & Schiffermüller], 1775)		E S W I C	
20.014	413	*sorbiella* (Treitschke, 1833)		E S W I	
•20.015	414	*curvella* (Linnaeus, 1761)		E S W I C	
		arcella (Fabricius, [1777])			
		cornella sensu auctt. nec (Fabricius, 1775)			
20.016	415	*retinella* Zeller, 1839		E S W I C	
20.017	416	*glaucinella* Zeller, 1839		E S W I C	
20.018	417	*spinosella* Stainton, 1849		E S W I C	
		mendica (Haworth, 1828)			
20.019	418	*conjugella* Zeller, 1839	Apple Fruit Moth	E S W I	
		aerariella Stainton, 1871			

❶	❷	❸	❹	❺	❻
20.020	419	*semifusca* (Haworth, 1828)		E S W I C	
		spiniella Zeller, 1839			
20.021	420	*pruniella* (Clerck, 1759)	Cherry Fruit Moth	E S W I C	
		ephippella (Fabricius, [1777])			
20.022	421	*bonnetella* (Linnaeus, 1758)		E S W I C	
		nitidella (Fabricius, 1787)			
		curvella sensu auctt. nec (Linnaeus, 1761)			
20.023	422	*albistria* (Haworth, 1828)		E S W I C	
20.024	423	*semitestacella* (Curtis, 1833)		E S W I	

LYONETIIDAE
LYONETIINAE
LYONETIA Hübner, [1825]

21.001	263	*clerkella* (Linnaeus, 1758)	Apple Leaf Miner	E S W I C	
21.002	262	*prunifoliella* (Hübner, 1796)		E	
		padifoliella (Hübner, [1813])			

CEMIOSTOMINAE
LEUCOPTERA Hübner, [1825]

21.003	259	*lotella* (Stainton, [1858])		E I	
• 21.004	254	*laburnella* (Stainton, 1851)	Laburnum Leaf Miner	E S W I C	
	255	*wailesella* (Stainton, 1858)			
21.005	256	*spartifoliella* (Hübner, [1813])		E S W I	
21.006	258	*lathyrifoliella* (Stainton, [1865])		E W I	
21.007	257	*orobi* (Stainton, [1869])		E S I	
21.008	260	*malifoliella* (Costa, [1836])	Pear Leaf Blister Moth	E S W I	
		scitella (Zeller, 1839)			
• 21.009	261	*sinuella* (Reutti, 1853)		S	X
		susinella (Herrich-Schäffer, 1855)			

PRAYDIDAE
ATEMELIA Herrich-Schäffer, 1853

22.001	448	*torquatella* (Lienig & Zeller, 1846)		E S	

PRAYS Hübner, [1825]

22.002	449	*fraxinella* (Bjerkander, 1784)	Ash Bud Moth	E S W I C	
		curtisella (Donovan, 1793)			
• 22.003		*ruficeps* (Heinemann, 1854)		E ? ? ? ?	
• 22.004	449c	*oleae* (Bernard, 1788)		E W	
• 22.005	449b	*peregrina* Agassiz, 2007		E	

HELIODINIDAE
HELIODINES Stainton, 1854

• 23.001	400	*roesella* (Linnaeus, 1758)		E	X

BEDELLIIDAE
BEDELLIA Stainton, 1849

24.001	264	*somnulentella* (Zeller, 1847)		E W I C	

SCYTHROPIIDAE
SCYTHROPIA Hübner, [1825]

25.001	450	*crataegella* (Linnaeus, 1767)	Hawthorn Moth	E W	
		cornella (Fabricius, 1775)			

DOUGLASIOIDEA
DOUGLASIIDAE
TINAGMA Zeller, 1839

26.001	398	*ocnerostomella* (Stainton, 1850)		E C	
26.002	399	*balteolella* (Fischer von Röslerstamm, 1841)		E	

GELECHIOIDEA
AUTOSTICHIDAE

❶	❷	❸	❹	❺	❻
		SYMMOCINAE			
		OEGOCONIINI			
		OEGOCONIA Stainton, 1854			
• 27.001	870	*quadripuncta* (Haworth, 1828)		E W I C	
		deauratella sensu Agassiz, 1980 ♀ genitalia nec (Herrich-Schäffer, 1854)			
27.002	871a	*caradjai* Popescu-Gorj & Căpuşe, 1965		E C	
		quadripuncta sensu Agassiz, 1980 ♀ genitalia nec (Haworth, 1828)			
27.003	871	*deauratella* (Herrich-Schäffer, 1854)		E C	
		quadripuncta sensu auctt. nec (Haworth, 1828)			
		SYMMOCINI			
		SYMMOCA Hübner, [1825]			
27.004	872	*signatella* Herrich-Schäffer, 1854		E	

OECOPHORIDAE

		OECOPHORINAE			
		BISIGNA Toll, 1956			
28.001	639	*procerella* ([Denis & Schiffermüller], 1775)		E	
		OECOPHORINI			
		SCHIFFERMUELLERIA Hübner, [1825]			
		SCHIFFERMUELLERIA Hübner, [1825]			
• 28.002		*schaefferella* (Linnaeus, 1758)		E	
		SCHIFFERMUELLERINA Leraut, 1989			
28.003	634	*grandis* (Desvignes, 1842)		E W	
		DENISIA Hübner, [1825]			
28.004	636	*similella* (Hübner, 1796)		E S I	
28.005	638a	*albimaculea* (Haworth, 1828)		E W	
• 28.006	638	*augustella* (Hübner, 1796)		E	X
28.007	635	*subaquilea* (Stainton, 1849)		E S W	
		METALAMPRA Toll, 1956			
• 28.008	624a	*italica* Baldizzone, 1977		E	
		ENDROSIS Hübner, [1825]			
28.009	648	*sarcitrella* (Linnaeus, 1758)	White-shouldered House-moth		
				E S W I C	
		lactella ([Denis & Schiffermüller], 1775)			
		fenestrella sensu Stephens, 1854 nec (Scopoli, 1763)			
		HOFMANNOPHILA Spuler, 1910			
28.010	647	*pseudospretella* (Stainton, 1849)	Brown House-moth	E S W I C	
		BORKHAUSENIA Hübner, [1825]			
28.011	645	*minutella* (Linnaeus, 1758)		E I C	
		oppositella (Fabricius, 1775)			
28.012	644	*fuscescens* (Haworth, 1828)		E S W I C	
		CRASSA Bruand, [1851]			
28.013	637	*tinctella* (Hübner, 1796)		E W	
		lutarella sensu Stephens, 1834 nec (Hübner, 1826)			
28.014	642	*unitella* (Hübner, 1796)		E W C	
		fuscoaurella (Haworth, 1828)			
		arietella (Zeller, 1839)			
		BATIA Stephens, 1834			
28.015	640	*lunaris* (Haworth, 1828)		E W C	
28.016	640a	*internella* Jäckh, 1972		E	
28.017	641	*lambdella* (Donovan, 1793)		E S W I C	
		EPICALLIMA Dyar, [1903]			
• 28.018	643	*formosella* ([Denis & Schiffermüller], 1775)		E	X
		ESPERIA Hübner, [1825]			
28.019	649	*sulphurella* (Fabricius, 1775)		E S W I C	
		DASYCERA Stephens, 1829			
28.020	650	*oliviella* (Fabricius, 1794)		E	

❶	❷	❸	❹	❺	❻
		OECOPHORA Latreille, [1796]			
		OECOPHORA Latreille, [1796]			
28.021	651	***bractella*** (Linnaeus, 1758)		E W	
		ALABONIA Hübner, [1825]			
28.022	652	***geoffrella*** (Linnaeus, 1767)		E W I C	
		HARPELLA Schrank, 1802			
• 28.023	652a	***forficella*** (Scopoli, 1763)		E	
		TACHYSTOLA Meyrick, 1914			
28.024	656	***acroxantha*** (Meyrick, 1885)		E S W C	
		aethopis sensu auctt. nec (Meyrick, 1902)			
		aethiops misspelling			
		PLEUROTINI			
		PLEUROTA Hübner, [1825]			
		PLEUROTA Hübner, [1825]			
28.025	654	***bicostella*** (Clerck, 1759)		E S W I	
• 28.026	655	***aristella*** (Linnaeus, 1767)			C
		APLOTA Stephens, 1834			
28.027	653	***palpellus*** (Haworth, 1828)		E	
		BAREA Walker, 1864			
• 28.028	656a	***asbolaea*** (Meyrick, 1884)		E	

CHIMABACHIDAE

		DIURNEA Haworth, 1811			
29.001	663	***fagella*** ([Denis & Schiffermüller], 1775)		E S W I C	
29.002	664	***lipsiella*** ([Denis & Schiffermüller], 1775)		E S W I	
		phryganella (Hübner, 1796)			
		novembris Haworth, 1811			
		DASYSTOMA Curtis, 1833			
29.003	665	***salicella*** (Hübner, 1796)		E S W I	

LYPUSIDAE

		PSEUDATEMELIA Rebel, 1910			
		PSEUDATEMELIA Rebel, 1910			
• 30.001	661	***flavifrontella*** ([Denis & Schiffermüller], 1775)		E W	
30.002	662	***subochreella*** (Doubleday, 1859)		E W	
		panzerella sensu auctt. nec (Fabricius, 1794)			
		TUBULIFERODES Toll, 1956			
30.003	660	***josephinae*** (Toll, 1956)		E S W I	
		flavifrontella sensu auctt. nec ([Denis & Schiffermüller], 1775)		S	
		AMPHISBATIS Zeller, 1870			
30.004	659	***incongruella*** (Stainton, 1849)		E S W	

PELEOPODIDAE

		CARCINA Hübner, [1825]			
31.001	658	***quercana*** (Fabricius, 1775)		E S W I C	
		fagana ([Denis & Schiffermüller], 1775)			

DEPRESSARIIDAE

DEPRESSARIINAE

EPIGRAPHIINI

		SEMIOSCOPIS Hübner, [1825]			
32.001	666	***avellanella*** (Hübner, 1793)		E S W I	
32.002	667	***steinkellneriana*** ([Denis & Schiffermüller], 1775)		E S W I	

DEPRESSARIINI

		LUQUETIA Leraut, 1991			
32.003	668	***lobella*** ([Denis & Schiffermüller], 1775)		E W C	
		LEVIPALPUS Hannemann, 1953			
32.004	685	***hepatariella*** (Lienig & Zeller, 1846)		S	

❶	❷	❸	❹	❺	❻
		EXAERETIA Stainton, 1849			
		DEPRESSARIODES Turati, 1924			
32.005	686	*ciniflonella* (Lienig & Zeller, 1846)		S	
		EXAERETIA Stainton, 1849			
32.006	687	*allisella* Stainton, 1849		E S W I	
		AGONOPTERIX Hübner, [1825]			
32.007	701	*ocellana* (Fabricius, 1775)		E S W I C	
32.008	709	*liturosa* (Haworth, 1811)		E S W I	
		hypericella sensu auctt. nec (Hübner, [1817]			
32.009	691	*purpurea* (Haworth, 1811)		E S W I C	
32.010	710	*conterminella* (Zeller, 1839)		E S W I	
32.011	704	*scopariella* (Heinemann, 1870)		E S W C	
•32.012	703	*atomella* ([Denis & Schiffermüller], 1775)		E W C	
		pulverella (Hübner, [1825])			
32.013	708	*carduella* (Hübner, [1817])		E S W C	
32.014	697a	*kuznetzovi* Lvovsky, 1983		E	
32.015	692	*subpropinquella* (Stainton, 1849)		E S W I C	
32.016	696	*propinquella* (Treitschke, 1835)		E S W I	
32.017	697	*arenella* ([Denis & Schiffermüller], 1775)		E S W I C	
32.018	688	*heracliana* (Linnaeus, 1758)		E S W I C	
		applana (Fabricius, [1777])			
		heraclei (Haworth, 1811)			
32.019	689	*ciliella* (Stainton, 1849)		E S W I C	
32.020	711	*curvipunctosa* (Haworth, 1811)		E C	
		zephyrella (Hübner, [1813])			
		granulosella (Stainton, 1854)			
32.021	693	*putridella* ([Denis & Schiffermüller], 1775)		E	
32.022	715	*capreolella* (Zeller, 1839)		E W I	
32.023	716	*rotundella* (Douglas, 1846)		E S W I C	
32.024	702	*assimilella* (Treitschke, 1832)		E S W I C	
32.025	694	*nanatella* (Stainton, 1849)		E W I	
32.026	698	*kaekeritziana* (Linnaeus, 1767)		E S W I C	
		liturella ([Denis & Schiffermüller], 1775)			
32.027	699	*bipunctosa* (Curtis, 1850)		E W C	
32.028	700	*pallorella* (Zeller, 1839)		E W I	
32.029	705	*umbellana* (Fabricius, 1794)		E S W I C	
		ulicetella (Stainton, 1849)			
	707	*prostratella* (Constant, 1884)			
32.030	706	*nervosa* (Haworth, 1811)		E S W I C	
		costosa (Haworth, 1811)			
32.031	695	*alstromeriana* (Clerck, 1759)		E S W I C	
32.032	713	*angelicella* (Hübner, [1813])		E S W I	
32.033	712	*astrantiae* (Heinemann, 1870)		E W I	
32.034	690	*cnicella* (Treitschke, 1832)		E C	
32.035	714	*yeatiana* (Fabricius, 1781)		E S W I C	
		DEPRESSARIA Haworth, 1811			
32.036	672	*radiella* (Goeze, 1783)	Parsnip Moth	E S W I C	
		heraclei (Retzius, 1783) invalid			
		pastinacella (Duponchel, 1838)			
		heracliana sensu auctt. nec (Linnaeus, 1758)			
32.037	673	*pimpinellae* Zeller, 1839		E	
32.038	674	*badiella* (Hübner, 1796)		E S W I C	
	675	*brunneella* Ragonot, 1874			
		libanotidella sensu Stainton, 1857 nec Schläger, 1849			
32.039	670	*daucella* ([Denis & Schiffermüller], 1775)		E S W I C	
		nervosa sensu auctt. nec (Haworth, 1811)			

❶	❷	❸	❹	❺	❻
32.040	671	*ultimella* Stainton, 1849		E W I C	
32.041	684	*silesiaca* Heinemann, 1870		S	
32.042	676	*pulcherrimella* Stainton, 1849		E S W I	
32.043	678	*sordidatella* Tengström, 1848		E S W	
		weirella Stainton, 1849			
32.044	677	*douglasella* Stainton, 1849		E W I C	
32.045	680	*albipunctella* ([Denis & Schiffermüller], 1775)		E W	
		aegopodiella (Hübner, [1825])			
32.046	681	*olerella* Zeller, 1854		E S	
32.047	682	*chaerophylli* Zeller, 1839		E W	
• 32.048	683	*depressana* (Fabricius, 1775)		E	X
		depressella (Fabricius, 1798)			
• 32.049	669	*discipunctella* Herrich-Schäffer, 1854		E W	X
		pastinacella sensu Stainton, 1849 nec (Duponchel, 1838)			
		TELECHRYSIDINI			
		TELECHRYSIS Toll, 1956			
32.050	646	*tripuncta* (Haworth, 1828)		E W	
		HYPERCALLIINI			
		HYPERCALLIA Stephens, 1829			
• 32.051	657	*citrinalis* (Scopoli, 1763)		E I	XE
		christiernana (Linnaeus, 1767)			
		ETHMIIDAE			
		ETHMIINAE			
		ETHMIA Hübner, [1819]			
33.001	718	*dodecea* (Haworth, 1828)		E C	
		decemguttella (Hübner, [1810]) nec (Fabricius, 1794)			
33.002	719	*quadrillella* (Goeze, 1783)		E C	
		funerella (Fabricius, 1787)			
33.003	721	*pusiella* (Linnaeus, 1758)		E	
33.004	717	*terminella* Fletcher, 1938		E	
		sexpunctella (Hübner, [1810]) nec (Fabricius, 1794)			
33.005	722	*pyrausta* (Pallas, 1771)		S	
33.006	720	*bipunctella* (Fabricius, 1775)		E C	
		COSMOPTERIGIDAE			
		ANTEQUERINAE			
		PANCALIA Stephens, 1829			
34.001	899	*leuwenhoekella* (Linnaeus, 1761)		E S W I	
34.002	900	*schwarzella* (Fabricius, 1798)		E S W I	
		latreillella Curtis, 1830			
		EUCLEMENSIA Grote, 1878			
• 34.003	901	*woodiella* (Curtis, 1830)		E	X
		COSMOPTERIGINAE			
		LIMNAECIA Stainton, 1851			
34.004	898	*phragmitella* Stainton, 1851		E S W I C	
		COSMOPTERIX Hübner, [1825]			
34.005	894	*zieglerella* (Hübner, [1810])		E	
		eximia (Haworth, 1828)			
• 34.006	895	*schmidiella* Frey, 1856		E	X
34.007	896	*orichalcea* Stainton, 1861		E W I	
		druryella Zeller, 1850			
		drurella sensu auctt. nec (Fabricius, 1775)			
34.008	896a	*scribaiella* Zeller, 1850		E	
• 34.009	896b	*pulchrimella* Chambers, 1875		E W C	
34.010	897	*lienigiella* Zeller, 1846		E W I	

❶	❷	❸	❹	❺	❻
		PYRODERCES Herrich-Schäffer, 1853			
•34.011	898a	*argyrogrammos* (Zeller, 1847)		C	
		CHRYSOPELEIINAE			
		SORHAGENIA Spuler, 1910			
•34.012	908	*rhamniella* (Zeller, 1839)		E I	
34.013	909	*lophyrella* (Douglas, 1846)		E I	
34.014	910	*janiszewskae* Riedl, 1962		E	

GELECHIIDAE

ANACAMPSINAE

SYNCOPACMA Meyrick, 1925

35.001	845	*sangiella* (Stainton, 1863)		E S I	
		coronillella sensu auctt. (partim) nec (Treitschke, 1833)			
•35.002	849	*cinctella* (Clerck, 1759)		E W I	
		vorticella (Scopoli, 1763)			
		ligulella ([Denis & Schiffermüller], 1775)			
35.003	844	*larseniella* Gozmány, 1957		E W C	
		ligulella sensu Pierce & Metcalfe, 1935 nec ([Denis & Schiffermüller], 1775)			
35.004	847	*taeniolella* (Zeller, 1839)		E S W I C	
•35.005	847a	*albifrontella* (Heinemann, 1870)		S	
•35.006	846	*vinella* (Bankes, 1898)		E	X
		coronillella sensu auctt. (partim) nec (Treitschke, 1833)			
		cincticulella sensu auctt. nec (Bruand, 1850)			
35.007	848	*albipalpella* (Herrich-Schäffer, 1854)		E	
		vinella sensu Pierce & Metcalfe, 1935 nec (Bankes, 1898)			
35.008	848a	*suecicella* (Wolff, 1958)		E	
35.009	850	*polychromella* (Rebel, 1902)		E I	
		APROAEREMA Durrant, 1897			
35.010	843	*anthyllidella* (Hübner, [1813])		E S W I C	
		sparsiciliella (Barrett, 1891)			
		aureliana Căpuşe, 1964			
		nigritella sensu Douglas, 1851 nec (Zeller, 1847)			
		ANACAMPSIS Curtis, 1827			
35.011	853	*populella* (Clerck, 1759)		E S W I C	
		populi (Haworth, 1828)			
		blattariae (Haworth, 1828) (partim)			
		laticinctella (Stephens, 1834)			
		tremulella (Duponchel, [1839])			
35.012	854	*blattariella* (Hübner, 1796)		E S W	
		blattariae (Haworth, 1828) (partim)			
		betulinella Vári, 1941			
35.013	852	*temerella* (Lienig & Zeller, 1846)		E S W I	
		pernigrella (Douglas, 1850)			
		MESOPHLEPS Hübner, [1825]			
•35.014	860	*silacella* (Hübner, 1796)		E	X
		NOTHRIS Hübner, [1825]			
•35.015	838	*verbascella* ([Denis & Schiffermüller], 1775)		E	X
35.016	839	*congressariella* (Bruand, 1858)		E C	
		declaratella Staudinger, 1859			
		NEOFACULTA Gozmány, 1955			
35.017	797	*ericetella* (Geyer, [1832])		E S W I C	
		HYPATIMA Hübner, [1825]			
35.018	858	*rhomboidella* (Linnaeus, 1758)		E S W I C	
		conscriptella (Hubner, [1805])			
		hubnerella (Donovan, 1806)			
		conscripta (Haworth, 1828)			

❶	❷	❸	❹	❺	❻
		ANARSIA Zeller, 1839			
35.019	*857*	***lineatella*** Zeller, 1839	Peach Twig Borer	E W C	
		pruniella Clemens, 1860			
35.020	*856*	***spartiella*** (Schrank, 1802)		E S W I C	
		robertsonella (Curtis, 1837)			
		genistae Stainton, 1854			
		DICHOMERIDINAE			
		DICHOMERIS Hübner, 1818			
35.021	*863*	***juniperella*** (Linnaeus, 1761)		S	
35.022	*862*	***marginella*** (Fabricius, 1781)	Juniper Webber	E W I C	
35.023	*864*	***ustalella*** (Fabricius, 1794)		E W	
•35.024	*865*	***derasella*** ([Denis & Schiffermüller], 1775)		E	X
		fasciella (Hübner, 1796)			
35.025	*851*	***alacella*** (Zeller, 1839)		E C	
		ACOMPSIA Hübner, [1825]			
		ACOMPSIA Hübner, [1825]			
35.026	*855*	***cinerella*** (Clerck, 1759)		E S W I C	
		TELEPHILA Meyrick, 1923			
35.027	*861*	***schmidtiellus*** (Heyden, 1848)		E W	
		durdhamellus (Stainton, 1849)			
		BRACHMIA Hübner, [1825]			
35.028	*866*	***blandella*** (Fabricius, 1798)		E W C	
		gerronella (Zeller, 1850)			
35.029	*867*	***inornatella*** (Douglas, 1850)		E	
		HELCYSTOGRAMMA Zeller, 1877			
35.030	*869*	***lutatella*** (Herrich-Schäffer, 1854)		E	
35.031	*868*	***rufescens*** (Haworth, 1828)		E S W I C	
		APATETRINAE			
		PEXICOPIA Common, 1958			
•35.032	*809*	***malvella*** (Hübner, [1805])	Hollyhock Seed Moth	E S W C	
		lutarea (Haworth, 1828)			
		PLATYEDRA Meyrick, 1895			
35.033	*808*	***subcinerea*** (Haworth, 1828)		E C	
		vilella (Zeller, 1847)			
		SITOTROGA Heinemann, 1870			
35.034	*749*	***cerealella*** (Olivier, 1789)	Angoumois Grain Moth	E S	
		hordei (Beckman, 1815)			
		CHRYSOESTHIA Hübner, [1825]			
35.035	*746*	***drurella*** (Fabricius, 1775)		E S C	
		zinckeella (Hübner, [1813])			
		schaefferella sensu Donovan, 1796 nec (Linnaeus, 1758)			
		hermannella sensu auctt. nec (Fabricius, 1781)			
35.036	*747*	***sexguttella*** (Thunberg, 1794)		E S W I C	
		aurofasciella (Stephens, 1834)			
		naeviferella (Duponchel, [1843])			
		stipella sensu Hübner, 1796 nec (Linnaeus, 1758)			
		knockella sensu Haworth, 1828 nec (Fabricius, 1794)			
		miscella sensu Haworth, 1828 nec ([Denis & Schiffermüller], 1775)			
		THIOTRICHINAE			
		THIOTRICHA Meyrick, 1886			
35.037	*840*	***subocellea*** (Stephens, 1834)		E S	
		internella (Lienig & Zeller, 1846)			
		lathyri sensu Pierce & Metcalfe, 1935 nec (Stainton, 1865)			
		ANOMOLOGINAE			
		BRYOTROPHA Heinemann, 1870			
35.038	*789*	***domestica*** (Haworth, 1828)		E S W I C	

❶	❷	❸	❹	❺	❻
35.039	788	*politella* (Stainton, 1851)		E S W I	
35.040	787	*terrella* ([Denis & Schiffermüller], 1775)		E S W I C	
		inulella (Hübner, [1805])			
		pauperella (Hübner, [1825])			
		latella (Herrich-Schäffer, 1854)			
		lutescens (Constant, 1865)			
		suspectella (Heinemann, 1870)			
35.041	786	*desertella* (Douglas, 1850)		E S W I C	
		decrepidella (Herrich-Schäffer, 1854)			
		glabrella Heinemann, 1870			
35.042	783	*boreella* (Douglas, 1851)		E S	
35.043	784	*galbanella* (Zeller, 1839)		E S	
		angustella (Heinemann, 1870)			
		ilmatariella (Hoffmann, 1893)			
35.044	777a	*dryadella* (Zeller, 1850)		E C	
		saralella Amsel, 1952			
35.045	777	*basaltinella* (Zeller, 1839)		E S C	
35.046	782	*senectella* (Zeller, 1839)		E S W I C	
		ciliatella (Herrich-Schäffer, 1854)			
		obscurella Heinemann, 1870			
		minorella Heinemann, 1870			
35.047	779	*affinis* (Haworth, 1828)		E S W I C	
		tectella (Herrich-Schäffer, 1854)			
		tegulella (Herrich-Schäffer, 1854)			
35.048	778	*umbrosella* (Zeller, 1839)		E S W I C	
	781	*mundella* (Douglas, 1850)			
		portlandicella (Richardson, 1890)			
		anacampsoidella Hering, 1924			
35.049	780	*similis* (Stainton, 1854)		E S W I	
		thuleella (Zeller, 1857)			
		confinis (Stainton, 1871)			
		stolidella (Morris, 1872)			
		fuliginosella Snellen, 1882			
		ARISTOTELIA Hübner, [1825]			
35.050	752	*ericinella* (Zeller, 1839)		E S I	
		micella sensu Hübner, 1796 nec ([Denis & Schiffermüller], 1775)			
•35.051	751	*subdecurtella* (Stainton, [1858])		E	X
35.052	753	*brizella* (Treitschke, 1833)		E C	
		ISOPHRICTIS Meyrick, 1917			
35.053	729	*striatella* ([Denis & Schiffermüller], 1775)		E S W C	
		tanacetella (Schrank, 1802)			
		METZNERIA Zeller, 1839			
35.054	727	*neuropterella* (Zeller, 1839)		E	
35.055	725	*aestivella* (Zeller, 1839)		E S W I C	
		carlinella (Stainton, 1851)			
35.056	724	*lappella* (Linnaeus, 1758)		E S W C	
		silacea sensu Haworth, 1828 nec (Hübner, 1796)			
35.057	723	*littorella* (Douglas, 1850)		E C	
		quinquepunctella (Herrich-Schäffer, 1854)			
35.058	726	*metzneriella* (Stainton, 1851)		E S W I	
		paucipunctella sensu Douglas, 1850 nec (Zeller, 1839)			
35.059	727a	*aprilella* (Herrich-Schäffer, 1854)		E W	
		sanguinolentella Joannis, 1910			
		APODIA Heinemann, 1870			
35.060	730	*bifractella* (Duponchel, [1843])		E W C	
		PTOCHEUUSA Heinemann, 1870			

❶	❷	❸	❹	❺	❻
35.061	748	*paupella* (Zeller, 1847)		E W I C	
		inulella (Curtis, 1850)			
		inopella sensu auctt. nec (Zeller, 1839)			
		PSAMATHOCRITA Meyrick, 1925			
•35.062	750	*osseella* (Stainton, 1860)		E	X
35.063	750a	*argentella* Pierce & Metcalfe, 1942		E	
		ARGOLAMPROTES Benander, 1945			
35.064	734	*micella* ([Denis & Schiffermüller], 1775)		E W	
		asterella (Treitschke, 1833)			
		MONOCHROA Heinemann, 1870			
35.065	728	*cytisella* (Curtis, 1837)		E S W I C	
		fuscipennis (Humphreys & Westwood, 1845)			
		walkeriella (Douglas, 1850)			
		clinosema (Meyrick, 1935)			
35.066	735	*tenebrella* (Hübner, [1817])		E S W I C	
		fuscocuprella (Haworth, 1828)			
		subcuprella (Stephens, 1834)			
		tenebrosella (Zeller, 1839)			
35.067	739	*conspersella* (Herrich-Schäffer, 1854)		E	
		quaestionella (Herrich-Schäffer, 1854)			
		morosa (Mühlig, 1864)			
35.068	738	*tetragonella* (Stainton, 1885)		E W	
35.069	743	*elongella* (Heinemann, 1870)		E W	
		micrometra (Meyrick, 1935)			
		servella sensu Meyrick, 1928 nec (Zeller, 1839)			
35.070	742	*lutulentella* (Zeller, 1839)		E W I	
35.071	736	*lucidella* (Stephens, 1834)		E W I C	
35.072	745	*divisella* (Douglas, 1850)		E	
35.073	737	*palustrellus* (Douglas, 1850)		E I	
35.074	744a	*moyses* Uffen, 1991		E	
35.075	744	*arundinetella* (Boyd, 1857)		E	
35.076	741	*suffusella* (Douglas, 1850)		E W I	
		oblitella (Doubleday, 1859)			
35.077	740	*hornigi* (Staudinger, 1883)		E	
35.078	740a	*niphognatha* (Gozmány, 1953)		E	
		EULAMPROTES Bradley, 1971			
35.079	733	*wilkella* (Linnaeus, 1758)		E S W I C	
		pictella (Zeller, 1839)			
		tarquiniella (Stainton, 1862)			
35.080	732	*unicolorella* (Duponchel, [1843])		E S W I C	
35.081	731	*atrella* ([Denis & Schiffermüller], 1775)		E W I	
35.082	731a	*immaculatella* (Douglas, 1850)		E S W I	
		phaeella Heckford & Langmaid, 1988			
		GELECHIINAE			
		XYSTOPHORA Wocke, [1876]			
35.083	754	*pulveratella* (Herrich-Schäffer, 1854)		S	
		intaminatella (Stainton, 1854)			
		ATHRIPS Billberg, 1820			
35.084	761a	*rancidella* (Herrich-Schäffer, 1854)	Cotoneaster Webworm	E	
35.085	762	*mouffetella* (Linnaeus, 1758)		E W I	
		punctifera (Haworth, 1828)			
35.086	761	*tetrapunctella* (Thunberg, 1794)		E S I	
		lathyri (Stainton, 1865)			
		nigricostella sensu Douglas, 1852 nec (Duponchel, [1843])			
		subocellea sensu Pierce & Metcalfe, 1935 nec (Stephens, 1834)			

❶	❷	❸	❹	❺	❻
		NEOFRISERIA Sattler, 1960			
• 35.087	798	*peliella* (Treitschke, 1835)	E		
• 35.088	799	*singula* (Staudinger, 1876)	E		
		suppeliella (Walsingham, 1896)			
		peliella sensu Meyrick, 1895 nec (Treitschke, 1835)			
		PROLITA Leraut, 1993			
35.089	794	*sexpunctella* (Fabricius, 1794)	E S W I		
		virgella (Thunberg, 1794)			
		longicornis (Curtis, 1827)			
35.090	795	*solutella* (Zeller, 1839)	E S		
		fumosella (Douglas, 1852)			
		SOPHRONIA Hübner, [1825]			
35.091	841	*semicostella* (Hübner, [1813])	E W		
		marginella sensu Thunberg, 1794 nec ([Denis & Schiffermüller], 1775)			
		parenthesella sensu Haworth, 1828 nec (Linnaeus, 1761)			
		MIRIFICARMA Gozmány, 1955			
35.092	793	*lentiginosella* (Zeller, 1839)	E		
35.093	792	*mulinella* (Zeller, 1839)	E S W I C		
		interruptella sensu auctt. nec (Goeze, 1783)			
		AROGA Busck, 1914			
35.094	796	*velocella* (Zeller, 1839)	E S C		
		CHIONODES Hübner, [1825]			
35.095	791	*distinctella* (Zeller, 1839)	E S W I C		
35.096	790	*fumatella* (Douglas, 1850)	E S W I		
		celerella (Stainton, 1851)			
		oppletella (Herrich-Schäffer, 1854)			
		GELECHIA Hübner, [1825]			
		GELECHIA Hübner, [1825]			
35.097	800	*rhombella* ([Denis & Schiffermüller], 1775)	E S W I		
		rhombea (Haworth, 1828)			
35.098	801	*scotinella* Herrich-Schäffer, 1854	E		
35.099	801a	*senticetella* (Staudinger, 1859)	E		
35.100	802	*sabinellus* (Zeller, 1839)	E		
35.101	802a	*sororculella* (Hübner, [1817])	E S W I C		
35.102	803	*muscosella* Zeller, 1839	E		
35.103	804	*cuneatella* Douglas, 1852	E		
35.104	805	*hippophaella* (Schrank, 1802)	E		
		basalis (Stainton, 1854)			
35.105	806	*nigra* (Haworth, 1828)	E		
		cautella (Zeller, 1839)			
35.106	807	*turpella* ([Denis & Schiffermüller], 1775)	E		
		pinguinella (Trietschke, 1832)			
		PSORICOPTERA Stainton, 1854			
35.107	859	*gibbosella* (Zeller, 1839)	E W		
		GNORIMOSCHEMA Busck, 1900			
• 35.108	824	*streliciella* (Herrich-Schäffer, 1854)	S	X	
		strelitziella (Heinemann, 1870)			
		SCROBIPALPA Janse, 1951			
35.109	822	*acuminatella* (Sircom, 1850)	E S W I C		
• 35.110	814a	*pauperella* (Heinemann, 1870)	E	X	
		klimeschi sensu auctt. nec Povolný, 1967			
35.111	821	*murinella* (Duponchel, [1843])	S I		
		excelsa (Frey, 1880)			
35.112	810	*suaedella* (Richardson, 1893)	E C		
• 35.113		*salicorniae* (Hering, 1889)			
	813	*salinella* sensu auctt. nec (Zeller, 1847)	E S W		

❶	❷	❸	❹	❺	❻
35.114	812	*instabilella* (Douglas, 1846)		E S W I C	
35.115	815	*nitentella* (Fuchs, 1902)		E S W I	
		seminella (Pierce & Metcalfe, 1935)			
35.116	816	*obsoletella* (Fischer von Röslerstamm, 1841)		E S W I	
35.117	818	*atriplicella* (Fischer von Röslerstamm, 1841)		E S W I C	
		atrella (Thunberg, 1788)			
35.118	814	*ocellatella* (Boyd, 1858)	Beet Moth	E W I C	
35.119	811	*samadensis* (Pfaffenzeller, 1870)		E S W I C	
		plantaginella (Stainton, 1883)			
35.120	820	*artemisiella* (Treitschke, 1833)	Thyme Moth	E S W I	
• 35.121	811a	*stangei* (Hering, 1889)		E	X
35.122	817	*clintoni* Povolný, 1968		S	
35.123	819	*costella* (Humphreys & Westwood, 1845)		E S W I C	
		SCROBIPALPULA Povolný, 1964			
• 35.124	823	*diffluella* (Frey, 1870)		E	X
		psilella sensu Povolný & Bradley, 1965 nec (Herrich-Schäffer, 1854)			
35.125	823a	*tussilaginis* (Stainton, 1867)		E	
		tussilaginella (Heinemann, 1870)			
		PHTHORIMAEA Meyrick, 1902			
35.126	825	*operculella* (Zeller, 1873)	Potato Tuber Moth	E S I C	
		terrella (Walker, 1864) nec ([Denis & Schiffermüller], 1775)			
		tabacella (Ragonot, 1878)			
		sedata (Butler, 1880)			
		TUTA Kieffer & Jørgensen, 1910			
• 35.127	825a	*absoluta* (Meyrick, 1917)		E C	
		CARYOCOLUM Gregor & Povolný, 1954			
35.128	827	*alsinella* (Zeller, 1868)		E S W I C	
		albifrontella (Heinemann, 1870)			
		semidecandrella (Tutt, 1887)			
		semidecandrella (Threlfall, 1887)			
35.129	828	*viscariella* (Stainton, 1855)		E S W I	
35.130	826	*vicinella* (Douglas, 1851)		E S W I C	
		inflatella (Chrétien, 1901)			
		leucomelanella sensu auctt. nec (Zeller, 1839)			
35.131	829	*marmorea* (Haworth, 1828)		E S W I C	
		manniella (Zeller, 1839)			
		pulchra (Wollaston, 1858)			
35.132	830	*fraternella* (Douglas, 1851)		E S W I C	
		intermediella (Hodgkinson, 1897)			
35.133	832	*blandella* (Douglas, 1852)		E S W I C	
		maculea (Haworth, 1828)			
		maculella (Stephens, 1834)			
		nivella (Stephens, 1834)			
35.134	832a	*blandelloides* Karsholt, 1981		S	
35.135	831	*proxima* (Haworth, 1828)		E	
		maculiferella (Douglas, 1851)			
		horticolla (Peyerimhoff, 1871)			
35.136	835	*blandulella* (Tutt, 1887)		E W	
35.137	834	*tricolorella* (Haworth, 1812)		E W I	
		contigua (Haworth, 1828)			
35.138	833	*junctella* (Douglas, 1851)		E S W	
		aganocarpa (Meyrick, 1935)			
• 35.139	837	*huebneri* (Haworth, 1828)		E	X
		knaggsiella (Stainton, 1866)			
35.140	836	*kroesmanniella* (Herrich-Schäffer, 1854)		E	
		huebneri sensu auctt. nec (Haworth, 1828)			

❶	❷	❸	❹	❺	❻

        TELEIODES Sattler, 1960

35.141	765	*vulgella* ([Denis & Schiffermüller], 1775)	E	W I C
		aspera (Haworth, 1828)		
35.142	769	*wagae* (Nowicki, 1860)	E	I
		marsata Piskunov, 1973		
		notatella sensu Pierce & Metcalfe, 1935 ♂ genitalia nec (Hübner, [1813])		
35.143	774	*luculella* (Hübner, [1813])	E	W C
		subrosea (Haworth, 1828)		
		luctuella sensu Stephens, 1834 nec (Hübner, 1793)		
35.144	774a	*flavimaculella* (Herrich-Schäffer, 1854)	E	
35.145	775	*sequax* (Haworth, 1828)	E S W	

        TELEIOPSIS Sattler, 1960

| 35.146 | 776 | *diffinis* (Haworth, 1828) | E S W I C |

        CARPATOLECHIA Căpuşe, 1964

35.147	767	*decorella* (Haworth, 1812)	E S W I C
		humeralis (Zeller, 1839)	
		lyellella (Humphreys & Westwood, 1845)	
35.148	772	*fugitivella* (Zeller, 1839)	E S W I C
35.149	771	*alburnella* (Zeller, 1839)	E S W
35.150	768	*notatella* (Hübner, [1813])	E S W I
35.151	770	*proximella* (Hübner, 1796)	E S W I C

        PSEUDOTELPHUSA Janse, 1958

35.152	764	*scalella* (Scopoli, 1763)	E
		aleella (Fabricius, 1794)	
		alternella (Hubner, 1796) nec ([Denis & Schiffermüller], 1775)	
35.153	773	*paripunctella* (Thunberg, 1794)	E S W I
		triparella (Zeller, 1839)	
		dodecea sensu Haworth, 1828 nec *dodecella* (Linnaeus, 1758)	

        XENOLECHIA Meyrick, 1895

| 35.154 | 763 | *aethiops* (Humphreys & Westwood, 1845) | E S W I |
| | | *aterrima* (Edelston, 1844) | |

        ALTENIA Sattler, 1960

| 35.155 | 766 | *scriptella* (Hübner, 1796) | E |

        RECURVARIA Haworth, 1828

35.156	757	*nanella* ([Denis & Schiffermüller], 1775)	E W
		pumilella ([Denis & Schiffermüller], 1775)	
		nana Haworth, 1828	
35.157	758	*leucatella* (Clerck, 1759)	E W I C
		leucatea (Haworth, 1828)	

        COLEOTECHNITES Chambers, 1880

35.158	759	*piceaella* (Kearfott, 1903)	E
		niger (Kearfott, 1903)	
		obscurella (Kearfott, 1903)	

        EXOTELEIA Wallengren, 1881

35.159	760	*dodecella* (Linnaeus, 1758)	E S W I
		dodecea (Haworth, 1828)	
		annulicornis (Stephens, 1834)	
		streliciella sensu Pierce & Metcalfe, 1935 ♀ genitalia nec (Herrich-Schäffer, 1854)	

        STENOLECHIA Meyrick, 1894

| 35.160 | 755 | *gemmella* (Linnaeus, 1758) | E W I C |
| | | *nivea* (Haworth, 1828) | |

        PARACHRONISTIS Meyrick, 1925

35.161	756	*albiceps* (Zeller, 1839)	E W C
		albicapitella (Doubleday, 1859)	
		aleella sensu Stephens, 1834 nec (Fabricius, 1794)	

❶	❷	❸	❹	❺	❻
		## BATRACHEDRIDAE			
		BATRACHEDRA Herrich-Schäffer, 1853			
36.001	878	*praeangusta* (Haworth, 1828)		E S W I C	
		turdipennella (Kollar, 1832)			
		clemensella Chambers, 1877			
36.002	879	*pinicolella* (Zeller, 1839)		E W	
		laricella sensu Pierce & Metcalfe, 1935 ♂ genitalia nec (Hübner, [1817])			
		## COLEOPHORIDAE			
		AUGASMA Herrich-Schäffer, 1853			
• 37.001	486	*aeratella* (Zeller, 1839)		E	X
		COLEOPHORA Hübner, 1822			
37.002	487	*lutarea* (Haworth, 1828)		E W C	
		modestella (Duponchel, 1839)			
37.003	488	*limoniella* (Stainton, 1884)		E	
• 37.004	489	*albella* (Thunberg, 1788)		E	X
		leucapennella (Hübner, 1796)			
• 37.005	490	*lutipennella* (Zeller, 1838)		E S W I C	
37.006	491	*gryphipennella* (Hübner, 1796)		E S W I	
37.007	492	*flavipennella* (Duponchel, [1843])		E S W I	
		lutipennella sensu Pierce & Metcalfe, 1935 et auctt. nec (Zeller, 1838)			
37.008	496a	*adjectella* Herrich-Schäffer, 1861		E	
• 37.009	496	*milvipennis* Zeller, 1839		E S W I	
37.010	498	*alnifoliae* Barasch, 1934		E S	
37.011	497	*badiipennella* (Duponchel, [1843])		E S W C	
• 37.012	499	*limosipennella* (Duponchel, [1843])		E S W C	
37.013	501	*siccifolia* Stainton, 1856		E S W I	
• 37.014	494	*coracipennella* (Hübner, 1796)		E S W C	
		nigricella (Stephens, 1834)			
• 37.015	493	*serratella* (Linnaeus, 1761)		E S W I C	
		fuscedinella Zeller, 1849			
		nigricella sensu auctt. nec (Stephens, 1834)			
• 37.016	495	*spinella* (Schrank, 1802)	Apple & Plum Case-bearer	E S W I C	
		cerasivorella Packard, 1870			
		nigricella sensu Pierce & Metcalfe, 1935, et auctt. nec (Stephens, 1834)			
		serratella sensu auctt. nec (Linnaeus, 1761)			
• 37.017	494a	*prunifoliae* Doets, 1944		E C	
37.018	500	*hydrolapathella* Hering, 1921		E	
37.019	502	*trigeminella* Fuchs, 1881		E C	
37.020	503	*fuscocuprella* Herrich-Schäffer, 1855		E W I	
37.021	508	*arctostaphyli* Meder, 1933		S	
		marginatella sensu auctt. nec Herrich-Schäffer, 1855			
37.022	504	*lusciniaepennella* (Treitschke, 1833)		E S W I C	
		viminetella Zeller, 1849			
37.023	505	*idaeella* Hofmann, 1869		S	
37.024	506	*vitisella* Gregson, 1856		E S W	
		glitzella sensu Pierce & Metcalfe, 1935 ♀ genitalia nec Hofmann, 1869			
37.025	507	*glitzella* Hofmann, 1869		S	
37.026	509	*violacea* (Ström, 1783)		E S W	
		hornigi Toll, 1952			
		albicornuella Bradley, 1956			
		paripennella sensu Pierce & Metcalfe, 1935 et auctt. nec Zeller, 1839			
37.027	513	*potentillae* Elisha, 1885		E S I	
37.028	510	*juncicolella* Stainton, 1851		E S W I	
37.029	511	*orbitella* Zeller, 1849		E S W I	
		wilkinsoni Scott, 1861			

❶	❷	❸	❹	❺	❻

37.030	512	***binderella*** (Kollar, 1832)
		     bicolorella Stainton, 1861
		     politella Scott, 1861
				E S W I C	

37.031	514	***ahenella*** Heinemann, [1876]		E I	
37.032	515	***albitarsella*** Zeller, 1849		E S W	

37.033	516	***trifolii*** (Curtis, 1832)
		     melilotella Scott, 1861
		     frischella sensu auctt. nec (Linnaeus, 1758)
				E W I C	

• 37.034	517a	***frischella*** (Linnaeus, 1758) *cuprariella* sensu Patzak nec Zeller, 1847	Clover Case-bearer	E W I C	
• 37.035	517	***alcyonipennella*** (Kollar, 1832) *frischella* sensu auctt. nec (Linnaeus, 1758)		E S W C	
37.036	521	***conyzae*** Zeller, 1868		E W C	
• 37.037	521a	***calycotomella*** Stainton, 1869		E	
37.038	522	***lineolea*** (Haworth, 1828) *crocogrammos* Zeller, 1849		E W	
37.039	523	***hemerobiella*** (Scopoli, 1763) *anseripennella* (Hübner, [1813])		E C	
37.040	524	***lithargyrinella*** Zeller, 1849 *olivaceella* Stainton, 1854		E S W I	
37.041	546	***genistae*** Stainton, 1857		E S W	
37.042	545	***saturatella*** Stainton, 1850 *tinctoriella* Coverdale, 1885		E W	
37.043	548	***niveicostella*** Zeller, 1839		E	
37.044	547	***discordella*** Zeller, 1849		E S W I C	
37.045	528	***chalcogrammella*** Zeller, 1839		E	
37.046	519	***deauratella*** Lienig & Zeller, 1846		E W I C	
37.047	520	***amethystinella*** Ragonot, 1885 *fuscicornis* sensu auctt. nec Lienig & Zeller, 1846		E	

37.048	518	***mayrella*** (Hübner, [1813])
		     fabriciella (Villers, 1789)
		     spissicornis (Haworth, 1828)
				E S W I C	

37.049	533	***anatipennella*** (Hübner, 1796)
		     albidella sensu Pierce & Metcalfe, 1935 nec ([Denis & Schiffermüller], 1775)
		     bernoulliella sensu auctt. nec (Goeze, 1783)
		     anatipenella misspelling
			Pistol Case-bearer	E S W I C	

37.050	532	***albidella*** ([Denis & Schiffermüller], 1775) *anatipennella* sensu Pierce & Metcalfe, 1935 nec (Hübner,1796)		E W I C	
37.051	537	***kuehnella*** (Goeze, 1783) *palliatella* (Zincken, 1813)		E W	

37.052	535	***ibipennella*** Zeller, 1849
		     ardeaepennella Scott, 1861
		     betulella sensu Pierce & Metcalfe, 1935 nec Heinemann, [1876]
				E W I C	

37.053	536	***betulella*** Heinemann, [1876] *ibipennella* sensu auctt. nec Zeller, 1849		E W I	
37.054	534	***currucipennella*** Zeller, 1839		E	
37.055	541	***pyrrhulipennella*** Zeller, 1839		E S W I	
37.056	542	***serpylletorum*** Hering, 1889		E W	
• 37.057	540	***vibicigerella*** Zeller, 1839		E	X
37.058	539	***conspicuella*** Zeller, 1849		E C	
37.059	538	***vibicella*** (Hübner, [1813])		E C	
37.060	531	***ochrea*** (Haworth, 1828)		E W	
37.061	530	***lixella*** Zeller, 1849		E S W I C	
• 37.062	529	***tricolor*** Walsingham, 1899		E	
37.063	544	***albicosta*** (Haworth, 1828)		E S W I C	
• 37.064	543	***vulnerariae*** Zeller, 1839		E	X

❶	❷	❸	❹	❺	❻
37.065	549	***pennella*** ([Denis & Schiffermüller], 1775)		E	
		onosmella (Brahm, 1791)			
37.066	526	***laricella*** (Hübner, [1817])	Larch Case-bearer	E S W I	
• 37.067	579	***antennariella*** Herrich-Schäffer, 1861		E	X
37.068	586	***adjunctella*** Hodgkinson, 1882		E S W I	
		paludicola Stainton, 1885			
• 37.069	587	***caespititiella*** Zeller, 1839		E S W I C	
		agrammella Wood, 1892			
37.070	583	***tamesis*** Waters, 1929		E S W I C	
		cratipennella sensu auctt. nec Clemens, 1864			
37.071	582	***glaucicolella*** Wood, 1892		E S W I C	
37.072	578	***otidipennella*** (Hübner, [1817])		E S W I C	
		murinipennella (Duponchel, [1844])			
37.073	584	***alticolella*** Zeller, 1849		E S W I C	
		caespititiella sensu auctt. nec Zeller, 1839			
37.074	581	***taeniipennella*** Herrich-Schäffer, 1855		E S W I C	
		galactaula Meyrick, 1928			
		alticolella sensu auctt. nec Zeller, 1849			
37.075	575	***salinella*** Stainton, 1859		E	
37.076	580	***sylvaticella*** Wood, 1892		E S W I	
37.077	552	***lassella*** Staudinger, 1859		E I C	
		teidensis Walsingham, [1908]			
37.078	585	***maritimella*** Newman, 1873		E S W I	
		obtusella Stainton, 1874			
37.079	574a	***aestuariella*** Bradley, 1984		E	
37.080	564	***virgaureae*** Stainton, 1857		E S W I	
		obscenella sensu auctt. nec Zeller, 1849			
• 37.081	561	***therinella*** Tengström, 1848		E I C	
37.082	562	***asteris*** Mühlig, 1864		E S W	
		tripoliella Hodgkinson, 1875			
• 37.083	565	***saxicolella*** (Duponchel, [1843])		E S W I C	
		benanderi Kanerva, 1941			
		annulatella sensu Pierce & Metcalfe, 1935 et auctt. nec Nylander, [1848]			
		flavaginella sensu auctt. nec Lienig & Zeller, 1846			
		laripennella sensu auctt. nec (Zetterstedt, 1839)			
• 37.084	566	***sternipennella*** (Zetterstedt, 1839)		E S W C	
		flavaginella sensu auctt. nec Lienig & Zeller, 1846			
		laripennella sensu auctt. nec (Zetterstedt, 1839)			
37.085	569	***squamosella*** Stainton, 1856		E	
		erigerella Ford, 1935			
• 37.086	568	***versurella*** Zeller, 1849		E S W I C	
		laripennella sensu auctt. nec (Zetterstedt, 1839)			
• 37.087	572	***vestianella*** (Linnaeus, 1758)		E S C	
		laripennella (Zetterstedt, 1839)			
		annulatella Nylander, [1848]			
37.088	573	***atriplicis*** Meyrick, [1928]		E S W I	
		moeniacella sensu auctt. nec Stainton, 1887			
37.089	570	***pappiferella*** Hofmann, 1869		S I	
37.090	577	***artemisicolella*** Bruand, [1855]		E W C	
	571	*granulatella* sensu auctt. nec Zeller, 1849			
37.091	574	***deviella*** Zeller, 1847		E	
		suaedivora Meyrick, [1928]			
		flavaginella sensu Meyrick, 1895 nec Lienig & Zeller, 1846			
		moeniacella sensu auctt. nec Stainton, 1887			
37.092	551	***galbulipennella*** Zeller, 1838		E	
		otitae Zeller, 1839			

❶	❷	❸	❹	❺	❻
• 37.093	559	***peribenanderi*** Toll, 1943		E S W I C	
		benanderi Toll, 1942			
		therinella sensu Pierce & Metcalfe, 1935, et auctt. nec Tengström, 1848			
37.094	558	***ramosella*** Zeller, 1849		E I	
		vlachi (Toll, 1953)			
37.095	556	***trochilella*** (Duponchel, [1843])		E S W I C	
		troglodytella sensu auctt. nec (Duponchel, [1843])			
37.096	557	***gardesanella*** Toll, 1953		E	
		maritimella Machin, 1884			
		machinella Bradley, 1971			
37.097	556a	***linosyridella*** Fuchs, 1880		E	
37.098	554	***inulae*** Wocke, [1876]		E W	
37.099	553	***striatipennella*** Nylander, [1848]		E S W I	
		apicella Stainton, 1858			
		lineolea sensu auctt. nec (Haworth, 1828)			
37.100	525	***solitariella*** Zeller, 1849		E W	
37.101	576	***albicans*** Zeller, 1849		E S W	
		artemisiella Scott, 1861			
37.102	563	***argentula*** (Stephens, 1834)		E S W C	
• 37.103	555	***follicularis*** (Vallot, 1802)		E S W I C	
		troglodytella (Duponchel, [1843])			
		derivatella Zeller, 1849			
		inulifolia Benander, 1936			
• 37.104	567	***adspersella*** Benander, 1939		E W I C	
		laripennella sensu auctt. nec (Zetterstedt, 1839)			
• 37.105	550	***nutantella*** Mühlig & Frey, 1857		E S W	
		inflatae Stainton, 1857			
		silenella sensu auctt. nec Herrich-Schäffer, 1855			
37.106	560	***paripennella*** Zeller, 1839		E S W I	
		alcyonipennella sensu Pierce & Metcalfe, 1935, et auctt. nec (Kollar, 1832)			
		aereipennis sensu auctt. nec Wocke, [1876]			
37.107	589	***clypeiferella*** Hofmann, 1871		E C	
37.108	588	***salicorniae*** Heinemann & Wocke, [1876]		E W I C	
		binotapennella sensu auctt. nec (Duponchel, [1843])			
37.109	527	***wockeella*** Zeller, 1849		E	

ELACHISTIDAE

PERITTIA Stainton, 1854

38.001	590	***obscurepunctella*** (Stainton, 1848)		E W I C	
		oleella sensu Stephens, 1834 nec (Fabricius, 1794)			
38.002	591	***farinella*** (Thunberg, 1794)		E	

STEPHENSIA Stainton, 1858

38.003	592	***brunnichella*** (Linnaeus, 1767)		E W	
		brunnichiella misspelling			

ELACHISTA Treitschke, 1833

APHELOSETIA Stephens, 1834

38.004	610	***argentella*** (Clerck, 1759)		E S W I C	
		cygnipennella (Hübner, 1796)			
		cygnipennis (Haworth, 1828)			
		semialbella (Stephens, 1834)			
38.005	611	***triatomea*** (Haworth, 1828)		E S W I	
		dispilella sensu Stainton, 1849 nec Zeller, 1839			
38.006	612	***collitella*** (Duponchel, [1843])		E W	
38.007	613	***subocellea*** (Stephens, 1834)		E S W I	
		disertella (Herrich-Schäffer, 1855)			
		dispunctella sensu Pierce & Metcalfe, 1935 ♂ genitalia nec (Duponchel, [1843])			
		pollinariella sensu Stainton, 1851 nec Zeller, 1839			

❶	❷	❸	❹	❺	❻
38.008	*614*	***triseriatella*** Stainton, 1854		E S W	
• 38.009	*615*	***cahorsensis*** Traugott-Olsen, 1992		E W I C	
		dispunctella (Duponchel, [1843])			
38.010	*616*	***bedellella*** (Sircom, 1848)		E S W	
38.011	*616a*	***littoricola*** Le Marchand, 1938		E	
38.012	*617*	***obliquella*** Stainton, 1854		E W I	
		gangabella sensu Pierce & Metcalfe, 1935 nec Zeller, 1850			
		megerlella sensu auctt. nec (Hübner, [1810]) homonym			
38.013	*618*	***cingillella*** (Herrich-Schäffer, 1855)		E	
		densicornella Hodgkinson, 1879			
		densicornuella misspelling			
38.014	*619*	***unifasciella*** (Haworth, 1828)		E	
		taeniatella sensu Pierce & Metcalfe, 1935 nec Stainton, 1857			
38.015	*620*	***gangabella*** Zeller, 1850		E W I C	
		taeniatella Stainton, 1857			
		albinella sensu Stainton, 1854 nec (Linnaeus, 1758)			
38.016	*621*	***subalbidella*** Schläger, 1847		E S W I	
		ochreella Stainton, 1849			
38.017	*622*	***adscitella*** Stainton, 1851		E W I C	
		abruptella Stainton, 1854			
		cinctella sensu Zeller, 1839 nec (Clerck, 1759)			
		revinctella sensu Traugott-Olsen & Nielsen, 1977 nec Zeller, 1850			
38.018	*623*	***bisulcella*** (Duponchel, [1843])		E S W I	
		zonariella (Tengström, 1848)			
		ELACHISTA Treitschke, 1833			
• 38.019	*593*	***regificella*** Sircom, 1849		E S W	
		magnificella sensu auctt. nec Tengström, 1848 homonym			
• 38.020	*593a*	***geminatella*** (Herrich-Schäffer, 1855)		E	
• 38.021	*593b*	***tengstromi*** Kaila, Bengtsson, Šulcs & Junnilainen, 2001		E S W	
		magnificella Tengström, 1848 homonym			
		regificella sensu Steuer, 1980 nec Sircom, 1849			
38.022	*594*	***gleichenella*** (Fabricius, 1781)		E S W I	
		magnificella (Duponchel, [1843])			
38.023	*595*	***biatomella*** (Stainton, 1848)		E S W I	
38.024	*596*	***poae*** Stainton, 1855		E W I	
		poella Morris, 1870			
38.025	*597*	***atricomella*** Stainton, 1849		E S W I C	
		alienella Stainton, 1851			
		extensella Stainton, 1851			
		holdenella Stainton, 1854			
38.026	*598*	***kilmunella*** Stainton, 1849		E S W I	
38.027	*598a*	***eskoi*** Kyrki & Karvonen, 1985		S	
38.028	*599*	***alpinella*** Stainton, 1854		E S W I	
		monticola Wocke, [1876]			
38.029	*600*	***luticomella*** Zeller, 1839		E S W I C	
		flavicomella Stainton, 1856			
38.030	*601*	***albifrontella*** (Hübner, [1817])		E S W I C	
		holdenella sensu Pierce & Metcalfe, 1935 ♀ genitalia nec Stainton, 1854			
• 38.031	*601a*	***nobilella*** Zeller, 1839		E	
38.032	*602*	***apicipunctella*** Stainton, 1849		E S W I	
38.033	*603*	***subnigrella*** Douglas, 1853		E S W I	
38.034	*604*	***orstadii*** Palm, 1943		S	
38.035	*605*	***pomerana*** Frey, 1870		E	
38.036	*606*	***humilis*** Zeller, 1850		E S W I C	
		occultella Douglas, 1850			
		airae Stainton, 1858			

❶	❷	❸	❹	❺	❻
		perplexella Stainton, 1858			
		holdenella sensu Pierce & Metcalfe, 1935 ♂ genitalia nec Stainton, 1854			
38.037	607	***canapennella*** (Hübner, [1813])		E S W I C	
		pulchella (Haworth, 1828) homonym			
		obscurella Stainton, 1849			
		subobscurella Doubleday, 1859			
38.038	608	***rufocinerea*** (Haworth, 1828)		E S W I C	
		oleae (Haworth, 1828)			
		floslactis (Haworth, 1828)			
38.039	609	***maculicerusella*** (Bruand, 1859)		E S W I	
		cerusella (Hübner, 1796) homonym			
		monosemiella Rössler, 1881			
38.040	624	***trapeziella*** Stainton, 1849		E S W I	
38.041	625	***cinereopunctella*** (Haworth, 1828)		E S W I	
38.042	626	***serricornis*** Stainton, 1854		E S I	
		serricornella Morris, 1870			
38.043	627	***scirpi*** Stainton, 1887		E W I C	
38.044	628	***eleochariella*** Stainton, 1851		E S W I C	
38.045	629	***utonella*** Frey, 1856		E S W I	
		caricis Stainton, [1858]			
		paludum Frey, 1859			
		carinisella Morris, 1870			
		palustrella Morris, 1870			
38.046	630	***albidella*** Nylander, [1848]		E S W I	
		rhynchosporella (Stainton, 1848)			
38.047	631	***freyerella*** (Hübner, [1825])		E S W I C	
		aridella Heinemann, 1854			
		gregsoni Stainton, 1855			
		nigrella sensu Hübner, [1805] nec (Fabricius, 1775)			
38.048	632	***consortella*** Stainton, 1851		E S W I C	
		exiguella Frey, 1885			
38.049	633	***stabilella*** Stainton, 1858		E W C	

PARAMETRIOTIDAE

BLASTODACNA Wocke, [1876]

39.001	905	***hellerella*** (Duponchel, 1838)		E S W I C	
		atra sensu Meyrick, [1928] nec (Haworth, 1828)			
39.002	906	***atra*** (Haworth, 1828)	Apple Pith Moth	E S W I C	
		putripennella (Zeller, 1839)			
		vinolentella sensu Meyrick, 1895 nec (Herrich-Schäffer, [1854])			

SPULERIA Hofmann, 1898

39.003	904	***flavicaput*** (Haworth, 1828)		E S W I	
		aurifrontella (Geyer, [1832])			
		aurocapitella (Bruand, 1847)			

DYSTEBENNA Spuler, 1910

39.004	907	***stephensi*** (Stainton, 1849)		E	
		tesselatella (Herrich-Schäffer, 1853)			

CHRYSOCLISTA Stainton, 1854

39.005	903	***linneella*** (Clerck, 1759)		E I	
		gemmatella (Costa, [1836])			
39.006	902	***lathamella*** Fletcher, 1936		E S W I	
		bimaculella (Haworth, 1828) homonym			
		razowskii Riedl, 1965			

❶	❷	❸	❹	❺	❻
		MOMPHIDAE			
		MOMPHA Hübner, [1825]			
		MOMPHA Hübner, [1825]			
40.001	885	*conturbatella* (Hübner, [1819])		E S W I	
40.002	886	*ochraceella* (Curtis, 1839)		E S W I C	
40.003	887	*lacteella* (Stephens, 1834)		E S W I	
40.004	888	*propinquella* (Stainton, 1851)		E S W I	
40.005	889	*divisella* Herrich-Schäffer, 1854		E W C	
		decorella sensu auctt. nec (Haworth, 1812)			
40.006	890	*jurassicella* (Frey, 1881)		E	
		subdivisella Bradley, 1951			
40.007	889a	*bradleyi* Riedl, 1965		E	
40.008	892	*subbistrigella* (Haworth, 1828)		E S W I C	
40.009	891	*sturnipennella* (Treitschke, 1833)		E W C	
		nodicolella Fuchs, 1902			
40.010	893	*epilobiella* ([Denis & Schiffermüller], 1775)		E S W I C	
		fulvescens (Haworth, 1828)			
		ANYBIA Stainton, 1854			
40.011	880	*langiella* (Hübner, 1796)		E S W I	
		epilobiella (Roemer, 1794) homonym			
		LOPHOPTILUS Sircom, 1848			
40.012	884	*miscella* ([Denis & Schiffermüller], 1775)		E S W	
		PSACAPHORA Herrich-Schäffer, 1853			
40.013	882	*locupletella* ([Denis & Schiffermüller], 1775)		E S W I C	
		schrankella (Hübner, [1805])			
40.014	881	*terminella* (Humphreys & Westwood, 1845)		E S W I	
40.015	883	*raschkiella* (Zeller, 1839)		E S W I	
		BLASTOBASIDAE			
		BLASTOBASIS Zeller, 1855			
41.001	875	*phycidella* (Zeller, 1839)		E C	
41.002	873	*adustella* Walsingham, 1894		E S W I C	
		lignea sensu auctt. nec Walsingham, 1894			
41.003	874	*lacticolella* Rebel, 1940		E S W I C	
		decolorella sensu auctt. nec (Wollaston, 1858)			
•41.004	873a	*vittata* (Wollaston, 1858)		E	
		lignea Walsingham, 1894			
•41.005	875a	*rebeli* Karsholt & Sinev, 2004		E W	
		HYPATOPA Walsingham, 1907			
•41.006	875b	*binotella* (Thunberg, 1794)		E	
		STATHMOPODIDAE			
		PACHYRHABDA Meyrick, 1897			
•42.001		*steropodes* Meyrick, 1897		E	
		STATHMOPODA Herrich-Schäffer, 1853			
42.002	877	*pedella* (Linnaeus, 1761)		E C	
		cylindrella (Fabricius, [1777])			
		angustipennella (Hübner, 1796)			
		SCYTHRIDIDAE			
		SCYTHRIS Hübner, [1825]			
43.001	913	*fallacella* (Schläger, 1847)		E	
43.002	911	*grandipennis* (Haworth, 1828)		E W C	
•43.003	912	*fuscoaenea* (Haworth, 1828)		E	X
43.004	915	*picaepennis* (Haworth, 1828)		E S W I C	
		senescens (Stainton, 1850)			
43.005	914	*crassiuscula* (Herrich-Schäffer, 1855)		E W	
		fletcherella Meyrick, [1928]			

❶	❷	❸	❹	❺	❻
		fuscocuprea sensu auctt. nec (Haworth, 1828)			
		laminella sensu auctt. nec ([Denis & Schiffermüller], 1775)			
43.006	920	***potentillella*** (Zeller, 1847)		E	
43.007	918	***limbella*** (Fabricius, 1775)		E	
		quadriguttella (Thunberg, 1794)			
		chenopodiella (Hübner, [1813])			
43.008	920a	***inspersella*** (Hübner, [1817])		E	
43.009	917	***empetrella*** Karsholt & Nielsen, 1976		E S	
		variella (Stephens, 1834) homonym			
43.010	916	***siccella*** (Zeller, 1839)		E	
•43.011	919	***cicadella*** (Zeller, 1839)		E	X

ALUCITOIDEA
ALUCITIDAE
ALUCITA Linnaeus, 1758

44.001	1288	***hexadactyla*** Linnaeus, 1758	Twenty-plume Moth or Many-plumed Moth	E S W I C	
		polydactyla Hübner, [1813]			
		poecilodactyla Stephens, 1835			

PTEROPHOROIDEA
PTEROPHORIDAE
AGDISTINAE
AGDISTIS Hübner, [1825]

45.001	1488	***bennetii*** (Curtis, 1833)	Saltmarsh Plume	E C	
45.002	1487	***meridionalis*** (Zeller, 1847)	Cliff Plume	E W C	
		staticis Millière, 1875			
•45.003	1488a	***tamaricis*** (Zeller, 1847)	Tamarisk Plume	C	

PTEROPHORINAE
PLATYPTILIA Hübner, [1825]

45.004	1501	***gonodactyla*** ([Denis & Schiffermüller], 1775)	Triangle Plume	E S W I C	
		trigonodactylus (Haworth, 1811)			
45.005	1500	***calodactyla*** ([Denis & Schiffermüller], 1775)	Goldenrod Plume	E W I	
		zetterstedtii (Zeller, 1841)			
		taeniadactyla (South, 1882)			
45.006	1502	***isodactylus*** (Zeller, 1852)	Hoary Plume	E S W I	
45.007	1499	***tesseradactyla*** (Linnaeus, 1761)	Irish Plume	I	
		hibernica Tutt, 1906			

GILLMERIA Tutt, 1905

45.008	1504	***pallidactyla*** (Haworth, 1811)	Yarrow Plume	E S W I C	
		bertrami (Rössler, 1864)			
•45.009	1503	***ochrodactyla*** ([Denis & Schiffermüller], 1775)	Tansy Plume	E S W	
		dichrodactylus (Mühlig, 1863)			
		tetradactyla sensu auctt. nec (Linnaeus, 1758) invalid			

AMBLYPTILIA Hübner, [1825]

45.010	1497	***acanthadactyla*** (Hübner, [1813])	Beautiful Plume	E S W I C	
		calodactyla sensu auctt. nec ([Denis & Schiffermüller], 1775)			
45.011	1498	***punctidactyla*** (Haworth, 1811)	Brindled Plume	E S W I C	
		cosmodactyla (Hübner, [1819])			

STENOPTILIA Hübner, [1825]

45.012	1509	***pterodactyla*** (Linnaeus, 1761)	Brown Plume	E S W I C	
		fuscus (Retzius, 1783)			
		fuscodactyla (Haworth, 1811)			
•45.013	1508	***bipunctidactyla*** (Scopoli, 1763)	Twin-spot Plume	E S W I C	
		mictodactyla ([Denis & Schiffermüller], 1775)			
		plagiodactylus (Stainton, 1851)			

❶	❷	❸	❹	❺	❻
		hodgkinsonii (Gregson, 1868)			
		hirundodactylus (Gregson, 1871)			
		scabiodactylus sensu auctt. nec (Gregson, 1869)			
		serotinus sensu auctt. nec (Zeller, 1852)			
• 45.014	1508e	*scabiodactylus* (Gregson, 1869)	Gregson's Plume	E W	
• 45.015		*inopinata* Bigot & Picard, 2002	Scarce Plume	E S	
• 45.016		*gallobritannidactyla* Gibeaux, 1985			
• 45.017	1508c	*annadactyla* Sutter, 1988	Small Scabious Plume	E	
45.018	1508a	*islandicus* (Staudinger, 1857)	Mountain Plume	S	
		pelidnodactyla sensu auctt. nec (Stein, 1837)			
45.019	1506	*millieridactyla* (Bruand, 1861)	Saxifrage Plume	E S I	
		saxifragae Fletcher, 1940			
• 45.020	1505	*pneumonanthes* (Büttner, 1880)	Gentian Plume	E	X
		graphodactyla sensu auctt. nec (Treitschke, 1833)			
45.021	1507	*zophodactylus* (Duponchel, 1840)	Dowdy Plume	E S W I C	
		loewii (Zeller, 1847)			
		CNAEMIDOPHORUS Wallengren, 1862			
45.022	1496	*rhododactyla* ([Denis & Schiffermüller], 1775)	Rose Plume E		
		MARASMARCHA Meyrick, 1886			
45.023	1495	*lunaedactyla* (Haworth, 1811)	Crescent Plume	E W I C	
		phaeodactyla (Hübner, [1813])			
		pallidactyla sensu auctt. nec (Haworth, 1811)			
		OXYPTILUS Zeller, 1841			
• 45.024	1489	*pilosellae* (Zeller, 1841)	Downland Plume	E	X
		hieracii (Stainton, 1854)			
45.025	1490	*parvidactyla* (Haworth, 1811)	Small Plume	E S W I C	
		CROMBRUGGHIA Tutt, 1907			
45.026	1491	*distans* (Zeller, 1847)	Breckland Plume	E C	
		laetus sensu auctt. nec (Zeller, 1847)			
45.027	1492	*laetus* (Zeller, 1847)	Scarce Light Plume	E S W I	
		CAPPERIA Tutt, 1905			
45.028	1494	*britanniodactylus* (Gregson, 1869)	Wood Sage Plume	E S W I C	
		teucrii (Jordan, 1869)			
		heterodactyla sensu auctt. nec (Müller, 1764)			
		BUCKLERIA Tutt, 1905			
45.029	1493	*paludum* (Zeller, 1839)	Sundew Plume	E	
		PTEROPHORUS Schäffer, 1766			
45.030	1513	*pentadactyla* (Linnaeus, 1758)	White Plume	E S W I C	
		tridactyla (Scopoli, 1763)			
		PORRITTIA Tutt, 1905			
45.031	1514	*galactodactyla* ([Denis & Schiffermüller], 1775)	Spotted White Plume	E W	
		MERRIFIELDIA Tutt, 1905			
45.032	1511	*tridactyla* (Linnaeus, 1758)	Western Thyme Plume	E I	
		tetradactyla (Linnaeus, 1758) invalid			
		fuscolimbatus (Duponchel, [1844])			
		icterodactylus (Mann, 1855)			
		icterodactylus phillipsi (Huggins, 1955)			
45.033	1510	*leucodactyla* ([Denis & Schiffermüller], 1775)	Thyme Plume	E S W I	
		fuscolimbatus sensu auctt. nec (Duponchel, [1844])			
		icterodactylus sensu auctt. nec (Mann, 1855)			
		tetradactyla sensu auctt. nec (Linnaeus, 1758)			
		tridactyla sensu auctt. nec (Linnaeus, 1758)			
45.034	1512	*baliodactylus* (Zeller, 1841)	Dingy White Plume	E	
		tridactyla sensu auctt. nec (Linnaeus, 1758)			
		WHEELERIA Tutt, 1905			
45.035	1515	*spilodactylus* (Curtis, 1827)	Horehound Plume	E S W	

❶	❷	❸	❹	❺	❻
		PSELNOPHORUS Wallengren, 1881			
45.036	*1516*	*heterodactyla* (Müller, 1764)	Short-winged Plume	E S	
		brachydactylus (Kollar, 1832)			
		OIDAEMATOPHORUS Wallengren, 1862			
45.037	*1523*	*lithodactyla* (Treitschke, 1833)	Dusky Plume	E S W I C	
		phaeodactylus (Stephens, 1835)			
		HELLINSIA Tutt, 1905			
45.038	*1522*	*tephradactyla* (Hübner, [1813])	Plain Plume	E S W I	
45.039	*1519*	*carphodactyla* (Hübner, [1813])	Citron Plume	E W	
45.040	*1518*	*lienigianus* (Zeller, 1852)	Mugwort Plume	E	
		septodactyla sensu Tutt, 1905 nec (Treitschke, 1833)			
• 45.041	*1520*	*osteodactylus* (Zeller, 1841)	Small Goldenrod Plume	E S W	
45.042	*1521*	*chrysocomae* (Ragonot, 1875)	Scarce Goldenrod Plume	E	
		bowesi (Whalley, 1960)			
		ADAINA Tutt, 1905			
45.043	*1517*	*microdactyla* (Hübner, [1813])	Hemp Agrimony Plume	E S W I	
		EMMELINA Tutt, 1905			
• 45.044	*1524*	*monodactyla* (Linnaeus, 1758)	Common Plume	E S W I C	
		pterodactyla sensu auctt. nec (Linnaeus, 1761)			
• 45.045	*1524a*	*argoteles* (Meyrick, 1922)	Reedbed Plume	E	

SCHRECKENSTEINIOIDEA
SCHRECKENSTEINIIDAE
SCHRECKENSTEINIA Hübner, [1825]

46.001	*485*	*festaliella* (Hübner, [1819])		E S W I C	

EPERMENIOIDEA
EPERMENIIDAE
EPERMENIINAE
PHAULERNINI
PHAULERNIS Meyrick, 1895

47.001	*478*	*fulviguttella* (Zeller, 1839)		E S W I C	
		flavimaculella (Stainton, 1849)			
47.002	*477*	*dentella* (Zeller, 1839)		E	

EPERMENIINI
EPERMENIA Hübner, [1825]
CALOTRIPIS Hübner, [1825]

47.003	*482*	*insecurella* (Stainton, 1849)		E	
47.004	*484*	*aequidentellus* (Hofmann, 1867)		E S W I C	
		daucellus (Peyerimhoff, 1870)			
47.005	*483*	*chaerophyllella* (Goeze, 1783)		E S W I C	
47.006	*481*	*falciformis* (Haworth, 1828)		E S W I C	
		illigerella sensu auctt. nec (Hübner [1813])			

CATAPLECTICA Walsingham, 1894

47.007	*479*	*farreni* Walsingham, 1894		E S	
47.008	*480*	*profugella* (Stainton, 1856)		E W	

CHOREUTOIDEA
CHOREUTIDAE
CHOREUTINAE
ANTHOPHILA Haworth, 1811

48.001	*385*	*fabriciana* (Linnaeus, 1767)		E S W I C	

PROCHOREUTIS Diakonoff & Heppner, 1980

48.002	*388*	*myllerana* (Fabricius, 1794)		E S W I	
		scintilulana (Hübner, [1825])			
		scintillulana misspelling			

❶	❷	❸	❹	❺	❻
48.003	387	*sehestediana* (Fabricius, [1777])		E S W I	
		punctosa (Haworth, 1811)			
		myllerana sensu Pierce & Metcalfe, 1935 ♀ genitalia nec (Fabricius, 1794)			
		TEBENNA Billberg, 1820			
•48.004		*bjerkandrella* (Thunberg, 1784)		E	
48.005	386	*micalis* (Mann, 1857)		E S W I C	
		bjerkandrella sensu Pierce & Metcalfe, 1935 ♀ genitalia et auctt. nec (Thunberg, 1784)			
		vibrana sensu auctt. nec (Hübner, [1813])			
		CHOREUTIS Hübner, [1825]			
48.006	390	*diana* (Hübner, [1822])		S	
48.007	389	*pariana* (Clerck, 1759)	Apple Leaf Skeletonizer	E S W C	

TORTRICOIDEA
TORTRICIDAE
CHLIDANOTINAE
OLINDIA Guenée, 1845

49.001	1013	*schumacherana* (Fabricius, 1787)		E S W I C	
		ulmana (Hübner, [1823])			
		ISOTRIAS Meyrick, 1895			
49.002	1014	*rectifasciana* (Haworth, 1811)		E S W	
		trifasciana (Donovan, 1806)			
		hybridana sensu auctt. nec (Hübner, [1817])			

TORTRICINAE
SPARGANOTHINI
SPARGANOTHIS Hübner, [1825]

49.003	1012	*pilleriana* ([Denis & Schiffermüller], 1775)		E W C	

RAMAPESIINI
DITULA Stephens, 1829

49.004	1010	*angustiorana* (Haworth, 1811)	Red-barred Tortrix	E S W I C	
		EPAGOGE Hübner, [1825]			
49.005	1006	*grotiana* (Fabricius, 1781)		E S W I C	
		PARAMESIA Stephens, 1829			
49.006	1004	*gnomana* (Clerck, 1759)		E	
		PERICLEPSIS Bradley, 1977			
•49.007	1005	*cinctana* ([Denis & Schiffermüller], 1775)		E S	XE
		PHILEDONE Hübner, [1825]			
49.008	1008	*gerningana* ([Denis & Schiffermüller], 1775)		E S W I	
		CAPUA Stephens, 1834			
49.009	1007	*vulgana* (Frölich, 1828)		E S W I C	
		favillaceana (Hübner, [1817]) homonym			
		ochraceana Stephens, 1834			
		PHILEDONIDES Obraztsov, 1954			
49.010	1009	*lunana* (Thunberg, 1784)		E S W I	
		prodromana (Hübner, [1816])			
		walkerana (Curtis, 1828)			

ARCHIPINI
ARCHIPS Hübner, 1822

49.011	976	*oporana* (Linnaeus, 1758)		E C	
		piceana (Linnaeus, 1758)			
•49.012	978	*betulana* (Hübner, [1787])		E	X
		decretana (Treitschke, 1835)			
49.013	977	*podana* (Scopoli, 1763)	Large Fruit-tree Tortrix	E S W I C	
		fulvana ([Denis & Schiffermüller], 1775)			
		oporana sensu auctt. nec (Linnaeus, 1758)			
49.014	979	*crataegana* (Hübner, [1799])	Brown Oak Tortrix	E S W I C	
		roborana (Hübner, [1799])			

❶	❷	❸	❹	❺	❻
49.015	980	*xylosteana* (Linnaeus, 1758)	Variegated Golden Tortrix	E S W I C	
49.016	981	*rosana* (Linnaeus, 1758)	Rose Tortrix	E S W I C	
		CHORISTONEURA Lederer, 1859			
49.017	982	*diversana* (Hübner, [1817])		E W C	
		transitana (Guenée, 1845)			
49.018	983	*hebenstreitella* (Müller, 1764)		E S W I C	
		sorbiana (Hübner, [1799])			
• 49.019	984	*lafauryana* (Ragonot, 1875)		E	X
		ARGYROTAENIA Stephens, 1852			
49.020	974	*ljungiana* (Thunberg, 1797)		E S W I C	
		politana (Haworth, 1811)			
		pulchellana (Haworth, 1811)			
		PTYCHOLOMOIDES Obraztsov, 1954			
49.021	987	*aeriferana* (Herrich-Schäffer, 1851)		E W	
		PTYCHOLOMA Stephens, 1829			
49.022	1000	*lecheana* (Linnaeus, 1758)		E S W I C	
		PANDEMIS Hübner, [1825]			
49.023	971	*cinnamomeana* (Treitschke, 1830)		E S W	
49.024	969	*corylana* (Fabricius, 1794)	Chequered fruit-tree tortrix	E S W I C	
49.025	970	*cerasana* (Hübner, 1786)	Barred Fruit-tree Tortrix	E S W I C	
		ribeana (Hübner, [1799])			
49.026	972	*heparana* ([Denis & Schiffermüller], 1775)	Dark Fruit-tree Tortrix	E S W I C	
49.027	973	*dumetana* (Treitschke, 1835)		E	
		SYNDEMIS Hübner, [1825]			
49.028	986	*musculana* (Hübner, [1799])		E S W I C	
		musculinana (Kennel, 1899)			
		LOZOTAENIA Stephens, 1829			
49.029	1002	*forsterana* (Fabricius, 1781)		E S W I C	
		adjunctana (Treitschke, 1830)			
		CACOECIMORPHA Obraztsov, 1954			
49.030	985	*pronubana* (Hübner, [1799])	Carnation Tortrix	E S W I C	
		APHELIA Hübner, [1825]			
		ZELOTHERSES Lederer, 1859			
49.031	989	*paleana* (Hübner, 1793)	Timothy Tortrix	E S W I C	
		icterana (Frölich, 1828)			
49.032	990	*unitana* (Hübner, [1799])		E S W I	
		APHELIA Hübner, [1825]			
49.033	988	*viburnana* ([Denis & Schiffermüller], 1775)	Bilberry Tortrix	E S W I	
		viburniana (Fabricius, 1787)			
		teucriana (Tutt, 1890)			
		DICHELIA Guenée, 1845			
• 49.034	990a	*histrionana* (Frölich, 1828)		E	
		CLEPSIS Guenée, 1845			
49.035	991	*senecionana* (Hübner, [1819])		E S W I	
		rusticana (Hübner, [1799])			
49.036	992	*rurinana* (Linnaeus, 1758)		E S W I	
		semialbana (Guenée, 1845)			
49.037	993	*spectrana* (Treitschke, 1830)	Cyclamen Tortrix	E S W I C	
		latiorana (Stainton, 1857)			
		costana sensu auctt. nec ([Denis & Schiffermüller], 1775)			
49.038	994	*consimilana* (Hübner, [1817])		E S W I C	
		unifasciana (Duponchel, [1843])			
		EPIPHYAS Turner, 1927			
49.039	998	*postvittana* (Walker, 1863)	Light Brown Apple Moth	E S W I C	
		LOZOTAENIODES Obraztsov, 1954			
49.040	1001	*formosana* (Frölich, 1830)		E W C	

❶	❷	❸	❹	❺	❻
		ADOXOPHYES Meyrick, 1881			
49.041	*999*	**orana** (Fischer von Röslerstamm, 1834)	Summer Fruit Tortrix	E	
		CNEPHASIINI			
		NEOSPHALEROPTERA Réal, 1953			
49.042	*1027*	**nubilana** (Hübner, [1799])		E W	
		EXAPATE Hübner, [1825]			
49.043	*1026*	**congelatella** (Clerck, 1759)		E S W	
		gelatella (Linnaeus, 1761)			
		TORTRICODES Guenée, 1845			
49.044	*1025*	**alternella** ([Denis & Schiffermüller], 1775)		E S W I	
		tortricella (Hübner, 1796)			
		hyemana (Hübner, [1819])			
		EANA Billberg, 1820			
		EUTRACHIA Hübner, 1822			
49.045	*1029*	**osseana** (Scopoli, 1763)		E S W I	
		pratana (Hübner, [1813])			
49.046	*1028*	**argentana** (Clerck, 1759)		S	
		EANA Billberg, 1820			
49.047	*1030*	**incanana** (Stephens, 1852)		E S W	
49.048	*1031*	**penziana penziana** (Thunberg & Becklin, 1791)			
		bellana (Curtis, 1826)			
		penziana colquhounana (Barrett, 1884)		E S W I	
		CNEPHASIA Curtis, 1826			
		CNEPHASIELLA Adamczewski, 1936			
49.049	*1024*	**incertana** (Treitschke, 1835)	Light Grey Tortrix	E S W I C	
		subjectana (Guenée, 1845)			
		CNEPHASIA Curtis, 1826			
49.050	*1020*	**stephensiana** (Doubleday, [1849])	Grey Tortrix	E S W I C	
		octomaculana Curtis, 1850			
		alternella sensu Stephens, 1852 nec ([Denis & Schiffermüller], 1775)			
		chrysantheana sensu auctt. nec (Duponchel, [1843])			
49.051	*1021*	**asseclana** ([Denis & Schiffermüller], 1775)	Flax Tortrix	E S W I C	
		interjectana (Haworth, 1811)			
		virgaureana (Treitschke, 1835)			
49.052	*1022*	**pasiuana** (Hübner, [1799])		E S W C	
		ontia (Hübner, [1822])			
		abrasana sensu Barrett, 1905 nec (Duponchel, [1843])			
		pasivana misspelling			
•49.053	*1022a*	**pumicana** (Zeller, 1847)	Cereal Tortrix	E	
49.054	*1023*	**genitalana** Pierce & Metcalfe, 1922		E C	
49.055	*1018*	**communana** (Herrich-Schäffer, 1851)		E W I C	
49.056	*1019*	**conspersana** Douglas, 1846		E S W I	
49.057	*1016*	**longana** (Haworth, 1811)		E S W C	
		expallidana (Haworth, 1811)			
		ictericana (Haworth, 1811)			
		TORTRICINI			
		SPATALISTIS Meyrick, 1907			
49.058	*1034*	**bifasciana** (Hübner, [1787])		E W	
		audouinana (Duponchel, 1836)			
		TORTRIX Linnaeus, 1758			
49.059	*1033*	**viridana** Linnaeus, 1758	Green Oak Tortrix	E S W I C	
		ALEIMMA Hübner, [1825]			
49.060	*1032*	**loeflingiana** (Linnaeus, 1758)		E S W I C	
		ACLERIS Hübner, [1825]			
49.061	*1037*	**holmiana** (Linnaeus, 1758)		E S W I C	

❶	❷	❸	❹	❺	❻
49.062	*1036*	***forsskaleana*** (Linnaeus, 1758)		E S W I C	
		forskaleana misspelling			
49.063	*1035*	***bergmanniana*** (Linnaeus, 1758)		E S W I C	
49.064	*1040*	***caledoniana*** (Stephens, 1852)		E S W I	
		calidoniana misspelling			
49.065	*1039*	***comariana*** (Lienig & Zeller, 1846)	Strawberry Tortrix	E S W I C	
		comparana sensu Pierce & Metcalfe, 1922 nec (Hübner, [1823])			
49.066	*1038*	***laterana*** (Fabricius, 1794)		E S W I C	
		latifasciana (Haworth, 1811)			
		comparana (Hübner, [1823])			
		perplexana (Barrett, 1881)			
		comariana sensu Pierce & Metcalfe, 1922 nec (Lienig & Zeller, 1846)			
		schalleriana sensu Pierce & Metcalfe, 1922 et sensu Meyrick, [1928] nec (Linnaeus, 1761)			
49.067	*1059*	***abietana*** (Hübner, [1822])		E S I	
49.068	*1060*	***maccana*** (Treitschke, 1835)		S	
49.069	*1041*	***sparsana*** ([Denis & Schiffermüller], 1775)		E S W I C	
		sponsana (Fabricius, 1787)			
		favillaceana (Hübner, [1799])			
49.070	*1042*	***rhombana*** ([Denis & Schiffermüller], 1775)	Rhomboid Tortrix	E S W I C	
		reticulata (Ström, 1783)			
		contaminana (Hübner, [1799])			
• 49.071	*1062*	***emargana*** (Fabricius, 1775)		E S W I C	
		caudana (Fabricius, 1775)			
• 49.072	*1062a*	***effractana*** (Hübner, [1799])		E S I	
49.073	*1047*	***schalleriana*** (Linnaeus, 1761)		E W I C	
		tristana (Hübner, [1799])			
		hastiana sensu Pierce & Metcalfe, 1922 ♂ genitalia nec (Linnaeus, 1758)			
		lipsiana sensu Pierce & Metcalfe, 1922 ♀ genitalia nec ([Denis & Schiffermüller], 1775)			
		logiana sensu Pierce & Metcalfe, 1922 ♂ genitalia nec (Clerck, 1759)			
49.074	*1058*	***lorquiniana*** (Duponchel, 1835)		E	
		uliginosana (Humphreys & Westwood, 1845)			
49.075	*1052*	***umbrana*** (Hübner, [1799])		E W C	
		hastiana sensu Pierce & Metcalfe, 1922 ♀ genitalia nec (Linnaeus, 1758)			
49.076	*1054*	***cristana*** ([Denis & Schiffermüller], 1775)		E W I C	
49.077	*1048*	***variegana*** ([Denis & Schiffermüller], 1775)	Garden Rose Tortrix	E S W I C	
49.078	*1043*	***aspersana*** (Hübner, [1817])		E S W I C	
49.079	*1046*	***shepherdana*** (Stephens, 1852)		E	
49.080	*1053*	***hastiana*** (Linnaeus, 1758)		E S W I C	
		autumnana (Hübner, [1817])			
		maccana sensu Pierce & Metcalfe, 1922 ♂ genitalia nec (Treitschke, 1835)			
49.081	*1049*	***permutana*** (Duponchel, 1836)		E W I	
49.082	*1055*	***hyemana*** (Haworth, 1811)		E S W I C	
		mixtana (Hübner, [1813])			
• 49.083	*1044*	***ferrugana*** ([Denis & Schiffermüller], 1775)		E S W I C	
		fissurana Pierce & Metcalfe, 1915			
49.084	*1045*	***notana*** (Donovan, 1806)		E S W I C	
		tripunctana (Hübner, [1799]) homonym			
		ferrugana sensu Pierce & Metcalfe, 1922 et auctt. nec ([Denis & Schiffermüller], 1775)			
49.085	*1050*	***kochiella*** (Goeze, 1783)		E C	
		boscana (Fabricius, 1794)			
		scabrana sensu Pierce & Metcalfe, 1922 et auctt. nec Stephens, 1834			
49.086	*1051*	***logiana*** (Clerck, 1759)		E S C	
		niveana (Fabricius, 1787)			
		scotana (Stephens, 1852)			
49.087	*1061*	***literana*** (Linnaeus, 1758)		E S W I C	
49.088	*1056*	***lipsiana*** ([Denis & Schiffermüller], 1775)		E S	

❶	❷	❸	❹	❺	❻
49.089	1057	*rufana* ([Denis & Schiffermüller], 1775)		E S W I	
		EULIINI			
		EULIA Hübner, [1825]			
49.090	1015	*ministrana* (Linnaeus, 1758)		E S W I C	
		PSEUDARGYROTOZA Obraztsov, 1954			
49.091	1011	*conwagana* (Fabricius, 1775)		E S W I C	
		conwayana misspelling			
		COCHYLINI			
		PHTHEOCHROA Stephens, 1829			
49.092	921	*inopiana* (Haworth, 1811)		E S W I C	
49.093	922	*schreibersiana* (Frölich, 1828)		E	
49.094	923	*sodaliana* (Haworth, 1811)		E W I	
		amandana Herrich-Schäffer, 1851			
49.095	925	*rugosana* (Hübner, [1799])		E W C	
		HYSTEROPHORA Obraztsov, 1944			
49.096	924	*maculosana* (Haworth, 1811)		E S W I C	
		COCHYLIMORPHA Razowski, 1959			
49.097	936	*straminea* (Haworth, 1811)		E S W I C	
49.098	935	*alternana* (Stephens, 1834)		E	
		PHALONIDIA Le Marchand, 1933			
49.099	933	*gilvicomana* (Zeller, 1847)		E W	
49.100	934	*curvistrigana* (Stainton, 1859)		E W	
49.101	926	*manniana* (Fischer von Röslerstamm, 1839)		E S W I C	
		notulana (Zeller, 1847)			
		udana sensu auctt. nec (Guenée, 1845)			
•49.102		*udana* (Guenée, 1845)		E	
49.103	932	*affinitana* (Douglas, 1846)		E S W I	
		GYNNIDOMORPHA Turner, 1916			
49.104	931	*luridana* (Gregson, 1870)		E	
		manniana sensu auctt. nec (Fischer von Röslerstamm, 1839)			
49.105	929	*vectisana* (Humphreys & Westwood, 1845)		E S W I	
		geyeriana (Herrich-Schäffer, 1851)			
49.106	927	*minimana* (Caradja, 1916)		E S I	
		walsinghamana (Meyrick, [1928])			
		geyeriana sensu auctt. nec (Herrich-Schäffer, 1851)			
49.107	928	*permixtana* ([Denis & Schiffermüller], 1775)		E S W I C	
		mussehliana (Treitschke, 1835)			
49.108	930	*alismana* (Ragonot, 1883)		E S W I C	
		udana sensu Meyrick, 1895 nec (Guenée, 1845)			
		AGAPETA Hübner, 1822			
49.109	937	*hamana* (Linnaeus, 1758)		E S W I C	
		caesiella (Hübner, [1799]) homonym			
49.110	938	*zoegana* (Linnaeus, 1767)		E S W I C	
		EUPOECILIA Stephens, 1829			
49.111	954	*angustana angustana* (Hübner, [1799])		E S W I C	
		angustana thuleana Vaughan, 1880		S	
49.112	955	*ambiguella* (Hübner, 1796) Vine Moth		E W	
		COMMOPHILA Hübner, [1825]			
49.113	952	*aeneana* (Hübner, [1800])		E	
		AETHES Billberg, 1820			
49.114	941	*hartmanniana* (Clerck, 1759)		E W C	
		subbaumanniana (Stainton, 1859)			
49.115	942	*piercei* Obraztsov, 1952		E S W I	
		baumanniana sensu auctt. nec ([Denis & Schiffermüller], 1775)			
49.116	944	*williana* (Brahm, 1791)		E W C	
		zephyrana (Treitschke, 1830)			

❶	❷	❸	❹	❺	❻
		dubrisana (Curtis, 1834)			
•49.117	943	*margarotana* (Duponchel, 1836)		E C	X
		maritimana (Guenée, 1845)		E	
49.118	948	*margaritana* (Haworth, 1811)		E	
		dipoltella (Hübner, [1813])			
49.119	940	*rutilana* (Hübner, [1817])		E S	
49.120	947	*smeathmanniana* (Fabricius, 1781)		E S W C	
49.121	939	*tesserana* ([Denis & Schiffermüller], 1775)		E S W	
		aleella (Schulze, 1776)			
49.122	949	*dilucidana* (Stephens, 1852)		E W C	
49.123	951	*beatricella* (Walsingham, 1898)		E	
49.124	950	*francillana* (Fabricius, 1794)		E S W I C	
		francillonana (Humphreys & Westwood, 1845)			
•49.125	951a	*bilbaensis* (Rössler, 1877)		E	
•49.126	950a	*fennicana fennicana* (Hering, 1924)			
		fennicana adelaidae (Toll, 1955)		E	
49.127	945	*cnicana* (Westwood, 1854)		E S W I C	
49.128	946	*rubigana* (Treitschke, 1830)		E S W I C	
		badiana (Hübner, [1799])			
		COCHYLIDIA Obraztsov, 1956			
49.129	959	*rupicola* (Curtis, 1834)		E S W I C	
49.130	958	*subroseana* (Haworth, 1811)		E	
49.131	957	*heydeniana* (Herrich-Schäffer, 1851)		E	
		erigerana (Walsingham, 1891)			
		sabulicola (Walsingham, 1900)			
49.132	956	*implicitana* (Wocke, 1856)		E S W C	
		COCHYLIS Treitschke, 1829			
49.133	968	*nana* (Haworth, 1811)		E S W I C	
49.134	962	*roseana* (Haworth, 1811)		E W	
49.135	963	*flaviciliana* (Westwood, 1854)		E W I C	
49.136	965	*hybridella* (Hübner, [1813])		E W C	
49.137	964	*dubitana* (Hübner, [1799])		E S W I C	
49.138	964a	*molliculana* Zeller, 1847		E W C	
49.139	966	*atricapitana* (Stephens, 1852)		E S W I C	
49.140	967	*pallidana* Zeller, 1847		E S W I C	
		FALSEUNCARIA Obraztsov & Swatschek, 1958			
49.141	961	*degreyana* (McLachlan, 1869)		E	
49.142	960	*ruficiliana* (Haworth, 1811)		E S W I	
		ciliella (Hübner, 1796) homonym			
		OLETHREUTINAE			
		OLETHREUTINI			
		EUDEMIS Hübner, [1825]			
49.143	1114	*porphyrana* (Hübner, [1799])		E W	
		pomedaxana Pierce & Metcalfe, 1915			
		pomedax (Meyrick, 1928)			
49.144	1113	*profundana* ([Denis & Schiffermüller], 1775)		E W I C	
		PSEUDOSCIAPHILA Obraztsov, 1966			
49.145	1088	*branderiana* (Linnaeus, 1758)		E	
		APOTOMIS Hübner, [1825]			
49.146	1089	*semifasciana* (Haworth, 1811)		E S W I	
49.147	1090	*infida* (Heinrich, 1926)		S	
49.148	1091	*lineana* ([Denis & Schiffermüller], 1775)		E W C	
		hartmanniana (Linnaeus, 1761) homonym			
49.149	1092	*turbidana* Hübner, [1825]		E S W I C	
		picana (Frölich, 1828)			
		corticana sensu auctt. nec (Hübner, [1799])			

❶	❷	❸	❹	❺	❻
49.150	*1093*	***betuletana*** (Haworth, 1811)		E S W I	
49.151	*1094*	***capreana*** (Hübner, [1817])		E S W I	
49.152	*1095*	***sororculana*** (Zetterstedt, 1839)		E S W I	
49.153	*1096*	***sauciana*** (Frölich, 1828)		E S W	
		grevillana (Curtis, 1835)			
		staintoniana Barrett, 1872			
		ORTHOTAENIA Stephens, 1829			
49.154	*1087*	***undulana*** ([Denis & Schiffermüller], 1775)		E S W I C	
		urticana (Hübner, [1799])			
		HEDYA Hübner, [1825]			
49.155	*1086*	***salicella*** (Linnaeus, 1758)		E W C	
49.156	*1083*	***nubiferana*** (Haworth, 1811)	Marbled Orchard Tortrix	E S W I C	
		dimidioalba (Retzius, 1783) invalid			
		variegana (Hübner, [1799])			
49.157	*1082*	***pruniana*** (Hübner, [1799])	Plum Tortrix	E S W I C	
49.158	*1084*	***ochroleucana*** (Frölich, 1828)		E S W I C	
49.159	*1085*	***atropunctana*** (Zetterstedt, 1839)		E S W I C	
		dimidiana (Sodoffsky, 1830)			
		CELYPHA Hübner, [1825]			
49.160	*1065*	***rufana*** (Scopoli, 1763)		E W	
49.161	*1063*	***striana*** ([Denis & Schiffermüller], 1775)		E S W I C	
49.162	*1064*	***rosaceana*** Schläger, 1847		E S W I C	
		purpurana (Haworth, 1811)			
49.163	*1067a*	***rurestrana*** (Duponchel, [1843])		E W	
49.164	*1067*	***cespitana*** (Hübner, [1817])		E S W I C	
49.165	*1066*	***woodiana*** (Barrett, 1882)		E W C	
49.166	*1076*	***lacunana*** ([Denis & Schiffermüller], 1775)		E S W I C	
49.167	*1068*	***rivulana*** (Scopoli, 1763)		E S W I	
49.168	*1078*	***doubledayana*** (Barrett, 1872)		E	
49.169	*1069*	***aurofasciana*** (Haworth, 1811)		E I	
		latifasciana (Haworth, 1812)			
		PHIARIS Hübner, [1825]			
49.170	*1077*	***obsoletana*** (Zetterstedt, 1839)		S	
		irriguana (Herrich-Schäffer, 1856)			
49.171	*1072*	***metallicana*** (Hübner, [1799])		S	
49.172	*1073*	***schulziana*** (Fabricius, [1777])		E S W I	
49.173	*1075*	***micana*** ([Denis & Schiffermüller], 1775)		E S W I	
		olivana (Treitschke, 1830)			
49.174	*1074*	***palustrana*** (Lienig & Zeller, 1846)		E S W I	
		PRISTEROGNATHA Obraztsov, 1960			
•49.175	*1081*	***penthinana*** (Guenée, 1845)		E	X
		postremana (Lienig & Zeller, 1846)			
		CYMOLOMIA Lederer, 1859			
•49.176	*1080a*	***hartigiana*** (Saxesen, 1840)		E	
		ARGYROPLOCE Hübner, [1825]			
49.177	*1071*	***arbutella*** (Linnaeus, 1758)		E S I	
		STICTEA Guenée, 1845			
49.178	*1070*	***mygindiana*** ([Denis & Schiffermüller], 1775)		E S W I	
		OLETHREUTES Hübner, 1822			
49.179	*1080*	***arcuella*** (Clerck, 1759)		E S W I C	
		PINIPHILA Falkovitsh, 1962			
49.180	*1079*	***bifasciana*** (Haworth, 1811)		E S W I C	
		LOBESIINI			
		LOBESIA Guenée, 1845			
		LOBESIODES Diakonoff, 1954			
49.181	*1105*	***occidentis*** Falkovitsh, 1970		E	

❶	❷	❸	❹	❺	❻
		euphorbiana sensu auctt. nec (Freyer, [1840])			
		LOBESIA Guenée, 1845			
49.182	*1107*	***botrana*** ([Denis & Schiffermüller], 1775) European Vine Moth	E		
49.183	*1108*	***abscisana*** (Doubleday, [1849])	E S W I C		
		fuligana (Haworth, 1811)			
49.184	*1106*	***reliquana*** (Hübner, [1825])	E S W I C		
		permixtana sensu auctt. nec ([Denis & Schiffermüller], 1775)			
49.185	*1109*	***littoralis*** (Westwood & Humphreys, 1845)	E S W I C		
		ENDOTHENIINI			
		ENDOTHENIA Stephens, 1852			
49.186	*1097*	***gentianaeana*** (Hübner, [1799])	E W C		
		gentiana (Hübner, [1809])			
		gentianana (Hübner, [1825])			
49.187	*1098*	***oblongana*** (Haworth, 1811)	E W C		
		sellana (Frölich, 1828)			
		sellana sensu Pierce & Metcalfe, 1922 ♀ genitalia nec (Frölich, 1828)			
49.188	*1099*	***marginana*** (Haworth, 1811)	E S W I C		
		sellana sensu Pierce & Metcalfe, 1922 ♂ genitalia nec (Frölich, 1828)			
		oblongana sensu Pierce & Metcalfe, 1922 ♀ genitalia nec (Haworth, 1811)			
		oblongana sensu Meyrick, 1928 nec (Haworth, 1811)			
49.189	*1100*	***pullana*** (Haworth, 1811)	E		
		carbonana sensu Barrett, 1886 nec (Doubleday, 1849)			
		fuligana sensu auctt. nec ([Denis & Schiffermüller], 1775)			
49.190	*1101*	***ustulana*** (Haworth, 1811)	E W I		
		carbonana (Doubleday, 1849)			
		fuligana sensu Barrett, 1905 nec ([Denis & Schiffermüller], 1775)			
49.191	*1102*	***nigricostana*** (Haworth, 1811)	E W		
49.192	*1103*	***ericetana*** (Humphreys & Westwood, 1845)	E S W I C		
49.193	*1104*	***quadrimaculana*** (Haworth, 1811)	E S W I C		
		antiguana (Hübner, [1813])			
		antiquana (Hübner, 1825)			
		BACTRINI			
		BACTRA Stephens, 1834			
		BACTRA Stephens, 1834			
49.194	*1111*	***lancealana*** (Hübner, [1799])	E S W I C		
		lanceolana (Hübner, [1825])			
49.195	*1110*	***furfurana*** (Haworth, 1811)	E S W I C		
49.196	*1111a*	***lacteana*** Caradja, 1916	E S W		
49.197	*1112*	***robustana*** (Christoph, 1872)	E S W I		
		scirpicolana Pierce & Metcalfe, 1935			
		CHILOIDES Butler, 1881			
• 49.198	*1112a*	***venosana*** (Zeller, 1847)	I		
		ENARMONIINI			
		EUCOSMOMORPHA Obraztsov, 1951			
49.199	*1217*	***albersana*** (Hübner, [1813])	E W		
		ENARMONIA Hübner, [1825]			
49.200	*1216*	***formosana*** (Scopoli, 1763) Cherry Bark Tortrix	E S W I C		
		woeberiana ([Denis & Schiffermüller], 1775)			
		ANCYLIS Hübner, [1825]			
49.201	*1117*	***unguicella*** (Linnaeus, 1758)	E S W I		
49.202	*1118*	***uncella*** ([Denis & Schiffermüller], 1775)	E S W I		
		uncana (Hübner, [1799])			
49.203	*1123*	***laetana*** (Fabricius, 1775)	E S W		
		lactana (Fabricius, 1781)			
49.204	*1122*	***obtusana*** (Haworth, 1811)	E W I		
49.205	*1116*	***comptana*** (Frölich, 1828)	E W		

❶	❷	❸	❹	❺	❻
49.206	*1121*	**upupana** (Treitschke, 1835)		E	
•49.207	*1119*	**geminana** (Donovan, 1806)		E S W I	
		biarcuana (Stephens, 1834)			
		inornatana sensu auctt. nec (Herrich-Schäffer, 1851)			
•49.208	*1119b*	**subarcuana** (Douglas, 1847)		E S W I	
		inornatana (Herrich-Schäffer, 1851)			
•49.209	*1119a*	**diminutana** (Haworth, 1811)		E W I	
49.210	*1125*	**unculana** (Haworth, 1811)		E W C	
		derasana (Hübner, [1813])			
49.211	*1128*	**myrtillana** (Treitschke, 1830)		E S W I C	
		vacciniana (Lienig & Zeller, 1846)			
49.212	*1129*	**apicella** ([Denis & Schiffermüller], 1775)		E W	
		siculana (Hübner, [1799])			
49.213	*1127*	**paludana** Barrett, 1871		E	
49.214	*1126*	**badiana** ([Denis & Schiffermüller], 1775)		E S W I	
		lundana (Fabricius, [1777])			
49.215	*1115*	**achatana** ([Denis & Schiffermüller], 1775)		E W I	
49.216	*1120*	**mitterbacheriana** ([Denis & Schiffermüller], 1775)		E S W I	
49.217	*1124*	**tineana** (Hübner, [1799])		E S W	
		EUCOSMINI			
		ERIOPSELA Guenée, 1845			
49.218	*1189*	**quadrana** (Hübner, [1813])		E S W I	
		THIODIA Hübner, [1825]			
49.219	*1204*	**citrana** (Hübner, [1799])		E W C	
		RHOPOBOTA Lederer, 1859			
49.220	*1162*	**myrtillana** (Humphreys & Westwood, 1845)		E S W I	
49.221	*1161*	**stagnana** ([Denis & Schiffermüller], 1775)		E S W I	
		fractifasciana (Haworth, 1811)			
49.222	*1158*	**ustomaculana** (Curtis, 1831)		E S W	
49.223	*1159*	**naevana** (Hübner, [1817]) Holly Tortrix		E S W I C	
		unipunctana (Haworth, 1811) homonym			
		geminana (Stephens, 1852)			
		SPILONOTA Stephens, 1829			
•49.224	*1205*	**ocellana** ([Denis & Schiffermüller], 1775) Bud Moth		E S W I C	
49.225	*1205a*	**laricana** (Heinemann, 1863)		E S W I	
		ACROCLITA Lederer, 1859			
49.226	*1160*	**subsequana** (Herrich-Schäffer, 1851)		E C	
		consequana (Herrich-Schäffer, 1851)			
		littorana (Constant, 1865)			
		GIBBERIFERA Obraztsov, 1946			
•49.227	*1173*	**simplana** (Fischer von Röslerstamm, 1836)		E	X
		EPINOTIA Hübner, [1825]			
49.228	*1153*	**sordidana** (Hübner, [1824])		E S W I C	
		stabilana (Stephens, 1852)			
49.229	*1154*	**caprana** (Fabricius, 1798)		E S W I C	
		piceana (Haworth, 1811)			
		semifuscana (Stephens, 1834)			
49.230	*1151*	**trigonella** (Linnaeus, 1758)		E S W I C	
		stroemiana (Fabricius, 1781)			
		similana (Hübner, 1793)			
		bimaculana (Donovan, 1808)			
•49.231	*1155*	**brunnichana** (Linnaeus, 1767)		E S W I	
		sinuana ([Denis & Schiffermüller], 1775)			
		brunnichella Kloet & Hincks, 1945			
		solandriana sensu auctt. nec (Linnaeus, 1758)			
		brunnichiana misspelling			

❶	❷	❸	❹	❺	❻
49.232	1152	*maculana* (Fabricius, 1775)		E S W I	
		ophthalmicana (Hübner, [1799])			
49.233	1156	*solandriana* (Linnaeus, 1758)		E S W I C	
49.234	1150	*abbreviana* (Fabricius, 1794)		E S W I C	
		trimaculana (Donovan, 1806)			
49.235	1141	*nemorivaga* (Tengström, 1848)		S I	
•49.236	1144a	*granitana* (Herrich-Schäffer, 1851)		E	
49.237	1144	*signatana* (Douglas, 1845)		E S W I	
49.238	1147	*cruciana* (Linnaeus, 1761)	Willow Tortrix	E S W I C	
		augustana (Hübner, [1813])			
49.239	1148	*mercuriana* (Frölich, 1828)		E S W I	
49.240	1136	*immundana* (Fischer von Röslerstamm, 1839)		E S W I C	
49.241	1149	*crenana* (Hübner, [1817])		S I	
49.242	1145	*nanana* (Treitschke, 1835)		E S W I	
49.243	1135	*demarniana* (Fischer von Röslerstamm, 1840)		E W	
49.244	1132	*subocellana* (Donovan, 1806)		E S W I C	
49.245	1137	*tetraquetrana* (Haworth, 1811)		E S W I	
49.246	1130	*pygmaeana* (Hübner, [1799])		E S W I	
49.247	1131	*subsequana* (Haworth, 1811)		E W I	
•49.248	1139	*tenerana* ([Denis & Schiffermüller], 1775) Nut Bud Moth		E S W I C	
		penkleriana ([Denis & Schiffermüller], 1775)			
49.249	1134	*ramella* (Linnaeus, 1758)		E S W I C	
		paykulliana (Fabricius, 1787)			
49.250	1140	*nigricana* (Herrich-Schäffer, 1851)		E	
49.251	1146	*rubiginosana* (Herrich-Schäffer, 1851)		E S W I	
49.252	1142	*tedella* (Clerck, 1759)		E S W I C	
		taedella (Linnaeus, 1761) unjustified emendation			
		hercyniana (Frölich, 1828)			
		finitimana (Doubleday, 1859)			
		hyrciniana misspelling			
49.253	1143	*fraternana* (Haworth, 1811)		E S W I	
		proximana (Herrich-Schäffer, 1851)			
		distinctana (Wilkinson, 1859)			
49.254	1133	*bilunana* (Haworth, 1811)		E S W I C	
•49.255	1138	*nisella* (Clerck, 1759)		E S W I C	
49.256		*cinereana* (Haworth, 1811)		E S	
		ZEIRAPHERA Treitschke, 1829			
49.257	1166	*griseana* (Hübner, [1799])	Larch Tortrix	E S W I C	
		diniana (Guenée, 1845)			
		occultana (Douglas, 1846)			
49.258	1164	*rufimitrana* (Herrich-Schäffer, 1851)		E S	
49.259	1163	*ratzeburgiana* (Saxesen, 1840)	Spruce Bud Moth	E S W I C	
49.260	1165	*isertana* (Fabricius, 1794)		E S W I C	
		corticana (Hübner, [1813])			
		CROCIDOSEMA Zeller, 1847			
49.261	1157	*plebejana* Zeller, 1847		E S W I C	
		PHANETA Stephens, 1852			
49.262	1198	*pauperana* (Duponchel, [1843])		E	
		PELOCHRISTA Lederer, 1859			
49.263	1188	*caecimaculana* (Hübner, [1799])		E W	
		EUCOSMA Hübner, 1823			
49.264	1202	*obumbratana* (Lienig & Zeller, 1846)		E S W I C	
		expallidana sensu Pierce & Metcalfe, 1922 et auctt. nec (Haworth, 1811)			
49.265	1201	*cana* (Haworth, 1811)		E S W I C	
•49.266	1200	*hohenwartiana* ([Denis & Schiffermüller], 1775)		E S W I C	
		scopoliana (Haworth, 1811)			

❶	❷	❸	❹	❺	❻
49.267	*1200b*	**fulvana** Stephens, 1834		E S C	
•49.268	*1200a*	**parvulana** (Wilkinson, 1859)		E S	
49.269	*1197*	**campoliliana** ([Denis & Schiffermüller], 1775)		E S W I C	
		nigromaculana (Haworth, 1811)			
49.270	*1194*	**aemulana** (Schläger, 1849)		E W	
		latiorana (Herrich-Schäffer, 1851)			
49.271	*1191*	**rubescana** (Constant, 1895)		E	
		catoptrana (Rebel, 1903)			
		heringiana (Jäckh, 1953)			
49.272	*1193*	**tripoliana** (Barrett, 1880)		E S W I C	
49.273	*1195*	**lacteana** (Treitschke, 1835)		E C	
		maritima (Humphreys & Westwood, 1845)			
		candidulana (Nolcken, 1870)			
		wimmerana sensu Wilkinson, 1859 nec (Treitschke, 1835)			
49.274	*1196*	**metzneriana** (Treitschke, 1830)		E	
49.275	*1192*	**conterminana** (Guenée, 1845)		E C	
49.276	*1190*	**aspidiscana** (Hübner, [1817])		E W I	
49.277	*1199*	**pupillana** (Clerck, 1759)		E W	
		GYPSONOMA Meyrick, 1895			
49.278	*1171*	**minutana** (Hübner, [1799])		E	
49.279	*1169*	**dealbana** (Frölich, 1828)		E S W I C	
49.280	*1170*	**oppressana** (Treitschke, 1835)		E W	
49.281	*1168*	**sociana** (Haworth, 1811)		E S W I C	
		neglectana (Duponchel, [1844])			
•49.282	*1172*	**nitidulana** (Lienig & Zeller, 1846)		S	X
		ericetana (Herrich-Schäffer, 1851)			
		quadrana sensu Cruttwell, 1907 nec (Hübner, [1813])			
49.283	*1167*	**aceriana** (Duponchel, [1843])		E S W I C	
		EPIBLEMA Hübner, [1825]			
49.284	*1186*	**sticticana** (Fabricius, 1794)		E S W I	
		brunichiana Hübner, [1825]			
		farfarae (Fletcher, 1938)			
		brunnichiana misspelling			
•49.285	*1184*	**scutulana** ([Denis & Schiffermüller], 1775)		E S W I C	
		pflugiana (Fabricius, 1787)			
49.286	*1184a*	**cirsiana** (Zeller, 1843)		E S W I C	
49.287	*1185*	**cnicicolana** (Zeller, 1847)		E W C	
		littoralana (Pierce & Metcalfe, 1915)			
49.288	*1183*	**foenella** (Linnaeus, 1758)		E S C	
49.289	*1187*	**costipunctana** (Haworth, 1811)		E S W I C	
		trigeminana (Stephens, 1834)			
49.290	*1182*	**turbidana** (Treitschke, 1835)		E S W I C	
49.291	*1181*	**grandaevana** (Lienig & Zeller, 1846)		E	
		NOTOCELIA Hübner, [1825]			
49.292	*1174*	**cynosbatella** (Linnaeus, 1758)		E S W I C	
		tripunctana ([Denis & Schiffermüller], 1775)			
49.293	*1180*	**tetragonana** (Stephens, 1834)		E S W I	
49.294	*1175*	**uddmanniana** (Linnaeus, 1758)	Bramble Shoot Moth	E S W I C	
		udmanniana misspelling			
49.295	*1178*	**roborana** ([Denis & Schiffermüller], 1775)		E S W I C	
		aquana (Hübner, [1799])			
49.296	*1179*	**incarnatana** (Hübner, [1800])		E S W I C	
		amoenana (Hübner, [1817])			
49.297	*1177*	**rosaecolana** (Doubleday, 1850)		E S W I C	
49.298	*1176*	**trimaculana** (Haworth, 1811)		E S W I C	
		suffusana (Duponchel, [1843])			

❶	❷	❸	❹	❺	❻
		PSEUDOCOCCYX Swatschek, 1958			
49.299	*1208*	*posticana* (Zetterstedt, 1839)		E S W I C	
49.300	*1209*	*turionella* (Linnaeus, 1758)	Pine Bud Moth	E S	
		turionana (Hübner, [1813])			
		RETINIA Guenée, 1845			
49.301	*1214*	*resinella* (Linnaeus, 1758)	Pine Resin-gall Moth	E S	
		GRAVITARMATA Obraztsov, 1946			
•49.302	*1207a*	*margarotana* (Heinemann, 1863)		E	
		CLAVIGESTA Obraztsov, 1946			
49.303	*1206*	*sylvestrana* (Curtis, 1850)		E I C	
49.304	*1207*	*purdeyi* (Durrant, 1911)	Pine Leaf-mining Moth	E W I C	
		RHYACIONIA Hübner, [1825]			
49.305	*1210*	*buoliana* ([Denis & Schiffermüller], 1775)	Pine Shoot Moth	E S W I C	
49.306	*1211*	*pinicolana* (Doubleday, 1850)		E W	
49.307	*1212*	*pinivorana* (Lienig & Zeller, 1846)	Spotted Shoot Moth	E S W I C	
		retiferana sensu auctt. nec (Wocke, 1879)			
49.308	*1213*	*logaea* Durrant, 1911	Elgin Shoot Moth	S	
		duplana sensu auctt. nec (Hübner, [1813])			
		GRAPHOLITINI			
		DICHRORAMPHA Guenée, 1845			
49.309	*1285*	*plumbana* (Scopoli, 1763)		E S W I C	
		saturnana Guenée, 1845			
		torrana Pierce & Metcalfe, 1922 ♂ genitalia			
		aeratana sensu Pierce & Metcalfe, 1922 ♀ genitalia nec (Pierce & Metcalfe, 1915)			
49.310	*1286*	*sedatana* Busck, 1906		E S W	
		saturnana sensu Pierce & Metcalfe, 1922 et auctt. nec. Guenée, 1845			
49.311	*1287*	*aeratana* (Pierce & Metcalfe, 1915)		E S W I	
		torrana Pierce & Metcalfe, 1922 ♀ genitalia			
		plumbana sensu Pierce & Metcalfe, 1922 ♀ genitalia nec (Scopoli, 1763)			
49.312	*1280*	*consortana* Stephens, 1852		E S W I C	
49.313	*1279*	*acuminatana* (Lienig & Zeller, 1846)		E S W I C	
49.314	*1282*	*sylvicolana* Heinemann, 1863		E S	
		pseudoalpestrana (Danilevsky, 1948)			
		alpestrana sensu Pierce & Metcalfe, 1922 et auctt. nec (Herrich-Schäffer, 1851)			
49.315	*1281*	*simpliciana* (Haworth, 1811)		E S W I C	
49.316	*1278*	*sequana* (Hübner, [1799])		E W	
49.317	*1277*	*senectana* Guenée, 1845		E W C	
49.318	*1284*	*vancouverana* McDunnough, 1935		E S W I C	
		gueneeana Obraztsov, 1953			
		politana sensu Guenée, 1845 nec ([Denis & Schiffermüller], 1775)			
		questionana sensu Pierce & Metcalfe, 1922, misspelling, nec Zeller, 1878			
		quaestionana sensu auctt. nec Zeller, 1878			
49.319	*1275*	*flavidorsana* Knaggs, 1867		E S W	
		alpinana sensu Pierce & Metcalfe, 1922 ♀ genitalia et auctt. nec (Treitschke, 1830)			
49.320	*1274*	*alpinana* (Treitschke, 1830)		E S W I C	
		quaestionana Zeller, 1878			
49.321	*1273*	*petiverella* (Linnaeus, 1758)		E S W I	
		dorsana (Fabricius, 1775)			
49.322	*1276*	*plumbagana* (Treitschke, 1830)		E S W I C	
49.323	*1283*	*montanana* (Duponchel, [1843])		E S W I	
		alpestrana (Herrich-Schäffer, 1851)			
		tanaceti Stainton, 1857			
		herbosana Barrett, 1872			
		CYDIA Hübner, [1825]			
49.324	*1257*	*nigricana* (Fabricius, 1794)	Pea Moth	E S W I C	
		nebritana sensu Barrett, 1907 nec (Treitsche, 1830)			

❶	❷	❸	❹	❺	❻
•49.325		*ulicetana* (Haworth, 1811)		E S W I C	
		succedana sensu auctt. nec ([Denis & Schiffermüller], 1775)			
49.326	*1255a*	*medicaginis* (Kuznetzov, 1962)	Alfalfa Moth	E	
49.327	*1220*	*microgrammana* (Guenée, 1845)		E W I	
49.328	*1265*	*cognatana* (Barrett, 1874)		S	
		pactolana sensu auctt. nec (Zeller, 1840)			
49.329	*1266a*	*illutana* (Herrich-Schäffer, 1851)		E	
49.330	*1269*	*conicolana* (Heylaerts, 1874)		E W C	
49.331	*1270*	*corollana* (Hübner, [1823])		E	
49.332	*1268*	*coniferana* (Saxesen, 1840)		E S W I	
•49.333	*1266b*	*indivisa* (Danilevsky, 1963)		E	
49.334	*1267*	*cosmophorana* (Treitschke, 1835)		E S W	
49.335	*1254*	*strobilella* (Linnaeus, 1758)	Spruce Seed Moth	E S W C	
49.336	*1266*	*pactolana* (Zeller, 1840)		E	
49.337	*1258*	*millenniana* (Adamczewski, 1967)		E	
		deciduana (Steuer, 1969)			
		zebeana sensu auctt. nec (Ratzeburg, 1840)			
49.338	*1261*	*pomonella* (Linnaeus, 1758)	Codling Moth	E S W I C	
49.339	*1256*	*servillana* (Duponchel, 1836)		E W	
•49.340	*1264*	*leguminana* (Lienig & Zeller, 1846)		E	X
49.341	*1260*	*splendana* (Hübner, [1799])		E S W I C	
49.342	*1259*	*fagiglandana* (Zeller, 1841)		E S W I C	
		grossana (Haworth, 1811)			
		nimbana sensu Pierce & Metcalfe, 1922 ♂ genitalia nec (Herrich-Schäffer, 1851)			
49.343	*1262*	*amplana* (Hübner, [1799])		E W I C	
49.344	*1263*	*inquinatana* (Hübner, [1799])		E	
		LATHRONYMPHA Meyrick, 1926			
49.345	*1219*	*strigana* (Fabricius, 1775)		E S W I C	
		politana ([Denis & Schiffermüller], 1775)			
		hypericana (Hübner, [1799])			
		SELANIA Stephens, 1834			
49.346	*1218*	*leplastriana* (Curtis, 1831)		E	
		GRAPHOLITA Treitschke, 1829			
		GRAPHOLITA Treitschke, 1829			
49.347	*1241*	*compositella* (Fabricius, 1775)		E S W I C	
49.348	*1243*	*pallifrontana* Lienig & Zeller, 1846		E	
49.349	*1242*	*internana* (Guenée, 1845)		E S W I C	
		erectana (Barrett, 1875)			
49.350	*1240*	*caecana* Schläger, 1847		E	
49.351	*1252*	*lunulana* ([Denis & Schiffermüller], 1775)		E S W I	
		dorsana sensu Pierce & Metcalfe, 1922 et auctt. nec (Fabricius, 1775)			
49.352	*1253*	*orobana* Treitschke, 1830		E C	
49.353	*1244*	*gemmiferana* Treitschke, 1835		E	
49.354	*1251*	*jungiella* (Clerck, 1759)		E S W I	
		perlepidana (Haworth, 1811)			
49.355	*1250*	*lathyrana* (Hübner, [1813])		E	
		scopariana Herrich-Schäffer, 1851			
		ASPILA Stephens, 1834			
49.356	*1249*	*lobarzewskii* (Nowicki, 1860)		E W	
		prunivorana Ragonot, 1879			
49.357	*1247*	*funebrana* Treitschke, 1835	Plum Fruit Moth	E S W I C	
49.358	*1246*	*tenebrosana* Duponchel, [1843]		E S W I	
		roseticolana Zeller, 1849			
•49.359	*1245*	*janthinana* (Duponchel, 1835)		E S W I C	
		ianthinana misspelling			
		PAMMENE Hübner, [1825]			

❶	❷	❸	❹	❺	❻
49.360	1223	*splendidulana* (Guenée, 1845)		E S W I	
		strobilana (Haworth, 1811)			
49.361	1228a	*ignorata* Kuznetzov, 1968		E	
49.362	1227	*giganteana* (Peyerimhoff, 1863)		E S W I	
		fimbriana (Haworth, 1811)			
		inquilina Fletcher, 1938			
49.363	1228	*argyrana* (Hübner, [1799])		E S W I C	
		costipunctana sensu Pierce & Metcalfe, 1922 ♀ genitalia nec (Haworth, 1811)			
49.364	1230	*suspectana* (Lienig & Zeller, 1846)		E	
49.365	1229	*albuginana* (Guenée, 1845)		E S W I	
		gallicolana sensu auctt. nec (Lienig & Zeller, 1846)			
49.366	1225	*obscurana* (Stephens, 1834)		E S W I	
49.367	1236	*fasciana* (Linnaeus, 1761)		E S W I C	
		juliana (Curtis, 1836)			
		nimbana (Herrich-Schäffer, 1851)			
•49.368	1236a	*herrichiana* (Heinemann, 1854)		E W	
49.369	1226	*agnotana* Rebel, 1914		E	
49.370	1224	*luedersiana* (Sorhagen, 1885)		S	
49.371	1239	*rhediella* (Clerck, 1759)	Fruitlet Mining Tortrix	E S W I C	
49.372	1232	*populana* (Fabricius, 1787)		E S W I	
49.373	1231	*spiniana* (Duponchel, [1843])		E W I C	
49.374	1235	*trauniana* ([Denis & Schiffermüller], 1775)		E	
49.375	1234	*regiana* (Zeller, 1849)		E S W I C	
49.376	1233	*aurita* Razowski, 1991		E W C	
		aurantiana (Staudinger, 1871) homonym			
49.377	1237	*germmana* (Hübner, [1799])		E W I	
		germarana (Hübner, [1825])			
49.378	1238	*ochsenheimeriana* (Lienig & Zeller, 1846)		E S I	
49.379	1272	*aurana* (Fabricius, 1775)		E S W I C	
49.380	1271	*gallicana* (Guenée, 1845)		E S W I	
		rufillana (Doubleday, [1849])			
		STROPHEDRA Herrich-Schäffer, 1853			
49.381	1221	*weirana* (Douglas, 1850)		E W	
		flexana sensu auctt. nec (Zeller, 1849)			
49.382	1222	*nitidana* (Fabricius, 1794)		E S W I C	
		redimitana (Guenée, 1845)			
		flexana (Zeller, 1849)			

COSSOIDEA

COSSIDAE
COSSINAE
COSSUS Fabricius, 1793

50.001	162	*cossus* (Linnaeus, 1758)	Goat Moth	E S W I C	
		ligniperda Fabricius, 1794			

ZEUZERINAE
ZEUZERA Latreille, 1804

50.002	161	*pyrina* (Linnaeus, 1761)	Leopard Moth	E W I C	
		aesculi (Linnaeus, 1767)			

PHRAGMATAECIA Newman, 1850

50.003	160	*castaneae* (Hübner, 1790)	Reed Leopard	E	
		arundinis (Hübner, [1808])			

SESIIDAE
TINTHIINAE
PENNISETIA Dehne, 1850

•52.001	369a	*hylaeiformis* (Laspeyres, 1801)	Raspberry Clearwing	E	

SESIINAE

❶	❷	❸	❹	❺	❻
		SESIA Fabricius, 1775			
52.002	*370*	**apiformis** (Clerck, 1759)	Hornet Moth	E W I C	
52.003	*371*	**bembeciformis** (Hübner, [1806])	Lunar Hornet Moth	E S W I C	
		crabroniformis (Lewin, 1797)			
		PARANTHRENE Hübner, [1819]			
•52.004	*372*	**tabaniformis** (Rottemburg, 1775)	Dusky Clearwing	E C	XE
		SYNANTHEDON Hübner, [1819]			
52.005	*376*	**scoliaeformis** (Borkhausen, 1789)	Welsh Clearwing	E S W I	
52.006	*375*	**spheciformis** ([Denis & Schiffermüller], 1775)			
			White-barred Clearwing	E W	
52.007	*381*	**culiciformis** (Linnaeus, 1758)	Large Red-belted Clearwing	E S W C	
52.008	*380*	**formicaeformis** (Esper, 1782)	Red-tipped Clearwing	E S W I C	
52.009	*377*	**flaviventris** (Staudinger, 1883)	Sallow Clearwing	E	
52.010	*378*	**andrenaeformis** (Laspeyres, 1801)	Orange-tailed Clearwing	E W	
		anthraciniformis (Esper, 1800)			
52.011	*379*	**myopaeformis** (Borkhausen, 1789)	Red-belted Clearwing	E W C	
52.012	*374*	**vespiformis** (Linnaeus, 1761)	Yellow-legged Clearwing	E W C	
52.013	*373*	**tipuliformis** (Clerck, 1759)	Currant Clearwing	E S W I C	
		salmachus (Linnaeus, 1758)			
		BEMBECIA Hübner, [1819]			
52.014	*382*	**ichneumoniformis** ([Denis & Schiffermüller], 1775)			
			Six-belted Clearwing	E W C	
		scopigera sensu auctt. nec (Scopoli, 1763)			
		PRYOPTERON Newman, 1832			
52.015	*384*	**chrysidiformis** (Esper, 1782)	Fiery Clearwing	E C	
52.016	*383*	**muscaeformis** (Esper, 1783)	Thrift Clearwing	E S W I C	

ZYGAENOIDEA
LIMACODIDAE
APODA Haworth, 1809

53.001	*173*	**limacodes** (Hufnagel, 1766)	Festoon	E W	
		avellana (Linnaeus, 1758)			
		testudo ([Denis & Schiffermüller], 1775)			
		funalis (Donovan, 1794)			
		HETEROGENEA Knoch, 1783			
53.002	*174*	**asella** ([Denis & Schiffermüller], 1775)	Triangle	E	
		cruciata (Knoch, 1783)			

ZYGAENIDAE
PROCRIDINAE
PROCRIDINI
JORDANITA Verity, 1946
JORDANITA Verity, 1946

54.001	*165*	**globulariae** (Hübner, 1793)	Scarce Forester	E	
		ADSCITA Retzius, 1783			
		ADSCITA Retzius, 1783			
54.002	*163*	**statices statices** (Linnaeus, 1758)	Forester	E S W I C	
54.003	*164*	**geryon geryon** (Hübner, [1813])	Cistus Forester	E W	

ZYGAENINAE
ZYGAENINI
ZYGAENA Fabricius, 1775
MESEMBRYNUS Hübner, [1819]

54.004	*172*	**purpuralis purpuralis** (Brünnich, 1763)			
		purpuralis caledonensis Reiss, 1931	Transparent Burnet	S	
		purpuralis segontii Tremewan, 1958		W	X
		purpuralis sabulosa Tremewan, 1976		I	
		ZYGAENA Fabricius, 1775			

❶	❷	❸	❹	❺	❻
54.005	167	*loti loti* ([Denis & Schiffermüller], 1775)			
		achilleae (Esper, 1780)			
		loti scotica (Rowland-Brown, 1919)	Slender Scotch Burnet	S	
54.006	166	*exulans exulans* (Hohenwarth, 1792)			
		exulans subochracea White, 1872	Scotch Burnet or Mountain Burnet	S	
54.007	168	*viciae viciae* ([Denis & Schiffermüller], 1775)			
		meliloti (Esper, [1789])			
		viciae ytenensis Briggs, 1888	New Forest Burnet	E	X
		viciae argyllensis Tremewan, 1967		S	
54.008	169	*filipendulae filipendulae* (Linnaeus, 1758)			
		filipendulae stephensi Dupont, 1900	Six-spot Burnet	E S W I	
		filipendulae pulcherrima Verity, 1921		C	
54.009	171	*lonicerae lonicerae* (Scheven, 1777)	Narrow-bordered Five-spot Burnet	C	
		lonicerae latomarginata (Tutt, 1899)		E S W	
		lonicerae insularis Tremewan, 1960		I	
		lonicerae jocelynae Tremewan, 1962		S	
54.010	170	*trifolii trifolii* (Esper, 1783)	Five-spot Burnet		
		trifolii decreta Verity, 1925		E W	
		trifolii palustrella Verity, 1925		E	
		trifolii subsyracusia Verity, 1925		C	

PAPILIONOIDEA
PAPILIONIDAE
PARNASSIINAE
PARNASSIINI
PARNASSIUS Latreille, 1804

| 56.001 | 1536 | *apollo* (Linnaeus, 1758) | Apollo or Crimson-ringed | E | |

PAPILIONINAE
GRAPHIINI
IPHICLIDES Hübner, [1819]

| 56.002 | 1540 | *podalirius* (Linnaeus, 1758) | Scarce Swallowtail | E C | |

PAPILIONINI
PAPILIO Linnaeus, 1758

56.003	1539	*machaon* Linnaeus, 1758	Swallowtail		
		machaon britannicus Seitz, 1907		E	
		machaon gorganus Fruhstorfer, 1922		E W I C	

HESPERIIDAE
PYRGINAE
ERYNNIS Schrank, 1801

| 57.001 | 1532 | *tages tages* (Linnaeus, 1758) | Dingy Skipper | E S W I | |
| | | *tages baynesi* Huggins, 1956 | | I | |

PYRGUS Hübner, [1819]

| •57.002 | 1534 | *malvae* (Linnaeus, 1758) | Grizzled Skipper | E S W C | XSC |
| | | *alveolus* (Hübner, [1803]) | | | |

HETEROPTERINAE
HETEROPTERUS Duméril, 1806

| •57.003 | | *morpheus* (Pallas, 1771) | Large Chequered Skipper | C | |

CARTEROCEPHALUS Lederer, 1852

| •57.004 | 1525 | *palaemon* (Pallas, 1771) | Chequered Skipper | E S | XE |
| | | *paniscus* (Fabricius, 1775) | | | |

HESPERIINAE
THYMELICUS Hübner, [1819]

57.005	1527	*lineola* (Ochsenheimer, 1808)	Essex Skipper	E I C	
57.006	1526	*sylvestris* (Poda, 1761)	Small Skipper	E W	
		flava (Brünnich, 1763)			
		thaumas (Hufnagel, 1766)			

❶	❷	❸	❹	❺	❻
57.007	1528	*acteon* (Rottemburg, 1775)	Lulworth Skipper	E	
		HESPERIA Fabricius, 1793			
57.008	1529	*comma* (Linnaeus, 1758)	Silver-spotted Skipper	E	
		OCHLODES Scudder, 1872			
•57.009	1531	*sylvanus* (Esper, 1779)	Large Skipper	E S W C	
		faunus (Turati, 1905)			
		venata sensu auctt. nec (Bremer & Grey, 1852)			

PIERIDAE
DISMORPHIINAE
LEPTIDEINI
LEPTIDEA Billberg, 1820

58.001	1541	*sinapis* (Linnaeus, 1758)	Wood White	E I C	
58.002	1541b	*juvernica* Williams, 1946	Cryptic Wood White	I	
		reali sensu auctt. nec Reissinger, [1990]			

PIERINAE
ANTHOCHARINI
ANTHOCHARIS Boisduval, [1833]

58.003	1553	*cardamines cardamines* (Linnaeus, 1758)			
		britannica (Verity, 1908)	Orange-tip	E S W C	
		hibernica (Williams, 1916)		I	
		EUCHLOE Hübner, [1819]			
58.004	1554	*simplonia* (Freyer, 1828)	Dappled White	E	
		crameri Butler, 1869			
		ausonia sensu auctt. nec (Hübner, [1804])			

PIERINI
APORIA Hübner, [1819]

•58.005	1548	*crataegi* (Linnaeus, 1758)	Black-veined White	E W C	X
		PIERIS Schrank, 1801			
58.006	1549	*brassicae* (Linnaeus, 1758)	Large White	E S W I C	
		chariclea (Stephens, 1827)			
58.007	1550	*rapae* (Linnaeus, 1758)	Small White	E S W I C	
		napaeae (Esper, [1804])			
		metra (Stephens, 1827)			
58.008		*napi napi* (Linnaeus, 1758)			
	1551	*napi sabellicae* (Stephens, 1827)	Green-veined White	E S W I C	
		napi britannica Müller & Kautz, 1939		I	
		napi thomsoni Warren, 1968		S	
		PONTIA Fabricius, 1807			
58.009	1552	*daplidice* (Linnaeus, 1758)	Bath White	E W I C	

COLIADINAE
COLIADINI
COLIAS Fabricius, 1807

58.010	1545	*croceus* (Geoffroy, 1785)	Clouded Yellow	E S W I C	
		edusa (Fabricius, 1787)			
58.011	1543	*hyale* (Linnaeus, 1758)	Pale Clouded Yellow	E W C	
58.012	1544	*alfacariensis* Ribbe, 1905	Berger's Clouded Yellow	E	
		australis Verity, 1911			
		calida Verity, 1916			

GONEPTERYGINI
GONEPTERYX Leach, [1815]

58.013	1546	*rhamni rhamni* (Linnaeus, 1758)	Brimstone	E S W C	
		gravesi Huggins, 1956		I	
58.014	1547	*cleopatra* (Linnaeus, 1767)	Cleopatra	E S C	

❶	❷	❸	❹	❺	❻
		NYMPHALIDAE			
		DANAINAE			
		DANAUS Kluk, 1780			
59.001	*1630*	***plexippus*** (Linnaeus, 1758)	Monarch or Milkweed	E S W I C	
		erippus (Cramer, 1775)			
		archippus (Fabricius, 1793)			
		SATYRINAE			
		ELYMNIINI			
		LASIOMMATA Humphreys & Westwood, 1841			
59.002	*1615*	***megera*** (Linnaeus, 1767)	Wall	E S W I C	
		PARARGE Hübner, [1819]			
59.003	*1614*	***aegeria aegeria*** (Linnaeus, 1758)			
		aegeria tircis (Godart, 1821)	Speckled Wood	E W I C	
		aegeria oblita Harrison, 1949		S	
		aegeria insula Howarth, 1971		E	
		COENONYMPHINI			
		COENONYMPHA Hübner, [1819]			
59.004	*1628*	***tullia tullia*** (Müller, 1764)			
		tiphon (Rottemburg, 1775)			
		tullia davus (Fabricius, [1777])	Large Heath	E	
		tullia polydama (Haworth, 1803)		E S W I	
		tullia scotica Staudinger, 1901		S	
59.005	*1627*	***pamphilus pamphilus*** (Linnaeus, 1758)	Small Heath	E S W I C	
		pamphilus rhoumensis Harrison, 1948		S	
		EREBIINI			
		EREBIA Dalman, 1816			
•59.006	*1619*	***ligea*** (Linnaeus, 1758)	Arran Brown	S	
59.007	*1617*	***epiphron epiphron*** (Knoch, 1783)			
		epiphron mnemon (Haworth, 1812)	Mountain Ringlet or Small Mountain Ringlet	E I	XI
		epiphron scotica Cooke, 1943		S	
59.008	*1618*	***aethiops aethiops*** (Esper, 1777)	Scotch Argus	E S	
		blandina (Fabricius, 1787)			
		aethiops caledonia Verity, 1911		S	
		MANIOLINI			
		APHANTOPUS Wallengren, 1853			
59.009	*1629*	***hyperantus*** (Linnaeus, 1758)	Ringlet	E S W I C	
		MANIOLA Schrank, 1801			
59.010	*1626*	***jurtina jurtina*** (Linnaeus, 1758)	Meadow Brown		
		janira (Linnaeus, 1758)			
		jurtina splendida White, 1871		E S W C	
		jurtina cassiteridum Graves, 1930		E	
		jurtina iernes Graves, 1930		I	
		jurtina insularis Thomson, 1969		E	
		PYRONIA Hübner, [1819]			
59.011	*1625*	***tithonus tithonus*** (Linnaeus, 1771)	Gatekeeper or Hedge Brown		
		tithonus britanniae (Verity, 1915)		E W I C	
		MELANARGIINI			
		MELANARGIA Meigen, 1828			
59.012	*1620*	***galathea galathea*** (Linnaeus, 1758)			
		galathea serena Verity, 1913	Marbled White	E W C	
		SATYRINI			
		HIPPARCHIA Fabricius, 1807			
		PARAHIPPARCHIA Kudrna, 1977			
59.013	*1621*	***semele semele*** (Linnaeus, 1758)	Grayling	E S W I C	
		semele scota (Verity, 1911)		S	

❶	❷	❸	❹	❺	❻
		semele angliae Verity, 1924			
		semele thyone (Thompson, 1944)		W	
		semele atlantica (Harrison, 1946)		S	
		semele clarensis Lattin, 1952		I	
		semele hibernica Howarth, 1971		I	
		HELICONIINAE			
		ARGYNNINI			
		BOLORIA Moore, 1900			
		CLOSSIANA Reuss, 1920			
59.014	1601	**euphrosyne** (Linnaeus, 1758)	Pearl-bordered Fritillary	E S W I C	
•59.015	1600	**selene** ([Denis & Schiffermüller], 1775)	Small Pearl-bordered Fritillary	E S W C	XC
		thalia (Hübner, [1800])			
		ISSORIA Hübner, [1819]			
		ISSORIA Hübner, [1819]			
59.016	1603	**lathonia** (Linnaeus, 1758)	Queen of Spain Fritillary	E W I C	
		ARGYNNIS Fabricius, 1807			
		ARGYNNIS Fabricius, 1807			
•59.017	1608	**paphia** (Linnaeus, 1758)	Silver-washed Fritillary	E S W I C	XS
		PANDORIANA Warren, 1942			
59.018	1609	**pandora** ([Denis & Schiffermüller], 1775)	Mediterranean Fritillary	E	
		MESOACIDALIA Reuss, 1926			
59.019	1607	**aglaja aglaja** (Linnaeus, 1758)	Dark Green Fritillary	E S W I C	
		charlotta (Haworth, 1803)			
		FABRICIANA Reuss, 1920			
•59.020	1606	**adippe** ([Denis & Schiffermüller], 1775)	High Brown Fritillary	E S W	
		cydippe (Linnaeus, 1761)			
		LIMENITIDINAE			
		LIMENITIDINI			
		LIMENITIS Fabricius, 1807			
59.021	1584	**camilla** (Linnaeus, 1764)	White Admiral	E W C	
		sibilla (Linnaeus, 1767)			
		sibylla misspelling			
		sybilla misspelling			
		APATURINAE			
		APATURINI			
		APATURA Fabricius, 1807			
•59.022	1585	**iris** (Linnaeus, 1758)	Purple Emperor	E W	XW
		NYMPHALINAE			
		NYMPHALINI			
		VANESSA Fabricius, 1807			
59.023	1590	**atalanta** (Linnaeus, 1758)	Red Admiral	E S W I C	
59.024	1591	**cardui** (Linnaeus, 1758)	Painted Lady	E S W I C	
59.025	1592	**virginiensis** (Drury, 1773)	American Painted Lady	E W I	
		huntera (Fabricius, 1775)			
		AGLAIS Dalman, 1816			
59.026	1597	**io** (Linnaeus, 1758)	Peacock	E S W I C	
59.027	1593	**urticae** (Linnaeus, 1758)	Small Tortoiseshell	E S W I C	
		NYMPHALIS Kluk, 1780			
59.028	1596	**antiopa** (Linnaeus, 1758)	Camberwell Beauty	E S W I C	
59.029	1594	**polychloros** (Linnaeus, 1758)	Large Tortoiseshell	E S W C	
59.030	1595	**xanthomelas** ([Denis & Schiffermüller], 1775)	Scarce Tortoiseshell	E	
		POLYGONIA Hübner, [1819]			
59.031	1598	**c-album** (Linnaeus, 1758)	Comma	E S W I C	
		ARASCHNIA Hübner, [1819]			
•59.032	1599	**levana** (Linnaeus, 1758)	European Map	E W C	

❶	❷	❸	❹	❺	❻
		MELITAEINI			
		EUPHYDRYAS Scudder, 1872			
59.033	*1610*	*aurinia* (Rottemburg, 1775)	Marsh Fritillary	E S W I	
		artemis ([Denis & Schiffermüller], 1775)			
		MELITAEA Fabricius, 1807			
59.034	*1612*	*cinxia* (Linnaeus, 1758)	Glanville Fritillary	E C	
59.035	*1611*	*didyma* (Esper, 1779)	Spotted Fritillary	E S	
59.036	*1613*	*athalia* (Rottemburg, 1775)	Heath Fritillary	E	
		RIODINIDAE			
		RIODININAE			
		HAMEARINI			
		HAMEARIS Hübner, [1819]			
•60.001	*1582*	*lucina* (Linnaeus, 1758)	Duke of Burgundy	E S W	XS
		LYCAENIDAE			
		LYCAENINAE			
		LYCAENINI			
		LYCAENA Fabricius, 1807			
61.001	*1561*	*phlaeas phlaeas* (Linnaeus, 1761)	Small Copper		
		phlaeas eleus (Fabricius, 1798)		E S W C	
		phlaeas hibernica Goodson, 1948		I	
•61.002	*1562*	*dispar dispar* (Haworth, 1803)	Large Copper	E	X
		dispar rutilus Werneburg, 1864		E I	Int.
		dispar batavus (Oberthür, 1923)		E I	Int.
		THECLINAE			
		THECLINI			
		THECLA Fabricius, 1807			
61.003	*1556*	*betulae* (Linnaeus, 1758)	Brown Hairstreak	E W I	
		FAVONIUS Sibatani & Ito, 1942			
61.004	*1557*	*quercus* (Linnaeus, 1758)	Purple Hairstreak	E S W I C	
		EUMAEINI			
		CALLOPHRYS Billberg, 1820			
61.005	*1555*	*rubi* (Linnaeus, 1758)	Green Hairstreak	E S W I C	
		SATYRIUM Scudder, 1876			
61.006	*1558*	*w-album* (Knoch, 1782)	White-letter Hairstreak	E W C	
61.007	*1559*	*pruni* (Linnaeus, 1758)	Black Hairstreak	E	
		POLYOMMATINAE			
		POLYOMMATINI			
		LAMPIDES Hübner, [1819]			
61.008	*1567*	*boeticus* (Linnaeus, 1767)	Long-tailed Blue	E S W C	
		LEPTOTES Scudder, 1876			
61.009	*1568*	*pirithous* (Linnaeus, 1767)	Lang's Short-tailed Blue	E	
		CUPIDO Schrank, 1801			
		CUPIDO Schrank, 1801			
61.010	*1569*	*minimus* (Fuessly, 1775)	Small Blue	E S W I	
		alsus ([Denis & Schiffermüller], 1775)			
		EVERES Hübner, [1819]			
61.011	*1570*	*argiades* (Pallas, 1771)	Short-tailed Blue or Bloxworth Blue		
				E C	
		CELASTRINA Tutt, 1906			
61.012	*1580*	*argiolus argiolus* (Linnaeus, 1758)			
		argiolus britanna (Verity, 1919)	Holly Blue	E S W I C	
		MACULINEA Eecke, 1915			
•61.013	*1581*	*arion arion* (Linnaeus, 1758)	Large Blue	E	Int.
		arion eutyphron (Fruhstorfer, 1915)		E W	X

❶	❷	❸	❹	❺	❻
		PLEBEJUS Kluk, 1780			
•61.014	*1571*	***argus argus*** (Linnaeus, 1758)	Silver-studded Blue	E S W C	
		aegon ([Denis & Schiffermüller], 1775)			
		argus cretaceus Tutt, 1909		E	
		argus masseyi Tutt, 1909		E	X
		argus caernensis Thompson, [1937]		W	
		ARICIA Reichenbach, 1817			
61.015	*1572*	***agestis*** ([Denis & Schiffermüller], 1775)	Brown Argus	E W C	
		medon (Hufnagel, 1766)			
		astrarche (Bergsträsser, [1779])			
61.016	*1573*	***artaxerxes artaxerxes*** (Fabricius, 1793)	Northern Brown Argus	E S	
		artaxerxes salmacis (Stephens, 1828)		E	
		CYANIRIS Dalman, 1816			
•61.017	*1578*	***semiargus*** (Rottemburg, 1775)	Mazarine Blue	E W C	X
		acis ([Denis & Schiffermüller], 1775)			
		POLYOMMATUS Latreille, 1804			
		POLYOMMATUS Latreille, 1804			
61.018	*1574*	***icarus icarus*** (Rottemburg, 1775)	Common Blue	E S W I C	
		alexis (Hübner, [1800])			
		icarus mariscolore (Kane, 1893)		S I	
		LYSANDRA Hemming, 1933			
61.019	*1576*	***bellargus*** (Rottemburg, 1775)	Adonis Blue	E	
		thetis (Rottemburg, 1775)			
		adonis ([Denis & Schiffermüller], 1775)			
61.020	*1575*	***coridon*** (Poda, 1761)	Chalk Hill Blue	E W	

PYRALOIDEA
PYRALIDAE
GALLERIINAE
TIRATHABINI

		APHOMIA Hübner, [1825]			
62.001	*1428*	***sociella*** (Linnaeus, 1758)	Bee Moth	E S W I C	
		colonella (Linnaeus, 1758)			
62.002	*1429*	***zelleri*** (Joannis, 1932)		E C	
		bipunctanus (Zeller, 1848) homonym			
		bipunctana auctt. nec (Curtis, 1828)			
		PARALIPSA Butler, 1879			
62.003	*1430*	***gularis*** (Zeller, 1877)	Stored Nut Moth	E W	
		CORCYRA Ragonot, 1885			
62.004	*1427*	***cephalonica*** (Stainton, 1866)	Rice Moth	E W	
		### GALLERIINI			
		ACHROIA Hübner, [1819]			
62.005	*1426*	***grisella*** (Fabricius, 1794)	Lesser Wax Moth	E S W I C	
		GALLERIA Fabricius, 1798			
62.006	*1425*	***mellonella*** (Linnaeus, 1758)	Wax Moth	E S W I C	
		### PHYCITINAE			
		### CRYPTOBLABINI			
		CRYPTOBLABES Zeller, 1848			
62.007	*1433*	***bistriga*** (Haworth, 1811)		E S W I C	
		### PHYCITINI			
		SALEBRIOPSIS Hannemann, 1965			
62.008	*1446*	***albicilla*** (Herrich-Schäffer, 1849)		E W	
		ELEGIA Ragonot, 1887			
•62.009	*1448a*	***fallax*** (Staudinger, 1881)		E C	
62.010	*1449*	***similella*** (Zincken, 1818)		E C	

❶	❷	❸	❹	❺	❻
		ORTHOLEPIS Ragonot, 1887			
62.011	1450	*betulae* (Goeze, 1778)	E S W		
		PYLA Grote, 1882			
62.012	1451	*fusca* (Haworth, 1811)	E S W I C		
		MOITRELIA Leraut, 2001			
62.013	1444	*obductella* (Zeller, 1839)	E		
		PEMPELIELLA Caradja, 1916			
62.014	1463	*ornatella* ([Denis & Schiffermüller], 1775)	E I		
		diluta sensu auctt. nec (Haworth, 1811)			
		DELPLANQUEIA Leraut, 2001			
62.015	1462	*dilutella* ([Denis & Schiffermüller], 1775)	E S W I C		
		SCIOTA Hulst, 1888			
62.016	1447	*hostilis* (Stephens, 1834)	E		
62.017	1447a	*adelphella* (Fischer von Röslerstamm, 1836)	E		
•62.018	1447b	*rhenella* (Zincken, 1818)	E		
		PIMA Hulst, 1888			
62.019	1453	*boisduvaliella* (Guenée, 1845)	E		
		farrella (Curtis, 1850)			
		ETIELLA Zeller, 1839			
62.020	1451a	*zinckenella* (Treitschke, 1832)	E		
		ONCOCERA Stephens, 1829			
62.021	1441	*semirubella* (Scopoli, 1763)	E W I C		
		carnella (Linnaeus, 1767)			
		PEMPELIA Hübner, [1825]			
62.022	1443	*genistella* (Duponchel, 1836)	E W C		
62.023	1442	*palumbella* ([Denis & Schiffermüller], 1775)	E W I C		
		RHODOPHAEA Guenée, 1845			
62.024	1445	*formosa* (Haworth, 1811)	E W C		
		DIORYCTRIA Zeller, 1846			
•62.025	1454b	*sylvestrella* (Ratzeburg, 1840)	E W C		
		splendidella sensu auctt. nec (Herrich-Schäffer, 1848)			
62.026	1454a	*schuetzeella* Fuchs, 1899	E		
62.027	1455	*simplicella* Heinemann, 1863	E S W C		
		mutatella Fuchs, 1903			
62.028	1454	*abietella* ([Denis & Schiffermüller], 1775)	E S W I C		
		PHYCITA Curtis, 1828			
62.029	1452	*roborella* ([Denis & Schiffermüller], 1775)	E S W I C		
		spissicella (Fabricius, [1777])			
		HYPOCHALCIA Hübner, [1825]			
62.030	1457	*ahenella* ([Denis & Schiffermüller], 1775)	E S W		
		EPISCHNIA Hübner, [1825]			
62.031	1456	*asteris* Staudinger, 1879	E W C		
		bankesiella Richardson, 1888			
		NEPHOPTERIX Hübner, [1825]			
62.032	1465	*angustella* (Hübner, 1796)	E W I C		
		ACROBASIS Zeller, 1839			
62.033	1435	*tumidana* ([Denis & Schiffermüller], 1775)	E C		
		verrucella (Hübner, 1796)			
		rubritibiella (Fischer von Röslerstamm, 1839)			
62.034	1436	*repandana* (Fabricius, 1798)	E W C		
		tumidella (Zincken, 1818)			
		zelleri Ragonot, 1885			
62.035	1439	*advenella* (Zincken, 1818)	E S W I C		
62.036	1438	*suavella* (Zincken, 1818)	E W C		
62.037	1440	*marmorea* (Haworth, 1811)	E W I C		
62.038	1437	*consociella* (Hübner, [1813])	E W I C		

❶	❷	❸	❹	❺	❻
		APOMYELOIS Heinrich, 1956			
62.039	1486	***bistriatella*** (Hulst, 1887)		E W I C	
		subcognata (Ragonot, 1887)			
		neophanes (Durrant, 1915)			
62.040	1460	***ceratoniae*** (Zeller, 1839)	Locust Bean Moth	E W	
		phoenicis (Durrant, 1915)			
		EURHODOPE Hübner, [1825]			
•62.041	1459	***cirrigerella*** (Zincken, 1818)		E	X
		MYELOIS Hübner, [1825]			
62.042	1458	***circumvoluta*** (Fourcroy, 1785)	Thistle Ermine	E S W I C	
		cribrella (Hübner, 1796)			
		GYMNANCYLA Zeller, 1848			
62.043	1464	***canella*** ([Denis & Schiffermüller], 1775)		E C	
		ANCYLODES Ragonot, 1887			
62.044	1464b	***pallens*** Ragonot, 1887		E	
		ZOPHODIA Hübner, [1825]			
62.045	1464a	***grossulariella*** (Hübner, [1809])		E	
		convolutella (Hübner, 1796) homonym			
		ECCOPISA Zeller, 1848			
62.046	1461a	***effractella*** Zeller, 1848		E	
		ASSARA Walker, 1863			
62.047	1461	***terebrella*** (Zincken, 1818)		E W	
		EUZOPHERA Zeller, 1867			
62.048	1470	***pinguis*** (Haworth, 1811)		E W C	
62.049	1472	***bigella*** (Zeller, 1848)		E S	
62.050	1469	***cinerosella*** (Zeller, 1839)		E W	
		artemisiella (Stainton, 1859)			
		NYCTEGRETIS Zeller, 1848			
62.051	1468	***lineana*** (Scopoli, 1786)		E	
		achatinella (Hübner, [1824])			
		ANCYLOSIS Zeller, 1839			
•62.052	1466a	***cinnamomella*** (Duponchel, 1836)		E	
62.053	1467	***oblitella*** (Zeller, 1848)		E W I C	
		HOMOEOSOMA Curtis, 1833			
62.054	1481	***sinuella*** (Fabricius, 1794)		E W I C	
62.055	1480	***nebulella*** ([Denis & Schiffermüller], 1775)		E W I C	
62.056	1482	***nimbella*** (Duponchel, 1837)		E W C	
		PHYCITODES Hampson, 1917			
62.057	1485	***maritima*** (Tengström, 1848)		E S W I C	
		carlinella (Heinemann, 1865)			
		cretacella (Rössler, 1866)			
62.058	1483	***binaevella*** (Hübner, [1813])		E S W I C	
62.059	1484	***saxicola*** (Vaughan, 1870)		E S W I C	
		VITULA Ragonot, 1887			
62.060	1478a	***edmandsii*** (Packard, [1865])		E	
62.061	1478b	***biviella*** (Zeller, 1848)		E	
		PLODIA Guenée, 1845			
62.062	1479	***interpunctella*** (Hübner, [1813])	Indian Meal Moth	E S W I C	
		EPHESTIA Guenée, 1845			
62.063	1475	***kuehniella*** Zeller, 1879	Mediterranean Flour Moth	E S W I C	
62.064	1473	***elutella*** (Hübner, 1796)	Cacao Moth	E S W I C	
		semirufa (Haworth, 1811)			
•62.065	1474	***unicolorella*** Staudinger, 1881		E W C	
		woodiella Richards & Thomson, 1932			
		parasitella sensu auctt. nec Staudinger, 1859			

❶	❷	❸	❹	❺	❻
		CADRA Walker, 1864			
62.066	*1477*	***figulilella*** (Gregson, 1871)	Raisin Moth	E W I C	
		ficulella (Barrett, 1875)			
62.067	*1476*	***cautella*** (Walker, 1863)	Dried Currant Moth	E S W I C	
		cahiritella (Zeller, 1867)			
		passulella (Barrett, 1875)			
62.068	*1478*	***calidella*** (Guenée, 1845)	Dried Fruit Moth	E S I	
		ficella (Westwood, 1851)			
		ANERASTIINI			
		ANERASTIA Hübner, [1825]			
62.069	*1432*	***lotella*** (Hübner, [1813])		E S W I C	
		PYRALINAE			
		PYRALINI			
		SYNAPHE Hübner, [1825]			
62.070	*1414*	***punctalis*** (Fabricius, 1775)		E C	
		angustalis ([Denis & Schiffermüller], 1775)			
		PYRALIS Linnaeus, 1758			
62.071	*1416*	***lienigialis*** (Zeller, 1843)		E W	
62.072	*1417*	***farinalis*** (Linnaeus, 1758)	Meal Moth	E S W I C	
		AGLOSSA Latreille, [1796]			
62.073	*1420*	***caprealis*** (Hübner, [1809])	Small Tabby	E C	
		cuprealis misspelling			
62.074	*1421*	***pinguinalis*** (Linnaeus, 1758)	Large Tabby	E S W I C	
		HYPSOPYGIA Hübner, [1825]			
		HYPSOPYGIA Hübner, [1825]			
62.075	*1413*	***costalis*** (Fabricius, 1775)	Gold Triangle	E S W I C	
		OCRASA Walker, 1866			
62.076	*1415*	***glaucinalis*** (Linnaeus, 1758)		E S W I C	
		ENDOTRICHINI			
		ENDOTRICHA Zeller, 1847			
62.077	*1424*	***flammealis*** ([Denis & Schiffermüller], 1775)		E S W C	

CRAMBIDAE
PYRAUSTINAE
PARACORSIA Marion, 1959

❶	❷	❸	❹	❺	❻
63.001	*1372*	***repandalis*** ([Denis & Schiffermüller], 1775)		E	
		LOXOSTEGE Hübner, [1825]			
63.002	*1368*	***sticticalis*** (Linnaeus, 1761)		E S W	
		PYRAUSTA Schrank, 1802			
63.003	*1367*	***cingulata*** (Linnaeus, 1758)		E S W I C	
•63.004	*1364*	***sanguinalis*** (Linnaeus, 1767)		E S W I	XSW
63.005	*1365*	***despicata*** (Scopoli, 1763)		E S W I C	
		cespitalis ([Denis & Schiffermüller], 1775)			
63.006	*1361*	***aurata*** (Scopoli, 1763)		E S W C	
		punicealis ([Denis & Schiffermüller], 1775)			
63.007	*1362*	***purpuralis*** (Linnaeus, 1758)		E S W I C	
63.008	*1363*	***ostrinalis*** (Hübner, 1796)		E S W I C	
63.009	*1366*	***nigrata*** (Scopoli, 1763)		E S W	
		anguinalis (Hübner, 1796)			
•63.010		***aerealis*** (Hübner, 1793)		E	
		URESIPHITA Hübner, [1825]			
63.011	*1369*	***gilvata*** (Fabricius, 1794)		E S W I C	
		limbalis sensu auctt. nec ([Denis & Schiffermüller], 1775)			
		polygonalis (Hübner, 1796) nec ([Denis & Schiffermüller], 1775)			
•63.012	*1369a*	***reversalis*** (Guenée, 1854)		E	
		NASCIA Curtis, 1835			
63.013	*1387*	***cilialis*** (Hübner, 1796)		E	

❶	❷	❸	❹	❺	❻
		SITOCHROA Hübner, [1825]			
63.014	*1370*	***palealis*** ([Denis & Schiffermüller], 1775)		E W	C
63.015	*1371*	***verticalis*** (Linnaeus, 1758)		E W	C
		ANANIA Hübner, [1825]			
63.016	*1386*	***fuscalis*** ([Denis & Schiffermüller], 1775)		E S W I	C
63.017	*1377*	***lancealis*** ([Denis & Schiffermüller], 1775)		E W I	C
63.018	*1378*	***coronata*** (Hufnagel, 1767)		E S W I	C
		sambucalis ([Denis & Schiffermüller], 1775)			
63.019	*1384*	***stachydalis*** (Germar, 1821)		E W	C
63.020	*1380*	***perlucidalis*** (Hübner, [1809])		E W	
63.021	*1379*	***terrealis*** (Treitschke, 1829)		E S W	C
63.022	*1385*	***crocealis*** (Hübner, 1796)		E S W I	C
63.023	*1382*	***verbascalis*** ([Denis & Schiffermüller], 1775)		E	C
63.024	*1381*	***funebris*** (Ström, 1768)		E S W I	
		octomaculata (Linnaeus, 1771)			
63.025	*1376*	***hortulata*** (Linnaeus, 1758)	Small Magpie	E S W I	C
		urticata (Linnaeus, 1761)			
		SCLEROCONA Meyrick, 1890			
63.026	*1374a*	***acutellus*** (Eversmann, 1842)		E	
		PSAMMOTIS Hübner, [1825]			
63.027	*1383*	***pulveralis*** (Hübner, 1796)		E	
		OSTRINIA Hübner, [1825]			
•63.028	*1375*	***nubilalis*** (Hübner, 1796)	European Corn-borer	E W I	C
		PARATALANTA Meyrick, 1890			
63.029	*1373*	***pandalis*** (Hübner, [1825])	Bordered Pearl	E S W I	
63.030	*1374*	***hyalinalis*** (Hübner, 1796)		E W	C
		SPILOMELINAE			
		UDEA Guenée, 1845			
63.031	*1395*	***ferrugalis*** (Hübner, 1796)	Rusty-dot Pearl	E S W I	C
		martialis (Guenée, 1854)			
63.032	*1389*	***fulvalis*** (Hübner, [1809])		E W	C
63.033	*1388*	***lutealis*** (Hübner, [1809])		E S W I	C
		elutalis auctt. nec ([Denis & Schiffermüller], 1775)			
63.034	*1390*	***prunalis*** ([Denis & Schiffermüller], 1775)		E S W I	C
		nivealis (Fabricius, 1781)			
63.035	*1393*	***uliginosalis*** (Stephens, 1834)		S I	
63.036	*1391*	***decrepitalis*** (Herrich-Schäffer, 1848)		S W	
63.037	*1392*	***olivalis*** ([Denis & Schiffermüller], 1775)		E S W I	C
		PLEUROPTYA Meyrick, 1890			
63.038	*1405*	***ruralis*** (Scopoli, 1763)	Mother of Pearl	E S W I	C
		MECYNA Doubleday, [1849]			
63.039	*1396*	***flavalis*** ([Denis & Schiffermüller], 1775)		E W	
63.040	*1397*	***asinalis*** (Hübner, [1819])		E W I	C
		AGROTERA Schrank, 1802			
63.041	*1410*	***nemoralis*** (Scopoli, 1763)		E	C
		DIPLOPSEUSTIS Meyrick, 1884			
•63.042	*1397a*	***perieresalis*** (Walker, 1859)		E	
		DIASEMIA Hübner, [1825]			
63.043	*1402*	***reticularis*** (Linnaeus, 1761)		E W	
		litterata (Scopoli, 1763)			
		DIASEMIOPSIS Munroe, 1957			
63.044	*1403*	***ramburialis*** (Duponchel, 1834)		E S W	C
		MARUCA Walker, 1859			
63.045	*1401*	***vitrata*** (Fabricius, 1787)	Mung Moth	E	
		testulalis (Geyer, 1832)			
		DUPONCHELIA Zeller, 1847			

❶	❷	❸	❹	❺	❻
63.046	1403a	*fovealis* Zeller, 1847		E S W I	
		SPOLADEA Guenée, 1854			
63.047	1404	*recurvalis* (Fabricius, 1775)		E S W I C	
		PALPITA Hübner, [1808]			
63.048	1408	*vitrealis* (Rossi, 1794)		E S W I C	
		unionalis (Hübner, 1796)			
		HODEBERTIA Leraut, 2003			
•63.049		*testalis* (Fabricius, 1794)		E	
		DOLICHARTHRIA Stephens, 1834			
63.050	1399	*punctalis* ([Denis & Schiffermüller], 1775)		E W C	
		ANTIGASTRA Lederer, 1863			
63.051	1400	*catalaunalis* (Duponchel, 1833)		E W I C	
		NOMOPHILA Hübner, [1825]			
63.052	1398	*noctuella* ([Denis & Schiffermüller], 1775)	Rush Veneer	E S W I C	
63.053	1398a	*nearctica* Munroe, 1973		E	
		CYDALIMA Lederer, 1863			
•63.054	1409a	*perspectalis* (Walker, 1859)		E	
		HERPETOGRAMMA Lederer, 1863			
63.055	1406a	*licarsisalis* (Walker, 1859)	Grass Webworm	E	
		ODONTIINAE			
		CYNAEDA Hübner, [1825]			
63.056	1359	*dentalis* ([Denis & Schiffermüller], 1775)		E C	
		GLAPHYRIINAE			
		EVERGESTIS Hübner, [1825]			
63.057	1356	*forficalis* (Linnaeus, 1758)	Garden Pebble	E S W I C	
63.058	1357	*extimalis* (Scopoli, 1763)		E I C	
63.059	1356a	*limbata* (Linnaeus, 1767)		E C	
63.060	1358	*pallidata* (Hufnagel, 1767)		E I C	
		HELLULA Guenée, 1854			
63.061	1360	*undalis* (Fabricius, 1781)	Old World Webworm	E S W I C	
		SCOPARIINAE			
		SCOPARIA Haworth, 1811			
63.062	1332	*subfusca* Haworth, 1811		E S W I C	
		cembrae sensu auctt. nec Haworth, 1811			
		cembrella sensu auctt. nec (Linnaeus, 1761)			
63.063	1334a	*basistrigalis* Knaggs, 1866		E W I C	
63.064	1334	*ambigualis* (Treitschke, 1829)		E S W I C	
		atomalis Stainton, 1855			
63.065	1335	*ancipitella* (La Harpe, 1855)		E S W	
		ulmella Knaggs, 1867			
63.066	1333	*pyralella* ([Denis & Schiffermüller], 1775)		E S W I C	
		arundinata (Thunberg, 1792)			
		dubitalis (Hübner, 1796)			
		EUDONIA Billberg, 1820			
63.067	1338	*lacustrata* (Panzer, 1804)		E S W I C	
		crataegella sensu auctt. nec (Linnaeus, 1767)			
		centurionalis sensu auctt. nec (Hübner, [1825])			
63.068	1339	*murana* (Curtis, 1827)		E S W	
63.069	1342	*angustea* (Curtis, 1827)		E S W I C	
		vafra (Meyrick, 1913)			
63.070	1337	*alpina* (Curtis, 1850)		S	
		gracilalis (Stainton, 1858)			
63.071	1341	*lineola* (Curtis, 1827)		E S W I C	
63.072	1343	*delunella* (Stainton, 1849)		E S W I C	
		resinella sensu auctt. nec (Linnaeus, 1761)			
		resinea sensu auctt. nec (Haworth, 1811)			

❶	❷	❸	❹	❺	❻
63.073	1340	*truncicolella* (Stainton, 1849)		E S W I	
63.074	1344	*mercurella* (Linnaeus, 1758)		E S W I C	
		phaeoleuca (Stainton, 1859) nec (Zeller, 1845)			
		frequentella (Stainton, 1849)			
63.075	1336	*pallida* (Curtis, 1827)		E S W I C	
		CRAMBINAE			
		EUCHROMIUS Guenée, 1845			
63.076	1289	*ocellea* (Haworth, 1811)		E S W I C	
		CHILO Zincken, 1817			
63.077	1290	*phragmitella* (Hübner, [1810])		E S W I C	
		FRIEDLANDERIA Agnew, 1987			
63.078	1291	*cicatricella* (Hübner, [1824])		E W	
		CALAMOTROPHA Zeller, 1863			
63.079	1292	*paludella* (Hübner, [1824])		E W C	
		CHRYSOTEUCHIA Hübner, [1825]			
63.080	1293	*culmella* (Linnaeus, 1758)		E S W I C	
		hortuella (Hübner, 1796)			
		CRAMBUS Fabricius, 1798			
63.081	1294	*pascuella* (Linnaeus, 1758)		E S W I C	
63.082	1296	*silvella* (Hübner, [1813])		E W	
63.083	1297	*uliginosellus* Zeller, 1850		E S W I C	
63.084	1298	*ericella* (Hübner, [1813])		E S I	
•63.085	1300	*pratella* (Linnaeus, 1758)		E S W C	
		dumetella (Hübner, [1813])			
63.086	1301	*lathoniellus* (Zincken, 1817)		E S W I C	
		nemorella (Hübner, [1813])			
		pratella sensu auctt. nec (Linnaeus, 1758)			
63.087	1299	*hamella* (Thunberg, 1788)		E S W C	
63.088	1302	*perlella* (Scopoli, 1763)		E S W I C	
		warringtonellus Stainton, 1849			
		AGRIPHILA Hübner, [1825]			
63.089	1305	*tristella* ([Denis & Schiffermüller], 1775)		E S W I C	
63.090	1306	*inquinatella* ([Denis & Schiffermüller], 1775)		E S W I C	
63.091	1307	*latistria* (Haworth, 1811)		E S W I C	
63.092	1303	*selasella* (Hübner, [1813])		E S W I C	
63.093	1304	*straminella* ([Denis & Schiffermüller], 1775)		E S W I C	
63.094	1308	*poliellus* (Treitschke, 1832)		E	
63.095	1309	*geniculea* (Haworth, 1811)		E S W I C	
		CATOPTRIA Hübner, [1825]			
63.096	1310	*permutatellus* (Herrich-Schäffer, 1848)		E S	
63.097	1311	*osthelderi* (Lattin, 1950)		E	
63.098	1312	*speculalis* Hübner, [1825]		S	
63.099	1313	*pinella* (Linnaeus, 1758)		E S W I C	
63.100	1314	*margaritella* ([Denis & Schiffermüller], 1775)		E S W I C	
63.101	1315	*furcatellus* (Zetterstedt, 1839)		E S W	
63.102	1316	*falsella* ([Denis & Schiffermüller], 1775)		E S W I C	
63.103	1317	*verellus* (Zincken, 1817)		E C	
63.104	1318	*lythargyrella* (Hübner, 1796)		E	
		CHRYSOCRAMBUS Bleszynski, 1957			
63.105	1319	*linetella* (Fabricius, 1781)		E C	
		cassentiniellus (Herrich-Schäffer, 1848)			
63.106	1320	*craterella* (Scopoli, 1763)		E	
		rorrella (Linnaeus, 1767)			
		THISANOTIA Hübner, [1825]			
63.107	1321	*chrysonuchella* (Scopoli, 1763)		E	
		PEDIASIA Hübner, [1825]			

❶	❷	❸	❹	❺	❻
63.108	1322	*fascelinella* (Hübner, [1813])		E	C
		pedriolellus sensu auctt. nec (Duponchel, 1836)			
63.109	1323	*contaminella* (Hübner, 1796)		E W	C
63.110	1324	*aridella* (Thunberg, 1788)		E S W I	C
		PLATYTES Guenée, 1845			
63.111	1326	*cerussella* ([Denis & Schiffermüller], 1775)		E	
63.112	1325	*alpinella* (Hübner, [1813])		E S W I	C
		ANCYLOLOMIA Hübner, [1825]			
63.113	1327	*tentaculella* (Hübner, 1796)		E	C
		ACENTROPINAE			
		ELOPHILA Hübner, 1822			
63.114	1345	*nymphaeata* (Linnaeus, 1758)	Brown China-mark	E S W I	C
		ACENTRIA Stephens, 1829			
63.115	1331	*ephemerella* ([Denis & Schiffermüller], 1775)			
			Water Veneer	E S W I	C
		nivea (Olivier, 1791)			
		CATACLYSTA Hübner, [1825]			
63.116	1354	*lemnata* (Linnaeus, 1758)	Small China-mark	E S W I	C
		PARAPOYNX Hübner, [1825]			
63.117	1348	*stratiotata* (Linnaeus, 1758)	Ringed China-mark	E S W I	C
		NYMPHULA Schrank, 1802			
63.118	1350	*nitidulata* (Hufnagel, 1767)	Beautiful China-mark	E S W I	C
		stagnata (Donovan, 1806)			
		MUSOTIMINAE			
		MUSOTIMA Meyrick, 1884			
•63.119	1355a	*nitidalis* (Walker, [1866])		E	
		SCHOENOBIINAE			
		SCHOENOBIUS Duponchel, 1836			
63.120	1328	*gigantella* ([Denis & Schiffermüller], 1775)		E	C
		DONACAULA Meyrick, 1890			
63.121	1329	*forficella* (Thunberg, 1794)		E W I	C
63.122	1330	*mucronella* ([Denis & Schiffermüller], 1775)		E S W I	

DREPANOIDEA

DREPANIDAE

DREPANINAE

FALCARIA Haworth, 1809

65.001	1645	*lacertinaria* (Linnaeus, 1758)	Scalloped Hook-tip	E S W I	C
		WATSONALLA Minet, 1985			
65.002	1646	*binaria* (Hufnagel, 1767)	Oak Hook-tip	E S W I	C
		hamula sensu auctt. nec (Esper, 1796)			
65.003	1647	*cultraria* (Fabricius, 1775)	Barred Hook-tip	E W I	
		unguicula (Hübner, [1803])			
		DREPANA Schrank, 1802			
65.004	1649	*curvatula* (Borkhausen, 1790)	Dusky Hook-tip	E	C
65.005	1648	*falcataria* (Linnaeus, 1758)	Pebble Hook-tip	E S W I	C
		SABRA Bode, 1907			
65.006	1650	*harpagula* (Esper, 1786)	Scarce Hook-tip	E	C
		sicula sensu Barrett, 1896 nec ([Denis & Schiffermüller], 1775)			
		CILIX Leach, [1815]			
65.007	1651	*glaucata* (Scopoli, 1763)	Chinese Character	E S W I	C
		spinula ([Denis & Schiffermüller], 1775)			
		THYATIRINAE			
		THYATIRA Ochsenheimer, 1816			
65.008	1652	*batis* (Linnaeus, 1758)	Peach Blossom	E S W I	C
		HABROSYNE Hübner, [1821]			

❶	❷	❸	❹	❺	❻
65.009	1653	*pyritoides* (Hufnagel, 1766)	Buff Arches	E S W I C	
		derasa (Linnaeus, 1767)			
		TETHEA Ochsenheimer, 1816			
65.010	1654	*ocularis ocularis* (Linnaeus, 1767)			
		ocularis octogesima (Hübner, 1786)	Figure of Eighty	E S W C	
65.011	1655	*or or* ([Denis & Schiffermüller], 1775)	Poplar Lutestring	E W	
		or scotica (Tutt, 1888)		S	
		or hibernica (Turner, 1927)		I	
		TETHEELLA Werny, 1966			
65.012	1656	*fluctuosa* (Hübner, [1803])	Satin Lutestring	E S W I C	
		OCHROPACHA Wallengren, 1871			
65.013	1657	*duplaris* (Linnaeus, 1761)	Common Lutestring	E S W I C	
		CYMATOPHORINA Spuler, 1908			
65.014	1658	*diluta diluta* ([Denis & Schiffermüller], 1775)			
		diluta hartwiegi (Reisser, 1927)	Oak Lutestring	E W C	
		POLYPLOCA Hübner, [1821]			
65.015	1660	*ridens* (Fabricius, 1787)	Frosted Green	E W	
		ACHLYA Billberg, 1820			
65.016	1659	*flavicornis flavicornis* (Linnaeus, 1758)			
		flavicornis galbanus (Tutt, 1891)	Yellow Horned	E W I	
		flavicornis scotica (Tutt, 1888)		S	

LASIOCAMPOIDEA
LASIOCAMPIDAE
POECILOCAMPINAE
POECILOCAMPINI
POECILOCAMPA Stephens, 1828

66.001	1631	*populi* (Linnaeus, 1758)	December Moth	E S W I C	
		TRICHIURA Stephens, 1828			
66.002	1632	*crataegi* (Linnaeus, 1758)	Pale Eggar	E S W I C	
		MALACOSOMATINAE			
		MALACOSOMATINI			
		MALACOSOMA Hübner, [1820]			
		TRICHODIA Stephens, 1827			
66.003	1634	*neustria* (Linnaeus, 1758)	Lackey	E S W I C	
66.004	1635	*castrensis* (Linnaeus, 1758)	Ground Lackey	E	
		LASIOCAMPINAE			
		ERIOGASTRINI			
		ERIOGASTER Germar, 1810			
		ERIOGASTER Germar, 1810			
66.005	1633	*lanestris* (Linnaeus, 1758)	Small Eggar	E W I	
		LASIOCAMPINI			
		LASIOCAMPA Schrank, 1802			
		PACHYGASTRIA Hübner, [1820]			
66.006	1636	*trifolii trifolii* ([Denis & Schiffermüller], 1775)			
			Grass Eggar	E W C	
		trifolii flava Chalmers-Hunt, 1962	Pale Grass Eggar	E	
		LASIOCAMPA Schrank, 1802			
66.007	1637	*quercus quercus* (Linnaeus, 1758)	Oak Eggar	E W C	
		quercus callunae Palmer, 1847	Northern Eggar	E S W I	
		MACROTHYLACIINI			
		MACROTHYLACIA Rambur, 1866			
66.008	1638	*rubi* (Linnaeus, 1758)	Fox Moth	E S W I C	
		PINARINAE			
		PINARINI			
		DENDROLIMUS Germar, 1812			
66.009	1639	*pini* (Linnaeus, 1758)	Pine-tree Lappet	E S C	

❶	❷	❸	❹	❺	❻
		SELENEPHERINI			
		EUTHRIX Meigen, 1830			
66.010	*1640*	*potatoria* (Linnaeus, 1758)	Drinker	E S W I C	
		GASTROPACHINI			
		PHYLLODESMA Hübner, [1820]			
		PHYLLODESMA Hübner, [1820]			
•66.011	*1641*	*ilicifolia* (Linnaeus, 1758)	Small Lappet	E	X
		GASTROPACHA Ochsenheimer, 1810			
		GASTROPACHA Ochsenheimer, 1810			
66.012	*1642*	*quercifolia* (Linnaeus, 1758)	Lappet	E W C	

BOMBYCOIDEA
ENDROMIDAE

		ENDROMIS Ochsenheimer, 1810			
•67.001	*1644*	*versicolora* (Linnaeus, 1758)	Kentish Glory	E S	XE

SATURNIIDAE
SATURNIINAE
SATURNIINI

		SATURNIA Schrank, 1802			
		EUDIA Seitz, 1911			
68.001	*1643*	*pavonia* (Linnaeus, 1758)	Emperor Moth	E S W I C	

SPHINGIDAE
SMERINTHINAE
SMERINTHINI

		MIMAS Hübner, [1819]			
69.001	*1979*	*tiliae* (Linnaeus, 1758)	Lime Hawk-moth	E W I C	
		SMERINTHUS Latreille, 1802			
69.002	*1980*	*ocellata* (Linnaeus, 1758)	Eyed Hawk-moth	E S W I C	
		LAOTHOE Fabricius, 1807			
69.003	*1981*	*populi* (Linnaeus, 1758)	Poplar Hawk-moth	E S W I C	
		SPHINGINAE			
		ACHERONTIINI			
		AGRIUS Hübner, [1819]			
69.004	*1972*	*convolvuli* (Linnaeus, 1758)	Convolvulus Hawk-moth	E S W I C	
		ACHERONTIA Laspeyres, 1809			
69.005	*1973*	*atropos* (Linnaeus, 1758)	Death's-head Hawk-moth	E S W I C	
		SPHINGINI			
		SPHINX Linnaeus, 1758			
69.006	*1976*	*ligustri* Linnaeus, 1758	Privet Hawk-moth	E W C	
69.007	*1978*	*pinastri* Linnaeus, 1758	Pine Hawk-moth	E C	
		MACROGLOSSINAE			
		DILOPHONOTINI			
		HEMARIS Dalman, 1816			
69.008	*1982*	*tityus* (Linnaeus, 1758)	Narrow-bordered Bee Hawk-moth	E S W I C	
69.009	*1983*	*fuciformis* (Linnaeus, 1758)	Broad-bordered Bee Hawk-moth	E W C	
		MACROGLOSSINI			
		MACROGLOSSUM Scopoli, 1777			
69.010	*1984*	*stellatarum* (Linnaeus, 1758)	Humming-bird Hawk-moth	E S W I C	
		DAPHNIS Hübner, [1819]			
69.011	*1985*	*nerii* (Linnaeus, 1758)	Oleander Hawk-moth	E W C	
		PROSERPINUS Hübner, [1819]			
69.012	*1984a*	*proserpina* (Pallas, 1772)	Willowherb Hawk-moth	E	
		HYLES Hübner, [1819]			

❶	❷	❸	❹	❺	❻
69.013	1986	*euphorbiae* (Linnaeus, 1758)	Spurge Hawk-moth	E W C	
69.014	1987	*gallii* (Rottemburg, 1775)	Bedstraw Hawk-moth	E S W I C	
69.015	1990	*livornica* (Esper, [1804])	Striped Hawk-moth	E S W I C	
		lineata sensu auctt. nec (Fabricius, 1775)			
		DEILEPHILA Laspeyres, 1809			
69.016	1991	*elpenor* (Linnaeus, 1758)	Elephant Hawk-moth	E S W I C	
69.017	1992	*porcellus* (Linnaeus, 1758)	Small Elephant Hawk-moth	E S W I C	
		HIPPOTION Hübner, [1819]			
69.018	1993	*celerio* (Linnaeus, 1758)	Silver-striped Hawk-moth	E S W I C	

GEOMETROIDEA
GEOMETRIDAE
STERRHINAE
IDAEINI
IDAEA Treitschke, 1825

70.001	1697	*serpentata* (Hufnagel, 1767)	Ochraceous Wave	E C	
70.002	1698	*muricata* (Hufnagel, 1767)	Purple-bordered Gold	E W I	
70.003	1696	*ochrata* (Scopoli, 1763)	Bright Wave	E C	
•70.004	1699	*rusticata* ([Denis & Schiffermüller], 1775)	Least Carpet	E W C	
		vulpinaria (Herrich-Schäffer, 1852)			
		atrosignaria (Lempke, 1967)			
70.005	1704	*dilutaria* (Hübner, [1799])	Silky Wave	E W C	
		interjectaria (Boisduval, 1840)			
		holosericata (Duponchel, 1842)			
70.006	1705	*fuscovenosa* (Goeze, 1781)	Dwarf Cream Wave	E W C	
		interjectaria sensu Herrich-Schäffer, 1847 nec (Boisduval, 1840)			
		dilutaria sensu Lederer, 1853 nec (Hübner, [1799])			
•70.007	1706	*humiliata* (Hufnagel, 1767)	Isle of Wight Wave	E	X
		oseata ([Denis & Schiffermüller], 1775)			
70.008	1707	*seriata* (Schrank, 1802)	Small Dusty Wave	E S W C	
		incanaria Hübner, [1799]			
		virgularia Hübner, [1799]			
70.009	1709	*subsericeata* (Haworth, 1809)	Satin Wave	E S W I C	
70.010	1701	*sylvestraria* (Hübner, [1799])	Dotted Border Wave	E W C	
		marginepunctata sensu (Stephens, 1831) nec (Goeze, 1781)			
		straminata sensu (Treitschke, 1835) nec (Borkhausen, 1794)			
70.011	1708	*dimidiata* (Hufnagel, 1767)	Single-dotted Wave	E S W I C	
		scutulata ([Denis & Schiffermüller], 1775)			
70.012	1711	*trigeminata* (Haworth, 1809)	Treble Brown Spot	E W C	
70.013	1702	*biselata* (Hufnagel, 1767)	Small Fan-footed Wave	E S W I C	
		bisetata misspelling			
70.014		*contiguaria contiguaria* (Hübner, [1799])			
	1710	*contiguaria britanniae* (Müller, 1936)	Weaver's Wave	W	
		eburnata Wocke, 1850			
70.015	1712	*emarginata* (Linnaeus, 1758)	Small Scallop	E W C	
70.016	1713	*aversata* (Linnaeus, 1758)	Riband Wave	E S W I C	
70.017	1714	*degeneraria* (Hübner, [1799])	Portland Ribbon Wave	E C	
70.018	1715	*straminata* (Borkhausen, 1794)	Plain Wave	E S W I C	
		inornata (Haworth, 1809)			

SCOPULINI
SCOPULA Schrank, 1802
SCOPULA Schrank, 1802

•70.019	1683	*immorata* (Linnaeus, 1758)	Lewes Wave	E	X
70.020	1684	*nigropunctata* (Hufnagel, 1767)	Sub-angled Wave	E C	
		strigilata sensu ([Denis & Schiffermüller], 1775) nec (Linnaeus, 1758)			
		strigilaria sensu Meyrick, 1895 nec (Hübner, 1799)			
70.021	1687	*ornata* (Scopoli, 1763)	Lace Border	E C	

❶	❷	❸	❹	❺	❻
70.022	1688	*rubiginata* (Hufnagel, 1767)	Tawny Wave	E	C
		rubricata ([Denis & Schiffermüller], 1775)			
		CALOTHYSANIS Hübner, [1823]			
70.023	1689	*marginepunctata* (Goeze, 1781)	Mullein Wave	E W I	C
		conjugata (Borkhausen, 1794)			
		promutata (Guenée, 1858)			
70.024	1690	*imitaria* (Hübner, [1799])	Small Blood-vein	E W I	C
70.025	1692	*immutata* (Linnaeus, 1758)	Lesser Cream Wave	E W I	C
70.026	1694	*ternata* Schrank, 1802	Smoky Wave	E S W I	
		fumata (Stephens, 1831)			
70.027	1693	*floslactata floslactata* (Haworth, 1809)	Cream Wave	E S W I	C
		lactata (Haworth, 1809)			
		remutaria sensu (Hübner, [1799]) nec *remutata* (Linnaeus, 1758)			
		lactata scotica Cockayne, 1951		S	
70.028	1691	*emutaria* (Hübner, [1809])	Rosy Wave	E W I	C
		TIMANDRINI			
		TIMANDRA Duponchel, 1829			
70.029	1682	*comae* Schmidt, 1931	Blood-vein	E S W I	C
		comai unjustified emendation			
		amataria sensu ([Denis & Schiffermüller], 1775) nec (Linnaeus, 1761)			
		amata sensu Staudinger, 1871 nec (Linnaeus, 1758)			
		griseata sensu auctt. nec Petersen, 1902			
		COSYMBIINI			
		CYCLOPHORA Hübner, 1822			
		CYCLOPHORA Hübner, 1822			
70.030	1675	*pendularia* (Clerck, 1759)	Dingy Mocha	E W	C
		orbicularia (Hübner, [1799])			
70.031	1676	*annularia* (Fabricius, 1775)	Mocha	E W	C
		annulata (Schülze, 1775)			
		omicronaria ([Denis & Schiffermüller], 1775)			
70.032	1677	*albipunctata* (Hufnagel, 1767)	Birch Mocha	E S W I	C
		pendularia sensu ([Denis & Schiffermüller], 1775) nec (Clerck, 1759)			
70.033	1678	*puppillaria* (Hübner, [1799])	Blair's Mocha	E I	C
•70.034	1678a	*ruficiliaria* (Herrich-Schäffer, 1855)	Jersey Mocha	E	C
		CODONIA Hubner, [1823]			
70.035	1679	*porata* (Linnaeus, 1767)	False Mocha	E W	C
70.036	1680	*punctaria* (Linnaeus, 1758)	Maiden's Blush	E W I	C
		amata (Linnaeus, 1758)			
		amataria (Linnaeus, 1761)			
70.037	1681	*linearia* (Hübner, [1799])	Clay Triple-lines	E W I	C
		trilinearia (Borkhausen, 1794) nec (Hübner, [1787])			
		RHODOMETRINI			
		RHODOMETRA Meyrick, 1892			
70.038	1716	*sacraria* (Linnaeus, 1767)	Vestal	E S W I	C
		LARENTIINAE			
		CATACLYSMINI			
		PHIBALAPTERYX Stephens, 1829			
70.039	1718	*virgata* (Hufnagel, 1767)	Oblique Striped	E W	C
		lineolata ([Denis & Schiffermüller], 1775)			
		XANTHORHOINI			
		SCOTOPTERYX Hübner, [1825]			
70.040		*mucronata mucronata* (Scopoli, 1763)			
	1733	*mucronata umbrifera* (Heydemann, 1925)	Lead Belle	E W	
		mucronata scotica (Cockayne, 1940)		S I	
70.041		*luridata luridata* (Hufnagel, 1767)			
		palumbaria ([Denis & Schiffermüller], 1775)			

❶	❷	❸	❹	❺	❻
	1734	*luridata plumbaria* (Fabricius, 1775)	July Belle	E S W I C	
70.042	1730	*peribolata* (Hübner, [1817])	Spanish Carpet	E C	
70.043		*bipunctaria bipunctaria* ([Denis & Schiffermüller], 1775)			
	1731	*bipunctaria cretata* (Prout, 1937)	Chalk Carpet	E W C	
70.044	1729	*moeniata* (Scopoli, 1763)	Fortified Carpet	E C	
70.045	1732	*chenopodiata* (Linnaeus, 1758)	Shaded Broad-bar	E S W I C	
		limitata (Scopoli, 1763)			
		ORTHONAMA Hübner, [1825]			
70.046	1719	*vittata* (Borkhausen, 1794)	Oblique Carpet	E S W I C	
		NYCTEROSEA Hulst, 1896			
70.047	1720	*obstipata* (Fabricius, 1794)	Gem	E S W I C	
		fluviata (Hübner, [1799])			
		XANTHORHOE Hübner, [1825]			
70.048	1723	*decoloraria decoloraria* (Esper, [1806])	Red Carpet	E S W I	
		munitata (Hübner, [1809])			
		decoloraria hethlandica (Prout, 1901)		S	
70.049	1728	*fluctuata fluctuata* (Linnaeus, 1758)	Garden Carpet	E S W I C	
		fluctuata thules (Prout, 1914)		E S	
70.050	1721	*biriviata* (Borkhausen, 1794)	Balsam Carpet	E W C	
70.051	1724	*spadicearia* ([Denis & Schiffermüller], 1775)			
		ferrugaria Haworth, 1809	Red Twin-spot Carpet	E S W I C	
		ferrugata sensu Pierce, 1914, nec (Clerck, 1759)			
70.052	1725	*ferrugata* (Clerck, 1759)	Dark-barred Twin-spot Carpet		
				E S W I C	
		unidentaria (Haworth, 1809)			
70.053	1722	*designata* (Hufnagel, 1767)	Flame Carpet	E S W I C	
		propugnata ([Denis & Schiffermüller], 1775)			
70.054	1727	*montanata montanata* ([Denis & Schiffermüller], 1775)			
			Silver-ground Carpet	E S W I C	
		montanata shetlandica (Weir, 1880)		S	
70.055	1726	*quadrifasiata* (Clerck, 1759)	Large Twin-spot Carpet	E W C	
		quadrifasciaria (Linnaeus, 1761)			
		CATARHOE Herbulot, 1951			
70.056	1736	*cuculata* (Hufnagel, 1767)	Royal Mantle	E S W I C	
		sinuata ([Denis & Schiffermüller], 1775)			
70.057	1735	*rubidata* ([Denis & Schiffermüller], 1775)	Ruddy Carpet	E W C	
		COSTACONVEXA Agenjo, 1949			
70.058	1741	*polygrammata* (Borkhausen, 1794)	Many-lined	E C	
		CAMPTOGRAMMA Stephens, 1831			
70.059	1742	*bilineata* (Linnaeus, 1758)	Yellow Shell	E S W I C	
		atlantica (Staudinger, 1892)		S	
		hibernica Tutt, 1902		I	
		isolata Kane, 1896		I	
		EPIRRHOE Hübner, [1825]			
70.060	1737	*tristata* (Linnaeus, 1758)	Small Argent & Sable	E S W I C	
70.061	1738	*alternata alternata* (Müller, 1764)	Common Carpet	E S W I C	
		sociata (Borkhausen, 1794)			
		subtristata (Haworth, 1809)			
		biriviata Stainton, 1859			
		alternata obscurata (South, 1888)		S	
70.062	1739	*rivata* (Hübner, [1813])	Wood Carpet	E S C	
70.063	1740	*galiata* ([Denis & Schiffermüller], 1775)	Galium Carpet	E S W I C	
		EUPHYIINI			
		EUPHYIA Hübner, [1825]			
70.064	1793	*biangulata* (Haworth, 1809)	Cloaked Carpet	E W I C	
		picata (Hübner, [1813])			

❶	❷	❸	❹	❺	❻
70.065	1794	*unangulata* (Haworth, 1809)	Sharp-angled Carpet	E W I C	
		LARENTIINI			
		EAROPHILA Gumppenberg, 1887			
70.066	1746	*badiata* ([Denis & Schiffermüller], 1775)	Shoulder Stripe	E S W I C	
		ANTICLEA Stephens, 1831			
70.067	1747	*derivata* ([Denis & Schiffermüller], 1775)	Streamer	E S W I C	
		nigrofasciaria (Goeze, 1781)			
		MESOLEUCA Hübner, [1825]			
70.068	1748	*albicillata* (Linnaeus, 1758)	Beautiful Carpet	E S W I C	
		PELURGA Hübner, [1825]			
70.069	1749	*comitata* (Linnaeus, 1758)	Dark Spinach	E S W I C	
		LARENTIA Treitschke, 1825			
70.070	1745	*clavaria* (Haworth, 1809)	Mallow	E S W I C	
		cervinata ([Denis & Schiffermüller], 1775)			
		cervinalis sensu auctt. nec (Scopoli, 1763)			
		ENTEPHRIA Hübner, [1825]			
70.071	1743	*flavicinctata flavicinctata* (Hübner, [1813])	Yellow-ringed Carpet	E S W I	
		flavicinctata ruficinctata (Guenée, 1858)		S	
•70.072	1744	*caesiata* ([Denis & Schiffermüller], 1775)	Grey Mountain Carpet	E S W I	
		caesiata hethlandicaria (Bang-Haas, 1910)		S	
		SPARGANIA Guenée, [1858]			
70.073	1786	*luctuata* ([Denis & Schiffermüller], 1775)	White-banded Carpet	E W C	
		lugubrata (Staudinger, 1871)			
		HYDRIOMENINI			
		HYDRIOMENA Hübner, [1825]			
70.074	1777	*furcata* (Thunberg, 1784)	July Highflier	E S W I C	
		sordidata (Fabricius, 1794)			
		elutata (Hübner, [1799])			
70.075	1778	*impluviata* ([Denis & Schiffermüller], 1775)	May Highflier	E S W I C	
		coerulata (Fabricius, [1777])			
		trifasciata (Borkhausen, 1794)			
70.076	1779	*ruberata* (Freyer, [1831])	Ruddy Highflier	E S W I C	
		ruberaria misspelling			
		CIDARIINI			
		PENNITHERA Viidalepp, 1980			
70.077	1767	*firmata* (Hübner, [1822])	Pine Carpet	E S W I C	
		firmaria (Doubleday, [1849])			
		THERA Stephens, 1831			
70.078	1770	*cognata* (Thunberg, 1792)	Chestnut-coloured Carpet	E S W I	
		simulata (Hübner, [1809])			
		coniferata Curtis, 1834			
70.079	1769	*britannica* (Turner, 1925)	Spruce Carpet	E S W I C	
		variata sensu auctt. nec ([Denis & Schiffermüller], 1775)			
•70.080		*vetustata* ([Denis & Schiffermüller], 1775)	Fir Carpet	E	
•70.081	1768	*obeliscata* (Hübner, [1787])	Grey Pine Carpet	E S W I C	
		variata sensu auctt. nec ([Denis & Schiffermüller], 1775)			
		variata scotica (Staudinger, 1901)		S	
70.082	1771	*juniperata juniperata* (Linnaeus, 1758)	Juniper Carpet	E S W I C	
		juniperata scotica White, 1871		S	
		juniperata orcadensis Cockayne, 1950		S	
70.083	1771a	*cupressata* (Geyer, [1831])	Cypress Carpet	E W C	
		PLEMYRIA Hübner, [1825]			
70.084	1766	*rubiginata rubiginata* ([Denis & Schiffermüller], 1775)			
			Blue-bordered Carpet	E W I C	
		bicolorata (Hufnagel, 1767) homonym			
		rubiginata plumbata (Curtis, 1837)		E S	

1	2	3	4	5	6
		CIDARIA Treitschke, 1825			
70.085	1765	*fulvata* (Forster, 1771)	Barred Yellow	E S W I C	
		ELECTROPHAES Prout, 1923			
70.086	1773	*corylata* (Thunberg, 1792)	Broken-barred Carpet	E S W I C	
		COSMORHOE Hübner, [1825]			
70.087	1752	*ocellata* (Linnaeus, 1758)	Purple Bar	E S W I C	
		EUSTROMA Hübner, [1825]			
70.088	1772	*reticulata* ([Denis & Schiffermüller], 1775)	Netted Carpet	E W	
		EULITHIS Hübner, 1821			
70.089	1754	*prunata* (Linnaeus, 1758)	Phoenix	E S W I C	
70.090	1755	*testata* (Linnaeus, 1761)	Chevron	E S W I C	
70.091	1756	*populata* (Linnaeus, 1758)	Northern Spinach	E S W I C	
		dotata (Linnaeus, 1758)			
70.092	1757	*mellinata* (Fabricius, 1787)	Spinach	E S W I C	
		associata (Borkhausen, 1794)			
		GANDARITIS Moore, 1868			
70.093	1758	*pyraliata* ([Denis & Schiffermüller], 1775)	Barred Straw	E S W I C	
		ECLIPTOPERA Warren, 1894			
70.094	1759	*silaceata* ([Denis & Schiffermüller], 1775)	Small Phoenix	E S W I C	
		CHLOROCLYSTA Hübner, [1825]			
70.095	1760	*siterata* (Hufnagel, 1767)	Red-green Carpet	E S W I C	
		psittacata ([Denis & Schiffermüller], 1775)			
70.096	1761	*miata* (Linnaeus, 1758)	Autumn Green Carpet	E S W I C	
		DYSSTROMA Hübner, [1825]			
70.097	1764	*truncata truncata* (Hufnagel, 1767)	Common Marbled Carpet	E S W I C	
		russata ([Denis & Schiffermüller], 1775)			
	1763	*truncata concinnata* (Stephens, 1831)	Arran Carpet	S	
70.098	1762	*citrata citrata* (Linnaeus, 1761)	Dark Marbled Carpet	E S W I C	
		immanata (Haworth, 1809)			
		citrata pythonissata (Millière, 1870)		S	
		COLOSTYGIA Hübner, [1825]			
70.099	1774	*olivata* ([Denis & Schiffermüller], 1775)	Beech-green Carpet	E S W I C	
		olivaria (Treitschke, 1825)			
70.100	1776	*pectinataria* (Knoch, 1781)	Green Carpet	E S W I C	
		viridaria (Fabricius, 1775)			
		miaria (Borkhausen, 1794)			
70.101	1775	*multistrigaria* (Haworth, 1809)	Mottled Grey	E S W I C	
		COENOTEPHRIA Prout, 1914			
70.102		*salicata salicata* (Hübner, [1799])			
		salicaria (Haworth, 1809)			
	1753	*salicata latentaria* (Curtis, 1830)	Striped Twin-spot Carpet	E S W I C	
		LAMPROPTERYX Stephens, 1831			
70.103	1750	*suffumata* ([Denis & Schiffermüller], 1775)	Water Carpet	E S W I C	
		piceata Stephens, 1831			
70.104	1751	*otregiata* (Metcalfe, 1917)	Devon Carpet	E S W C	
		OPEROPHTERINI			
		OPEROPHTERA Hübner, [1825]			
70.105	1800	*fagata* (Scharfenberg, 1805)	Northern Winter Moth	E S W I	
		boreata (Hübner, [1813])			
70.106	1799	*brumata* (Linnaeus, 1758)	Winter Moth	E S W I C	
		EPIRRITA Hübner, 1822			
70.107	1795	*dilutata* ([Denis & Schiffermüller], 1775)	November Moth	E S W I C	
70.108	1796	*christyi* (Allen, 1906)	Pale November Moth	E S W I	
70.109	1797	*autumnata* (Borkhausen, 1794)	Autumnal Moth	E S W I C	
		autumnaria (Doubleday, [1849])			
70.110	1798	*filigrammaria* (Herrich-Schäffer, 1846)	Small Autumnal Moth	E S W I	

❶	❷	❸	❹	❺	❻
		ASTHENINI			
		ASTHENA Hübner, [1825]			
70.111	1875	***albulata*** (Hufnagel, 1767)	Small White Wave	E S W I C	
		candidata ([Denis & Schiffermüller], 1775)			
		EUCHOECA Hübner, [1823]			
70.112	1874	***nebulata*** (Scopoli, 1763)	Dingy Shell	E S W I C	
		obliterata (Hufnagel, 1767)			
		heparata ([Denis & Schiffermüller], 1775)			
		HYDRELIA Hübner, [1825]			
70.113	1877	***sylvata*** ([Denis & Schiffermüller], 1775)	Waved Carpet	E W I C	
		testaceata (Donovan, 1810)			
70.114	1876	***flammeolaria*** (Hufnagel, 1767)	Small Yellow Wave	E S W I C	
		luteata ([Denis & Schiffermüller], 1775)			
		VENUSIA Curtis, 1839			
70.115	1873	***cambrica*** Curtis, 1839	Welsh Wave	E S W I	
		cambricaria Guenée, [1858]			
70.116	1872	***blomeri*** (Curtis, 1832)	Blomer's Rivulet	E S W	
		MINOA Treitschke, 1825			
70.117	1878	***murinata*** (Scopoli, 1763)	Drab Looper	E W	
		euphorbiata ([Denis & Schiffermüller], 1775)			
		PHILEREMINI			
		PHILEREME Hübner, [1825]			
70.118	1791	***vetulata*** ([Denis & Schiffermüller], 1775)	Brown Scallop	E W I	
70.119	1792	***transversata transversata*** (Hufnagel, 1767)			
		rhamnata ([Denis & Schiffermüller], 1775)			
		transversata britannica (Lempke, 1968)	Dark Umber	E W I C	
		RHEUMAPTERINI			
		RHEUMAPTERA Hübner, 1822			
70.120	1787	***hastata hastata*** (Linnaeus, 1758)	Argent & Sable	E S W I C	
		hastata nigrescens (Cockerell, 1889)		S	
		HYDRIA Hübner, 1822			
70.121	1789	***undulata*** (Linnaeus, 1758)	Scallop Shell	E S W I C	
70.122	1788	***cervinalis*** (Scopoli, 1763)	Scarce Tissue	E S W C	
		certata (Hübner, [1825])			
		TRIPHOSA Stephens, 1829			
70.123	1790	***dubitata*** (Linnaeus, 1758)	Tissue	E S W I C	
		PAREULYPE Herbulot, 1951			
70.124	1785	***berberata*** ([Denis & Schiffermüller], 1775)	Barberry Carpet	E	
		MELANTHIINI			
		COENOCALPE Hübner, [1825]			
70.125	1780	***lapidata*** (Hübner, [1809])	Slender-striped Rufous	S I	
		HORISME Hübner, [1825]			
70.126	1781	***vitalbata*** ([Denis & Schiffermüller], 1775)	Small Waved Umber	E W C	
70.127	1782	***tersata*** ([Denis & Schiffermüller], 1775)	Fern	E W C	
		MELANTHIA Duponchel, 1829			
70.128	1784	***procellata*** ([Denis & Schiffermüller], 1775)	Pretty Chalk Carpet	E W C	
		ANTICOLLIX Prout, 1938			
70.129	1863	***sparsata*** (Treitschke, 1828)	Dentated Pug	E W	
		sparsaria (Hübner, [1813])			
		ODEZIA Boisduval, 1840			
70.130	1870	***atrata*** (Linnaeus, 1758)	Chimney Sweeper	E S W I C	
		chaerophyllata (Linnaeus, 1767)			
		PERIZOMINI			
		MESOTYPE Hübner, [1825]			
70.131	1809	***didymata didymata*** (Linnaeus, 1758)	Twin-spot Carpet	E S W I C	
		didymata hethlandica (Rebel, 1910)		S	

❶	❷	❸	❹	❺	❻
		PERIZOMA Hübner, [1825]			
70.132	1802	*affinitata* (Stephens, 1831)	Rivulet	E S W I	C
70.133	1803	*alchemillata* (Linnaeus, 1758)	Small Rivulet	E S W I	C
70.134	1804	*bifaciata* (Haworth, 1809)	Barred Rivulet	E S W I	C
		unifasciata (Haworth, 1809)			
70.135		*minorata minorata* (Treitschke, 1828)			
	1805	*minorata ericetata* (Stephens, 1831)	Heath Rivulet	E S W I	
		ericetaria (Doubleday, [1849])			
70.136	1806	*blandiata blandiata* ([Denis & Schiffermüller], 1775)			
			Pretty Pinion	E S W I	C
		adaequata (Borkhausen, 1794)			
		blandiata perfasciata (Prout, 1914)		S	
70.137	1807	*albulata albulata* ([Denis & Schiffermüller], 1775)			
			Grass Rivulet	E S W I	C
		albulata subfasciaria (Boheman, 1853)		S	
70.138	1808	*flavofasciata* (Thunberg, 1792)	Sandy Carpet	E S W I	C
		decolorata (Hübner, [1799])			
		MARTANIA Mironov, 2000			
70.139	1801	*taeniata* (Stephens, 1831)	Barred Carpet	E S W I	
		GAGITODES Warren, 1893			
70.140	1810	*sagittata* (Fabricius, 1787)	Marsh Carpet	E	
		EUPITHECIINI			
		GYMNOSCELIS Mabille, 1868			
70.141	1862	*rufifasciata* (Haworth, 1809)	Double-striped Pug	E S W I	C
		pumilata (Hübner, [1813])			
		CHLOROCLYSTIS Hübner, [1825]			
70.142	1858	*v-ata* (Haworth, 1809)	V-Pug	E S W I	C
		coronata (Hübner, [1813])			
		PASIPHILA Meyrick, 1883			
70.143	1859	*chloerata* (Mabille, 1870)	Sloe Pug	E W	
70.144	1860	*rectangulata* (Linnaeus, 1758)	Green Pug	E S W I	C
70.145	1861	*debiliata* (Hübner, [1817])	Bilberry Pug	E S W I	
		nigropunctata (Chant, 1833)			
		EUPITHECIA Curtis, 1825			
70.146	1813	*haworthiata* Doubleday, 1856	Haworth's Pug	E W I	C
		isogrammaria Herrich-Schäffer, 1848			
70.147	1811	*tenuiata* (Hübner, [1813])	Slender Pug	E S W I	C
70.148	1812	*inturbata* (Hübner, [1817])	Maple Pug	E W	C
		subciliata Doubleday, 1856			
70.149	1815	*abietaria* (Goeze, 1781)	Cloaked Pug	E S W I	
		pini (Retzius, 1783) homonym			
		togata (Hübner, [1817])			
70.150	1816	*linariata* ([Denis & Schiffermüller], 1775)	Toadflax Pug	E S W	C
70.151	1817	*pulchellata* Stephens, 1831	Foxglove Pug	E S W I	C
		hebudium Sheldon, 1899			
70.152	1855a	*ultimaria* Boisduval, 1840	Channel Islands Pug	E	C
70.153	1814	*plumbeolata* (Haworth, 1809)	Lead-coloured Pug	E S W I	
70.154	1822	*pygmaeata* (Hübner, [1799])	Marsh Pug	E S W I	
70.155	1823	*venosata venosata* (Fabricius, 1787)	Netted Pug	E S W I	C
		venosata ochracae Gregson, 1886		S	
		venosata fumosae Gregson, 1887		S	
		venosata hebridensis Curtis, 1944		S	
		venosata plumbea Huggins, 1962		I	
70.156	1852	*abbreviata* Stephens, 1831	Brindled Pug	E S W I	C
70.157	1853	*dodoneata* Guenée, [1858]	Oak-tree Pug	E W I	C
70.158	1854	*pusillata* ([Denis & Schiffermüller], 1775)	Juniper Pug	E S W I	C
		laevigata (Haworth, 1809)			

❶	❷	❸	❹	❺	❻
		sobrinata (Hübner, [1817])			
		anglicata Herrich-Schäffer, 1863			
		stevensata Webb, 1896			
		ultimaria sensu Westwood, 1854 nec Boisduval, 1840			
70.159	1855	***phoeniceata*** (Rambur, 1834)	Cypress Pug	E	C
70.160	1835	***tripunctaria*** Herrich-Schäffer, 1852	White-spotted Pug	E S W I	C
		albipunctata (Haworth, 1809) homonym			
70.161	1851	***virgaureata*** Doubleday, 1861	Golden-rod Pug	E S W I	C
70.162	1857	***tantillaria*** Boisduval, 1840	Dwarf Pug	E S W I	C
70.163	1856	***lariciata*** (Freyer, 1841)	Larch Pug	E S W I	C
70.164	1824	***egenaria*** Herrich-Schäffer, 1848	Fletcher's Pug or Pauper Pug	E	
70.165	1845	***pimpinellata*** (Hübner, [1813])	Pimpinel Pug	E W I	C
70.166	1842	***simpliciata*** (Haworth, 1809)	Plain Pug	E W I	C
70.167	1842a	***sinuosaria*** (Eversmann, 1848)	Goosefoot Pug	E	
70.168	1846	***nanata*** (Hübner, [1813])	Narrow-winged Pug	E S W I	C
• 70.169	1848	***innotata*** (Hufnagel, 1767)	Angle-barred Pug	E S W I	C
	1850	*tamarisciata* (Freyer, [1836])	Tamarisk Pug	E	
	1849	*fraxinata* Crew, 1863	Ash Pug	E S W I	C
70.170	1818	***irriguata*** (Hübner, [1813])	Marbled Pug	E W	C
70.171	1844	***indigata*** (Hübner, [1813])	Ochreous Pug	E S W I	C
70.172	1843	***distinctaria*** Herrich-Schäffer, 1848	Thyme Pug	E S W I	
		constrictata Guenée, [1858]			
		constrictaria Morris, 1861			
70.173	1825	***centaureata*** ([Denis & Schiffermüller], 1775)			
			Lime-speck Pug	E S W I	C
		oblongata (Thunberg, 1784)			
70.174	1820	***insigniata*** (Hübner, 1790)	Pinion-spotted Pug	E	
		consignata (Borkhausen, 1794)			
70.175	1826	***trisignaria*** Herrich-Schäffer, 1848	Triple-spotted Pug	E S W I	C
• 70.176	1827	***intricata intricata*** (Zetterstedt, 1839)	Edinburgh Pug	E S W	C
		helveticaria Boisduval, 1840			
		arceuthata (Freyer, 1841)	Freyer's Pug		
		millieraria Wnukowsky, 1929			
		intricata hibernica Mere, 1964	Mere's Pug	I	
70.177	1828	***satyrata satyrata*** (Hübner, [1813])	Satyr Pug	E S W I	C
		callunaria Doubleday, 1850			
		satyrata curzoni Gregson, 1884		S	
70.178	1847	***extensaria extensaria*** (Freyer, 1844)			
		extensaria occidua Prout, 1914	Scarce Pug	E	
• 70.179	1830	***absinthiata*** (Clerck, 1759)	Wormwood Pug	E S W I	C
		minutata ([Denis & Schiffermüller], 1775)			
		notata Stephens, 1831			
	1831	*goossensiata* Mabille, 1869	Ling Pug	E S W I	C
		knautiata Gregson, 1874			
		absynthiata misspelling			
70.180	1833	***expallidata*** Doubleday, 1856	Bleached Pug	E S W I	C
70.181	1821	***valerianata*** (Hübner, [1813])	Valerian Pug	E S W I	C
70.182	1832	***assimilata*** Doubleday, 1856	Currant Pug	E S W I	C
• 70.183	1834	***vulgata*** (Haworth, 1809)	Common Pug	E S W I	C
		scotica Cockayne, 1951			
		clarensis Huggins, 1962			
70.184	1819	***exiguata*** (Hübner, [1813])	Mottled Pug	E S W I	C
		muricolor Prout, 1938			
• 70.185	1836	***denotata denotata*** (Hübner, [1813])	Campanula Pug	E W I	C
		campanulata Herrich-Schäffer, 1861			
		jasioneata Crew, 1881	Jasione Pug		

❶	❷	❸	❹	❺	❻
70.186	1841	*millefoliata* Rössler, 1866	Yarrow Pug	E	C
•70.187	1838	*icterata* (Villers, 1789)	Tawny Speckled Pug	E S W I	C
		subfulvata (Haworth, 1809)			
		cognata Stephens, 1831			
70.188	1839	*succenturiata* (Linnaeus, 1758)	Bordered Pug	E S W I	C
70.189	1840	*subumbrata* ([Denis & Schiffermüller], 1775)			
			Shaded Pug	E S W I	C
		scabiosata (Borkhausen, 1794)			
70.190	1837	*subfuscata* (Haworth, 1809)	Grey Pug	E S W I	C
		castigata (Hübner, [1813])			

CHESIADINI
CARSIA Hübner, [1825]

70.191		*sororiata sororiata* (Hübner, [1813])			
		paludata (Thunberg, 1788)			
		imbutata (Hübner, [1813])			
	1866	*sororiata anglica* Prout, 1937	Manchester Treble-bar	E S W I	

APLOCERA Stephens, 1827

70.192	1867	*plagiata plagiata* (Linnaeus, 1758)	Treble-bar	E S W I	C
		plagiata scotica (Richardson, 1952)		S	
70.193	1868	*efformata* (Guenée, [1858])	Lesser Treble-bar	E S W	C
70.194	1869	*praeformata* (Hübner, [1826])	Purple Treble-bar	E	C

CHESIAS Treitschke, 1825

70.195	1864	*legatella* ([Denis & Schiffermüller], 1775)	Streak	E S W I	C
		spartiata (Herbst, 1782)			
70.196	1865	*rufata rufata* (Fabricius, 1775)	Broom-tip	E S W I	C
		rufata scotica (Richardson, 1952)		S	

LITHOSTEGE Hübner, [1825]

70.197	1871	*griseata* ([Denis & Schiffermüller], 1775)	Grey Carpet	E	
		nivearia sensu Doubleday, 1849 nec (Hübner, [1799])			

TRICHOPTERYGINI
LOBOPHORA Curtis, 1825

70.198	1879	*halterata* (Hufnagel, 1767)	Seraphim	E S W I	C
		hexapterata ([Denis & Schiffermüller], 1775)			

PTERAPHERAPTERYX Curtis, 1825

70.199	1882	*sexalata* (Retzius, 1783)	Small Seraphim	E S W I	C
		sexalisata (Hübner, [1788])			

ACASIS Duponchel, [1845]

70.200	1883	*viretata* (Hübner, [1799])	Yellow-barred Brindle	E S W I	C

TRICHOPTERYX Hübner, [1825]

70.201	1880	*polycommata* ([Denis & Schiffermüller], 1775)			
			Barred Tooth-striped	E S	
70.202	1881	*carpinata* (Borkhausen, 1794)	Early Tooth-striped	E S W I	C
		lobulata (Hübner, [1813])			

ARCHIEARINAE
ARCHIEARIS Hübner, [1823]

70.203	1661	*parthenias* (Linnaeus, 1761)	Orange Underwing	E S W	C

BOUDINOTIANA Leraut, 2003

70.204	1662	*notha* (Hübner, [1803])	Light Orange Underwing	E	

ENNOMINAE
ABRAXINI
ABRAXAS Leach, [1815]
ABRAXAS Leach, [1815]

70.205	1884	*grossulariata* (Linnaeus, 1758)	Magpie	E S W I	C

CALOSPILOS Hübner, [1825]

70.206	1885	*sylvata* (Scopoli, 1763)	Clouded Magpie	E S W I	C
		ulmata (Fabricius, 1775)			

1	2	3	4	5	6
		CASSYMINI			
		LOMASPILIS Hübner, [1825]			
70.207	*1887*	*marginata* (Linnaeus, 1758)	Clouded Border	E S W I C	
		LIGDIA Guenée, 1857			
70.208	*1888*	*adustata* ([Denis & Schiffermüller], 1775)	Scorched Carpet	E W I C	
		STEGANIA Guenée, [1845]			
• 70.209	*1888b*	*cararia* (Hübner, 1790)	Ringed Border	E C	
70.210	*1888a*	*trimaculata* (Villers, 1789)	Dorset Cream Wave	E	
		MACARIINI			
		MACARIA Curtis, 1826			
70.211	*1889*	*notata* (Linnaeus, 1758)	Peacock Moth	E S W I C	
70.212	*1890*	*alternata* ([Denis & Schiffermüller], 1775)	Sharp-angled Peacock	E S W I C	
		alternaria (Hübner, [1809])			
70.213	*1891*	*signaria* (Hübner, [1809])	Dusky Peacock	E C	
70.214	*1893*	*liturata* (Clerck, 1759)	Tawny-barred Angle	E S W I C	
70.215	*1897*	*wauaria* (Linnaeus, 1758)	V-Moth	E S W I C	
		wavaria misspelling			
70.216	*1895*	*carbonaria* (Clerck, 1759)	Netted Mountain Moth	S	
70.217	*1896*	*brunneata* (Thunberg, 1784)	Rannoch Looper	E S W C	
		CHIASMIA Hübner, [1823]			
70.218	*1894*	*clathrata clathrata* (Linnaeus, 1758)	Latticed Heath	E S W C	
		clathrata hugginsi (Baynes, 1959)		I	
• 70.219	*1894a*	*aestimaria* (Hübner, [1809])	Tamarisk Peacock	E	
		ISTURGIA Hübner, [1823]			
• 70.220	*1899*	*limbaria* (Fabricius, 1775)	Frosted Yellow	E S	X
		conspicuata ([Denis & Schiffermüller], 1775)			
		LITHININI			
		CEPPHIS Hübner, [1823]			
70.221	*1901*	*advenaria* (Hübner, 1790)	Little Thorn	E W I C	
		PETROPHORA Hübner, [1811]			
70.222	*1902*	*chlorosata* (Scopoli, 1763)	Brown Silver-line	E S W I C	
		petraria (Hübner, [1799])			
		HYPOCHROSINI			
		PLAGODIS Hübner, [1823]			
70.223	*1903*	*pulveraria* (Linnaeus, 1758)	Barred Umber	E S W I C	
70.224	*1904*	*dolabraria* (Linnaeus, 1767)	Scorched Wing	E S W I C	
		dolobraria misspelling			
		PACHYCNEMIA Stephens, 1829			
70.225	*1905*	*hippocastanaria* (Hübner, [1799])	Horse Chestnut	E W C	
		EPIONINI			
		OPISTHOGRAPTIS Hübner, [1823]			
70.226	*1906*	*luteolata* (Linnaeus, 1758)	Brimstone Moth	E S W I C	
		crataegata (Linnaeus, 1761)			
		EPIONE Duponchel, 1829			
70.227	*1907*	*repandaria* (Hufnagel, 1767)	Bordered Beauty	E S W I C	
		apiciaria ([Denis & Schiffermüller], 1775)			
70.228	*1908*	*vespertaria* (Linnaeus, 1767)	Dark Bordered Beauty	E S	
		paralellaria ([Denis & Schiffermüller], 1775)			
		PSEUDOPANTHERA Hübner, [1823]			
70.229	*1909*	*macularia* (Linnaeus, 1758)	Speckled Yellow	E S W I C	
		maculata (Fabricius, 1775)			
		ANGERONINI			
		ANGERONA Duponchel, 1829			
70.230	*1924*	*prunaria* (Linnaeus, 1758)	Orange Moth	E I C	
		ENNOMINI			
		APEIRA Gistl, 1848			

❶	❷	❸	❹	❺	❻
70.231	*1910*	***syringaria*** (Linnaeus, 1758)	Lilac Beauty	E S W I C	
		ENNOMOS Treitschke, 1825			
70.232	*1911*	***autumnaria*** (Werneburg, 1859)	Large Thorn	E I C	
		alniaria ([Denis & Schiffermüller], 1775)			
70.233	*1912*	***quercinaria*** (Hufnagel, 1767)	August Thorn	E S W I C	
		angularia (Hübner, 1799)			
70.234	*1913*	***alniaria*** (Linnaeus, 1758)	Canary-shouldered Thorn	E S W I C	
		tiliaria (Borkhausen, 1794)			
70.235	*1914*	***fuscantaria*** (Haworth, 1809)	Dusky Thorn	E W I C	
70.236	*1915*	***erosaria*** ([Denis & Schiffermüller], 1775)	September Thorn	E S W I C	
		quercinaria (Borkhausen, 1794)			
		tiliaria (Hübner, 1799)			
		SELENIA Hübner, [1823]			
70.237	*1917*	***dentaria*** (Fabricius, 1775)	Early Thorn	E S W I C	
		illunaria (Hübner, [1799])			
		bilunaria (Esper, [1801])			
70.238	*1918*	***lunularia*** (Hübner, [1788])	Lunar Thorn	E S W I C	
		lunaria ([Denis & Schiffermüller], 1775)			
70.239	*1919*	***tetralunaria*** (Hufnagel, 1767)	Purple Thorn	E S W C	
		illustraria (Hübner, [1799])			
		tetralunaris misspelling			
		GONODONTINI			
		ODONTOPERA Stephens, 1831			
70.240	*1920*	***bidentata*** (Clerck, 1759)	Scalloped Hazel	E S W I C	
		CROCALLIS Treitschke, 1825			
70.241	*1921*	***elinguaria*** (Linnaeus, 1758)	Scalloped Oak	E S W I C	
•70.242	*1921a*	***dardoinaria*** Donzel, 1840	Dusky Scalloped Oak	E C	
		OURAPTERYGINI			
		OURAPTERYX Leach, 1814			
70.243	*1922*	***sambucaria*** (Linnaeus, 1758)	Swallow-tailed Moth	E S W I C	
		sambucata misspelling			
		COLOTOINI			
		COLOTOIS Hübner, [1823]			
70.244	*1923*	***pennaria*** (Linnaeus, 1761)	Feathered Thorn	E S W I C	
		ALSOPHILA Hübner, [1825]			
70.245	*1663*	***aescularia*** ([Denis & Schiffermüller], 1775)	March Moth	E S W I C	
		BISTONINI			
		APOCHEIMA Hübner, [1825]			
70.246	*1925*	***hispidaria*** ([Denis & Schiffermüller], 1775)	Small Brindled Beauty	E W	
		PHIGALIA Duponchel, 1829			
70.247	*1926*	***pilosaria*** ([Denis & Schiffermüller], 1775)	Pale Brindled Beauty	E S W I C	
		pedaria (Fabricius, 1787)			
		LYCIA Hübner, [1825]			
70.248	*1927*	***hirtaria*** (Clerck, 1759)	Brindled Beauty	E S W I C	
70.249		***lapponaria lapponaria*** (Boisduval, 1840)			
	1929	*lapponaria scotica* (Harrison, 1916)	Rannoch Brindled Beauty	S	
70.250		***zonaria zonaria*** ([Denis & Schiffermüller], 1775)			
	1928	*zonaria britannica* (Harrison, 1912)	Belted Beauty	E S W I	
		zonaria atlantica (Harrison, 1938)		S	
		BISTON Leach, [1815]			
70.251	*1930*	***stratharia*** (Hufnagel, 1767)	Oak Beauty	E S W I C	
		prodromaria ([Denis & Schiffermüller], 1775)			
70.252	*1931*	***betularia*** (Linnaeus, 1758)	Peppered Moth	E S W I C	
		AGRIOPIS Hübner, [1825]			
70.253	*1932*	***leucophaearia*** ([Denis & Schiffermüller], 1775)			
			Spring Usher	E S W I C	

❶	❷	❸	❹	❺	❻
70.254	*1933*	*aurantiaria* (Hübner, [1799])	Scarce Umber	E S W I C	
70.255	*1934*	*marginaria* (Fabricius, 1777])	Dotted Border	E S W I C	
		progemmaria (Hübner, [1799])			
		ERANNIS Hübner, [1825]			
70.256	*1935*	*defoliaria* (Clerck, 1759)	Mottled Umber	E S W I C	
		BOARMIINI			
		MENOPHRA Moore, [1887]			
70.257	*1936*	*abruptaria* (Thunberg, 1792)	Waved Umber	E W C	
		PERIBATODES Wehrli, 1943			
70.258	*1937*	*rhomboidaria* ([Denis & Schiffermüller], 1775)			
			Willow Beauty	E S W I C	
		gemmaria (Brahm, 1791)			
• 70.259	*1937c*	*umbraria* (Hübner, [1809])	Olive-tree Beauty	C	
70.260	*1937a*	*secundaria* ([Denis & Schiffermüller], 1775)	Feathered Beauty	E	
70.261	*1937b*	*ilicaria* (Geyer, [1833])	Lydd Beauty	E	
		manuelaria (Herrich-Schäffer, 1852)			
		SELIDOSEMA Hübner, [1823]			
70.262		*brunnearia brunnearia* (Villers, 1789)			
		ericetaria (Villers, 1789)			
		plumaria sensu auctt. nec ([Denis & Schiffermüller], 1775)			
	1938	*brunnearia scandinaviaria* Staudinger, 1901	Bordered Grey	E S I C	
		brunnearia tyronensis Cockayne, 1951		I	X
		CLEORA Curtis, 1825			
70.263	*1939*	*cinctaria cinctaria* ([Denis & Schiffermüller], 1775)			
			Ringed Carpet	E S W I	
		cinctaria bowesi Richardson, 1952		S	
		DEILEPTENIA Hübner, [1825]			
70.264	*1940*	*ribeata* (Clerck, 1759)	Satin Beauty	E S W I C	
		abietaria ([Denis & Schiffermüller], 1775)			
		ALCIS Curtis, 1826			
70.265	*1941*	*repandata repandata* (Linnaeus, 1758)	Mottled Beauty	E S W I C	
		repandata muraria Curtis, 1826		S	
		repandata sodorensium (Weir, 1881)		S	
70.266	*1942*	*jubata* (Thunberg, 1788)	Dotted Carpet	E S W I C	
		glabraria (Hübner, [1799])			
		HYPOMECIS Hübner, 1821			
70.267	*1943*	*roboraria* ([Denis & Schiffermüller], 1775)	Great Oak Beauty	E W C	
70.268	*1944*	*punctinalis* (Scopoli, 1763)	Pale Oak Beauty	E W I C	
		consortaria (Fabricius, 1787)			
		FAGIVORINA Wehrli, 1943			
• 70.269	*1946*	*arenaria* (Hufnagel, 1767)	Speckled Beauty	E	X
		angularia (Thunberg, 1792)			
		viduaria (Borkhausen, 1794)			
		ECTROPIS Hübner, [1825]			
70.270	*1947*	*crepuscularia* ([Denis & Schiffermüller], 1775)			
			Engrailed	E S W I C	
		bistortata (Goeze, 1781)			
		biundulata (Villers, 1789)			
		biundularia (Borkhausen, 1794)			
		strigularia (Stephens, 1831)			
		laricaria (Doubleday, [1850])			
• 70.271	*1948*	*sp.*	Small Engrailed	E S W I C	
		crepuscularia sensu auctt. nec ([Denis & Schiffermüller], 1775)			
		PARADARISA Warren, 1894			
70.272	*1949*	*consonaria* (Hübner, [1799])	Square Spot	E W I C	
		PARECTROPIS Sato, 1980			

❶	❷	❸	❹	❺	❻
70.273	1950	*similaria* (Hufnagel, 1767)	Brindled White-spot	E W C	
		luridata (Borkhausen, 1794) homonym			
		extersaria (Hübner, [1799])			
		AETHALURA McDunnough, 1920			
70.274	1951	*punctulata* ([Denis & Schiffermüller], 1775)	Grey Birch	E S W I	
		punctularia (Hübner, [1787])			
		EMATURGA Lederer, 1853			
70.275	1952	*atomaria* (Linnaeus, 1758)	Common Heath	E S W I C	
		BUPALINI			
		BUPALUS Leach, [1815]			
70.276	1954	*piniaria* (Linnaeus, 1758)	Bordered White	E S W I C	
		CABERINI			
		CABERA Treitschke, 1825			
70.277	1955	*pusaria* (Linnaeus, 1758)	Common White Wave	E S W I C	
		strigata (Scopoli, 1763)			
		rotundaria (Haworth, 1809)			
70.278	1956	*exanthemata* (Scopoli, 1763)	Common Wave	E S W I C	
		exanthemaria (Borkhausen, 1794)			
		BAPTINI			
		LOMOGRAPHA Hübner, [1825]			
70.279	1957	*bimaculata* (Fabricius, 1775)	White-pinion Spotted	E S W I	
		taminata ([Denis & Schiffermüller], 1775)			
70.280	1958	*temerata* ([Denis & Schiffermüller], 1775)	Clouded Silver	E S W I C	
		punctata (Fabricius, 1775)			
		ALEUCIS Guenée, [1845]			
70.281	1959	*distinctata* (Herrich-Schäffer, [1839])	Sloe Carpet	E	
		pictaria (Curtis, 1833)			
		THERIINI			
		THERIA Hübner, [1825]			
70.282	1960	*primaria* (Haworth, 1809)	Early Moth	E S W I C	
		rupicapraria sensu auctt. nec ([Denis & Schiffermüller], 1775)			
		CAMPAEINI			
		CAMPAEA Lamarck, 1816			
70.283	1961	*margaritaria* (Linnaeus, 1761)	Light Emerald	E S W I C	
		margaritata (Linnaeus, 1767)			
		HYLAEA Hübner, 1822			
70.284	1962	*fasciaria* (Linnaeus, 1758)	Barred Red	E S W I C	
		prosapiaria (Linnaeus, 1758)			
		prasinaria ([Denis & Schiffermüller], 1775)			
		GNOPHINI			
		GNOPHOS Treitschke, 1825			
		GNOPHOS Treitschke, 1825			
70.285	1963	*obfuscata* ([Denis & Schiffermüller], 1775)	Scotch Annulet	S I	
		myrtillata (Thunberg, 1788)			
		obfuscaria (Hübner, [1799])			
		ODONTOGNOPHOS Wehrli, 1951			
70.286		*dumetata dumetata* Treitschke, 1827			
	1962a	*dumetata hibernica* (Forder, 1993)	Irish Annulet	I	
		CHARISSA Curtis, 1826			
		CHARISSA Curtis, 1826			
70.287	1964	*obscurata* ([Denis & Schiffermüller], 1775)	Annulet	E S W I C	
		obscuraria (Hübner, [1799])			
		pullata sensu Stephens, 1829 nec ([Denis & Schiffermüller],1775)			
		CLEORODES Warren, 1894			
70.288	1945	*lichenaria* (Hufnagel, 1767)	Brussels Lace	E S W I C	
		GLACIES Millière, [1874]			

❶	❷	❸	❹	❺	❻
70.289	1965	*coracina* (Esper, 1805)	Black Mountain Moth	S	
		PSEUDOCOREMIA Butler, 1877			
•70.290	1965a	*suavis* Butler, 1879	Common Forest Looper	E	
		SIONA Duponchel, 1829			
70.291	1966	*lineata* (Scopoli, 1763)	Black-veined Moth	E	
		dealbata (Linnaeus, 1767)			
		ASPITATINI			
		DYSCIA Hübner, [1825]			
		EUDYSCIA Wehrli, 1950			
70.292	1969	*fagaria* (Thunberg, 1784)	Grey Scalloped Bar	E S W I C	
		belgaria (Hübner, 1790)			
		belgiaria (Borkhausen, 1794)			
		ASPITATES Treitschke, 1825			
		ASPITATES Treitschke, 1825			
•70.293	1967	*gilvaria gilvaria* ([Denis & Schiffermüller], 1775)			
			Straw Belle	E I C	
		gilvaria burrenensis Cockayne, 1951		I	
		NAPUCA Walker, 1862			
70.294	1968	*ochrearia* (Rossi, 1794)	Yellow Belle	E W C	
		citraria (Hübner, [1826])			
		PERCONIA Hübner, [1823]			
70.295	1970	*strigillaria* (Hübner, [1787])	Grass Wave	E S W I C	
		GEOMETRINAE			
		PSEUDOTERPNINI			
		APLASTA Hübner, [1823]			
70.296	1664	*ononaria* (Fuessly, 1783)	Rest Harrow	E C	
		PSEUDOTERPNA Hübner, [1823]			
70.297		*pruinata pruinata* (Hufnagel, 1767)			
	1665	*pruinata atropunctaria* (Walker, 1863)	Grass Emerald	E S W I C	
		cythisaria ([Denis & Schiffermüller], 1775)			
		cytisaria misspelling			
•70.298	1665a	*coronillaria* (Hübner, [1817])	Jersey Emerald	C	
		GEOMETRINI			
		GEOMETRA Linnaeus, 1758			
70.299	1666	*papilionaria* (Linnaeus, 1758)	Large Emerald	E S W I C	
		COMIBAENINI			
		COMIBAENA Hübner, [1823]			
70.300	1667	*bajularia* ([Denis & Schiffermüller], 1775)	Blotched Emerald	E W C	
		pustulata (Hufnagel, 1767) homonym			
		THETIDIA Boisduval, 1840			
70.301		*smaragdaria smaragdaria* (Fabricius, 1787)			
•	1668	*smaragdaria maritima* (Prout, 1935)	Essex Emerald	E C	X
		HEMISTOLINI			
		HEMISTOLA Warren, 1893			
•70.302	1673	*chrysoprasaria* (Esper, 1795)	Small Emerald	E S I C	
		vernaria sensu ([Denis & Schiffermüller], 1775) nec (Linnaeus, 1761)			
		immaculata sensu auctt. nec (Thunberg, 1784)			
		JODIINI			
		JODIS Hübner, [1823]			
70.303	1674	*lactearia* (Linnaeus, 1758)	Little Emerald	E S W I C	
		lactaearia misspelling			
		THALERINI			
		THALERA Hübner, [1823]			
70.304	1672	*fimbrialis* (Scopoli, 1763)	Sussex Emerald	E	
		thymiaria (Linnaeus, 1767)			
		HEMITHEINI			

❶	❷	❸	❹	❺	❻
		HEMITHEA Duponchel, 1829			
70.305	1669	*aestivaria* (Hübner, 1789)	Common Emerald	E W I C	
		strigata (Müller, 1764) nec (Scopoli, 1763)			
		thymiaria sensu [Denis & Schiffermüller], 1775 nec (Linnaeus, 1767)			
		strigaria misspelling			
		CHLORISSA Stephens, 1831			
•70.306	1670	*viridata* (Linnaeus, 1758)	Small Grass Emerald	E	
•70.307	1670a	*cloraria* (Hübner, [1813])	Southern Grass Emerald	C	

NOCTUOIDEA
NOTODONTIDAE
THAUMETOPOEINAE
THAUMETOPOEA Hübner, [1820]

71.001	2022	*processionea* (Linnaeus, 1758)	Oak Processionary	E C	
71.002	2021	*pityocampa* ([Denis & Schiffermüller], 1775)	Pine Processionary	E C	
		CERURINAE			
		CERURA Schrank, 1802			
		CERURA Schrank, 1802			
71.003	1995	*vinula* (Linnaeus, 1758)	Puss Moth	E S W I C	
		APOCERURA Lattin, Becker & Bender, 1974			
•71.004	1995a	*erminea* (Esper, 1783)	Feline	C	
		FURCULA Lamarck, 1816			
71.005	1997	*furcula* (Clerck, 1759)	Sallow Kitten	E S W I C	
71.006	1996	*bicuspis* (Borkhausen, 1790)	Alder Kitten	E S W I	
71.007	1998	*bifida* (Brahm, 1787)	Poplar Kitten	E W I C	
		hermelina (Goeze, 1781)			
		DICRANURINAE			
		HARPYIA Ochsenheimer, 1810			
71.008	2004	*milhauseri* (Fabricius, 1775)	Tawny Prominent	E	
		STAUROPUS Germar, 1812			
71.009	1999	*fagi* (Linnaeus, 1758)	Lobster Moth	E S W I C	
		NOTODONTINAE			
		NOTODONTINI			
		DRYMONIA Hübner, [1819]			
71.010	2014	*dodonaea* ([Denis & Schiffermüller], 1775)	Marbled Brown	E S W I C	
		trimacula (Esper, 1785)			
71.011	2015	*ruficornis* (Hufnagel, 1766)	Lunar Marbled Brown	E S W I C	
		chaonia ([Denis & Schiffermüller], 1775)			
		NOTODONTA Ochsenheimer, 1810			
71.012	2000	*dromedarius* (Linnaeus, 1767)	Iron Prominent	E S W I C	
71.013	2003	*ziczac* (Linnaeus, 1758)	Pebble Prominent	E S W I C	
71.014	2001	*torva* (Hübner, [1803])	Large Dark Prominent	E	
71.015	2002	*tritophus* ([Denis & Schiffermüller], 1775)	Three-humped Prominent	E C	
		trilophus misspelling			
		PERIDEA Stephens, 1828			
71.016	2005	*anceps* (Goeze, 1781)	Great Prominent	E S W	
		trepida (Esper, 1786)			
		PHEOSIA Hübner, [1819]			
71.017	2007	*tremula* (Clerck, 1759)	Swallow Prominent	E S W I C	
		dictaea (Linnaeus, 1767)			
71.018	2006	*gnoma* (Fabricius, [1777])	Lesser Swallow Prominent	E S W I C	
		dictaeoides (Esper, 1789)			
		LEUCODONTA Staudinger, 1892			
•71.019	2012	*bicoloria* ([Denis & Schiffermüller], 1775)	White Prominent	E I C	XE
		PTEROSTOMA Germar, 1812			
71.020	2011	*palpina* (Clerck, 1759)	Pale Prominent	E S W I C	

❶	❷	❸	❹	❺	❻
		PTILODON Hübner, 1822			
71.021	2008	*capucina* (Linnaeus, 1758)	Coxcomb Prominent	E S W I C	
		camelina (Linnaeus, 1758)			
71.022	2009	*cucullina* ([Denis & Schiffermüller], 1775)	Maple Prominent	E C	
		cuculla (Esper, 1786)			
		ODONTOSIA Hübner, [1819]			
71.023	2010	*carmelita* (Esper, [1798])	Scarce Prominent	E S W I	
		PTILOPHORA Stephens, 1828			
71.024	2013	*plumigera* ([Denis & Schiffermüller], 1775)	Plumed Prominent	E	
		PHALERINAE			
		PHALERA Hübner, [1819]			
71.025	1994	*bucephala* (Linnaeus, 1758)	Buff-tip	E S W I C	
		PYGAERINAE			
		GLUPHISIA Boisduval, 1828			
71.026		*crenata crenata* (Esper, 1785)			
	2016	*crenata vertunea* Bray, 1929	Dusky Marbled Brown	E C	
		CLOSTERA Samouelle, 1819			
71.027	2019	*curtula* (Linnaeus, 1758)	Chocolate-tip	E S W C	
		reclusa ([Denis & Schiffermüller], 1775)			
71.028	2017	*pigra* (Hufnagel, 1766)	Small Chocolate-tip	E S W I C	
71.029	2018	*anachoreta* ([Denis & Schiffermüller], 1775)	Scarce Chocolate-tip	E C	

EREBIDAE

SCOLIOPTERYGINAE
SCOLIOPTERYGINI
SCOLIOPTERYX Germar, 1810

72.001	2469	*libatrix* (Linnaeus, 1758)	Herald	E S W I C	
		RIVULINAE			
		RIVULA Guenée, [1845]			
72.002	2474	*sericealis* (Scopoli, 1763)	Straw Dot	E S W I C	
		HYPENINAE			
		HYPENA Schrank, 1802			
		HYPENA Schrank, 1802			
72.003	2477	*proboscidalis* (Linnaeus, 1758)	Snout	E S W I C	
72.004	2480	*rostralis* (Linnaeus, 1758)	Buttoned Snout	E W C	
72.005	2479	*obesalis* Treitschke, 1829	Paignton Snout	E	
72.006	2478	*obsitalis* (Hübner, [1813])	Bloxworth Snout	E I C	
		BOMOLOCHA Hübner, [1825]			
72.007	2476	*crassalis* (Fabricius, 1787)	Beautiful Snout	E S W I C	
		frontis (Thunberg, 1788)			
		fontis misspelling			
		LYMANTRIINAE			
		ARCTORNITHINI			
		ARCTORNIS Germar, 1810			
72.008	2032	*l-nigrum* (Müller, 1764)	Black V Moth	E C	
		LEUCOMINI			
		LEUCOMA Hübner, 1822			
72.009	2031	*salicis* (Linnaeus, 1758)	White Satin Moth	E S W I C	
		LYMANTRIINI			
		LYMANTRIA Hübner, [1819]			
72.010	2033	*monacha* (Linnaeus, 1758)	Black Arches	E S W I C	
72.011	2034	*dispar* (Linnaeus, 1758)	Gypsy Moth	E I C	
		NYGMIINI			
		EUPROCTIS Hübner, [1819]			
72.012	2029	*chrysorrhoea* (Linnaeus, 1758)	Brown-tail	E W C	
		phaeorrhoeus (Haworth, 1803)			

❶	❷	❸	❹	❺	❻
72.013	2030	*similis* (Fuessly, 1775)	Yellow-tail	E S W I C	
		auriflua ([Denis & Schiffermüller], 1775)			
		chrysorrhoea sensu Haworth, 1803 nec (Linnaeus, 1758)			
		ORGYIINI			
		LAELIA Stephens, 1828			
•72.014	2024	*coenosa* (Hübner, [1808])	Reed Tussock	E	X
		caenosa misspelling			
		CALLITEARA Butler, 1881			
72.015	2028	*pudibunda* (Linnaeus, 1758)	Pale Tussock	E S W I C	
		DICALLOMERA Butler, 1881			
72.016	2027	*fascelina* (Linnaeus, 1758)	Dark Tussock	E S W I C	
		ORGYIA Ochsenheimer, 1810			
		ORGYIA Ochsenheimer, 1810			
72.017	2026	*antiqua* (Linnaeus, 1758)	Vapourer	E S W I C	
		gonostigma (Scopoli, 1763)			
		CLETHROGYNA Rambur, 1866			
72.018	2025	*recens* (Hübner, [1819])	Scarce Vapourer	E W	
		gonostigma sensu auctt. nec (Scopoli, 1763)			
		ARCTIINAE			
		ARCTIINI			
		SPILOSOMA Curtis, 1825			
72.019	2061	*lutea* (Hufnagel, 1766)	Buff Ermine	E S W I C	
72.020	2060	*lubricipeda* (Linnaeus, 1758)	White Ermine	E S W I C	
		menthastri ([Denis & Schiffermüller], 1775)			
72.021	2062	*urticae* (Esper, 1789)	Water Ermine	E C	
		papyratia (Marsham, 1791)			
		DIAPHORA Stephens, 1827			
72.022	2063	*mendica* (Clerck, 1759)	Muslin Moth	E S W I C	
		DIACRISIA Hübner, [1819]			
72.023	2059	*sannio* (Linnaeus, 1758)	Clouded Buff	E S W I C	
		russula (Linnaeus, 1758)			
		PHRAGMATOBIA Stephens, 1828			
72.024	2064	*fuliginosa fuliginosa* (Linnaeus, 1758)	Ruby Tiger	E S W I C	
		fuliginosa borealis (Staudinger, 1871)	Northern Ruby Tiger	S	
		PARASEMIA Hübner, [1820]			
72.025	2056	*plantaginis plantaginis* (Linnaeus, 1758)	Wood Tiger	E S W I	
		plantaginis insularum Seitz, 1910		S	
		ARCTIA Schrank, 1802			
72.026	2057	*caja* (Linnaeus, 1758)	Garden Tiger	E S W I C	
72.027	2058	*villica villica* (Linnaeus, 1758)	Cream-spot Tiger	E W	
		villica britannica Oberthür, 1911		E W C	
		HYPHORAIA Hübner, [1820]			
•72.028	2058a	*testudinaria* (Geoffroy, 1785)	Patton's Tiger	E	
		CALLIMORPHA Latreille, 1809			
72.029	2068	*dominula* (Linnaeus, 1758)	Scarlet Tiger	E W C	
		EUPLAGIA Hübner, [1820]			
72.030	2067	*quadripunctaria* (Poda, 1761)	Jersey Tiger	E C	
		hera (Linnaeus, 1767)			
		TYRIA Hübner, [1819]			
72.031	2069	*jacobaeae* (Linnaeus, 1758)	Cinnabar	E S W I C	
		COSCINIA Hübner, [1819]			
72.032	2053	*cribraria cribraria* (Linnaeus, 1758)	Speckled Footman		
		cribrum (Linnaeus, 1761)			
		cribraria bivittata (South, 1900)		E	
		cribraria arenaria (Lempke, 1937)		E C	
72.033	2052	*striata* (Linnaeus, 1758)	Feathered Footman	E	

❶	❷	❸	❹	❺	❻
		UTETHEISA Hübner, [1819]			
72.034	2054	*pulchella* (Linnaeus, 1758)	Crimson Speckled	E S W I C	
		LITHOSIINI			
		MILTOCHRISTA Hübner, [1819]			
72.035	2037	*miniata* (Forster, 1771)	Rosy Footman	E W I C	
		NUDARIA Haworth, 1809			
72.036	2038	*mundana* (Linnaeus, 1761)	Muslin Footman	E S W I C	
		THUMATHA Walker, 1866			
72.037	2035	*senex* (Hübner, [1808])	Round-winged Muslin	E S W I C	
		CYBOSIA Hübner, [1819]			
72.038	2040	*mesomella* (Linnaeus, 1758)	Four-dotted Footman	E S W I C	
		PELOSIA Hübner, [1819]			
72.039	2041	*muscerda* (Hufnagel, 1766)	Dotted Footman	E C	
72.040	2042	*obtusa* (Herrich-Schäffer, 1851)	Small Dotted Footman	E	
		LITHOSIA Fabricius, 1798			
72.041	2051	*quadra* (Linnaeus, 1758)	Four-spotted Footman	E S W I C	
		deplana (Linnaeus, 1771)			
		ATOLMIS Hübner, [1819]			
72.042	2039	*rubricollis* (Linnaeus, 1758)	Red-necked Footman	E S W I C	
		EILEMA Hübner, [1819]			
72.043	2049	*depressa* (Esper, 1787)	Buff Footman	E S W I C	
		deplana (Esper, 1787) homonym			
		helvola (Hübner, [1803])			
		helveola (Ochsenheimer, 1810)			
72.044	2044	*griseola* (Hübner, [1803])	Dingy Footman	E S W I C	
		stramineola (Doubleday, 1847)			
72.045	2050	*lurideola* (Zincken, 1817)	Common Footman	E S W I C	
		complanula (Boisduval, 1834)			
•72.046	2047	*complana* (Linnaeus, 1758)	Scarce Footman	E S W I C	
	2048	*sericea* (Gregson, 1860)	Northern Footman		
72.047	2045	*caniola* (Hübner, [1808])	Hoary Footman	E W I C	
72.048	2046	*pygmaeola pygmaeola* (Doubleday, 1847)	Pigmy Footman	E C	
		pygmaeola pallifrons (Zeller, 1847)	Dungeness Pigmy Footman	E	
		lutarella sensu Meyrick, 1895 nec (Linneaus, 1758)			
72.049	2043	*sororcula* (Hufnagel, 1766)	Orange Footman	E W I C	
		aureola (Hübner, [1803])			
		SETINA Schrank, 1802			
72.050	2036	*irrorella* (Linnaeus, 1758)	Dew Moth	E S W I	
		HERMINIINAE			
		PARACOLAX Hübner, [1825]			
72.051	2494	*tristalis* (Fabricius, 1794)	Clay Fan-foot	E C	
		derivalis (Hübner, 1796)			
		MACROCHILO Hübner, [1825]			
72.052	2493	*cribrumalis* (Hübner, 1793)	Dotted Fan-foot	E	
		cribralis (Hübner, 1796)			
		HERMINIA Latreille, 1802			
72.053	2489	*tarsipennalis* Treitschke, 1835	Fan-foot	E S W I C	
72.054	2491	*tarsicrinalis* (Knoch, 1782)	Shaded Fan-foot	E C	
72.055	2492	*grisealis* ([Denis & Schiffermüller], 1775)	Small Fan-foot	E S W I C	
		nemoralis (Fabricius, 1775) homonym			
		PECHIPOGO Hübner, [1825]			
72.056	2488	*strigilata* (Linnaeus, 1758)	Common Fan-foot	E W I	
		barbalis (Clerck, 1759)			
72.057	2488a	*plumigeralis* (Hübner, [1825])	Plumed Fan-foot	E C	
		ZANCLOGNATHA Lederer, 1857			
72.058	2490	*lunalis* (Scopoli, 1763)	Jubilee Fan-foot	E	

1	2	3	4	5	6
72.059	*2491a*	*zelleralis* (Wocke, 1850)	Dusky Fan-foot	W	

HYPENODINAE
HYPENODES Doubleday, 1850

72.060	*2485*	*humidalis* Doubleday, 1850	Marsh Oblique-barred	E S W I	
		turfosalis (Wocke, 1850)			

SCHRANKIA Hübner, [1825]

72.061	*2484*	*costaestrigalis* (Stephens, 1834)	Pinion-streaked Snout	E S W I	C
72.062	*2482*	*taenialis* (Hübner, [1809])	White-line Snout	E W I	C
		albistrigatis (Haworth, 1809)			
		albistrigalis misspelling			

TOXOCAMPINAE
LYGEPHILA Billberg, 1820

72.063	*2466*	*pastinum* (Treitschke, 1826)	Blackneck	E S W	C
72.064	*2467*	*craccae* ([Denis & Schiffermüller], 1775)	Scarce Blackneck	E	

TATHORHYNCHUS Hampson, 1894

72.065	*2296*	*exsiccata* (Lederer, 1855)	Levant Blackneck	E	C

BOLETOBIINAE
PARASCOTIA Hübner, [1825]

72.066	*2475*	*fuliginaria* (Linnaeus, 1761)	Waved Black	E W	C

PHYTOMETRA Haworth, 1809

72.067	*2470*	*viridaria* (Clerck, 1759)	Small Purple-barred	E S W I	C
		aenea ([Denis & Schiffermüller], 1775)			

COLOBOCHYLA Hübner, [1825]

72.068	*2472*	*salicalis* ([Denis & Schiffermüller], 1775)	Lesser Belle	E	

LASPEYRIA Germar, 1810

72.069	*2473*	*flexula* ([Denis & Schiffermüller], 1775)	Beautiful Hook-tip	E S W	C

TRISATELES Tams, 1939

72.070	*2495*	*emortualis* ([Denis & Schiffermüller], 1775)	Olive Crescent	E	C

EUBLEMMA Hübner, [1821]

72.071	*2409*	*minutata* (Fabricius, 1794)	Scarce Marbled	E	
		noctualis (Hübner, 1796)			
		paula (Hübner, [1809])			
72.072	*2407*	*ostrina* (Hübner, [1808])	Purple Marbled	E S W I	C
72.073	*2408*	*parva* (Hübner, [1808])	Small Marbled	E S W I	C
•72.074	*2409a*	*purpurina* ([Denis & Schiffermüller], 1775)	Beautiful Marbled	E	

EREBINAE
CATOCALINI
CATOCALA Schrank, 1802

72.075	*2455a*	*nymphagoga* (Esper, 1787)	Oak Yellow Underwing	E W	
72.076	*2451*	*fraxini* (Linnaeus, 1758)	Clifden Nonpareil or Blue Underwing		
				E S W I	C
•72.077	*2451a*	*conjuncta* (Esper, 1787)	Minsmere Crimson Underwing		
				E	
72.078	*2452*	*nupta* (Linnaeus, 1767)	Red Underwing	E S W I	C
72.079	*2453*	*electa* (Vieweg, 1790)	Rosy Underwing	E	C
•72.080	*2453a*	*elocata* (Esper, 1787)	French Red Underwing		C
72.081	*2455*	*sponsa* (Linnaeus, 1767)	Dark Crimson Underwing	E	C
72.082	*2454*	*promissa* ([Denis & Schiffermüller], 1775)	Light Crimson Underwing	E	C

EUCLIDIINI
EUCLIDIA Ochsenheimer, 1816
EUCLIDIA Ochsenheimer, 1816

72.083	*2463*	*glyphica* (Linnaeus, 1758)	Burnet Companion	E S W I	C

CALLISTEGE Hübner, [1823]

72.084	*2462*	*mi* (Clerck, 1759)	Mother Shipton	E S W I	C

OPHIUSINI
CATEPHIA Ochsenheimer, 1816

❶	❷	❸	❹	❺	❻
72.085	*2464*	*alchymista* ([Denis & Schiffermüller], 1775)	Alchymist	E	C
		MINUCIA Moore, [1885]			
72.086	*2456*	*lunaris* ([Denis & Schiffermüller], 1775)	Lunar Double-stripe	E	I C
		DYSGONIA Hübner, [1823]			
72.087	*2460*	*algira* (Linnaeus, 1767)	Passenger	E	C
		GRAMMODES Guenée, 1852			
72.088	*2461*	*stolida* (Fabricius, 1775)	Geometrician	E	

NOCTUIDAE
PLUSIINAE
ABROSTOLINI
ABROSTOLA Ochsenheimer, 1816

73.001	*2450*	*tripartita* (Hufnagel, 1766)	Spectacle	E S W I C	
		trigemina sensu auctt. nec (Werneburg, 1864)			
		triplasia sensu auctt. nec (Linnaeus, 1758)			
•73.002	*2449*	*triplasia* (Linnaeus, 1758)	Dark Spectacle	E S W I C	
		trigemina (Werneburg, 1864)			
		tripartita sensu auctt. nec (Hufnagel, 1766)			

ARGYROGRAMMATINI
TRICHOPLUSIA McDunnough, 1944

73.003	*2432*	*ni* (Hübner, [1803])	Ni Moth	E W I C	

THYSANOPLUSIA Ichinosé, 1973

73.004	*2433*	*orichalcea* (Fabricius, 1775)	Slender Burnished Brass	E W I C	
		aurifera (Hübner, [1813])			

CTENOPLUSIA Dufay, 1970

73.005	*2430*	*limbirena* (Guenée, 1852)	Scar Bank Gem	E	C
73.006	*2431*	*accentifera* (Lefebvre, 1827)	Accent Gem	E	

VITTAPLUSIA Behounek, Ronkay & Ronkay, 2010

73.007	*2432a*	*vittata* (Wallengren, 1856)	Streaked Plusia	E	

CHRYSODEIXIS Hübner, [1821]

73.008	*2428*	*chalcites* (Esper, [1803])	Golden Twin-spot	E W	
73.009	*2429*	*acuta* (Walker, 1857)	Tunbridge Wells Gem	E I	
		verticillata sensu Barrett, 1899 nec (Guenée, 1852)			

PLUSIINI
MACDUNNOUGHIA Kostrowicki, 1961

73.010	*2436*	*confusa* (Stephens, 1850)	Dewick's Plusia	E S W C	

DIACHRYSIA Hübner, [1821]

73.011	*2435*	*chryson* (Esper, 1798)	Scarce Burnished Brass	E W	
		orichalcea sensu auctt. nec (Fabricius, 1775)			
73.012	*2434*	*chrysitis* (Linnaeus, 1758)	Burnished Brass	E S W I C	

EUCHALCIA Hübner, [1821]

73.013	*2438*	*variabilis* (Piller & Mitterpacher, 1783)	Purple-shaded Gem	E I	
		cuprea Esper, 1787			
		illustris (Fabricius, 1787)			

POLYCHRYSIA Hübner, [1821]

73.014	*2437*	*moneta* (Fabricius, 1787)	Golden Plusia	E S W I C	

AUTOGRAPHA Hübner, [1821]

73.015	*2441*	*gamma* (Linnaeus, 1758)	Silver Y	E S W I C	
73.016	*2442*	*pulchrina* (Haworth, 1809)	Beautiful Golden Y	E S W I C	
73.017	*2443*	*jota* (Linnaeus, 1758)	Plain Golden Y	E S W I C	
73.018	*2444*	*bractea* ([Denis & Schiffermüller], 1775)	Gold Spangle	E S W I C	

MEGALOGRAPHA Lafontaine & Poole, 1991

73.019	*2445*	*biloba* (Stephens, 1830)	Stephens' Gem	E W I C	

CORNUTIPLUSIA Kostrowicki, 1961

73.020	*2448*	*circumflexa* (Linnaeus, 1767)	Essex Y	E	

SYNGRAPHA Hübner, [1821]

73.021	*2447*	*interrogationis* (Linnaeus, 1758)	Scarce Silver Y	E S W I	

❶	❷	❸	❹	❺	❻
		PLUSIA Ochsenheimer, 1816			
73.022	2439	*festucae* (Linnaeus, 1758)	Gold Spot	E S W I C	
73.023	2440	*putnami putnami* Grote, 1873		E S W I	
		putnami gracilis Lempke, 1966	Lempke's Gold Spot	E S W I	
		EUSTROTIINAE			
		DELTOTE Reichenbach, 1817			
		PROTODELTOTE Ueda, 1984			
73.024	2410	*pygarga* (Hufnagel, 1766)	Marbled White Spot	E W I C	
		fasciana sensu auctt. nec Linnaeus, 1758			
		DELTOTE Reichenbach, 1817			
73.025	2411	*deceptoria* (Scopoli, 1763)	Pretty Marbled	E	
73.026	2412	*uncula* (Clerck, 1759)	Silver Hook	E S W I	
73.027	2413	*bankiana* (Fabricius, 1775)	Silver Barred	E I C	
		argentula (Hübner, [1787])			
		ACONTIINAE			
		ACONTIINI			
		ACONTIA Ochsenheimer, 1816			
		ACONTIA Ochsenheimer, 1816			
73.028	2415	*lucida* (Hufnagel, 1766)	Pale Shoulder	E C	
		EMMELIA Hübner, [1821]			
•73.029	2414	*trabealis* (Scopoli, 1763)	Spotted Sulphur	E W	X
		AEDIINAE			
		AEDIA Hübner, [1823]			
•73.030	2464a	*leucomelas* (Linnaeus, 1758)	Sorcerer	E	
		TYTA Billberg, 1820			
73.031	2465	*luctuosa* ([Denis & Schiffermüller], 1775)	Four-spotted	E C	
		PANTHEINAE			
		COLOCASIA Ochsenheimer, 1816			
73.032	2425	*coryli* (Linnaeus, 1758)	Nut-tree Tussock	E S W I C	
		DILOBINAE			
		DILOBA Boisduval, 1840			
73.033	2020	*caeruleocephala* (Linnaeus, 1758)	Figure of Eight	E S W I C	
		ACRONICTINAE			
		MOMA Hübner, [1820]			
73.034	2277	*alpium* (Osbeck, 1778)	Scarce Merveille du Jour	E C	
		orion (Esper, 1787)			
		SIMYRA Ochsenheimer, 1816			
73.035	2290	*albovenosa* (Goeze, 1781)	Reed Dagger or Powdered Wainscot	E C	
		venosa (Borkhausen, 1792) nec (Fourcroy, 1785)			
		ACRONICTA Ochsenheimer, 1816			
		JOCHEAERA Hübner, [1820]			
73.036	2281	*alni* (Linnaeus, 1767)	Alder Moth	E S W I C	
		TRIAENA Hübner, 1818			
73.037	2283	*tridens* ([Denis & Schiffermüller], 1775)	Dark Dagger	E S W C	
73.038	2284	*psi* (Linnaeus, 1758)	Grey Dagger	E S W I C	
		ACRONICTA Ochsenheimer, 1816			
73.039	2279	*aceris* (Linnaeus, 1758)	Sycamore	E W C	
73.040	2280	*leporina* (Linnaeus, 1758)	Miller	E S W I C	
		HYBOMA Hübner, [1820]			
•73.041	2285	*strigosa* ([Denis & Schiffermüller], 1775)	Marsh Dagger	E	X
		VIMINIA Chapman, 1890			
73.042	2286	*menyanthidis menyanthidis* (Esper, 1798)	Light Knot Grass	E S W I	
		menyanthidis scotica (Tutt, 1891)		S	
73.043	2287	*auricoma* ([Denis & Schiffermüller], 1775)	Scarce Dagger	E I C	

❶	❷	❸	❹	❺	❻
•73.044		*cinerea* (Hufnagel, 1766)	Sweet Gale Moth	S I	
		myricae Guenée, 1852			
		euphorbiae sensu auctt. nec ([Denis & Schiffermüller], 1775)			
73.045	2289	*rumicis* (Linnaeus, 1758)	Knot Grass	E S W I C	
		SUBACRONICTA Kozhanchikov, 1950			
73.046	2278	*megacephala* ([Denis & Schiffermüller], 1775)			
			Poplar Grey	E S W I C	
		CRANIOPHORA Snellen, 1867			
73.047	2291	*ligustri* ([Denis & Schiffermüller], 1775)	Coronet	E S W I C	
		METOPONIINAE			
		PANEMERIA Hübner, [1823]			
73.048	2397	*tenebrata* (Scopoli, 1763)	Small Yellow Underwing	E S W I C	
		SYNTHYMIA Hübner, [1823]			
73.049	2395	*fixa* (Fabricius, 1787)	Goldwing	E	
		CUCULLIINAE			
		CUCULLIA Schrank, 1802			
		CUCULLIA Schrank, 1802			
73.050	2211	*absinthii* (Linnaeus, 1761)	Wormwood	E W I C	
73.051	2213	*artemisiae* (Hufnagel, 1766)	Scarce Wormwood	E	
		abrotani ([Denis & Schiffermüller], 1775)			
73.052	2216	*umbratica* (Linnaeus, 1758)	Shark	E S W I C	
73.053	2214	*chamomillae* ([Denis & Schiffermüller], 1775)			
			Chamomile Shark	E S W I C	
73.054	2218	*gnaphalii gnaphalii* (Hübner, [1813])	Cudweed		
•		*gnaphalii occidentalis* Boursin, 1944		E	X
73.055	2217	*asteris* ([Denis & Schiffermüller], 1775)	Star-wort	E W C	
		SHARGACUCULLIA Ronkay & Ronkay, 1992			
73.056	2220	*scrophulariae* ([Denis & Schiffermüller], 1775)			
			Water Betony	E C	
73.057	2219	*lychnitis* Rambur, 1833	Striped Lychnis	E C	
73.058	2221	*verbasci* (Linnaeus, 1758)	Mullein	E W I C	
		ONCOCNEMIDINAE			
		CALOPHASIA Stephens, 1829			
73.059	2223	*lunula* (Hufnagel, 1766)	Toadflax Brocade	E	
73.060	2224	*platyptera* (Esper, 1788)	Antirrhinum Brocade	E	
		STILBIA Stephens, 1829			
73.061	2394	*anomala* (Haworth, 1812)	Anomalous	E S W I C	
		AMPHIPYRINAE			
		AMPHIPYRA Ochsenheimer, 1816			
		AMPHIPYRA Ochsenheimer, 1816			
•73.062	2297	*pyramidea* (Linnaeus, 1758)	Copper Underwing	E S W I C	
73.063	2298	*berbera berbera* Rungs, 1949			
		berbera svenssoni Fletcher, 1968	Svensson's Copper Underwing		
				E S W I C	
73.064	2299	*tragopoginis* (Clerck, 1759)	Mouse Moth	E S W I C	
		PSAPHIDINAE			
		ASTEROSCOPUS Boisduval, 1828			
73.065	2227	*sphinx* (Hufnagel, 1766)	Sprawler	E W I C	
		BRACHIONYCHA Hübner, [1819]			
73.066	2228	*nubeculosa* (Esper, 1785)	Rannoch Sprawler	S	
		MEGANEPHRIA Hübner, [1820]			
73.067	2244	*bimaculosa* (Linnaeus, 1767)	Double-spot Brocade	E	
		ALLOPHYES Tams, 1942			
73.068	2245	*oxyacanthae* (Linnaeus, 1758)	Green-brindled Crescent	E S W I C	
		XYLOCAMPA Guenée, 1837			
73.069	2243	*areola* (Esper, 1789)	Early Grey	E S W I C	

❶	❷	❸	❹	❺	❻
		HELIOTHINAE			
		PYRRHIA Hübner, [1821]			
73.070	*2399*	*umbra* (Hufnagel, 1766)	Bordered Sallow	E S W I C	
		PROTOSCHINIA Hardwick, 1970			
73.071	*2405*	*scutosa* ([Denis & Schiffermüller], 1775)	Spotted Clover	E S I	
		HELIOTHIS Ochsenheimer, 1816			
73.072	*2401*	*viriplaca* (Hufnagel, 1766)	Marbled Clover	E C	
		dipsacea (Linnaeus, 1767)			
73.073	*2402*	*maritima maritima* Graslin, 1855			
		septentrionalis Hoffmeyer, 1938			
		maritima warneckei Boursin, 1964	Shoulder-striped Clover	E	
		maritima bulgarica sensu auctt. nec (Draudt, 1938)			
73.074	*2403*	*peltigera* ([Denis & Schiffermüller], 1775)	Bordered Straw	E S W I C	
73.075	*2404*	*nubigera* Herrich-Schäffer, 1851	Eastern Bordered Straw	E W I C	
		HELICOVERPA Hardwick, 1965			
73.076	*2400*	*armigera* (Hübner, [1808])	Scarce Bordered Straw or Old World Bollworm		
				E S W I C	
		PERIPHANES Hübner, [1821]			
		PERIPHANES Hübner, [1821]			
73.077	*2398*	*delphinii* (Linnaeus, 1758)	Pease Blossom	E	
		CONDICINAE			
		CONDICINI			
		ACOSMETIA Stephens, 1829			
73.078	*2393*	*caliginosa* (Hübner, [1813])	Reddish Buff	E	
		LEUCOCYTINI			
		EUCARTA Lederer, 1857			
• 73.079	*2310a*	*virgo* (Treitschke, 1835)	Silvery Gem	E	
		ERIOPINAE			
		CALLOPISTRIA Hübner, [1821]			
73.080	*2308*	*juventina* (Stoll, 1782)	Latin	E C	
73.081	*2309*	*latreillei* (Duponchel, 1827)	Latreille's Latin	E	
		BRYOPHILINAE			
		CRYPHIA Hübner, 1818			
		EUTHALES Hübner, [1820]			
73.082	*2292*	*algae* (Fabricius, 1775)	Tree-lichen Beauty	E C	
		BRYOPHILA Treitschke, 1825			
		BRYOLEUCA Hampson, 1908			
73.083	*2294*	*raptricula* ([Denis & Schiffermüller], 1775)	Marbled Grey	E	
		BRYOPHILA Treitschke, 1825			
73.084	*2293*	*domestica* (Hufnagel, 1766)	Marbled Beauty	E S W I C	
		perla ([Denis & Schiffermüller], 1775)			
		NYCTOBRYA Boursin, 1957			
		BRYOPSIS Boursin, 1969			
73.085	*2295*	*muralis* (Forster, 1771)	Marbled Green	E W I C	
		glandifera ([Denis & Schiffermüller], 1775)			
		XYLENINAE			
		PSEUDEUSTROTIINI			
		PSEUDEUSTROTIA Warren, 1913			
• 73.086	*2413a*	*candidula* ([Denis & Schiffermüller], 1775)	Shining Marbled	E	
		PRODENIINI			
		SPODOPTERA Guenée, 1852			
73.087	*2385*	*exigua* (Hübner, [1808])	Small Mottled Willow	E S W I C	
73.088	*2386c*	*cilium* Guenée, 1852	Dark Mottled Willow	E I	
73.089	*2386*	*littoralis* (Boisduval, 1833)	Mediterranean Brocade or African Cotton Leafworm		
				E I C	

❶	❷	❸	❹	❺	❻
		ELAPHRIINI			
		GALGULA Guenée, 1852			
• 73.090		*partita* Guenée, 1852	Wedgeling	E W	
		ELAPHRIA Hübner, 1818			
73.091	2396	*venustula* (Hübner, 1790)	Rosy Marbled	E W	C
		CARADRININI			
		CARADRINA Ochsenheimer, 1816			
		CARADRINA Ochsenheimer, 1816			
73.092	2387	*morpheus* (Hufnagel, 1766)	Mottled Rustic	E S W I	C
		PLATYPERIGEA Smith, 1894			
• 73.093	2387a	*kadenii* (Freyer, [1836])	Clancy's Rustic	E	C
		PARADRINA Boursin, 1937			
73.094	2388	*flavirena* Guenée, 1852	Lorimer's Rustic	E	
73.095	2389	*clavipalpis* (Scopoli, 1763)	Pale Mottled Willow	E S W I	C
		quadripunctata (Fabricius, 1775)			
		HOPLODRINA Boursin, 1937			
73.096	2381	*octogenaria* (Goeze, 1781)	Uncertain	E S W I	C
		alsines (Brahm, 1791)			
73.097	2382	*blanda* ([Denis & Schiffermüller], 1775)	Rustic	E S W I	C
		taraxaci (Hübner, [1813])			
• 73.098	2383	*superstes* (Ochsenheimer, 1816)	Powdered Rustic	E	C
73.099	2384	*ambigua* ([Denis & Schiffermüller], 1775)	Vine's Rustic	E S W I	C
		CHILODES Herrich-Schäffer, 1849			
73.100	2391	*maritima* (Tauscher, 1806)	Silky Wainscot	E S W I	C
		CHARANYCA Billberg, 1820			
		CHARANYCA Billberg, 1820			
73.101	2380	*trigrammica* (Hufnagel, 1766)	Treble Lines	E S W I	C
		RUSINA Stephens, 1829			
73.102	2302	*ferruginea* (Esper, 1785)	Brown Rustic	E S W I	C
		tenebrosa (Hübner, [1803])			
		umbratica sensu (Goeze, 1781) nec (Linnaeus, 1758) homonym			
		ATHETIS Hübner, [1821]			
		HYDRILLULA Tams, 1938			
73.103	2392	*pallustris* (Hübner, [1808])	Marsh Moth	E	
		PROXENUS Herrich-Schäffer, 1850			
73.104	2392a	*hospes* (Freyer, [1831])	Porter's Rustic	E	C
		DYPTERYGIINI			
		DYPTERYGIA Stephens, 1829			
73.105	2301	*scabriuscula* (Linnaeus, 1758)	Bird's Wing	E W	C
		TRACHEA Ochsenheimer, 1816			
73.106	2304	*atriplicis* (Linnaeus, 1758)	Orache Moth	E	C
		MORMO Ochsenheimer, 1816			
73.107	2300	*maura* (Linnaeus, 1758)	Old Lady	E S W I	C
		POLYPHAENIS Boisduval, 1840			
• 73.108	2302a	*sericata* (Esper, 1787)	Guernsey Underwing		C
		sericina (Esper, 1790)			
		THALPOPHILA Hübner, [1820]			
73.109	2303	*matura* (Hufnagel, 1766)	Straw Underwing	E S W I	C
		ACTINOTIINI			
		HYPPA Duponchel, [1845]			
73.110	2320	*rectilinea* (Esper, 1796)	Saxon	E S I	
		ACTINOTIA Hübner, [1821]			
73.111	2097	*polyodon* (Clerck, 1759)	Purple Cloud	E	
		CHLOANTHA Boisduval, Rambur & Graslin, 1836			
73.112	2097a	*hyperici* ([Denis & Schiffermüller], 1775)	Pale-shouldered Cloud	E	
		PHLOGOPHORINI			

❶	❷	❸	❹	❺	❻
		PHLOGOPHORA Treitschke, 1825			
73.113	*2306*	***meticulosa*** (Linnaeus, 1758)	Angle Shades	E S W I C	
		EUPLEXIA Stephens, 1829			
73.114	*2305*	***lucipara*** (Linnaeus, 1758)	Small Angle Shades	E S W I C	
		PSEUDENARGIA Boursin, 1956			
73.115	*2307*	***ulicis*** (Staudinger, 1859)	Berber	E	
		APAMEINI			
		CALAMIA Hübner, [1821]			
73.116	*2366*	***tridens tridens*** (Hufnagel, 1766)			
		tridens occidentalis Cockayne, 1954	Burren Green	I	
		virens (Linnaeus, 1767)			
		CRYPSEDRA Warren, 1910			
73.117	*2252a*	***gemmea*** (Treitschke, 1825)	Cameo	E	
		CELAENA Stephens, 1829			
73.118	*2367*	***haworthii*** (Curtis, 1829)	Haworth's Minor	E S W I C	
		HELOTROPHA Lederer, 1857			
73.119	*2368*	***leucostigma leucostigma*** (Hübner, [1808])	Crescent	E S W I C	
		leucostigma scotica (Cockayne, 1944)		S	
		lunina (Haworth, 1809)			
		EREMOBIA Stephens, 1829			
73.120	*2352*	***ochroleuca*** ([Denis & Schiffermüller], 1775)	Dusky Sallow	E W	
		GORTYNA Ochsenheimer, 1816			
73.121	*2364*	***flavago*** ([Denis & Schiffermüller], 1775)	Frosted Orange	E S W I C	
		ochracea (Hübner, 1786)			
73.122	*2365*	***borelii borelii*** Pierret, 1837			
		borelii lunata Freyer, [1837]	Fisher's Estuarine Moth	E	
		HYDRAECIA Guenée, 1841			
73.123	*2361*	***micacea*** (Esper, 1789)	Rosy Rustic	E S W I C	
73.124	*2362*	***petasitis*** Doubleday, 1847	Butterbur	E S W	
73.125	*2363*	***osseola osseola*** Staudinger, 1882			
		osseola hucherardi Mabille, 1907	Marsh Mallow Moth or Giant Ear	E	
		AMPHIPOEA Billberg, 1820			
73.126	*2358*	***fucosa fucosa*** (Freyer, 1830)			
		fucosa paludis (Tutt, 1888)	Saltern Ear	E S W I C	
73.127	*2357*	***lucens*** (Freyer, 1845)	Large Ear	E S W I C	
73.128	*2360*	***oculea*** (Linnaeus, 1761)	Ear Moth	E S W I C	
		nictitans (Linnaeus, 1767)			
73.129	*2359*	***crinanensis*** (Burrows, 1908)	Crinan Ear	E S W I	
		LUPERINA Boisduval, 1829			
73.130	*2355*	***dumerilii*** (Duponchel, 1826)	Dumeril's Rustic	E C	
73.131	*2353*	***testacea*** ([Denis & Schiffermüller], 1775)	Flounced Rustic	E S W I C	
73.132	*2354*	***nickerlii nicklerlii*** (Freyer, 1845)			
		nicklerlii gueneei Doubleday, 1864	Sandhill Rustic	E W	
		nicklerlii knilli Boursin, 1964		I	
		nicklerlii leechi Goater, 1976		E	
		nicklerlii demuthi Goater & Skinner, 1995		E	
		FABULA Fibiger, Zilli & Ronkay, 2005			
73.133	*2356*	***zollikoferi*** (Freyer, [1836])	Scarce Arches	E S	
		RHIZEDRA Warren, 1911			
73.134	*2375*	***lutosa*** (Hübner, [1803])	Large Wainscot	E S W I C	
		SEDINA Urbahn, 1933			
73.135	*2376*	***buettneri*** (Hering, 1858)	Blair's Wainscot	E	
		NONAGRIA Ochsenheimer, 1816			
73.136	*2369*	***typhae*** (Thunberg, 1784)	Bulrush Wainscot	E S W I C	
		arundinis (Fabricius, 1787)			

❶	❷	❸	❹	❺	❻
		ARENOSTOLA Hampson, 1910			
73.137	2377	*phragmitidis* (Hübner, [1803])	Fen Wainscot	E C	
		LONGALATEDES Beck, 1992			
73.138	2348	*elymi* (Treitschke, 1825)	Lyme Grass	E S	
		LENISA Fibiger, Zilli & Ronkay, 2005			
73.139	2370	*geminipuncta* (Haworth, 1809)	Twin-spotted Wainscot	E W I C	
		ARCHANARA Walker, 1866			
73.140	2372	*neurica* (Hübner, [1808])	White-mantled Wainscot	E	
73.141	2371	*dissoluta* (Treitschke, 1825)	Brown-veined Wainscot	E W I C	
		COENOBIA Stephens, 1850			
73.142	2379	*rufa* (Haworth, 1809)	Small Rufous	E S W I C	
		ORIA Hübner, [1821]			
73.143	2378	*musculosa* (Hübner, [1808])	Brighton Wainscot	E	
		DENTICUCULLUS Rakosy, 1996			
73.144	2350	*pygmina* (Haworth, 1809)	Small Wainscot	E S W I C	
		fulva (Hübner, [1813])			
		PHOTEDES Lederer, 1857			
73.145	2349	*fluxa* (Hübner, [1809])	Mere Wainscot	E W	
		hellmanni (Eversmann, 1843)			
•73.146	2344	*captiuncula captiuncula* (Treitschke, 1825)		E	
		captiuncula expolita (Stainton, 1855)	Least Minor	E	
		tincta (Kane, 1895)		I	
73.147	2345	*minima* (Haworth, 1809)	Small Dotted Buff	E S W I C	
		arcuosa (Haworth, 1809)			
73.148	2346	*morrisii morrisii* (Dale, 1837)	Morris's Wainscot	E	
		morrisii bondii (Knaggs, 1861)	Bond's Wainscot	E	X
73.149	2347	*extrema* (Hübner, [1809])	Concolorous	E	
		concolor (Guenée, 1852)			
		PROTARCHANARA Beck, 1999			
73.150	2351	*brevilinea* (Fenn, 1864)	Fenn's Wainscot	E	
		GLOBIA Fibiger, Zilli, Ronkay & Goldstein, 2010			
73.151	2373	*sparganii* (Esper, 1789)	Webb's Wainscot	E W I C	
73.152	2374	*algae* (Esper, 1788)	Rush Wainscot	E I	
		cannae (Ochsenheimer, 1816)			
		PABULATRIX Sugi, 1982			
•73.153	2332	*pabulatricula* (Brahm, 1791)	Union Rustic	E W	X
		APAMEA Ochsenheimer, 1816			
73.154	2330	*remissa* (Hübner, [1809])	Dusky Brocade	E S W I C	
		obscura (Haworth, 1809) homonym			
		gemina (Hübner, [1813])			
73.155	2327	*epomidion* (Haworth, 1809)	Clouded Brindle	E S W I C	
		characterea sensu auctt. nec ([Denis & Schiffermüller], 1775)			
		hepatica sensu auctt. nec (Clerck, 1759)			
73.156	2326	*crenata* (Hufnagel, 1766)	Clouded-bordered Brindle	E S W I C	
		rurea (Fabricius, 1775)			
		putris (Hübner, [1803])			
73.157	2333	*anceps* ([Denis & Schiffermüller], 1775)	Large Nutmeg	E W I C	
		sordida (Borkhausen, 1792)			
		infesta Ochsenheimer, 1816			
		sordida sensu Pierce, 1910 ♀ genitalia nec (Borkhausen, 1792)			
73.158	2334	*sordens* (Hufnagel, 1766)	Rustic Shoulder-knot	E S W I C	
		basilinea ([Denis & Schiffermüller], 1775)			
73.159	2331	*unanimis* (Hübner, [1813])	Small Clouded Brindle	E S W I C	
73.160	2335	*scolopacina* (Esper, 1788)	Slender Brindle	E S W I C	
73.161	2325	*oblonga* (Haworth, 1809)	Crescent Striped	E W I C	
		abjecta (Hübner, [1813])			

❶	❷	❸	❹	❺	❻
73.162	*2321*	***monoglypha*** (Hufnagel, 1766)	Dark Arches	E S W I C	
73.163	*2322*	***lithoxylaea*** ([Denis & Schiffermüller], 1775)	Light Arches	E S W I C	
73.164	*2323*	***sublustris*** (Esper, 1788)	Reddish Light Arches	E W I	
73.165	*2329*	***furva furva*** ([Denis & Schiffermüller], 1775)			
		furva britannica Cockayne, 1950	Confused	E S W I C	
73.166	*2328*	***lateritia*** (Hufnagel, 1766)	Scarce Brindle	E W	
•73.167	*2324*	***exulis*** (Lefebvre, 1836)	Northern Arches or Exile	E S	
		marmorata (Zetterstedt, 1839)			
		assimilis (Doubleday, 1847)			
		maillardi sensu auctt. nec (Geyer, [1834])			
		zeta sensu auctt. nec (Treitschke, 1825)			
		LATEROLIGIA Zilli, Fibiger & Ronkay, 2005			
73.168	*2336*	***ophiogramma*** (Esper, 1794)	Double Lobed	E S W I C	
		MESAPAMEA Heinicke, 1959			
•73.169	*2343*	***secalis*** (Linnaeus, 1758)	Common Rustic	E S W I C	
		didyma sensu auctt. nec (Esper, 1788)			
•73.170	*2343a*	***didyma*** (Esper, 1788)	Lesser Common Rustic	E S W I C	
		secalella Remm, 1983			
		LITOLIGIA Beck, 1999			
73.171	*2342*	***literosa*** (Haworth, 1809)	Rosy Minor	E S W I C	
		MESOLIGIA Boursin, 1965			
73.172	*2341*	***furuncula*** ([Denis & Schiffermüller], 1775)	Cloaked Minor	E S W I C	
		bicoloria (Villers, 1789)			
		OLIGIA Hübner, [1821]			
73.173	*2337*	***strigilis*** (Linnaeus, 1758)	Marbled Minor	E S W I C	
73.174	*2339*	***latruncula*** ([Denis & Schiffermüller], 1775)	Tawny Marbled Minor	E S W I C	
73.175	*2338*	***versicolor*** (Borkhausen, 1792)	Rufous Minor	E S W I C	
73.176	*2340*	***fasciuncula*** (Haworth, 1809)	Middle-barred Minor	E S W I C	
		SESAMIA Guenée, 1852			
•73.177	*2379a*	***nonagrioides*** Lefebvre, 1827	Maize Wainscot	E	
		EPISEMINI			
		LEUCOCHLAENA Hampson, 1906			
73.178	*2226*	***oditis*** (Hübner, [1822])	Beautiful Gothic	E C	
		hispida (Geyer, [1832])			
		XYLENINI			
		TILIACEA Tutt, 1896			
73.179	*2271*	***citrago*** (Linnaeus, 1758)	Orange Sallow	E S W I C	
73.180	*2272*	***aurago*** ([Denis & Schiffermüller], 1775)	Barred Sallow	E W C	
		XANTHIA Ochsenheimer, 1816			
		XANTHIA Ochsenheimer, 1816			
73.181	*2273*	***togata*** (Esper, 1788)	Pink-barred Sallow	E S W I C	
		lutea (Ström, 1783) homonym			
		CIRRHIA Hübner, [1821]			
73.182	*2274*	***icteritia*** (Hufnagel, 1766)	Sallow	E S W I C	
		fulvago (Linnaeus, 1761)			
73.183	*2275*	***gilvago*** ([Denis & Schiffermüller], 1775)	Dusky-lemon Sallow	E S W C	
		palleago Hübner, [1803]			
73.184	*2276*	***ocellaris*** (Borkhausen, 1792)	Pale-lemon Sallow	E W C	
		MESOGONA Boisduval, 1840			
73.185	*2141*	***acetosellae*** ([Denis & Schiffermüller], 1775)	Pale Stigma	E	
		AGROCHOLA Hübner, [1821]			
		AGROCHOLA Hübner, [1821]			
73.186	*2267*	***lychnidis*** ([Denis & Schiffermüller], 1775)	Beaded Chestnut	E W C	
		pistacina ([Denis & Schiffermüller], 1775)			
		ANCHOSCELIS Guenée, 1839			
73.187	*2266*	***litura*** (Linnaeus, 1761)	Brown-spot Pinion	E S W I C	

❶	❷	❸	❹	❺	❻
73.188	2265	*helvola* (Linnaeus, 1758)	Flounced Chestnut	E S W I C	
		LEPTOLOGIA Prout, 1901			
73.189	2263	*lota* (Clerck, 1759)	Red-line Quaker	E S W I C	
73.190	2264	*macilenta* (Hübner, [1809])	Yellow-line Quaker	E S W I C	
		HAEMACHOLA Beck, 1991			
73.191	2264a	*haematidea* (Duponchel, 1827)	Southern Chestnut	E	
		SUNIRA Franclemont, 1950			
73.192	2262	*circellaris* (Hufnagel, 1766)	Brick	E S W I C	
		OMPHALOSCELIS Hampson, 1906			
73.193	2270	*lunosa* (Haworth, 1809)	Lunar Underwing	E S W I C	
		CONISTRA Hübner, [1821]			
		CONISTRA Hübner, [1821]			
73.194	2258	*vaccinii* (Linnaeus, 1761)	Chestnut	E S W I C	
73.195	2259	*ligula* (Esper, 1791)	Dark Chestnut	E S W I C	
73.196		*rubiginosa* (Scopoli, 1763)	Black-spotted Chestnut	E	
		DASYCAMPA Guenée, 1837			
•73.197	2260	*rubiginea* ([Denis & Schiffermüller], 1775)	Dotted Chestnut	E W I C	
73.198	2261	*erythrocephala* ([Denis & Schiffermüller], 1775)			
			Red-headed Chestnut	E C	
		JODIA Hübner, 1818			
73.199	2257	*croceago* ([Denis & Schiffermüller], 1775)	Orange Upperwing	E W	
		LITHOPHANE Hübner, [1821]			
		LITHOPHANE Hübner, [1821]			
73.200	2235	*semibrunnea* (Haworth, 1809)	Tawny Pinion	E S W I C	
73.201	2236	*socia* (Hufnagel, 1766)	Pale Pinion	E S W I C	
		hepatica sensu auctt. nec (Clerck, 1759)			
73.202	2237	*ornitopus ornitopus* (Hufnagel, 1766)			
		ornitopus lactipennis (Dadd, 1911)	Grey Shoulder-knot	E W I C	
		ornithopus misspelling			
73.203	2238	*furcifera furcifera* (Hufnagel, 1766)	Conformist	E	
		conformis ([Denis & Schiffermüller], 1775)			
		furcifera suffusa (Tutt, 1892)		W	X
•73.204	2238a	*consocia* (Borkhausen, 1792)	Softly's Shoulder-knot	E	
73.205	2239	*lamda* (Fabricius, 1787)	Nonconformist	E	
		lambda misspelling			
		PROLITHA Berio, 1980			
73.206	2240	*leautieri leautieri* (Boisduval, 1829)			
		leautieri hesperica Boursin, 1957	Blair's Shoulder-knot or Stone Pinion		
				E S W I C	
		lapidea sensu auctt. nec (Hübner, [1808])			
		XYLENA Ochsenheimer, 1816			
		LITHOMOIA Hübner, [1821]			
73.207	2233	*solidaginis* (Hübner, [1803])	Golden-rod Brindle	E S W	
73.208	2242	*exsoleta* (Linnaeus, 1758)	Sword-grass	E S W I C	
		exoleta misspelling			
73.209	2241	*vetusta* (Hübner, [1813])	Red Sword-grass	E S W I	
		EUPSILIA Hübner, [1821]			
73.210	2256	*transversa* (Hufnagel, 1766)	Satellite	E S W I C	
		satellitia (Linnaeus, 1767)			
		ENARGIA Hübner, [1821]			
73.211	2313	*paleacea* (Esper, 1791)	Angle-striped Sallow	E S W I	
		IPIMORPHA Hübner, [1821]			
73.212	2311	*retusa* (Linnaeus, 1761)	Double Kidney	E W C	
73.213	2312	*subtusa* ([Denis & Schiffermüller], 1775)	Olive	E S W I C	
		COSMIA Ochsenheimer, 1816			
		COSMIA Ochsenheimer, 1816			

❶	❷	❸	❹	❺	❻
73.214	2317	*diffinis* (Linnaeus, 1767)	White-spotted Pinion	E W C	
		ULMIA Fibiger & Hacker, 2007			
73.215	2316	*affinis* (Linnaeus, 1767)	Lesser-spotted Pinion	E W I C	
		CALYMNIA Hübner, [1821]			
73.216	2318	*trapezina* (Linnaeus, 1758)	Dun-bar	E S W I C	
		NEMUS Fibiger & Hacker, 2007			
73.217	2319	*pyralina* ([Denis & Schiffermüller], 1775)	Lunar-spotted Pinion	E W C	
		DICYCLA Guenée, 1852			
73.218	2315	*oo* (Linnaeus, 1758)	Heart Moth	E	
		ATETHMIA Hübner, [1821]			
73.219	2269	*centrago* (Haworth, 1809)	Centre-barred Sallow	E S W I C	
		xerampelina (Hübner, [1809])			
		BRACHYLOMIA Hampson, 1906			
73.220	2225	*viminalis* (Fabricius, [1777])	Minor Shoulder-knot	E S W I C	
		PARASTICHTIS Hübner, [1821]			
73.221	2268	*suspecta* (Hübner, [1817])	Suspected	E S W I	
		APTEROGENUM Berio, 2002			
73.222	2314	*ypsillon* ([Denis & Schiffermüller], 1775)	Dingy Shears	E S W I C	
		fissipuncta (Haworth, 1809)			
		DRYOBOTA Lederer, 1857			
•73.223	2246a	*labecula* (Esper, 1788)	Oak Rustic	E C	
		GRIPOSIA Tams, 1939			
73.224	2247	*aprilina* (Linnaeus, 1758)	Merveille du Jour	E S W I C	
		DRYOBOTODES Warren, 1910			
73.225	2248	*eremita* (Fabricius, 1775)	Brindled Green	E S W I C	
		protea ([Denis & Schiffermüller], 1775)			
•73.226	2248a	*roboris* (Boisduval, [1828])	Southern Brindled Green	C	
		DICHONIOXA Berio, 1980			
•73.227	2248b	*tenebrosa* (Esper, 1789)	Sombre Brocade	E C	
		ANTITYPE Hübner, [1821]			
73.228	2254	*chi* (Linnaeus, 1758)	Grey Chi	E S W I C	
		TRIGONOPHORA Hübner, [1821]			
		TRIGONOPHORA Hübner, [1821]			
73.229	2251	*flammea* (Esper, 1785)	Flame Brocade	E C	
		APOROPHYLA Guenée, 1841			
		APOROPHYLA Guenée, 1841			
73.230	2230	*australis australis* (Boisduval, 1829)			
		australis pascuea (Humphreys & Westwood, 1843)			
			Feathered Brindle	E W I C	
		PHYLAPORA Berio, 1980			
•73.231	2231	*lutulenta* ([Denis & Schiffermüller], 1775)	Deep-brown Dart	E C	
•73.232	2231a	*lueneburgensis* (Freyer, 1848)	Northern Deep-brown Dart	E S W I	
73.233	2232	*nigra* (Haworth, 1809)	Black Rustic	E S W I C	
		DASYPOLIA Guenée, 1852			
		DASYPOLIA Guenée, 1852			
73.234	2229	*templi* (Thunberg, 1792)	Brindled Ochre	E S W I C	
		POLYMIXIS Hübner, [1820]			
		EUMICHTIS Hübner, [1821]			
73.235	2255	*lichenea lichenea* (Hübner, [1813])	Feathered Ranunculus	E S W I C	
		lichenea scillonea Richardson, 1958		E	
		POLYMIXIS Hübner, [1820]			
73.236	2253	*xanthomista xanthomista* (Hübner, [1819])			
		xanthomista statices (Gregson, 1869)	Black-banded	E W I	
73.237	2252	*flavicincta* ([Denis & Schiffermüller], 1775)	Large Ranunculus	E W C	
		MNIOTYPE Franclemont, 1941			
73.238	2250	*adusta* (Esper, 1790)	Dark Brocade	E S W I C	

❶	❷	❸	❹	❺	❻
73.239	2250a	*solieri* (Boisduval, 1840)	Bedrule Brocade	S	
73.240	2249	*satura* ([Denis & Schiffermüller], 1775)	Beautiful Arches	E	
		porphyrea sensu auctt. nec ([Denis & Schiffermüller], 1775)			

HADENINAE
ORTHOSIINI
PANOLIS Hübner, [1821]

| 73.241 | 2179 | *flammea* ([Denis & Schiffermüller], 1775) | Pine Beauty | E S W I C |

griseovariegata (Goeze, 1781)
piniperda (Panzer, 1786)

ORTHOSIA Ochsenheimer, 1816
ORTHOSIA Ochsenheimer, 1816

| 73.242 | 2188 | *incerta* (Hufnagel, 1766) | Clouded Drab | E S W I C |

MONIMA Hübner, [1821]

| 73.243 | 2183 | *miniosa* ([Denis & Schiffermüller], 1775) | Blossom Underwing | E   W I C |
| 73.244 | 2187 | *cerasi* (Fabricius, 1775) | Common Quaker | E S W I C |

stabilis ([Denis & Schiffermüller], 1775)

| 73.245 | 2182 | *cruda* ([Denis & Schiffermüller], 1775) | Small Quaker | E S W I C |

pulverulenta (Esper, 1786)

| 73.246 | 2185 | *populeti* (Fabricius, 1781) | Lead-coloured Drab | E S W I |

CORORTHOSIA Berio, 1980

| 73.247 | 2186 | *gracilis* ([Denis & Schiffermüller], 1775) | Powdered Quaker | E S W I C |
| 73.248 | 2184 | *opima* (Hübner, [1809]) | Northern Drab | E S W I |

advena sensu auctt. nec ([Denis & Schiffermüller], 1775)

SEMIOPHORA Stephens, 1829

| 73.249 | 2190 | *gothica* (Linnaeus, 1758) | Hebrew Character | E S W I C |

ANORTHOA Berio, 1980

| 73.250 | 2189 | *munda* ([Denis & Schiffermüller], 1775) | Twin-spotted Quaker | E S W I C |

EGIRA Duponchel, 1845

| 73.251 | 2181 | *conspicillaris* (Linnaeus, 1758) | Silver Cloud | E   W |

THOLERINI
THOLERA Hübner, [1821]

| 73.252 | 2177 | *cespitis* ([Denis & Schiffermüller], 1775) | Hedge Rustic | E S W I C |
| 73.253 | 2178 | *decimalis* (Poda, 1761) | Feathered Gothic | E S W I C |

CERAPTERYX Curtis, 1833

| 73.254 | 2176 | *graminis* (Linnaeus, 1758) | Antler Moth | E S W I C |

HADENINI
ANARTA Ochsenheimer, 1816
CALOCESTRA Beck, 1991

73.255	2145	*trifolii* (Hufnagel, 1766)	Nutmeg	E S W I C
73.256	2144	*melanopa* (Thunberg, 1791)	Broad-bordered White Underwing		
				E S	

ANARTA Ochsenheimer, 1816

| 73.257 | 2142 | *myrtilli* (Linnaeus, 1761) | Beautiful Yellow Underwing | E S W I C |

CORANARTA Hacker, 1998

| 73.258 | 2143 | *cordigera* (Thunberg, 1788) | Small Dark Yellow Underwing | S |

POLIA Ochsenheimer, 1816

| 73.259 | 2148 | *bombycina* (Hufnagel, 1766) | Pale Shining Brown | E S W I |

advena ([Denis & Schiffermüller], 1775)
nitens (Haworth, 1809)

| 73.260 | 2149 | *hepatica* (Clerck, 1759) | Silvery Arches | E S W |

trimaculosa (Esper, 1788)
tincta (Brahm, 1791)
argentina Haworth, 1809

| 73.261 | 2150 | *nebulosa* (Hufnagel, 1766) | Grey Arches | E S W I C |

1	2	3	4	5	6
		PACHETRA Guenée, 1841			
73.262	*2151*	***sagittigera sagittigera*** (Hufnagel, 1766)			
		leucophaea ([Denis & Schiffermüller], 1775)			
•		*sagittigera britannica* Turner, 1933	Feathered Ear	E	X
		LACANOBIA Billberg, 1820			
		LACANOBIA Billberg, 1820			
73.263	*2157*	***w-latinum*** (Hufnagel, 1766)	Light Brocade	E S W C	
		genistae (Borkhausen, 1792) homonym			
		DIANOBIA Behounek, 1992			
73.264	*2158*	***thalassina*** (Hufnagel, 1766)	Pale-shouldered Brocade	E S W I C	
73.265	*2156*	***contigua*** ([Denis & Schiffermüller], 1775)	Beautiful Brocade	E S W I	
73.266	*2159*	***suasa*** ([Denis & Schiffermüller], 1775)	Dog's Tooth	E S W I C	
		dissimilis (Knoch, 1781)			
		DIATARAXIA Hübner, [1821]			
73.267	*2160*	***oleracea*** (Linnaeus, 1758)	Bright-line Brown-eye	E S W I C	
•73.268	*2160a*	***splendens*** (Hübner, [1808])	Splendid Brocade	E C	
73.269	*2161*	***blenna*** (Hübner, [1824])	Stranger	E	
		peregrina (Treitschke, 1825)			
		MELANCHRA Hübner, [1820]			
73.270	*2155*	***persicariae*** (Linnaeus, 1761)	Dot Moth	E S W I C	
		CERAMICA Guenée, 1852			
73.271	*2163*	***pisi*** (Linnaeus, 1758)	Broom Moth	E S W I C	
		PAPESTRA Sukhareva, 1973			
73.272	*2162*	***biren*** (Goeze, 1781)	Glaucous Shears	E S W I C	
		glauca (Hübner, [1809])			
		bombycina sensu auctt. nec (Hufnagel, 1766)			
		HADA Billberg, 1820			
73.273	*2147*	***plebeja*** (Linnaeus, 1761)	Shears	E S W I C	
		nana (Hufnagel, 1766)			
		dentina ([Denis & Schiffermüller], 1775)			
		MAMESTRA Ochsenheimer, 1816			
73.274	*2154*	***brassicae*** (Linnaeus, 1758)	Cabbage Moth	E S W I C	
		SIDERIDIS Hübner, [1821]			
		SIDERIDIS Hübner, [1821]			
73.275	*2152*	***turbida*** (Esper, 1790)	White Colon	E S W I C	
		albicolon (Hübner, [1813])			
		ANEDA Sukhareva, 1973			
73.276	*2166*	***rivularis*** (Fabricius, 1775)	Campion	E S W I C	
		cucubali ([Denis & Schiffermüller], 1775)			
		HELIOPHOBUS Boisduval, 1829			
73.277	*2153*	***reticulata reticulata*** (Goeze, 1781)			
		calcatrippae (Vieweg, 1790)			
		saponariae (Borkhausen, 1792)			
		reticulata marginosa (Haworth, 1809)	Bordered Gothic	E W	
		reticulata hibernica (Cockayne, 1944)		I	
		CONISANIA Hampson, 1905			
		LUTEOHADENA Beck, 1991			
73.278	*2169*	***andalusica andalusica*** (Staudinger, 1859)			
		andalusica barrettii (Doubleday, 1864)	Barrett's Marbled Coronet	E W I C	
		luteago sensu auctt. nec ([Denis & Schiffermüller], 1775)			
		HECATERA Guenée, 1852			
73.279	*2164*	***bicolorata*** (Hufnagel, 1766)	Broad-barred White	E S W I C	
		serena ([Denis & Schiffermüller], 1775)			
73.280	*2165*	***dysodea*** ([Denis & Schiffermüller], 1775)	Small Ranunculus	E W C	
		chrysozona (Borkhausen, 1792)			
		HADENA Schrank, 1802			

❶	❷	❸	❹	❺	❻
		HADENA Schrank, 1802			
73.281	*2173*	**bicruris** (Hufnagel, 1766)	Lychnis	E S W I C	
		capsincola sensu auctt. nec ([Denis & Schiffermüller], 1775)			
73.282	*2170*	**compta** ([Denis & Schiffermüller], 1775)	Varied Coronet	E W C	
73.283	*2171*	**confusa** (Hufnagel, 1766)	Marbled Coronet	E S W I C	
		conspersa ([Denis & Schiffermüller], 1775)			
		nana (Rottemburg, 1776) nec (Hufnagel, 1766)			
73.284	*2172*	**albimacula** (Borkhausen, 1792)	White Spot	E W C	
73.285	*2174*	**caesia caesia** ([Denis & Schiffermüller], 1775)			
		caesia mananii (Gregson, 1866)	Grey	E S I	
		ANEPIA Hampson, 1918			
•73.286	*2167*	**perplexa perplexa** ([Denis & Schiffermüller], 1775)			
			Tawny Shears	E S W I C	
		lepida (Esper, 1790) homonym			
		perplexa capsophila (Duponchel, 1842)	Pod Lover	E S W I C	
•73.287	*2168*	**irregularis** (Hufnagel, 1766)	Viper's Bugloss	E	X
		LEUCANIINI			
		MYTHIMNA Ochsenheimer, 1816			
		MYTHIMNA Ochsenheimer, 1816			
73.288	*2191*	**turca** (Linnaeus, 1761)	Double Line	E W I	
73.289	*2196*	**pudorina** ([Denis & Schiffermüller], 1775)	Striped Wainscot	E W I C	
		impudens (Hübner, [1803])			
73.290	*2192*	**conigera** ([Denis & Schiffermüller], 1775)	Brown-line Bright-eye	E S W I C	
73.291	*2199*	**pallens** (Linnaeus, 1758)	Common Wainscot	E S W I C	
73.292	*2200*	**favicolor** (Barrett, 1896)	Mathew's Wainscot	E	
73.293	*2198*	**impura** (Hübner, [1808])	Smoky Wainscot	E S W I C	
73.294	*2197*	**straminea** (Treitschke, 1825)	Southern Wainscot	E S W I C	
73.295	*2195*	**vitellina** (Hübner, [1808])	Delicate	E S W I C	
		PSEUDALETIA Franclemont, 1951			
73.296	*2203*	**unipuncta** (Haworth, 1809)	American Wainscot or White-speck		
				E S W I C	
		HYPHILARE Hübner, [1821]			
73.297	*2194*	**albipuncta** ([Denis & Schiffermüller], 1775)	White-point	E W I C	
73.298	*2193*	**ferrago** (Fabricius, 1787)	Clay	E S W I C	
		lythargyria (Esper, 1788)			
		lithargyria misspelling			
		lithargyrea misspelling			
73.299	*2201*	**litoralis** (Curtis, 1827)	Shore Wainscot	E S W I C	
73.300	*2202*	**l-album** (Linnaeus, 1767)	L-album Wainscot	E W I C	
		LEUCANIA Ochsenheimer, 1816			
		LEUCANIA Ochsenheimer, 1816			
73.301	*2205*	**comma** (Linnaeus, 1761)	Shoulder-striped Wainscot	E S W I C	
73.302	*2204*	**obsoleta** (Hübner, [1803])	Obscure Wainscot	E W C	
73.303	*2206*	**putrescens** (Hübner, [1824])	Devonshire Wainscot	E W C	
		ACANTHOLEUCANIA Rungs, 1953			
73.304	*2208*	**loreyi** (Duponchel, 1827)	Cosmopolitan	E W I C	
		SENTA Stephens, 1834			
73.305	*2209*	**flammea** (Curtis, 1828)	Flame Wainscot	E	
		ERIOPYGINI			
		ERIOPYGODES Hampson, 1905			
73.306	*2175*	**imbecilla** (Fabricius, 1794)	Silurian	E W	
		NOCTUINAE			
		NOCTUINI			
		PERIDROMA Hübner, [1821]			
73.307	*2119*	**saucia** (Hübner, [1808])	Pearly Underwing	E S W I C	
		porphyrea sensu auctt. nec ([Denis & Schiffermüller], 1775)			
		ACTEBIA Stephens, 1829			

❶	❷	❸	❹	❺	❻
		ACTEBIA Stephens, 1829			
73.308	*2099*	***praecox*** (Linnaeus, 1758)	Portland Moth	E S W I C	
73.309	*2100*	***fennica*** (Tauscher, 1806)	Eversmann's Rustic	E S	
		DICHAGYRIS Lederer, 1857			
		ALBOCOSTA Fibiger & Lafontaine, 1997			
73.310	*2101*	***flammatra*** ([Denis & Schiffermüller], 1775)	Black Collar	E S	
		EUXOA Hübner, [1821]			
		EUXOA Hübner, [1821]			
73.311	*2083*	***cursoria*** (Hufnagel, 1766)	Coast Dart	E S W I C	
73.312	*2080*	***obelisca obelisca*** ([Denis & Schiffermüller], 1775)			
		obelisca grisea (Tutt, 1902)	Square-spot Dart	E S W I C	
•73.313	*2081*	***tritici*** (Linnaeus, 1761)	White-line Dart	E I C	
		nigrofusca (Esper, 1788)			
		eruta (Hübner, [1817])	Dusky Dart		
	2081a	*crypta* (Dadd, 1927)			
73.314	*2082*	***nigricans*** (Linnaeus, 1761)	Garden Dart	E S W I C	
		AGROTIS Ochsenheimer, 1816			
73.315	*2094*	***bigramma*** (Esper, 1790)	Great Dart	E I C	
		crassa (Hübner, [1803])			
73.316	*2084*	***cinerea*** ([Denis & Schiffermüller], 1775)	Light Feathered Rustic	E W I	
73.317	*2089*	***exclamationis*** (Linnaeus, 1758)	Heart & Dart	E S W I C	
•73.318	*2083a*	***graslini*** Rambur, 1848	Woods's Dart	C	
73.319	*2087*	***segetum*** ([Denis & Schiffermüller], 1775)	Turnip Moth	E S W I C	
73.320	*2088*	***clavis*** (Hufnagel, 1766)	Heart & Club	E S W I C	
		corticea ([Denis & Schiffermüller], 1775)			
73.321	*2091a*	***herzogi*** Rebel, 1911	Spalding's Dart	E	
73.322	*2085*	***vestigialis*** (Hufnagel, 1766)	Archer's Dart	E S W I C	
73.323	*2093*	***ripae*** (Hübner, [1823])	Sand Dart	E S W I C	
73.324	*2090*	***trux trux*** (Hübner, [1824])			
		trux lunigera Stephens, 1829	Crescent Dart	E S W I C	
73.325	*2092*	***puta puta*** (Hübner, [1803])	Shuttle-shaped Dart	E S W I C	
		puta insula Richardson, 1958		E	
•73.326	*2092a*	***catalaunensis*** (Millière, 1873)	Grouville Dart	C	
		syricola Corti & Draudt, 1933			
73.327	*2091*	***ipsilon*** (Hufnagel, 1766)	Dark Sword-grass	E S W I C	
		ypsilon misspelling			
		AXYLIA Hübner, [1821]			
73.328	*2098*	***putris*** (Linnaeus, 1761)	Flame	E S W I C	
		OCHROPLEURA Hübner, [1821]			
73.329	*2102*	***plecta*** (Linnaeus, 1761)	Flame Shoulder	E S W I C	
73.330	*2102a*	***leucogaster*** (Freyer, [1831])	Radford's Flame Shoulder	E C	
		DIARSIA Hübner, [1821]			
73.331	*2121*	***dahlii*** (Hübner, [1813])	Barred Chestnut	E S W I	
73.332	*2122*	***brunnea*** ([Denis & Schiffermüller], 1775)	Purple Clay	E S W I C	
73.333	*2120*	***mendica mendica*** (Fabricius, 1775)	Ingrailed Clay	E S W I C	
		festiva ([Denis & Schiffermüller], 1775)			
		primulae (Esper, 1788)			
		conflua (Treitschke, 1827)			
		mendica thulei (Staudinger, 1891)		S	
		mendica orkneyensis (Bytinski-Salz, 1939)		S	
73.334	*2123*	***rubi*** (Vieweg, 1790)	Small Square-spot	E S W I C	
73.335	*2124*	***florida*** (Schmidt, 1859)	Fen Square-spot	E W	
		CERASTIS Ochsenheimer, 1816			
73.336	*2139*	***rubricosa*** ([Denis & Schiffermüller], 1775)	Red Chestnut	E S W I C	
73.337	*2140*	***leucographa*** ([Denis & Schiffermüller], 1775)			

❶	❷	❸	❹	❺	❻
			White-marked	E W	
		LYCOPHOTIA Hübner, [1820]			
73.338	2118	*porphyrea* ([Denis & Schiffermüller], 1775)	True Lover's Knot	E S W I C	
		strigula (Thunberg, 1788) nec ([Denis & Schiffermüller, 1775])			
		RHYACIA Hübner, [1821]			
73.339	2105	*simulans* (Hufnagel, 1766)	Dotted Rustic	E S W I	
73.340	2106	*lucipeta* ([Denis & Schiffermüller], 1775)	Southern Rustic	E	
		STANDFUSSIANA Boursin, 1946			
73.341	2104	*lucernea* (Linnaeus, 1758)	Northern Rustic	E S W I	
		NOCTUA Linnaeus, 1758			
73.342	2107	*pronuba* (Linnaeus, 1758)	Large Yellow Underwing	E S W I C	
73.343	2110	*fimbriata* (Schreber, 1759)	Broad-bordered Yellow Underwing		
		fimbria (Linnaeus, 1767)		E S W I C	
73.344	2108	*orbona* (Hufnagel, 1766)	Lunar Yellow Underwing	E S W C	
73.345	2109	*comes* Hübner, [1813]	Lesser Yellow Underwing	E S W I C	
73.346	2112	*interjecta interjecta* Hübner, [1803]			
		interjecta caliginosa (Schawerda, 1919)	Least Yellow Underwing	E S W I C	
•73.347	2110a	*janthina* [Denis & Schiffermüller], 1775	Langmaid's Yellow Underwing		
				E C	
73.348	2111	*janthe* (Borkhausen, 1792)	Lesser Broad-bordered Yellow Underwing		
		janthina sensu auctt. nec [Denis & Schiffermüller], 1775		E S W I C	
		SPAELOTIS Boisduval, 1840			
73.349	2113	*ravida* ([Denis & Schiffermüller], 1775)	Stout Dart	E S W	
		obscura (Brahm, 1790)			
		EUROIS Hübner, [1821]			
73.350	2137	*occulta* (Linnaeus, 1758)	Great Brocade	E S W I C	
		GRAPHIPHORA Ochsenheimer, 1816			
73.351	2114	*augur* (Fabricius, 1775)	Double Dart	E S W I C	
		ANAPLECTOIDES McDunnough, 1929			
73.352	2138	*prasina* ([Denis & Schiffermüller], 1775)	Green Arches	E S W I C	
		XESTIA Hübner, 1818			
		XESTIA Hübner, 1818			
73.353	2130	*baja* ([Denis & Schiffermüller], 1775)	Dotted Clay	E S W I C	
73.354	2131	*stigmatica* (Hübner, [1813])	Square-spotted Clay	E S W	
		rhomboidea sensu auctt. nec (Esper, 1790)			
73.355	2132	*castanea* (Esper, 1798)	Nelected Rustic	E S W I C	
73.356	2135	*agathina agathina* (Duponchel, 1827)	Heath Rustic	E S W I C	
		agathina hebridicola (Staudinger, 1901)		S	
73.357	2134	*xanthographa* ([Denis & Schiffermüller], 1775)			
			Square-spot Rustic	E S W I C	
73.358	2133	*sexstrigata* (Haworth, 1809)	Six-striped Rustic	E S W I C	
		umbrosa (Hübner, [1813])			
		MEGASEMA Hübner, [1821]			
73.359	2126	*c-nigrum* (Linnaeus, 1758)	Setaceous Hebrew Character	E S W I C	
73.360	2127	*ditrapezium* ([Denis & Schiffermüller], 1775)			
			Triple-spotted Clay	E S W I C	
73.361	2128	*triangulum* (Hufnagel, 1766)	Double Square-spot	E S W I C	
		rhomboidea (Esper, 1790)			
73.362	2129	*ashworthii* (Doubleday, 1855)	Ashworth's Rustic	W	
		ANOMOGYNA Staudinger, 1871			
73.363	2125	*alpicola alpicola* (Zetterstedt, 1839)			
		hyperborea (Zetterstedt, 1839)			
		carnica (Hering, 1846)			
		alpicola alpina (Humphreys & Westwood, 1843)			

❶	❷	❸	❹	❺	❻
			Northern Dart	E S I	
		COENOPHILA Stephens, 1850			
73.364	*2115*	*subrosea* (Stephens, 1829)	Rosy Marsh Moth	E W	
		EUGNORISMA Boursin, 1946			
		EUGNORISMA Boursin, 1946			
73.365	*2117*	*glareosa* (Esper, 1788)	Autumnal Rustic	E S W I C	
		METAGNORISMA Varga & Ronkay, 1987			
73.366	*2103*	*depuncta* (Linnaeus, 1761)	Plain Clay	E S W	
		PROTOLAMPRA McDunnough, 1929			
73.367	*2116*	*sobrina* (Duponchel, [1843])	Cousin German	S	
		NAENIA Stephens, 1827			
73.368	*2136*	*typica* (Linnaeus, 1758)	Gothic	E S W I C	

NOLIDAE
NOLINAE
NOLINI
MEGANOLA Dyar, 1898

74.001	*2075*	*strigula* ([Denis & Schiffermüller], 1775)	Small Black Arches	E W	
74.002	*2076*	*albula* ([Denis & Schiffermüller], 1775)	Kent Black Arches	E W C	
		albulalis (Hübner, 1796)			
		NOLA Leach, [1815]			
74.003	*2077*	*cucullatella* (Linnaeus, 1758)	Short-cloaked Moth	E S W C	
74.004	*2078*	*confusalis* (Herrich-Schäffer, 1847)	Least Black Arches	E S W I C	
		cristulalis sensu Doubleday, 1847 nec (Hübner, 1796)			
74.005	*2079*	*aerugula* (Hübner, 1793)	Scarce Black Arches	E C	
		centonalis (Hübner, 1796)			
		tuberculana sensu Edelsten, 1961 nec (Bosc, 1791)			
• 74.006	*2079a*	*chlamitulalis* (Hübner, [1813])	Jersey Black Arches	E C	
		chlamytulalis misspelling			

CHLOEPHORINAE
CHLOEPHORINI
BENA Billberg, 1820

74.007	*2421*	*bicolorana* (Fuessly, 1775)	Scarce Silver-lines	E W C	
		quercana ([Denis & Schiffermüller], 1775)			
		prasinana sensu auctt. nec (Linnaeus, 1758)			
		PSEUDOIPS Hübner, 1822			
• 74.008		*prasinana prasinana* (Linnaeus, 1758)			
		fagana (Fabricius, 1781)			
	2422	*prasinana britannica* (Warren, 1913)	Green Silver-lines	E S W I C	
		SARROTHRIPINI			
		NYCTEOLA Hübner, 1822			
74.009	*2423*	*revayana* (Scopoli, 1772)	Oak Nycteoline	E S W I C	
		undulana (Hübner, 1796)			
• 74.010	*2423a*	*asiatica* (Krulikovsky, 1904)	Eastern Nycteoline	E C	
		EARIAS Hübner, [1825]			
74.011	*2418*	*clorana* (Linnaeus, 1761)	Cream-bordered Green Pea	E W I C	
		chlorana misspelling			
74.012	*2420*	*insulana* (Boisduval, 1833)	Egyptian Bollworm	E	

Notes to Species in the Main List

3.005 *H. humuli thulensis* found on Shetland only.

4.021 Last recorded: c.1910.

4.029 Last recorded: early C20.

4.031 Record of *P. mespilicola* from Scotland requires confirmation.

4.052 *S. ulmariae* is a junior synonym of *S. filipendulae*: (Nieukerken *et al.*, 2012).

4.079 Records of *E. atrifrontella* from mines alone may be *E. longicaudella*.

4.080 Added to the British list (Hall, 2010) from Bernwood Forest, Buckinghamshire, 2009.

4.083 Added to the British list (Prichard & Clifton, 2004) from Mildenhall, Suffolk, 2002.

4.086 Added to the British list (Nieukerken *et al.*, 2010: 34–38) from Hembury Woods, Devon, 2005.

4.088 Added to the British list (Honey, 2002) from London, 2001.

6.002 Information, as yet unpublished, suggests *P. petryi* is a different species, not recorded from the British Isles.

10.005 Last recorded: 1902.

11.009 Some authors consider *L. ferchaultella* to be a parthenogenetic form of *L. lapidella*.

12.002 Last recorded on mainland: 1934.

12.004 Added to the British list (Heckford, 2004a) from near Chapel Porth, Cornwall, 2002. The '*confusella*' of Pierce & Metcalfe, 1935 is not *I. captans*, and may be undescribed.

12.024 Last recorded: 1899.

12.045 Added to the British list (Money, 2009) from Cornwall 2004.

13.001 Last recorded: 1875.

14.004 Added to the British list (Terry, 2012) from Bishop's Stortford, Hertfordshire, 2009.

14.011 Added to the British list (Langmaid *et al.*, 2007) from Farnham, Surrey, 2006.

15.004 Prior to 1947 records of *C. elongella* may refer to *C. betulicola*.

15.008 Prior to 1972 records of *C. alchimiella* may refer to *C. robustella*.

15.026 Prior to 1986 some records of *P. fagivora* may refer to *P. carpinella*.

15.035 Records of *P. roboris* from Scotland require confirmation.

15.045 Records of *P. mespilella* from Scotland require confirmation.

15.047 British records of *P. cydoniella* have been found to be *P. hostis*: (Langmaid, 2009).

15.054 Some authors consider *P. viminiella* to be a junior synonym of *P. salictella*.

15.089 Added to the British list (Honey, 2003) from Wimbledon Common, London, 2002.

15.091 Added to the British list (Langmaid & Corley, 2007) from Havant, Hampshire, 2006.

15.093 Some authors consider *P. xenia* to be a junior synonym of *P. labyrinthella* (Bjerkander, 1790): (Bengtsson & Johansson, 2011: 246).

16.009 Last recorded: 1976.

16.011 Added to the British list (Sterling & Parsons, 2007) from Weymouth and East Lulworth, Dorset, 2006.

16.013 Last recorded: 1854.

16.023 Prior to 1966 records of *O. piniariella* may refer to *O. friesei*.

17.004 Last recorded: 1886.

17.014 Some authors consider *O. mediopectinellus* to be a distinct species: (Bengtsson & Johansson, 2011: 355-356).

20.015 Between 1972 and 1987 records of *A. curvella* are likely to refer to *A. bonnetella*.

21.004 Some authors consider *L. wailesella* to be a distinct species.

21.009 Last recorded: 1950s.

22.003 DNA analysis suggests *P. ruficeps* is distinct from *P. fraxinella*. (Mutanen, *in litt.*)

22.004 Added to the British list (Agassiz *et al.*, 2009) from Addlestone, Surrey, 2009.

22.005 Added to the British list (Agassiz, 2007) from London, 2003.

23.001 Last recorded: c.1820.

27.001 Prior to 1966 records of *O. quadripuncta* may refer to *O. caradjai* or *O. deauratella*. Between 1966 and 1982 records of *O. quadripuncta* may refer to *O. caradjai*.

28.002 Added to the British list (Palmer, *et al.*, 2012: 517) from Petersham, Richmond, Surrey, 2012.

28.006 Records of *D. augustella* may refer to *D. albimaculea*. Last recorded: C19.

28.008 Added to the British list (Heckford, 2004a) from Plympton, Devon, 2003.

28.018 Last recorded: 1845.

28.023 Added to the British list (Percival & Harvey, 2011) from Barkham, Wokingham, Berkshire, 2011.

28.026 Added to the British list (Harper, 1993) from Jersey, Channel Islands, 1965.

28.028 Added to the British list (Oakes *et al.*, 2010) from Penzance, Cornwall, 2006. A moth resembling this species was found on Guernsey, Channel Islands, in 2002 and photographed but not retained. *M. cinnamomea* (Zeller, 1839) is very similar and occurs in mainland Europe and so the identification cannot be confirmed.

30.001 Prior to 1956 records of *P. flavifrontella* may refer to *P. josephinae*.

32.012 Prior to 1979 records of *A. atomella* may refer to *A. scopariella*.

32.048 Last recorded: 1890.

32.049 Last recorded: 1924.

32.051 Last recorded in England: 1970s.

34.003 Last recorded: 1830.

34.006 Last recorded: 1901.

34.009 Added to the British list (Parsons, 2002) from Walditch, Dorset, 2001.

34.011 Added to the British list (Sterling *et al.*, 2004) from La Broderie, St Peters, Guernsey, Channel Islands, 2002.

34.012 Prior to 1963 records of *S. rhamniella* may refer to any of the species in this genus.

35.002 Prior to 1982 records of *S. cinctella* may refer to *S. larseniella*.

35.005 Added to the British list (Heckford, 2002) from Morrone Birkwood, Aberdeenshire, 2001.

35.006 Last recorded: 1990.

35.014 Last recorded: 1906.

35.015 Last recorded: 1971.

35.024 Last recorded: 1933.

35.032 Records of *P. malvella* from Scotland require confirmation.

35.051 Last recorded: late C19.

35.062 Last recorded: 1926.

35.087 Early records of *N. peliella* may refer to *N. singula*.

35.088 Early records of *N. suppeliella* may refer to *N. peliella*.

35.108 Last recorded: 1909.

35.110 Last recorded: 1973.

35.113 The distinction between *S. salicorniae* and *S. salinella* still has to be confirmed by DNA studies: (Huemer & Karsholt, 2010:180-182).

35.121 Last recorded: 1880s.

35.124 Last recorded: 1926.

35.127 Added to the British list (Homan, 2010) from Cheltenham, Gloucestershire 2010.

35.139 Last recorded: C19.

37.001 Last recorded: 1956.

37.004 Last recorded: 1985.

37.005 Prior to 1940 records of *C. lutipennella* may refer to *C. flavipennella*.

37.009 Prior to 1970 records of *C. limosipennella* may refer to *C. milvipennis*.

37.012 Prior to 1970 records of *C. limosipennella* may refer to *C. alnifoliae*.

37.014 Prior to 1974 records of *C. fuscedinella* may refer to *C. serratella, C. coracipennella, C. spinella* or *C. prunifoliae*.

37.015 Prior to 1974 records of *C fuscedinella* may refer to *C. serratella, C. coracipennella, C. spinella* or *C. prunifoliae*.

37.016 Prior to 1974 records of *C fuscedinella* may refer to *C. serratella, C. coracipennella, C. spinella* or *C. prunifoliae*.

37.017 Prior to 1980 records of *C. serratella, C. coracipennella, C. spinella* may refer to *C. prunifoliae*.

37.034 Confirmed as British: (Gibbs, 2004: 73-80).

37.035 Prior to 1956 records of *C. alcyonipennella* may refer to *C. paripennella*.

37.037 Added to the British list (Palmer *et al.*, 2012: 200) from Tugley Wood, Surrey, 2004.

37.057 Last recorded: 1980.

37.062 Some authors consider *C. tricolor* to be conspecific with *C. lixella*.

37.064 Last recorded: 1880s.

37.067 Last recorded: c.1930.

37.069 Prior to 1955 records of *C. caespititiella* may refer to *C. alticolella* or possibly *C. glaucicolella*.

37.081 Prior to 1960 records of *C. therinella* may refer to *C. peribenanderi*.

37.083 Prior to 1959 *C. saxicolella, C. sternipennella, C. adspersella, C. versurella* and *C. vestianella* were all recorded as *C. laripennella*.

37.084 Prior to 1959 *C. saxicolella, C. sternipennella, C. adspersella, C. versurella* and *C. vestianella* were all recorded as *C. laripennella*.

37.086 Prior to 1959 *C. saxicolella, C. sternipennella, C. adspersella, C. versurella* and *C. vestianella* were all recorded as *C. laripennella*.

37.087 Prior to 1959 *C. saxicolella, C. sternipennella, C. adspersella, C. versurella* and *C. vestianella* were all recorded as *C. laripennella*.

37.093 Prior to 1960 records of *C. peribenanderi* may refer to *C. therinella*.

37.103 Prior to 1962 records of *C. troglodytella* may refer to *C. follicularis* or *C. trochilella*.

37.104 Prior to 1959 *C. saxicolella, C. sternipennella, C. adspersella, C. versurella* and *C. vestianella* were all recorded as *C. laripennella*.

37.105 *C. silenella* is distinct from *C. nutantella* and is not known from Britain: (Patzak, 1976).

38.009 Some authors consider *E. dispunctella* to be a distinct species.

38.019 Prior to 2001 records of *E. regificella* may refer to *E. geminatella* or *E. tengstromi*: (Kaila *et al.*, 2001).

38.020 Some British records of *E. regificella* have been found to be *E. geminatella*: (Kaila & Langmaid, 2005).

38.021 Some British records of *E. regificella* have been found to be *E. tengstromi*: (Kaila & Langmaid, 2005).

38.031 Added to the British list (Collins & Porter, 2005) from White Downs, Surrey, 2003.

41.004 Added to the British list (Elliott, 2010) from Lindfield, Sussex, 2008.

41.005 Added to the British list (Dickson, 2004) from The Moors, Hampshire, 1998.

41.006 Added to the British list (Elliott, 2008) from Micheldever Spoil Heaps, Hampshire, 2006.

42.001 Added to the British list (Sterling & Sterling, in prep.) from Abbotsbury Sub-tropical Gardens, Dorset 2010. (First published as *Calicotis* sp. (Parsons *et al.*, 2012)).

43.003 Last recorded: 1932.

43.011 Last recorded: c.1850.

45.003 Added to the British list (Hammond, 2008) from La Mielle de Morville, Jersey, Channel Islands, 2006.

45.009 Specific name *tetradactyla* suppressed by ICZN Opinion 2041, 2003.

45.013 The group comprising *S. bipunctidactyla, S. scabiodactylus, S. inopinata* and *S. gallobritannidactyla* requires further research. Arenberger (2005: 49-50) gives *S. plagiodactylus* as a distinct species occurring in Britain.

45.014 Reinstated to the British list: (Hart, 2009) from Butterton, Staffordshire, 2008.

45.015 Added to the British list (Hart, 2009) from within existing collections.

45.016 A paratype of *S. gallobritannidactyla* from Canterbury, Kent was cited by Gibeaux (1985: 248–250) but its status is uncertain.

45.017 Added to the British list (Hart, 2006; Langmaid & Young, 2006: 265) from Hockwold, Norfolk, 2005.

45.020 Last recorded: 1961.

45.024 Last recorded: 1964.

45.041 Prior to 1950 records of *H. osteodactylus* from Kent may refer to *H. chrysocomae*.

45.044 Prior to 2006 records of *E. monodactyla* from Wicken Fen may refer to *E. argoteles*.

45.045 Added to the British list (Higgott, 2006) from Wicken Fen, Cambridgeshire, 2005.

48.004 Prior to 1990 records of *T. bjerkandrella* are likely to refer to *T. micalis*.

49.007 Last recorded in England: 1949.

49.012 Last recorded: c.1900.

49.019 Last recorded: 1962.

49.034 Added to the British list (Sterling & Ashby, 2006) from London, 2003.

49.053 Added to the British list (Langmaid & Agassiz, 2010) from London, 1986.

49.071 Prior to 2005 records of *A. emargana* from Scotland and Ireland might refer to *A. effractana*.

49.072 *A. effractana* has been recognised as distinct from *A. emargana*: (Karsholt et al., 2005).

49.083 Prior to 1915 records of *A. ferrugana/fissurana* may refer to *A. notana*.

49.102 *P. udana* has recently been separated from *P. manniana*: (Mutanen et al., 2012a). Added to the British list (Agassiz, 2013) from Gosport, Hampshire 1969; Chippenham, Cambridge 1986 and Hickling, Norfolk, 2010.

49.117 The record of *A. margarotana* from the Channel Islands requires confirmation. Last recorded: 1932.

49.125 Added to the British list (Beavan, 2009) from Zeal Monachorum, Devon, 2008.

49.126 Added to the British list (Goodey, 2008) from Writtle College, Essex, 2006.

49.175 Last recorded: 1914.

49.176 Added to the British list (Deans & Clifton, 2010) from Bawdsley Manor, Suffolk, 2007.

49.198 Added to the British list (Bryant & Bond, 2008) from Tramore, Co. Waterford, 2006.

49.207 Prior to 1949 records of *A. geminana* may refer to *A. subarcuana* or *A. diminutana* when these were regarded as forms.

49.208 Prior to 1949 records of *A. geminana* may refer to *A. subarcuana* or *A. diminutana* when these were regarded as forms.

49.209 Prior to 1949 records of *A. geminana* may refer to *A. subarcuana* or *A. diminutana* when these were regarded as forms.

49.224 Records of *S. ocellana* may refer to *S. laricana*.

49.227 Last recorded: 1938.

49.231 Prior to 1935 records of *E. solandriana* may refer to *E. brunnichana*.

49.236 Added to the British list (Beaumont, 2007) from Elveden Forest, Suffolk, 2007.

49.248 In the British literature the authorship of *E. penkleriana* has been attributed to (Fischer von Röslerstamm, 1839).

49.255 Prior to 2012 records of *E. nisella* may include *E. cinereana*. *E. cinereana* has been recognised as distinct from *E. nisella*: (Mutanen et al., 2012b).

49.266 Prior to 2004 records of *E. hohenwartiana* may refer to *E. parvulana*.

49.268 *E. parvulana* has been recognised as distinct from *E. hohenwartiana*: (Agassiz & Langmaid, 2004).

49.282 Last recorded: 1938.

49.285 Records of *E. scutulana* may refer to *E. cirsiana*.

49.302 Added to the British list (Solly, 2012) from Clowes Wood, Kent, 2011.

49.325 Some authors consider *C. ulicetana* to be a junior synonym of *C. succedana*.

49.333 Added to the British list (Wilton, 2011) from Bernwood Forest, Buckinghamshire, 2010.

49.340 Last recorded: 1976.

49.368 Some authors consider *P. herrichiana* to be a junior synonym of *P. fasciana*.

52.001 Added to the British list (Reid, 2008) from Cambridgeshire and Hertfordshire, 2008.

52.004 Last recorded in England: 1924.

57.002 Last recorded in Scotland: C19 and Channel Islands: 1871.

57.003 Added to the British list (Le Quesne, 1947) from Trinity, Jersey, Channel Islands, 1946.

57.004 Last recorded in England: 1975.

57.009 Specific name *sylvanus* conserved by ICZN Opinion 1944, 2000.

58.005 Last recorded: c.1925.

59.006 The status of *E. ligea* in Scotland is uncertain.

59.015 Last recorded in Channel Islands: 1970.

59.017 Last recorded in Scotland: early 1900s.

59.020 Records of *A. adippe* from Scotland require confirmation.

59.022 Last recorded in Wales: c.1930s.

59.032 Introduced and temporarily established: Monmouthshire, Herefordshire, Devon and Cheshire. Two possible immigrants Surrey, 1982 and Kent, 1995.

60.001 Last recorded in Scotland: C19.

61.002 Last recorded: c.1864.

61.013 We retain *Maculinea* rather than its senior synonym *Phengaris* Doherty, 1891, pending the outcome of ICZN Case 3508.
Last recorded: 1979.

61.014 Records of *P. argus* from Scotland require confirmation.

61.017 Last recorded: 1903.

62.009 Added to the British list (Houghton, 2011) from Stubbington, Hampshire, 2011.

62.018 Added to the British list (Clancy & Agassiz, 2006) from Greatstone, Kent, 2005.

62.025 Added to the British list (Parsons & Radford, 2002) from Greatstone, Kent and Dymchurch, Kent, both 1999, and Shaggs, Dorset and Walberton, Sussex, both 2001.

62.041 Last recorded: 1960.

62.052 Added to the British list (Cade, 2003) from Portland, Dorset, 2003.

62.065 Prior to 2002 *E. unicolorella* was regarded as a subspecies of *E. parasitella*.

63.004 Last recorded in England 1935, currently known from Isle of Man and Ireland.

63.010 Added to the British list (Steele, 2012) from Dibgate Quarry, Cheriton, near Folkestone, Kent, 2012.

63.012 Added to the British list (Davis & Miller, 2007) from Westonzoyland, Somerset, 2006.

63.028 *O. nubilalis* may be a species complex: (Leraut, 2012: 221–224) and further studies are in progress.

63.042 Added to the British list (Mackay & Fray, 2002) from Tresco, Isles of Scilly, 2001.

63.049 Added to the British list (Scott *et al.*, 2007) from St Mary's, Isles of Scilly, 2006.

63.054 Added to the British list (Mitchell, 2009) from Weybridge, Surrey, 2008.

63.085 Prior to 1972 records of *C. pratella* refer to *C. lathoniellus*.

63.119 Added to the British list (Sterling *et al.*, 2012) from Dorset, 2009.

66.011 Last recorded: 1965.

67.001 Last recorded in England: c.1970s.

70.004 *I. rusticata* ssp. *atrosignaria* is now considered to be a form: (Hausmann, 2004: 87).

70.007 Last recorded: 1931.

70.019 Last recorded: 1961.

70.034 Added to the British list (Wedd & Long, 2003) from Creux Baillot, Jersey, Channel Islands, 2002 and (Chainey & Spence, 2004) from Portland, Dorset, 2003.

70.072 We follow Hausmann & Viidalepp (2012: 205) in raising f. *hethlandicaria* to subspecific level.

70.080 Added to the British list (Pratt, 2012) from Climping, Sussex, 2011.

70.081 Records of *T. variata* are misidentifications of *T. obeliscata* or possibly *T. britannica*.

70.169 We follow Mironov (2003: 199) in treating *E. tamarisciata* and *E. fraxinata* as junior synonyms of *E. innotata*.

70.176 Some authors regard *E. arceuthata* and *E. millieraria* as subspecies.

70.179 We follow Mironov (2003: 278-281) in treating *E. goossensiata* as a junior synonym of *E. absinthiata*.

70.183 Some authors regard *E. scotica* and *E. clarensis* as subspecies.

70.185 Some authors regard *E. jasioneata* as a subspecies.

70.187 Some authors regard *E. subfulvata* and *E. cognata* as subspecies.

70.209 Added to the British list (Riley, 1987) from Jersey, Channel Islands, 1981, and (Evans, 2010) from Merriott, Somerset, 2009.

70.219 Added to the British list (Harman, 2004) from Deal, Kent, 2004.

70.220 Last recorded: 1914.

70.242 Added to the British list (Austin, 1991) from Jersey, Channel Islands, 1965 and (Baker, 2007) from Exmouth, Devon, 2006.

70.259 Added to the British list (Long, 2007) from Grouville Common, Jersey, Channel Islands, 2006.

70.269 Last recorded: 1885.

70.271 Some authors do not recognise this taxon as a distinct species: (Agassiz, 2003). In British literature this species was previously known as *E. crepuscularia*.

70.290 Added to the British list (James, 2008) from Greatwork, Cornwall, 2007.

70.293 The status of *A. gilvaria gilvaria* in Ireland is unconfirmed.

70.298 Added to the British list (Wedd, 2001) from Grouville, Jersey, Channel Islands, 2000.

70.301 Last recorded: 1991.

70.302 Records of *H. chrysoprasaria* from Scotland require confirmation; those from Ireland were probably introduced on imported *Clematis*.

70.306 Historic specimens of *C. viridata* from the Channel Isles are likely to be *C. cloraria*.

70.307 Added to the British list (Sterling & Costen, 2011) from Guernsey and Jersey, Channel Islands, material from 1928 to 2010.

71.004 Added to the British list (Long, 2008) from Handois, St Lawrence, Jersey, Channel Islands, 2008.

71.019 Last recorded in England: mid C19.

72.014 Last recorded: 1879.

72.028 Added to the British list (Patton, 2005) from Kingsham, Sussex, 2005.

72.046 *E. sericea* was formerly considered to be a distinct species.

72.074 Added to the British list (Cade, 2005) from Portland, Dorset, 2001.

72.077 Added to the British list (Higgott & Harvey, 2005) from Minsmere, Suffolk, 2004.

72.080 Added to the British list (Le Quesne, 1990) from St Saviour, Jersey, Channel Islands, 1903.

73.002 Between 1972 and 1993 the name *A. triplasia* was applied to *A. tripartita*.

73.029 Last recorded: 1960.

73.030 Added to the British list (Knill-Jones, 2007) from Totland, Isle of Wight, 2006.

73.041 Last recorded: 1933.

73.044 *A. cinerea* is considered to be a species distinct from *A. euphorbiae* with a northern European distribution (Fibiger *et al.*, 2009: 51-53).

73.054 Last recorded: 1979.

73.062 Prior to 1968 records of *A. pyramidea* may include *A. berbera*.

73.079 Added to the British list (Hemming & Grundy, 2007) from Bodenham, Herefordshire, 2006.

73.086 Added to the British list (Bradley, 2007) from Upper Maund, Herefordshire, 2006.

73.090 Added to the British list (Tunmore, 2009) from one in the wild at Marazion, Cornwall in October 2008 and one imported found at Margam, Glamorgan, May 2007 (Clancy, 2010: 24).

73.093 Added to the British list (Clancy & Honey, 2003) from New Romney, Kent, 2002.

73.098 Records of *H. superstes* from England require confirmation.

73.108 Added to the British list (Luff, 1873: 378) from Guernsey, Channel Islands, 1872.

73.146 Some authors consider *P. tincta* to be a subspecies.

73.153 Last recorded: 1935.

73.167 We follow Fibiger *et al.* (2010: 225) who state that the position regarding the *A. exulis* group and the British fauna remains confused and controversial. However their view is that *A. exulis* is restricted in Europe to the north-western areas including Scotland, Orkney, Shetland and the Faroe Islands.

73.169 Hausmann *et al.* (2011) have shown, based on DNA-barcodes, that *M. remmi* Rezbanyai-Reser, 1985 is a hybrid between *M. didyma* and *M. secalis*.

73.170 Hausmann *et al.* (2011) have shown, based on DNA-barcodes, that *M. remmi* Rezbanyai-Reser, 1985 is a hybrid between *M. didyma* and *M. secalis*.

73.177 Added to the British list (Hicks & Clifton, 2012) from St Agnes, Isles of Scilly, 2011.

73.197 *C. rubiginea* is doubtfully recorded from Ireland.

73.204 Added to the British list (Honey & Plant, 2003) from London, 2001.

73.223 Added to the British list (Burrow, 1996) from Gorey, Jersey, Channel Islands, 1991.

73.226 Added to the British list (Long, 2007) from St Ouen, Jersey, Channel Islands, 2006.

73.227 Added to the British list (Peet, 2007) from Icart Point, Guernsey, Channel Islands, 2006.

73.231 Some authors consider *A. lutulenta* to be conspecific with *A. lueneburgensis* (Orhant, 2012).

73.232 Some authors consider *A. lueneburgensis* to be conspecific with *A. lutulenta* (Orhant, 2012).

73.262 Last recorded: 1963.

73.268 Added to the British list (Owen, 2004) from Dymchurch, Kent, 2003.

73.286 Records of *H. perplexa capsophila* from the Channel Islands require confirmation.

73.287 Last recorded: 1973.

73.313 Some authors consider *E. tritici, E. nigrofusca, E. eruta* and *E. crypta* to be distinct taxa: (Clancy *et al.*, 2012: 486-487; Sterling, 2012; Clancy, 2013) but we follow Mutanen (2005), Mutanen *et al.* (2006) and Segerer *et al.* (2011), who consider that there are insufficient features to separate them.

73.318 Added to the British list (Moore & Woods, 2002) from Les Quennevais, Jersey, Channel Islands, 1995 and 2001.

73.326 Added to the British list (Wedd, 2003) from Grouville, Jersey, Channel Islands, 2002.

73.347 Added to the British list (Langmaid, 2002) from Southsea, Hampshire, 2001. Prior to 1993 records of *N. janthina* refer to *N. janthe*.

74.006 Added to the British list (Long & Long, 1964: 375) from St Brelade, La Haule, Jersey, Channel Islands, 1963 and (Clancy, 2006: 26) from Epping Forest, Essex, 2004.

74.008 Between 1961 and 1997 records of *P. prasinana* may refer to *Bena bicolorana*.

74.010 Added to the British list (Spence, 2003) from Spurn, Yorkshire, 2002.

Appendix A. Adventive Species

❶ ❷ ❸ ❹ ❺ ❻

HEPIALOIDEA
HEPIALIDAE
PALPIFER Hampson, [1893]
3.0001   *sexnotatus* (Moore, 1879)   E
One specimen reared from imported Arum tubers, 1981: (Baker, 1983). Indian.

TINEOIDEA
TINEIDAE
MYRMECOZELINAE
ATELIOTUM Zeller, 1839
12.0011   208   *insularis* (Rebel, 1896)   E
                horrealis (Meyrick, 1937)
One specimen in a London warehouse, 1936. Mediterranean.
MEESSIINAE
HOMOSETIA Clemens, 1863
12.0031   *sp.*   E
One specimen in a church in Grays, Essex, 30.ix.1986. Only determined to genus level: (Agassiz, 1988). North American.
NEMAPOGONINAE
NEMAPOGON Schrank, 1802
12.0221   221a   *falstriella* (Bang-Haas, 1881)   E
One specimen Ipswich, Suffolk, 2007: (Sherman & Clifton, 2009). European.
TINEINAE
TRICHOPHAGA Ragonot, 1894
12.0251   235   *mormopis* Meyrick, 1935   E
Eleven from Isle of Wight, 1930 from furs. One among feathers from Formosa, 1974. Afro-oriental.
TINEA Linnaeus, 1758
12.0271   247b   *murariella* Staudinger, 1859   E   S
Glasgow, 1946 amongst hooves from Argentina. Hackney, 1978 in a carpet. Pan-tropical.
12.0272   242   *translucens* Meyrick, 1917   E
                metonella Pierce & Metcalfe, 1934
Occasionally amongst imported goods. Pan-tropical.
12.0291   241   *lanella* Pierce & Metcalfe, 1934   E
In a Liverpool wool warehouse, 1922. European.
12.0331   247a   *fictrix* Meyrick, 1914   S
Two specimens imported with cargo, 1974-1978. African & Asian.
CERATOPHAGA Petersen, 1957
12.0421   250   *haidarabadi* Zagulajev, 1966   S
One in Glasgow, c.1946. Indian.
12.0422   249   *orientalis* (Stainton, 1878)   E   S
Imported with horns, 1878 and 1946. Oriental.
SETOMORPHINAE
SETOMORPHA Zeller, 1852
12.0441   209   *rutella* Zeller, 1852   Tropical Tobacco Moth   E
One on a ship in a London dock, 1944. Pan-tropical.
LINDERA Blanchard, 1852
12.0442   210   *tessellatella* Blanchard, 1852   E
In a mill at Bootle, Lancashire and a warehouse in London, 1943. Pan-tropical.
HIEROXESTINAE
OPOGONA Zeller, 1853
12.0451   278   *sacchari* (Bojer, 1856)   E
Occasionally imported with bananas. Cosmopolitan.

| ❶ | ❷ | ❸ | ❹ | ❺ | ❻ |

| 12.0452 | *279* | ***antistacta*** Meyrick, 1937 | | E | |

One bred from bananas, London, 1936. Caribbean.

GRACILLARIOIDEA
GRACILLARIIDAE
GRACILLARIINAE
DIALECTICA Walsingham, 1897

| 15.0201 | *311a* | ***scalariella*** (Zeller, 1850) | | E | |

One specimen Kingsdown Beach, Kent, 2004: (Agassiz, 2005). European.

PHYLLOCNISTINAE
PHYLLOCNISTIS Zeller, 1848

| 15.0931 | *366b* | ***citrella*** Stainton, 1856 | | E | |

Specimens reared from citrus leaves Burford, Oxfordshire, 2012: (Homan, 2012). Occasionally imported on citrus trees and fruit. Cosmopolitan.

YPONOMEUTOIDEA
PRAYDIDAE
PRAYS Hübner, [1825]

| 22.0041 | *449a* | ***citri*** (Millière, 1873) | | E | |

One specimen London, 2000: (Honey, 2001). Cosmopolitan.

GELECHIOIDEA
COSMOPTERIGIDAE
COSMOPTERIGINAE
ANATRACHYNTIS Meyrick, 1915

| 34.0111 | *897a* | ***badia*** (Hodges, 1962) | | E | |

Specimens reared from pomegranates Devon & Dorset, 2001 & 2002: (Heckford & Sterling, 2004). Has since been found in the wild. North American and introduced into Europe.

| 34.0112 | *897b* | ***simplex*** (Walsingham, 1891) | | E | |

One reared from pomegranate Lee Mill, Devon, 2001: (Heckford, 2004b). African.

BATRACHEDRIDAE
BATRACHEDRA Herrich-Schäffer, 1853

| 36.0021 | *879a* | ***parvulipunctella*** Chrétien, 1915 | | E | |

One at Cadgwith, Cornwall, 1991. European.

STATHMOPODIDAE
STATHMOPODA Herrich-Schäffer, 1853

| 42.0021 | *877a* | ***diplaspis*** (Meyrick, 1887) | | E | |

One specimen reared from pomegranate Plymouth, Devon, 2000: (Heckford, 2003). Asian.

| 42.0022 | *877b* | ***auriferella*** (Walker, 1864) | | E | |

One specimen reared from pomegranate Plymouth, Devon, 2000: (Heckford, 2013). Asian.

SCYTHRIDIDAE
SCYTHRIS Hübner, [1825]

| 43.0061 | *920b* | ***sinensis*** (Felder & Rogenhofer, 1875) | | E | |

Two in a shop in Margate, Kent, 1980. Oriental.

TORTRICOIDEA
TORTRICIDAE
TORTRICINAE
ARCHIPINI
ARCHIPS Hübner, 1822

| 49.0161 | *981a* | ***argyrospila*** (Walker, 1863) | | E | |

One in florists shop Matlock, Derbyshire, 1984. Nearctic.

| 49.0162 | *981b* | ***semiferanus*** (Walker, 1863) | | E | |

Large numbers of adults and pupae amongst *Asparagus plumosa* Covent Garden flower market, London, 1984. Nearctic.

❶	❷	❸	❹	❺	❻
		HOMONA Walker, 1863			
49.0201	975	*coffearia* (Nietner, 1861)	Camellia Tortrix	E	
		menciana (Walker, 1863)			
		Three reared from imported camellias Sussex, 1964. Oriental.			
		CLEPSIS Guenée, 1845			
49.0371	993a	*coriacana* (Rebel, 1894)		E	
		One specimen Ampthill, Bedfordshire, 2006: (Manning, 2007). Canaries.			
		EPICHORISTODES Diakonoff, 1960			
49.0381	997	*acerbella* (Walker, 1864)	African Carnation Tortrix	E S	
		Several imported with flowers since 1960s and at least two found in the wild. African.			
		ADOXOPHYES Meyrick, 1881			
49.0411	999a	*privatana* (Walker, 1863)		E	
		One reared from orchid Plymouth, Devon, 1986. Asian.			
		CNEPHASIINI			
		CNEPHASIA Curtis, 1826			
		PLATYNOTA Clemens, 1860			
49.0412	1012a	*rostrana* (Walker, 1863)		E	
		Numerous specimens in Palm House, Stapeley, Cheshire, 1987. Neotropical.			
49.0571	1017	*gueneana* (Duponchel, 1836)		E	
		Reared from anemones or jonquils London, 1960. European.			
		OLETHREUTINAE			
		EUCOSMINI			
		PSEUDOCOCCYX Swatschek, 1958			
49.2981	1209a	*tessulatana* (Staudinger, 1871)	Cone Tortricid	E	
		One Bridlington, Yorkshire, 2011: (Beaumont, 2012). European.			
		GRAPHOLITINI			
		CYDIA Hübner, [1825]			
49.3411	1262a	*deshaisiana* (Lucas, 1858)	Jumping Bean Moth	E	I
		saltitans (Westwood, 1858)			
		Frequently imported in "jumping beans", and has been found in the wild. Central American.			
49.3421	1269a	*injectiva* (Heinrich, 1926)		E S	
		Imported with pine cones Yorkshire, 1982 & Aberdeen, 1992. American.			
		THAUMATOTIBIA Zacher, 1915			
49.3431	1215	*leucotreta* (Meyrick, 1913)	False Codling Moth	E S	I
		Frequently imported with fruit. Afrotropical.			
		GRAPHOLITA Treitschke, 1829			
49.3541	1248	*molesta* (Busck, 1916)	Oriental Fruit Moth	E S W	I
		Frequently imported with fruit. Cosmopolitan.			

COSSOIDEA

CASTNIIDAE

PAYSANDISIA Houlbert, 1918

51.0001	384a	*archon* (Burmeister, 1880)	Palm Moth	E	
		One Chichester, Sussex, 2002: (Patton & Perry, 2003). Since recorded from Kent & London, 2007, imported with palms. Neotropical.			

ZYGAENOIDEA

LIMACODIDAE

PHOBETRON Hübner, [1825]

53.0001		*hipparchia* (Cramer, 1777)	Monkey Slug Moth	E	
		Jesmond, Newcastle, 1994: (Clancy *et al.*, 2012: 588). South American.			
		ACHARIA Hübner, [1819]			
53.0011		*stimulea* (Clemens, 1860)	Saddleback Caterpillar Moth	E	
		Several larvae on Areca Palm in a Garden Centre, Somerset, 2003: (Trebilcock, 2003) (Published as *Sibine ?stimulea*). North American.			

ZYGAENIDAE
PROCRIDINAE
HARRISINA Packard, 1864

54.0031 *sp.* E
One on bananas Barton, Warwickshire, 17.vi.1996: (Clancy *et al.*, 2012: 588). Only determined to genus level. Nearctic.

ZYGAENINAE
PRYERIINI
PRYERIA Moore, 1877

54.0032 *sinica* Moore, 1877 Euonymus Leaf-notcher E
One indoors Upper Bucklebury, Berkshire 2009: (Clancy, 2010: 21). Asian and introduced into North America.

THYRIDOIDEA

THYRIDIDAE
TELCHINES Whalley, 1976

55.0001 *vialis* (Moore, 1883) E
One at light Southampton, Hampshire, 1994: (Goater & Honey, 2003). Oriental.

PAPILIONOIDEA

PAPILIONIDAE
PARNASSIINAE
LUEHDORFIINI
ZERYNTHIA Ochsenheimer, 1816
ZERYNTHIA Ochsenheimer, 1816

56.0001 1538 *rumina* (Linnaeus, 1758) Spanish Festoon E
One, probably from imported pupa, Brighton market, Sussex, October 1877. South European.

56.0002 1538a *polyxena* ([Denis & Schiffermüller], 1775) Southern Festoon E
One, probably from imported pupa, Exeter, Devon, 1884. European.

PARNASSIINI
PARNASSIUS Latreille, 1804

56.0003 1537 *phoebus* (Fabricius, 1793) Small Apollo W
  delius (Esper, [1805])
One, probably from imported pupa or plants, North Wales, 1887. Holarctic.

PAPILIONINAE
PAPILIONINI
PAPILIO Linnaeus, 1758

56.0031 1539a *glaucus* (Linnaeus, 1758) Tiger Swallowtail I
One, Co. Wicklow, 1932. North American.

HESPERIIDAE
PYRGINAE
CARCHARODUS Hübner, [1819]

57.0011 1533 *alceae* (Esper, 1780) Mallow Skipper E
Two, probable accidental introduction, Surrey, 1923. European.

PYRGUS Hübner, [1819]

57.0021 1535 *armoricanus* (Oberthür, 1910) Oberthür's Grizzled Skipper E
  alveus sensu Barrett, 1893 nec (Hübner, 1802)
Several, probable accidental introduction, Norfolk, about 1860. European.

HESPERIINAE
HYLEPHILA Billberg, 1820

57.0071 1530 *phyleus* (Drury, 1773) Fiery Skipper E
Two, probably a chance importation, Devon, 1820. North American.

SALIANA Evans, 1955

57.0081 *longirostris* (Sepp, [1840])
One in banana crates from Brazil at Stepney, London c.1937: (Tulloch, 1939). South American.

❶	❷	❸	❹	❺	❻

NYMPHALIDAE
SATYRINAE
ELYMNIINI
LASIOMMATA Humphreys & Westwood, 1841

59.0021	1616	*maera* (Linnaeus, 1758)	Large Wall	E	

Several records including two Shrewsbury, Shropshire in 1930 and 1931. Probable accidental introduction. European.

EREBIINI
EREBIA Dalman, 1816

59.0081	1619a	*alberganus* (Prunner, 1798)	Almond-eyed Ringlet	S	

One without data, possibly from Argyll, between 1880 & 1914. European.

SATYRINI
HIPPARCHIA Fabricius, 1807

59.0131	1622	*fagi* (Scopoli, 1763)	Woodland Grayling	E	

One Surrey, 1946. Palaearctic.

ARETHUSANA Lesse, 1951

59.0132	1624	*arethusa* ([Denis & Schiffermüller], 1775)	False Grayling	E	

One Surrey, 1974. Palaearctic.

CHAZARA Moore, 1983

59.0133	1623	*briseis* (Linnaeus, 1764)	Hermit	E	

One reared from larva found feeding on grass southern England, possibly Kent, 1839 (1838?). South European.

MORPHINAE
BRASSOLINI
CALIGO Hübner, [1819]

59.0134		*illioneus* (Cramer, 1775)	Illioneus Giant Owl	E	

One found amongst bananas, Aspley, Yorkshire, 1926: (Mosley, 1926; Bristow, 2011). Central and South American.

OPSIPHANES Doubleday, 1849

59.0135		*tamarindi* Felder & Felder, 1861	Tamarindi Owlet	E S	

At least seven specimens 1931-1984: (Bristow 1986; Bristow, 2011). Central and South American.

59.0136		*cassiae* (Linnaeus, 1758)	Cassia's Owl-butterfly	E	

Two bred from pupae with bananas, London, 1937: (Tulloch, 1939). South American.

HELICONIINAE
HELICONIINI
DRYAS Hübner, [1807]

59.0137	1583	*julia* (Fabricius, 1775)	Julia	E	

One imported with bananas from Jamaica London, 1937. Central American.

ARGYNNINI
BOLORIA Moore, 1900

59.0151	1602	*dia* (Linnaeus, 1767)	Weaver's Fritillary	E	

Several C19 records, one Gloucestershire, 1907 and one, possibly the result of deliberate release of larvae, Surrey, 1984: (MBGBI, 1979 7(1): 221-222). Palaearctic.

ARGYNNIS

59.0201	1604	*cybele* (Fabricius, 1775)	Great Spangled Fritillary	E	

One Warwickshire, 1833. Reidentification of *A. aphrodite*: (Mead-Briggs & Eeles, 2010). North American.

NYMPHALINAE
NYMPHALINI
COLOBURA Billberg, 1820

59.0221	1588	*dirce* (Linnaeus, 1758)	Zebra	E	

One with bananas Sussex, 1933. South American.

VANESSA Fabricius, 1807

59.0251	1590a	*indica* (Herbst, 1794)	Indian Red Admiral	E	

One Warwickshire, 1973. Indian.

❶	❷	❸	❹	❺	❻
		HYPANARTIA Hübner, [1821]			
59.0252	*1589*	*lethe* (Fabricius, 1793)	Small Brown Shoemaker	E	
		One Covent Garden market, London, 1935 and one Dorset, 1970. South American.			
		JUNONIINI			
		JUNONIA Hübner, [1819]			
59.0321	*1587*	*oenone* (Linnaeus, 1758)	Blue Pansy	E	
		One Surrey, 1950. Tropical.			

LYCAENIDAE
LYCAENINAE
LYCAENINI
LYCAENA Fabricius, 1807

61.0022	*1564*	*tityrus* (Poda, 1761)	Sooty Copper	E	S
		circe ([Denis & Schiffermüller], 1775) homonym			
		One Ilfracombe, Devon, 1887; one Fife, Scotland, early 1950s; one East Sussex, 1958. European.			
61.0023	*1565*	*alciphron gordius* (Sulzer, 1776)	Purple-shot Copper	E	
		One Suffolk, 1886. European.			

THECLINAE
THECLINI
STRYMON Hübner, 1818

61.0041		*melinus* Hübner, 1818	Gray Hairstreak	E	
		One probably accidentally imported, Pocklington, Yorkshire, 1894: (Bland, 2003). Central American.			

POLYOMMATINAE
POLYOMMATINI
CACYREUS Butler, 1898

61.0081	*1567a*	*marshalli* Butler, 1898	Geranium Bronze	E	
		Two larvae imported with Pelargoniums, Hertfordshire, 1978. South African and introduced into Europe.			
		GLAUCOPSYCHE Scudder, 1872			
61.0131	*1579*	*alexis* (Poda, 1761)	Green-underside Blue	E	
		One Torquay, Devon, 1935. European.			

PYRALOIDEA
PYRALIDAE
GALLERIINAE
TIRATHABINI
APHOMIA Hübner, [1825]

62.0021	*1431*	*sabella* (Hampson, 1901)		E	
		Two, one reared from dates London 1917, another, probably from dates, Canterbury, Kent early C20. North African/Middle Eastern.			

PHYCITINAE
PHYCITINI
CRYPTOBLABES Zeller, 1848

62.0071	*1434*	*gnidiella* (Millière, 1867)		E	
		Frequently reared from imported material. Cosmopolitan.			
		SELAGIA Hübner, [1825]			
62.0181	*1448*	*argyrella* ([Denis & Schiffermüller], 1775)		E	
		Two Shoeburyness, Essex 1860 and near Gravesend, Kent, 1873. European/Asian.			
		CEUTHOLOPHA Zeller, 1867			
62.0291		*isidis* (Zeller, 1867)		E	
		Dymchurch, Kent, 2012: (Owen, 2013). European/African/Asian.			
		MUSSIDIA Ragonot, 1888			
62.0321	*1466*	*nigrivenella* Ragonot, 1888		E	
		On cocoa London docks, 1930 and Dungeness, Kent, 1994. Sub-saharan Africa. This species complex is under review.			

❶	❷	❸	❹	❺	❻

EUZOPHERA Zeller, 1867
62.0491   *1471*   *osseatella* (Treitschke, 1832)   E S
Bred from imported potatoes Edinburgh, 1962 and intercepted 1963; one at light Grain, Kent, 2003. Cosmopolitan.

PYRALINAE
PYRALINI
PYRALIS Linnaeus, 1758
62.0711   *1419*   *pictalis* (Curtis, 1834)   Painted Meal Moth   E
Holotype. Poplar, London, before 1835. South-east Asian.

62.0712   *1418*   *manihotalis* Guenée, 1854   S
Larvae on imported skins etc., Dundee, 1943. Afrotropical and Asian.

AGLOSSA Latreille, [1796]
62.0721   *1422*   *dimidiatus* (Haworth, 1809)   Tea Tabby   E
Imported with tea London, C19. South-east Asian.

62.0722   *1423*   *ocellalis* Lederer, 1863   S
Imported with palm kernels, Glasgow, 1943. West African.

ENDOTRICHINI
ENDOTRICHA Zeller, 1847
62.0761   *1424a*   *consobrinalis* Zeller, 1852   E
One on celery Colchester, Essex, 1987. Mediterranean and African.

CRAMBIDAE
SPILOMELINAE
PLEUROPTYA Meyrick, 1890
63.0381   *1407*   *aegrotalis* (Zeller, 1852)   E
One near Bolton, Lancashire, 1890. South African.

DIASEMIA Hübner, [1825]
63.0421   *1402a*   *accalis* (Walker, 1859)   E
One Gravesend, Kent, 2004: (Agassiz, 2004). Asian.

DIAPHANIA Hübner, 1818
63.0491   *1409*   *indica* (Saunders, 1851)   Melonworm   E
    hyalinata sensu auctt. nec (Linnaeus, 1767)
    lucernalis sensu auctt. nec (Hübner, 1796)
Three reported from Devon, C19 & C20 and possibly London, C19. Pantropical.

CONOGETHES Meyrick, 1884
63.0521   *1412a*   *punctiferalis* (Guenée, 1854)   E
One Torpoint, Cornwall, 2007: (Truscott, 2007). Oriental.

LEUCINODES Guenée, 1854
63.0522   *1411*   *vagans* Tutt, 1890   W
One near Chepstow, Monmouthshire, 1890. African.

63.0523   *1411a*   *orbonalis* Guenée, 1854   E
Occasionally imported with aubergines. Afrotropical.

SCELIODES Guenée, 1854
63.0524   *1412*   *laisalis* (Walker, 1859)   E
Three records from southern England, 1973 & 1983. African.

ODONTIINAE
EUSTIXIA Hübner, 1823
63.0661   *1359b*   *pupula* Hübner, [1823]   E
One Southampton, Hampshire, 1997. American.

CRAMBINAE
EUCHROMIUS Guenée, 1845
63.0761   *1289a*   *cambridgei* (Zeller, 1867)   E
One Northampton, Northamptonshire, 2005: (Sharpe & Manning, 2006). Canaries/Mediterranean.

CRAMBUS Fabricius, 1798
63.0881   *1295*   *leucoschalis* Hampson, 1898   E
One Plymouth, Devon, 1920. South African.

ACENTROPINAE
ELOPHILA Hübner, 1822

63.1141   *1346*   *diffluaris* (Snellen, 1880)   E
Occasionally imported with aquatic plants, only survives in heated greenhouses. Asian.

63.1142   *1347*   *melagynalis* (Agassiz, 1978)   E
Occasionally imported with aquatic plants, only survives in heated greenhouses. African/Asian.

63.1143   *1347a*   *manilensis* (Hampson, 1917)   E
Occasionally imported with aquatic plants, only survives in heated greenhouses. Oriental.

63.1144   *1355*   *obliteralis* (Walker, 1859)   E
Occasionally imported with aquatic plants, only survives in heated greenhouses. Nearctic.

PARAPOYNX Hübner, [1825]

63.1171   *1351*   *diminutalis* Snellen, 1880   E
Occasionally imported with aquatic plants, only survives in heated greenhouses. Old World Tropical.

63.1172   *1351a*   *fluctuosalis* (Zeller, 1852)   E
Occasionally imported with aquatic plants, only survives in heated greenhouses. Pantropical.

63.1173   *1351b*   *crisonalis* (Walker, 1859)   E
    stagnalis sensu Agassiz, 1981 nec (Zeller, 1852)
Occasionally imported with aquatic plants, only survives in heated greenhouses. Indo-Oriental.

63.1174   *1349*   *obscuralis* (Grote, 1881)   E
Occasionally imported with aquatic plants, only survives in heated greenhouses. Nearctic.

63.1175   *1353*   *bilinealis* (Snellen, 1876)   E
Occasionally imported with aquatic plants, only survives in heated greenhouses. Oriental.

63.1176   *1353a*   *polydectalis* (Walker, 1859)   E
Occasionally imported with aquatic plants, only survives in heated greenhouses. Oriental.

AGASSIZIELLA Yoshiyasu, 1989

63.1177   *1352*   *angulipennis* (Hampson, 1891)   E
Occasionally imported with aquatic plants, only survives in heated greenhouses. Oriental.

MIMALLONOIDEA

MIMALLONIDAE
LACOSOMA Grote, 1864

64.0001   *1630a*   *chiridota* Grote, 1864   Scalloped Sack-bearer   E
One Balby, near Doncaster, Yorkshire, 2006: (Fletcher, 2012). American.

BOMBYCOIDEA

SATURNIIDAE
SATURNIINAE
SATURNIINI
SATURNIA Schrank, 1802

68.0011   *1643a*   *pyri* ([Denis & Schiffermüller], 1775)   Great Peacock Moth   E
One South Hampshire, 1984. European.

SPHINGIDAE
SPHINGINAE
ACHERONTIINI
AGRIUS Hübner, [1819]

69.0041   *1971*   *cingulata* (Fabricius, 1775)   Pink-spotted Hawk-moth or Sweet-potato Hornworm
     E I

Imported with sweet potatoes, 1778 and 1826. Neotropical.

SPHINGINI
MANDUCA Hübner, [1807]

69.0051   *1974*   *quinquemaculatus* (Haworth, 1803)   Five-spotted Hawk-moth or Tomato Hornworm
     E

Imported with potatoes, C19. Nearctic.

69.0052   *1975a*   *rustica* (Fabricius, 1775)   Rustic Sphinx   S
Aberdeen docks, 1983. Nearctic.

| ❶ | ❷ | ❸ | ❹ | ❺ | ❻ |

69.0053 1975 *sexta* (Johansson, 1763) Tomato Sphinx or Tobacco Hornworm E
A pair Isle of Wight, 1796. Possible deception. Nearctic.
SPHINX Linnaeus, 1758
69.0061 1977 *drupiferarum* (Smith, 1797) Wild Cherry Sphinx E
Weston-super-Mare, Somerset, 1965. Nearctic.
MACROGLOSSINAE
MACROGLOSSINI
DAPHNIS Hübner, [1819]
69.0111 *hypothous* Cramer, 1780 Jade Hawk-moth S
One Perthshire, 1873: (Clancy *et al.*, 2012: 590). Asiatic.
HYLES Hübner, [1819]
69.0141 1988 *nicaea* (Prunner, 1798) Mediterranean Hawk-moth E
Two larvae, moths bred south Devon, 1954. Southern Palaearctic.
69.0142 1989 *hippophaes* (Esper, [1789]) Seathorn Hawk-moth E
One, labelled 'Devonshire', C19. Eurasian.
69.0151 1990a *lineata* (Fabricius, 1775) White-lined Hawk-moth E
Bridlington, Yorks, 1897 and Daventry, Northamptonshire, 1997. Central and North American.

GEOMETROIDEA
GEOMETRIDAE
STERRHINAE
IDAEINI
IDAEA Treitschke, 1825
70.0041 *elongaria* (Rambur, 1833) E
One Swindon, Wiltshire: (Brotheridge, 2013). Probably accidentally imported.
70.0042 1703 *inquinata* (Scopoli, 1763) Rusty Wave E W
Accidental import. South-east England, C19 & C20 and Bridgend, Glamorgan, 2013.
European/north African.
70.0043 1700 *laevigata* (Scopoli, 1763) Strange Wave E
Reared from imported coconut fibre. Gateshead, Durham, 1927: (Harrison, 1927). European.
SCOPULINI
SCOPULA Schrank, 1802
SCOPULA Schrank, 1802
70.0201 1685 *virgulata* ([Denis & Schiffermüller], 1775) Streaked Wave E
Kent, 1870. European.
CALOTHYSANIS Hübner, [1823]
70.0281 *minorata* (Boisduval, 1833) E
One amongst imported cabbages from Spain. Halifax, Yorkshire, 2013: (Beaumont, 2013).
European/African/Asian.
LARENTIINAE
XANTHORHOINI
COSTACONVEXA Agenjo, 1949
70.0581 1741a *centrostrigaria* (Wollaston, 1858) Traveller E
    polygrammata sensu auctt. nec (Borkhausen, 1794)
One Hampton, Middlesex, 1973. American.
EUPITHECIINI
EUPITHECIA Curtis, 1825
70.1561 1852a *massiliata* Dardoin & Millière, 1865 Epping Pug E
Two imported with timber Epping Forest, Essex, 2002: (Goodey, 2003). European.
ENNOMINAE
ENNOMINI
ENNOMOS Treitschke, 1825
70.2361 1916a *subsignaria* (Hübner, [1823]) Elm Spanworm E
Moth reared from pupa amongst *Asparagus plumosa*, Covent Garden flower market, London, 1984. North American.

| ❶ | ❷ | ❸ | ❹ | ❺ | ❻ |

BOARMIINI
MENOPHRA Moore, [1887]

70.2571 | 1936a | *japygiaria* (Costa, 1849) | Brassy Waved Umber | E
One Saltash, Cornwall, 2009: (Truscott, 2010). Mediterranean.

GEOMETRINAE
HEMITHEINI
CHLOROCHLAMYS Hulst, 1896

70.3051 | 1671 | *chloroleucaria* (Guenée, [1858]) | Blackberry Looper | E
One in Natural History Museum, London dating from C19. North American.

NOCTUOIDEA
EREBIDAE
SCOLIOPTERYGINAE
ANOMINI
ANOMIS Hübner, [1821]

72.0011 | 2471 | *sabulifera* (Guenée, 1852) | Angled Gem | E
One Goudhurst, Kent, 1935. North African/Indian/Australian.

CALPINAE
DINUMMA Walker, 1858

72.0012 | 2471a | *deponens* Walker, 1858 | Landguard Curved-ribbon | E
One Landguard, Suffolk, 2009: (Odin, 2010). Asian.

RIVULINAE
ORODESMA Herrich-Schäffer, 1868

72.0021 | 2475a | *apicina* Herrich-Schäffer, 1868 | | E
opassina probable misspelling of a manuscript Guenée name.
Lancashire and near London, C19. South American.

HYPENINAE
PLATHYPENA Grote, 1873

72.0071 | 2481 | *scabra* (Fabricius, 1798) | Black Snout | E
One Lee, Kent, 1956. North American.

ARCTIINAE
ARCTIINI
EMPYREUMA Hübner, 1818

72.0251 | | *affinis* Rothschild, 1912 | Spotted Oleander Wasp Moth | E
Imported from Florida with beer kegs Wiltshire, 1990: (Clancy *et al.*, 2012: 592). North American.

ANTICHLORIS Hübner, 1818

72.0252 | 2073 | *viridis* Druce, 1884 | Satin Stowaway | E S
Frequently imported with bananas. Neotropical.

72.0253 | 2074a | *eriphia* (Fabricius, [1777]) | Banana Stowaway | E S | I
Frequently imported with bananas. South American.

72.0254 | 2074 | *caca* Hübner, [1818] | Docker |
Frequently imported with bananas. South American.

72.0255 | | *steinbachi* Rothschild, 1912 | | | I
One female found with bananas imported from Colombia. Dublin 1984; identification may need to be confirmed by genitalic examination. Added to the Irish list, without these data: (Bond & O'Connor, 2012: 177). South American.

EUCHROMIA Hübner, [1819]

72.0271 | 2072 | *lethe* (Fabricius, 1775) | Basker | E
Occasionally imported with bananas. African.

PYRRHARCTIA Packard, 1864

72.0272 | 2065 | *isabella* (Smith, 1797) | Isabelline Tiger | E S
With imported oak, Carnforth, Lancashire, c.1906; Scotland, c.1970. North American.

HALYSIDOTA Hübner, [1820]

72.0273 | 2066 | *moeschleri* Rothschild, 1909 | | E
Near Cheltenham, Gloucestershire, 1961. West Indian.

❶	❷	❸	❹	❺	❻
		APANTESIS Walker, 1855			
72.0274		*phalerata* (Harris, 1841)	Harnessed Moth	W	
		One Margam, Glamorgan, 2005: (Clancy *et al.*, 2012: 591). Believed to be dead on discovery. North American.			
		PERICALLIA Hübner, [1820]			
72.0281	2056a	*ricini* (Fabricius, 1775)		E	
		One at light Southampton area, Hampshire, 1992 and another in the Southampton area (date unknown): (Goater & Honey, 2003). Indian.			
		HYPERCOMPE Hübner, [1819]			
72.0282	2069a	*scribonia* (Stoll, 1790)	Great Leopard	S	
		deflorata sensu auctt. nec (Fabricius, 1794)			
		Larva imported with timber, Edinburgh, 1969; Aberdeen docks, 1994. North American.			
		UTETHEISA Hübner, [1819]			
72.0341	2055	*bella* (Linnaeus, 1758)	Beautiful Utetheisa	W	
		One Skokholm Island, 1948. North American.			
72.0342		*pulchelloides* Hampson, 1907	Heliotrope Moth	W	
		One Pengam Green, Cardiff, 2008: (Clancy *et al.*, 2012: 591). Dead on discovery. Indo-Australian.			
		SYNTOMINI			
		AMATA Fabricius, 1807			
72.0501	2070	*phegea* (Linnaeus, 1758)	Nine-spotted	E	
		Dover, Kent, 1872. European.			
		DYSAUXES Hübner, [1819]			
72.0502	2071	*ancilla* (Linnaeus, 1767)	Handmaid	E	
		Worthing, Sussex, 1867. European.			
		CISSEPS Franclemont, 1936			
72.0503		*fulvicollis* (Hübner, [1818])	Yellow-collared Scape Moth	E	
		Imported with watercress from Florida, 1996: (Clancy *et al.*, 2012: 593). North American.			
		AGARISTINAE			
		EUDRYAS Boisduval, 1836			
72.0504	2496	*staejohannis* Walker, 1856		E	
		Holotype. London, C19. Central American.			
		EREBINAE			
		CATOCALINI			
		ACHAEA Hübner, [1823]			
72.0811	2457a	*janata* (Linnaeus, 1758)	Castor Semi-looper	E	
		One reared from pomegranate, Crawley, Sussex, 2010: (Clarke, 2011). Indo-Australian.			
		TRIGONODES Guenée, 1852			
72.0812		*lucasii* Guenée, 1852		E	
		One Brandon, Suffolk 1929: (Clancy *et al.*, 2012: 596). West Indian.			
		DIPHTHERA Hübner, [1809]			
72.0813	2465a	*festiva* (Fabricius, 1775)		E	
		London, 1867. West Indian.			
		SYNEDOIDA Edwards, 1878			
72.0814	2468	*grandirena* (Haworth, 1809)	Great Kidney	E	
		One of three type specimens. Allegedly Bristol (the other two from North America), before 1810. North American.			
		ASCALPHA Hübner, [1809]			
72.0815		*odorata* (Linnaeus, 1758)	Black Witch	E	
		One Kew Gardens, 1899: (Clancy *et al.*, 2012: 304, 595). Central American.			
		OPHIUSINI			
		PANDESMA Guenée, 1852			
72.0871	2455b	*robusta* (Walker, 1858)	Robust Tabby	E	I
		Occasionally imported with produce. European/African/Asian.			

❶	❷	❸	❹	❺	❻

CLYTIE Hübner, [1823]

72.0872   *2457*   *illunaris* (Hübner, [1813])   Trent Double-stripe   E

One bred from larva feeding on horseradish, Lincolnshire, 1964. European.

CATOCALINI

CATOCALA Schrank, 1802

72.0873   *amatrix* (Hübner, [1813])   Sweetheart Underwing   W

One Margam, Glamorgan, 2006: (Clancy *et al.*, 2012: 595), believed to be dead on discovery. North American.

NOCTUIDAE

PLUSIINAE

ARGYROGRAMMATINI

CHRYSODEIXIS Hübner, [1821]

73.0091   *2428a*   *eriosoma* (Doubleday, 1843)   Green Garden Looper   E

One bred from imported Chrysanthemum, Hampshire, 2002: (Pickles, 2005). Oriental/Australian.

ARGYROGRAMMA Hübner, [1823]

73.0092   *signata* (Fabricius, 1775)   E

One record from Middlesex, 2002: (Clancy *et al.*, 2012: 597). African/Asian/Australasian.

PLUSIINI

PSEUDOPLUSIA McDunnough, 1944

73.0211   *2435a*   *includens* (Walker, [1858])   Soybean Looper   E

One on imported Asparagus, London, 1978. North American.

ACONTIINAE

ACONTIINI

ACONTIA Ochsenheimer, 1816

ACONTIA Ochsenheimer, 1816

73.0271   *2416*   *aprica* (Hübner, [1808])   Nun   E

alboater (Haworth, 1809)

One record from England, before 1809. North American.

PANTHEINAE

CHARADRA Walker, 1865

73.0321   *2426*   *deridens* (Guenée, 1852)   Marbled Tuffet   E

One in Kent, 1952. May have escaped from insects imported from North America. North American.

DILOBINAE

RAPHIA Hübner, [1821]

73.0331   *2427*   *frater* Grote, 1864   Brother   E

One at light Rothamsted, Hertfordshire, 1949. North American.

CUCULLIINAE

COPITARSIA Hampson, 1906

73.0581   *incommoda* (Walker, 1865)   E

One reared from carnations imported from Colombia. Covent Garden, London 1982 (Clancy *et al.*, 2012: 597). South American.

AMPHIPYRINAE

PSAPHIDINI

COPIPANOLIS Grote, 1874

73.0641   *2234a*   *styracis* (Guenée, 1852)   Fawn Sallow   E

One on imported Asparagus, London, 1980. North American.

CONDICINAE

CONDICINI

CONDICA Walker, 1856

73.0771   *2390*   *capensis* (Guenée, 1852)   African   E

One Cornwall, 1958. African.

XYLENINAE

PRODENIINI

❶	❷	❸	❹	❺	❻
		SPODOPTERA Guenée, 1852			
73.0891	2386b	*eridania* (Stoll, 1782)	Southern Armyworm	E	
		Larvae on pot plants and tomato and adults at light to traps, plant nursery, Clacton-on-Sea, Essex, 1977. American.			
73.0892	2386a	*litura* (Fabricius, 1775)	Asian Cotton Leafworm	E	
		Larvae on imported aquatic plants from Singapore. Manchester, Lancashire, 1978. Asian.			
		ELAPHRIINI			
		ELAPHRIA Hübner, 1818			
73.0911		*agrotina* (Guenée, 1852)	Agrotina Midget	E	
		One Grain, Kent, 2008: (Butcher, 2009). American.			
		HADENINAE			
		HADENINI			
		LACINIPOLIA McDunnough, 1937			
73.2611	2146a	*laudabilis* (Guenée, 1852)		E	
		One Hoylake, Cheshire, 1936. North American.			
		LEUCANIINI			
		GRAPHANIA Hampson, 1905			
73.3031	2210	*averilla* (Hudson, 1921)	Maori	E	
		dives sensu auctt. nec (Philpott, 1930)			
		One Spurn Head, Yorkshire, 1950. New Zealand.			
		NOCTUINAE			
		GLOTTULINI			
		XANTHOPASTIS Hübner, [1821]			
73.3061	2179a	*timais* (Cramer, 1780)	Spanish Moth	E	
		One London, 1945. American.			
		BRITHYS Hübner, [1821]			
73.3062		*crini crini* (Fabricius, 1775)			
	2180	*crini pancratii* (Cyrillo, 1787)	Kew Arches	E	
		Larvae on bulbs, Kew Gardens, Surrey, 1933. Mediterranean/African.			
		NOCTUINI			
		FELTIA Walker, 1856			
73.3141	2095	*subgothica* (Haworth, 1809)	Gothic Dart	E	
		Several southern England, C19. North American.			
		AGROTIS Ochsenheimer, 1816			
73.3271	2094a	*deprivata* Walker, 1857		E	
		Moths bred from larvae with onions believed to be from Chile. Spitalfields Market, London, 1977. South American.			

NOLIDAE

CHLOEPHORINAE
SARROTHRIPINI
EARIAS Hübner, [1825]

74.0121	2419	*biplaga* (Walker, 1866)	Spiny Bollworm	E	
		Three specimens at light and on imported product. Afrotropics/Asia.			
74.0122	2420a	*vittella* (Fabricius, 1794)	Eastern Bollworm	E	
		Occasionally imported as larvae and pupae with okra and suspected immigrant. Asian/Australian.			
		PARDASENA Walker, 1866			
74.0123	2424a	*virgulana* (Mabille, 1880)	Grey Square	E	
		Occasionally imported on peas and okra. Also one Thorpe-le-Soken, Essex, 1992. Mediterranean/African.			

Appendix B. Questionable Records

Species whose records are unconfirmed or erroneous.

❶ ❷ ❸ ❹ ❺ ❻

NEPTICULIDAE
B1   96   *Stigmella ulmiphaga* (Preissecker, 1942)
Identified by Hering from a vacated mine: (Richens, 1963: 36-38). Likely to be a misidentification: (MBGBI, 1976: 248).

ADELIDAE
B2   *Adela violella* ([Denis & Schiffermüller], 1775)
Identified by Barrett from a specimen taken by Luff on Guernsey 7 June 1892: (Luff, 1899: 275). This may be a misidentification of *Cauchas rufimitrella*: (Shaffer, 2008:142).

PSYCHIDAE
B3   *Whittleia undulella* (Fischer von Röslerstamm, 1837)
Specimen of unknown origin in collection of Mason of Burton-on-Trent: (Barrett, 1895: 344).

B4   193   *Canephora hirsuta* (Poda, 1761)
      unicolor (Hufnagel, 1766)
One specimen apparently from Britain but locality unrecorded: (Barrett, 1895: 343-4).

B5   *Ptilocephala muscella* ([Denis & Schiffermüller], 1775)
Specimen of unknown origin in collection of Mason of Burton-on-Trent: (Barrett, 1895: 344).

B6   194   *Thyridopteryx ephemeraeformis* (Haworth, 1803)
Holotype. Allegedly Yorkshire: (MBGBI, 1985: 149).

TINEIDAE
B7   214   *Cephimallota colongella* (Zagulajev, 1964)
Type specimen labelled 'Anglia'. A suspected labelling error: (MBGBI, 1985: 172).

B8   197   *Euplocamus anthracinalis* (Scopoli, 1763)
An apparent error in a listing by Turton (1802): (MBGBI, 1985: 157).

BUCCULATRICIDAE
B9   269   *Bucculatrix artemisiella* Herrich-Schäffer, 1855
A record from Folkestone, Kent, 1865 (Knaggs, 1867: 36) is thought to be a misidentification: (MBGBI, 1985: 232).

GRACILLARIIDAE
B10   295   *Calybites hauderi* (Rebel, 1906)
Records of *C. hauderi* are misidentifications of *Caloptilia semifascia*: (Langmaid, *et al.*, 2010).

B11   298   *Micrurapteryx kollariella* (Zeller, 1839)
One specimen, unlabelled, in Natural History Museum, London: (MBGBI, 1985: 275).

B12   327   *Phyllonorycter cydoniella* ([Denis & Schiffermüller], 1775)
British records of *P. cydoniella* have been found to be *P. hostis*: (Langmaid, 2009).

GLYPHIPTERIGIDAE
B13   *Digitivalva granitella* (Treitschke, 1833)
A record from Jersey by de Joannis (Gibeaux, 1981) requires verification of the origin.

ARGYRESTHIIDAE
B14   402   *Argyresthia illuminatella* Zeller, 1839
All records of *A. illuminatella* refer to *A. laevigatella* or *A. glabratella*.

B15   *Argyresthia pulchella* Lienig & Zeller, 1846
One specimen, of uncertain origin, allegedly taken on Jersey, Channel Islands, 21–28.viii.1886: (Shaffer: 166).

DEPRESSARIIDAE
B16   679   *Depressaria emeritella* Stainton, 1849
Untraceable C19 records from 'near Warrington' (Morris, 1872, 4: 62) are considered very doubtful: (MBGBI, 2002 (1): 134-135).

GELECHIIDAE

B17   785   ***Bryotropha figulella*** (Staudinger, 1859)
A specimen from Aldeburgh, Suffolk 1892 is considered a misidentification: (Heckford & Sattler, 2002: 79).

B18   842   ***Sophronia humerella*** ([Denis & Schiffermüller], 1775)
We consider the British records to be doubtful.

B19   813   ***Scrobipalpa salinella*** (Zeller, 1847)
S. salinella is not known to occur in northern Europe: (Huemer & Karsholt, 2010: 177-179).

B20   ***Scrobipalpa hyoscyamella*** (Stainton, 1869)
Two specimens from Jersey cannot be confirmed: (MBGBI, 2002 (2): 184).

B21   ***Cosmardia moritzella*** (Treitschke, 1835)
One specimen allegedly taken on Jersey, Channel Islands, 21–28.viii.1886: (Shaffer, 2008: 196), origin uncertain.

COLEOPHORIDAE

B22   ***Coleophora silenella*** Herrich-Schäffer, 1855
Records of *C. silenella* from Britain have now been shown to be *C. nutantella*: (Patzak, 1976).

ELACHISTIDAE

B23   ***Elachista herrichii*** Frey, 1859
Taken on the Isle of Man in 1989, but the identification is uncertain: (MBGBI, 1996: 377).

B24   ***Elachista festuciocolella*** Zeller, 1853
Erroneously included as British by Traugott-Olsen & Nielsen (1977: 107-108) purportedly based on communication from E.C. Pelham-Clinton, but his correspondence makes no mention of this species: (MBGBI, 1996: 387).

B25   ***Elachista freyi*** Staudinger, 1871
Erroneously included as British in the distribution tables by Traugott-Olsen (1977: 282), but correctly stated in the text to be non-British (MBGBI, 1996: 401). N.B. *E. freyi* is a junior synonym of *E. juliensis* Frey, 1870.

BLASTOBASIDAE

B26   876   ***Auximobasis normalis*** (Meyrick, 1918)
A single specimen recorded in 1921 cannot be traced and cannot be confirmed: (MBGBI, 2002 (2): 202).

PTEROPHORIDAE

B27   1508b   ***Stenoptilia aridus*** (Zeller, 1847)
Stainton (1870: 143) mentions a specimen from Devon received by Zeller which he considered 'identical' with *S. aridus*. It is listed by Bradley (2000: 50) with the comment 'status uncertain' with which we agree.

B28   ***Stenoptilia pelidnodactyla*** (Stein, 1837)
Listed by Bradley & Fletcher (1986: 34), but since shown to be a misidentification of *S. islandicus*.

TORTRICIDAE

B29   1003   ***Lozotaenia subocellana*** (Stephens, 1834)
Two early C19 specimens allegedly from Devon or Cornwall (Stephens, 1834-1835: 75) cannot be located or confirmed: (BTS, 1973:133).

B30   995   ***Clepsis trileucana*** (Doubleday, 1847)
Two C19 records from Cornwall, originally identified as *Lozotaenia schreberiana* (Linnaeus) cannot be located or confirmed: (BTS, 1973: 125).

B31   996   ***Clepsis melaleucanus*** (Walker, 1863)
Two early C19 specimens allegedly from the West Country cannot be located or confirmed: (BTS, 1973:125-126).

B32   ***Exapate duratella*** Heyden, 1864
Eight specimens from Sutherland, Scotland: (Ford, 1949: 54): misidentification of *Exapate congelatella*: (Bradley & Martin, 1956:153).

B33   ***Cnephasia abrasana*** (Duponchel, [1843])
Extant specimens have all proved to be misidentifications.

| ❶ | ❷ | ❸ | ❹ | ❺ | ❻ |

B34　953　*Eugnosta lathoniana* (Hübner, [1800])
One before 1811 and possibly a pair from near Tunbridge Wells, Kent, July 1831: (Stephens, 1834-1835: 176). These are the only records of this distinctive species hence we consider them to be dubious.

B35　1203　*Thiodia torridana* (Lederer, 1859)
Specimens allegedly from Devon, June 1820: (Emmet, 1988:190) cannot be located or confirmed.

B36　*Rhyacionia duplana* (Hübner, [1813])
Listed from Britain by Karsholt & Razowski (1996: 152) but unconfirmed: (Bradley, 2000:39).

B37　1255　*Cydia succedana* ([Denis & Schiffermüller], 1775)
We follow Razowski (2003: 113) in treating *C. succedana* as a species distinct from *C. ulicetana* and not known from Britain.

PIERIDAE

B38　*Leptidea reali* Reissinger, [1990]　Real's Wood White
Misidentification of *L. juvernica*: (Dincă *et al.*, 2011).

B39　1542　*Colias palaeno* (Linnaeus, 1758)　Moorland Clouded Yellow
Late C18 and early C19 records and one near Lewes, Sussex, c.1923 are probable misidentifications: (Russell, 2009).

NYMPHALIDAE

B40　1605　*Argynnis niobe* (Linnaeus, 1758)　Niobe Fritillary
Some early specimens are of doubtful origin and others are misidentifications: (MBGBI, 1989: 225).

B41　*Apatura ilia* ([Denis & Schiffermüller], 1775)
Listed in Barrett (1893:110-111) as not genuinely British.

B42　1586　*Junonia villida* (Fabricius, 1787)　Albin's Hampstead Eye
A suspected labelling error: (Vane-Wright & Tennent, 2007).

LYCAENIDAE

B43　1563　*Lycaena virgaureae* (Linnaeus, 1758)　Scarce Copper
It is doubtful whether *L. virgaureae* has occurred in Britain: (MBGBI, 1989, 7 (1): 139-140).

B44　1566　*Lycaena hippothoe* (Linnaeus, 1761)　Purple-edged Copper
It is doubtful whether *L. hippothoe* has occurred in Britain: (MBGBI, 1989, 7 (1): 141).
chryseis ([Denis & Schiffermüller], 1775)

B45　*Satyrium spini* ([Denis & Schiffermüller], 1775)
One specimen which was in Mr J Sparshall's collection 'received from some correspondents in town' (Curtis, 1829: folio 264) has no data and is not *S. spini* but an American species: (Barrett, 1893: 48).

B46　*Satyrium ilicis* (Esper, 1779)
This name was introduced by Humphreys and Westwood on insufficient evidence: (Barrett, 1893:48).

B47　*Rapala manea schistacea* (Moore, 1879)　Slate Flash
Three specimens of uncertain origin allegedly taken in Savernake Forest, Wiltshire, August 1922. Previously erroneously referred to as *schistacea* (Moore, [1881]). Very recent researches (as yet unpublished) have shown they are not that species, which belongs in another genus.

B48　1577　*Polyommatus dorylas* ([Denis & Schiffermüller], 1775)
Turquoise Blue
Alleged British specimens are probably misidentifications: (MBGBI, 1989 7 (1): 166).

PYRALIDAE

B49　1437a　*Trachonitis cristella* (Hübner, 1796)
rubrotibiella sensu Barrett nec (Fischer von Röslerstamm, 1839)
A specimen from Portsmouth, Hampshire, C19 (Barrett, 1905:12-13) cannot be confirmed: (Goater 1986:105).

B50　1437b　*Catastia marginea* ([Denis & Schiffermüller], 1775)
Misidentification: (Bradley 1998: 41).

B51　*Acrobasis sodalella* Zeller, 1848
Misidentified specimens of *A. consociella* from Pembrokeshire: (Beirne 1954: 101).

CRAMBIDAE

B52   *1394*   ***Udea alpinalis*** ([Denis & Schiffermüller], 1775)
Single record of doubtful origin: (Heckford, 2011).

B53   ***Diaphania hyalinata*** (Linnaeus, 1767)
Misidentification of *D. indica*: (Clavijo & Munroe, 1991).

B54   *1406*   ***Herpetogramma centrostrigalis*** (Stephens, 1834)
Holotype. Allegedly taken in Devon before 1834: (Stephens, 1834-1835: 49). ?American.

B55   *1359a*   ***Metaxmeste phrygialis*** (Hübner, 1796)
A single specimen allegedly taken in Highlands of Scotland before 1892 (Mason, 1892) cannot be confirmed: (Goater, 1986: 65).

LEMONIIDAE

B56   ***Lemonia dumi*** (Linnaeus, 1761)
Clancy *et al.* (2012: 612) list "*Lemonia dumi/taraxaci*" from the Channel Islands. See note for *L. taraxaci*.

B57   ***Lemonia taraxaci*** ([Denis & Schiffermüller], 1775)
Wedd records two larvae (2006 & 2009) from Alderney, Channel Islands, both parasitised: (Wedd, 2009; Anonymous, 2009).

GEOMETRIDAE

B58   *1686*   ***Scopula decorata*** ([Denis & Schiffermüller], 1775)
Middle Lace Border
British records cannot be traced: (Waring &Townsend, 2003: 405).

B59   *1695*   ***Scopula limboundata*** (Haworth, 1809)   Large Lace Border
Described by Haworth (1809: 355) on the authority of Francillon, but no other details.

B60   *1717*   ***Lythria purpuraria*** (Linnaeus, 1758)   Purple-barred Yellow
Unconfirmed C19 records from Perth, Yorks & Kent: (Barrett 1902: 213-214), (Waring & Townsend, 2003: 406).

B61   ***Scotopteryx vicinaria*** (Duponchel, 1830)
C19 record from Guernsey, Channel Islands listed by Ansted & Latham (1862: 227) and also Shaffer (2008:425), but unconfirmed.

B62   ***Thera variata*** ([Denis & Schiffermüller], 1775)
Records of *T. variata* are misidentifications of *T. britannica* or *T. obeliscata*: (Agassiz & Skinner, 1980).

B63   *1783*   ***Horisme aquata*** (Hübner, [1813])   Cumbrian Umber
Nine specimens of doubtful origin: (Waring & Townsend, 2003: 406).

B64   *1829*   ***Eupithecia cauchiata*** (Duponchel, 1831)   Doubleday's Pug
Single C19 specimen reared from an uncertain origin: (Riley & Prior, 2003: 75-76).
     cauchyata misspelling

B65   ***Eupithecia pernotata*** Guenée, [1858]
Original misidentification of the single C19 specimen of *E. cauchiata*: (Riley & Prior, 2003: 75-76).

B66   *1886*   ***Abraxas pantaria*** (Linnaeus, 1767)   Light Magpie
Two doubtful records: (Barrett, 1901: 269-270). Clancy *et al.* (2012: 612) list it from the Channel Islands but the source cannot be traced.

B67   *1892*   ***Macaria bicolorata*** (Fabricius, 1798)   Dingy Angle
Single doubtful record C18: (Waring & Townsend, 2003: 406).

B68   ***Itame ribearia*** (Fitch, 1848)   Currant Spanworm
Single record of doubtful origin: (Clancy *et al.*, 2012: 605).

B69   *1898*   ***Hypagyrtis unipunctata*** (Haworth, 1809)   One-spotted Variant Moth
Single ancient record. Probable deliberate import: (Waring & Townsend, 2003: 406).
Also known as White Spot, but to avoid confusion with *Hadena albimacula* its other name is used.

B70   *1900*   ***Nematocampa resistaria*** (Herrich-Schäffer, [1856])
Bordered Chequer
     limbata (Haworth, 1809) homonym
Described by Haworth (1809: 346) on the authority of Francillon, but no other details.

B71   *1916*   ***Ennomos quercaria*** (Hübner, [1813])   Clouded August Thorn
Two unconfirmed records, C19 and 1992: (Waring & Townsend, 2003: 406).

| ❶ | ❷ | ❸ | ❹ | ❺ | ❻ |

B72 1953 *Tephronia sepiaria* (Hufnagel, 1767)   Dusky Carpet
  cremiaria (Freyer, [1837])
Meyrick ([1928]: 287) notes that this has been erroneously included as British.

B73 *Psodos equestrata* (Fabricus, [1771])   Gold Four-spot
This mountain species was included by Haworth (1809: 354) from Holywell, Kent, on the authority of 'D. Plasted'. Curtis (1832: folio 424) states that he possesses two specimens taken many years earlier by 'Mr Plastead' near Holwood or Holywell, Kent, and that Dale had another from Dr Abbot, but no details are given. N.B. *Psodos equestrata* is a junior synonym of *P. quadrifaria* (Sulzer, 1776).

NOTODONTIDAE

B74 2023 *Trichiocercus sparshalli* (Curtis, 1830)   Local Long-tailed Satin
A specimen said to have been taken August 1829 near Horning, Norfolk by Mr J. Sparshall (Curtis, 1830: folio 336, pl. 336) is an Australian species.

B75 *Clostera anastomosis* (Linnaeus, 1758)   Greater Chocolate-tip
Single record of doubtful origin: (Clancy *et al.*, 2012: 605).

EREBIDAE

B76 2486 *Epizeuxis aemula* (Hübner, [1813])   Waved Tabby
Two unconfirmed C19 records: (Waring & Townsend, 2003: 413).

B77 2487 *Epizeuxis lubricalis* (Geyer, 1832)   Twin-striped Tabby
Two unconfirmed C19 records: (Waring & Townsend, 2003: 413).

B78 2483 *Schrankia intermedialis* Reid, 1972   Autumnal Snout
Some authors considered *S. intermedialis* to be a distinct species but it has now been proved to be a hybrid between *S. costaestrigalis* and *S. taenialis* and hence not a valid species (Hausmann *et al.*, 2011).

B79 *Odice suava* (Hübner, [1813])
Single record of doubtful origin: (Clancy *et al.*, 2012: 606).

B80 2458 *Caenurgina crassiuscula* (Haworth, 1809)   Double-barred
Unconfirmed late C18 & early C19 records.

B81 2459 *Mocis trifasciata* (Stephens, 1830)   Triple-barred
Unconfirmed early C19 record: (Waring & Townsend, 2003: 412).

B82 *Eupatula macrops* (Linnaeus, 1758)
Single record of doubtful origin: (Clancy *et al.*, 2012: 606).

B83 *Metalectra quadrisignata* (Walker, [1858])
  Four-spotted Fungus Moth
Single record of doubtful origin: (Clancy *et al.*, 2012: 606).

NOCTUIDAE

B84 *Diachrysia stenochrysis* (Warren, 1913)   Fused Burnished Brass
Added to the British list (Clancy *et al.*, 2012: 317; Clancy, 2013). Goater *et al.* (2003: 191-4) and Witt & Ronkay (2011: 29) treat *D. stenochrysis* as a good species. We follow Karsholt & Nielsen, (2013: 88) in stating that there are no compelling differences between *D. stenochrysis* and *D. chrysitis*.

B85 2446 *Megalographa bimaculata* (Stephens, 1830)
  Double-spotted Spangle
Single record c.1830, origin uncertain: (MBGBI, 1983: 347).

B86 2417 *Acontia nitidula* (Fabricius, 1787)   Brixton Beauty
Two unconfirmed C19 records: (MBGBI, 1983: 312). Possible deception.

B87 2282 *Acronicta cuspis* (Hübner, [1813])   Large Dagger
Single doubtful early C19 record: (Waring & Townsend, 2003: 410).

B88 2288 *Acronicta euphorbiae* ([Denis & Schiffermüller], 1775)
A. euphorbiae is considered to be a species distinct from *A. cinerea* with a southern European distribution: (Fibiger *et al.*, 2009).

B89 2212 *Cucullia argentea* (Hufnagel, 1766)   Green Silver-spangled Shark
Unconfirmed records c.1800 and Kent, 1932: (Waring & Townsend, 2003: 409-410).

| ❶ | ❷ | ❸ | ❹ | ❺ | ❻ |

B90 2215 **_Cucullia lactucae_** ([Denis & Schiffermüller], 1775)
Lettuce Shark
Doubtfully British: (Waring & Townsend, 2003: 410).

B91 2222 **_Shargacucullia prenanthis_** (Boisduval, 1840)
False Water Betony
Two unconfirmed C19 specimens: (MBGBI, 1983: 52).

B92 2222a **_Shargacucullia caninae_** (Rambur, 1833)
Larvae illustrated by Buckler, erroneously, as _Shargacucullia scrophulariae_: (MBGBI, 1983: 52), origin uncertain.

B93 **_Shargacucullia thapsiphaga_** Treischke, 1826
Three specimens of doubtful origin: (Clancy _et al._, 2012: 609).

B94 2246 **_Valeria oleagina_** ([Denis & Schiffermüller], 1775)
Green-brindled Dot
Unconfirmed C19 records: (MBGBI, 1983: 82).

B95 2406 **_Schinia rivulosa_** (Guenée, 1852)   Scarce Meal-moth
  marginatus (Haworth, 1809)
Single unconfirmed record prior to 1809: (MBGBI, 1983: 302).

B96 **_Heliothis adaucta_** Butler, 1878   Eastern Clover
Included in Clancy _et al._ (2012: 353), possibly based on Fibiger _et al._ (2009: 245), but is a probable misidentification of _H. maritima_. The only specimen, from Kent in 1947, has been variously identified as _H. maritima_, _H. bulgarica_ and _H. adaucta_, none of which can be confirmed.

B97 2310 **_Eucarta amethystina_** (Hübner, [1803])   Cumberland Gem
Single unconfirmed record from Cumberland: (MBGBI, 1983: 170).

B98 2343b **_Mesapamea remmi_** Rezbanyai-Reser, 1985   Remm's Rustic
Hausmann _et al._ (2011: 53) have shown, based on DNA-barcodes, that _M. remmi_ is a hybrid between _M. didyma_ and _M. secalis_.

B99 2146 **_Lacinipolia renigera_** (Stephens, 1829)   Kidney-spotted Minor
Three records late C18/early C19 are of uncertain origin: (MBGBI, 1979: 205).

B100 2234 **_Scotochrosta pulla_** ([Denis & Schiffermüller], 1775)
Ash Shoulder-knot
Single unconfirmed record from Woodside near Epping, Essex, 1817: (MBGBI, 1983: 67).

B101 2207 **_Leucania commoides_** (Guenée, 1852)
Four doubtfully genuine records from Romney Marsh, Kent, August 1873: (MBGBI, 1979: 272).

B102 **_Graphania dives_** (Philpott, 1930)
Misidentification of _G. averilla_: (Clancy _et al._, 2012: 600).

B103 2096 **_Feltia subterranea_** (Fabricius, 1794)   Tawny Shoulder
Three unconfirmed records late C18/early C19: (MBGBI, 1979: 147).

B104 2086 **_Agrotis spinifera_** (Hübner, [1808])   Gregson's Dart
Specimens from Isle of Man, 1869 are of doubtful origin: (MBGBI, 1979: 139).

NOLIDAE

B105 2424 **_Nycteola degenerana_** (Hübner, [1799])   Sallow Nycteoline
Three specimens, New Forest and Kent C19/early C20 all with incomplete data: (MBGBI, 1983: 321).

B106 **_Nycteola siculana_** (Fuchs, 1899)
Single unconfirmable record from Norfolk, 2006: (Clancy _et al._, 2012: 606).

Bibliography and References

Agassiz, D. J. L. 1988. Microlepidoptera – a review of the year 1986. *The Entomologist's Record and Journal of Variation* **100**: 118, 121.

Agassiz, D. [J. L.] 2003. The names of Engrailed moths (Geometridae). *The Entomologist's Record and Journal of Variation* **115**: 223.

Agassiz, D. J. L. 2004. *Diasemia accalis* (Walker, 1859) (Lep.: Pyralidae) an adventive species new to Britain. *The Entomologist's Record and Journal of Variation* **116**: 159-160.

Agassiz, D. J. L. 2005. *Dialectica scalariella* (Zeller, 1850) (Lep.: Gracillariidae) new to the British Isles. *The Entomologist's Record and Journal of Variation* **117**: 95-96.

Agassiz, D. [J. L.] 2007. *Prays peregrina* sp. n. (Yponomeutidae) a presumed adventive species in Greater London. *Nota lepidopterologica* **30**: 407-410.

Agassiz, D. [J. L.] 2013. *Phalonidia udana* (Guenée, 1845) (Lep.: Tortricidae) newly recognised in Britain. *The Entomologist's Record and Journal of Variation* **125**: 150-152.

Agassiz, D. J. L. & Langmaid, J. R. 2004. The *Eucosma hohenwartiana* group of species (Tortricidae). *Nota lepidopterologica* **27**: 41-49.

Agassiz, D. [J. L.], Mitchell, A. & Butcher, F. 2009. *Prays oleae* (Bernard, 1788) (Lep.: Yponomeutidae) in Britain. *The Entomologist's Record and Journal of Variation* **121**: 199-201.

Agassiz, D. [J. L.] & Skinner, B. 1980. The apparent absence from Britain of *Thera variata* (Denis & Schiffermuller) and related changes in nomenclature. *The Entomologist's Record and Journal of Variation* **92**:162-166.

Anonymous 2009. Latest news. 2009 (25) Monday 22nd June. www.alderneywildlife.org/pages/news.php?date=200906

Ansted, D. T. & Latham, R. G. 1862. *The Channel Islands* xxviii, 604 pp., text-figs. London.

Arenberger, E. 2005. Pterophoridae III. In Amsel, H. G, Gregor, F. & Reisser, H., *Microlepidoptera Palaearctica* **12**: 191 pp., 28 mononchrome figs, 50 col. figs. Wien.

Asher, J., Warren, M., Fox, R., Harding, P., Jeffcoate, G. & Jeffcoate, S. 2001. *The Millenium Atlas of Butterflies in Britain and Ireland* xx, 433 pp., numerous col. text-figs, distr. maps. Oxford.

Austin, R. 1991. Entomology Section Report for 1989. *Report and Transactions. Société Guernésiaise* **22**(5): 736-749.

Baixeras, J. & Karsholt, O. 2011. The Tortricidae described by J. C. Fabricius (Lepidoptera). *Zootaxa* **3127**: 1-37.

Baker, P. J. 1983. Exhibit – Annual Exhibition, 1982. *Proceedings and Transactions of the British Entomological and Natural History Society* **16**(3/4): 106.

Baker, P. J. 2007. Exhibit – Annual Exhibition, 2006. *British Journal of Entomology and Natural History* **20**(3): 158.

Baldizzone, G., van der Wolf, H. & Landry, J.-F. 2006. Coleophoridae, Coleophorinae (Lepidoptera). *World Catalogue of Insects* **8**: 215 pp. Stenstrup.

Balletto, E., Bonelli, S., Settele, J., Thomas, J. A., Verovnik, R. & Wahlberg, N. 2010. Case 3508. *Maculinea* Eacke, 1915 (Lepidoptera: Lycaenidae): proposed precedence over *Phengaris* Doherty, 1891. *Belletin of Zoological Nomenclature* **67**: 129-132.

Barrett, C. G. 1893-1907. *The Lepidoptera of the British Islands* **1-11**. London.

Bauer, F., Stübner, A. Neinhuis, C. & Nuss, M. 2012. Molecular phylogeny, larval case architecture, host-plant associations and classification of European Coleophoridae (Lepidoptera). *Zoologica Scripta* **2012**: 1-18. DOI:10.1111/j.1463-6409.2012.00532.x.

Beaumont, H. E. 2007. *Epinotia granitana* (Herrich-Schäffer, 1851) (Lepidoptera: Tortricidae, Olethreutinae) new to Britain. *Entomologist's Gazette* **58**: 268-270.

Beaumont, H. E. 2012. *Pseudococcyx tessulatana* (Staudinger, 1871) (Lep.: Tortricidae) in Britain. *The Entomologist's Record and Journal of Variation* **124**: 64-66.

Beaumont, H. E. 2013. An adventive occurrence of *Scopula minorata* (Boisduval, 1833) (Lep.: Geometridae) in Britain. *The Entomologist's Record and Journal of Variation* **125**: 62-63.

Beavan, S. D. 2009. Exhibit – Annual Exhibition, 2008. *British Journal of Entomology and Natural History* **22**(3): 165.

Beccaloni, G., Scoble, M., Kitching, I., Simonsen, T., Robinson, G., Pitkin, B., Hine, A. & Lyal, C. (Eds). 2003. *The Global Lepidoptera Names Index (LepIndex)*. World Wide Web electronic publication. http://www.nhm.ac.uk/entomology/**lepindex** [accessed 3 October 2010-22 April 2013.]

Behounek, G., Ronkay, G. & Ronkay, L. 2010. *The Witt Catalogue. A taxonomic atlas of the Eurasian and North African Noctuoidea*. Plusiinae **2**: 348 pp., 12 col. pls, 50 monochrome pls. Budapest.

Beirne, B. P. 1954. *British Pyralid and Plume Moths* 208 pp., 16 col. pls, 189 text-figs. London.

Bengtsson, B. Å. & Johansson, R. 2011. Fjärilar: Bronsmaler-rullvingmaler. Lepidoptera: Roeslerstammiidae-Lyonetidae. *Nationalnyckeln till Sveriges flora och fauna*. 494 pp. Uppsala.

Bland, K. P. 2003. The Lepidoptera Collection of Scarborough Museum – background and some specimens of note. *The Entomologist's Record and Journal of Variation* **115**: 239-241.

Bond, K. G. M. & O'Connor, J. P. 2012. Additions, deletions and corrections to an annotated checklist of the Irish Butterflies and Moths (Lepidoptera) with a concise checklist of Irish species and *Elachista biatomella* (Stainton, 1848) new to Ireland. *Bulletin of the Irish Biogeographical Society* **36**: 60-179.

Bradley, J. D. 1998. *Checklist of Lepidoptera recorded from the British Isles* vi, 106 pp. Fordingbridge. [Privately published.]

Bradley, J. D. 2000. *Checklist of Lepidoptera recorded from the British Isles* vi, 116 pp. Fordingbridge. [Privately published.]

Bradley, J. D. & Fletcher, D. S. 1979. *A recorder's log book or label list of British Butterflies and Moths* 136 pp. London.

Bradley, J. D. & Fletcher, D. S. 1986. *An indexed list of British Butterflies and Moths* 119 pp. Kent.

Bradley, J. D. & Martin, E. L. 1956. An illustrated list of the British Tortricidae. *Entomologist's Gazette* **7**: 151-156.

Bradley, J. D., Tremewan, W. G. & Smith, A. 1973. *British Tortricoid Moths*. Cochylidae and Tortricidae: Tortricinae viii, 251 pp., 52 text-figs, 47 pls. London.

Bradley, J. D., Tremewan, W. G. & Smith, A. 1979. *British Tortricoid Moths*. Tortricidae: Olethreutinae viii, 336 pp., 54 text-figs, 43 pls. London.

Bradley, P. G. 2007. Shining Marbled *Pseudeustrotia candidula* (D. & S.): a moth new to Britain. *Atropos* **31**: 15-16.

Bristow, C. R. 1986. The occurrence of *Opsiphanes tamarindi* Felder & Felder (Lepidoptera: Satyridae) in Britain. *The Entomologist's Record and Journal of Variation* **98**: 96-97.

Bristow, C. R. 2011. Adventive Brassolina (Lep.: Nymphalidae) in Britain and elsewhere. *The Entomologist's Record and Journal of Variation* **123**: 235-237.

Brotheridge, D. 2013. *Idaea elongaria* (Rambur, 1833) (Lep.: Geometridae) in Wiltshire, a new species for the British Isles. *The Entomologist's Record and Journal of Variation* **125**: 123-124.

Brown, J. W. 2005. Tortricidae (Lepidoptera). *World Catalogue of Insects* **5**: 741 pp. Stenstrup.

Bryant, T. & Bond, K. G. M. 2008. *Bactra venosana* (Zeller, 1847) (Lep.: Tortricidae) new to the British Isles from Ireland. *The Entomologist's Record and Journal of Variation* **120**: 97-99.

BTS, see: Bradley, Tremewan, & Smith.

Buckler, W. 1885-1901. *The Larvae of the British Butterflies and Moths* **1-9**. London.

Burrow, R. 1996. *Dryobota labecula* (Esper) the Oak Rustic (Lep.: Noctuidae); a new breeding species to the British list from the Channel Islands. *The Entomologist's Record and Journal of Variation* **108**: 136-137.

Butcher, A. G. J. 2009. Exhibit – Annual Exhibition, 2008. *British Journal of Entomology and Natural History* **22**(3): 161.

Cade, M. 2003. *Ancylosis cinnamomella* (Dup.) – a Pyralid moth new to Britain and Ireland. *Atropos* **20**: 31.

Cade, M. 2005. The first British records of Beautiful Marbled *Eublemma purpurina* (D. & S.). *Atropos* **24**: 21-23.

Chainey, J. & Spence, J. 2004. Jersey Mocha *Cyclophora ruficiliaria* (H.-S.) – a Geometrid moth new to the British Isles. *Atropos* **23**: 13-15.

Clancy, S. P. 2006. Occurrences of the rarer immigrant moths in 2005. *Atropos* **27** (2005/2006): 24-31.

Clancy, S. P. 2010. Occurrences of the scarcer moth species in 2009. *Atropos* **39**: 21-25.

Clancy, S. P. 2013. Exhibit – Annual Exhibition, 2012. *British Journal of Entomology and Natural History* **26**(1): 27-28.

Clancy, S. P. & Agassiz, D. J. L. 2006. *Sciota rhenella* (Zincken, 1818) (Lepidoptera: Pyralidae) new to Britain. *Entomologist's Gazette* **57**: 223-228.

Clancy, S. P. & Honey, M. R. 2003. Clancy's Rustic *Platyperigea kadenii* (Freyer) – the first British record. *Atropos* **20**: 14-16.

Clancy, S. [P.], Top-Jensen, M. & Fibiger, M. 2012. *Moths of Great Britain and Ireland. A field guide to all the Macromoths*. 640 pp., 1200 photographs, 60 col. pls. Vilnius.

Clarke, J. [H.] 2011. Castor Semi-looper *Achaea janata* (Linn.) – an adventive moth new to the British Isles and Europe. *Atropos* **42**: 13-16.

Clavijo, J. A. & Munroe, E. 1991. Misidentification of *Diaphania hyalinata* (L.) (Lepidoptera: Crambidae: Pyraustinae) in the British Lepidoptera fauna. *British Journal of Entomology and Natural History* **4**(1): 9-10.

Collins, G. A. & Porter, J. 2005. *Elachista nobilella* Zeller, 1839 (Lep.: Elachistidae) a Micro-moth new to Britain. *The Entomologist's Record and Journal of Variation* **117**: 133-137.

Curtis, J. 1824-1839. *British Entomology; being Illustrations and Descriptions of the Genera of Insects found in Great Britain and Ireland: containing coloured figures from nature of the most rare and beautiful species, and in many instances of the plants upon which they are found* **1-16**. London.

Davis, A. M. 2012. *A review of the status of Microlepidoptera in Britain*. Butterfly Conservation, Wareham, (Butterfly Conservation Report No. 512-02).

Davis, T. [A. M.] & Miller, D. 2007. *Uresiphita reversalis* (Guenée, 1854) (Lep.: Pyralidae) new to Britain and Europe. *The Entomologist's Record and Journal of Variation* **119**: 59-61.

Deans, M. J. & Clifton, J. 2010. Plumbeous Spruce Tortrix *Cymolomia hartigiana* (Saxesen, 1840) (Lep.: Tortricidae) new to the British Isles. *The Entomologist's Record and Journal of Variation* **122**: 8-11.

[Denis, M. & Schiffermüller, I.] 1775. *Ankündung eines systematischen Werkes von den Schmetterlingen der Wienergegend* 323 pp., 3 pls. Wien.

Dickson, R. J. 2004. *Blastobasis rebeli* Karsholt & Sinev (Lepidoptera: Blastobasidae) in Britain. *Entomologist's Gazette* **55**: 215-216.

Dincă, V, Lukhtanov, V. A., Talavera, G. & Vila, R. 2011. Unexpected layers of cryptic diversity in wood white *Leptidea* butterflies. *Nature Communications* 2 (324): 1-8. DOI: 10.1038/ncomms1329.

Doubleday, H. 1849. *A synonymic list of British Lepidoptera* 27 pp. London.

Duponchel, P.-A.-J. 1842-[1844]. *In* Godart, J.-B., *Histoire naturelle des Lépidoptères ou papillons de France* Supplément 4: 555 pp., pls 51-90. Paris. [For dates of publication, see Razowski, 1970: 453.]

Elliott, B. 2008. *Hypatopa binotella* (Thunberg, 1794) (Lepidoptera: Blastobasidae) new to the British Isles. *Entomologist's Gazette* **59**: 274-276.

Elliott, B. 2010. *Blastobasis vittata* (Wollaston, 1858) (Lepidoptera: Blastobasidae), another Madeiran endemic apparently in the process of establishing itself in the British Isles. *Entomologist's Gazette* **61**: 173-176.

Emmet, A. M. (Ed.) [1979]. *A field Guide to the smaller British Lepidoptera*. 271 pp. London.

Emmet, A. M. (Ed.) 1988. *A field Guide to the smaller British Lepidoptera* (Edn 2) 288 pp. London.

Emmet, A. M. (Ed.) 1996. *The Moths and Butterflies of Great Britain and Ireland* **3**: 452 pp., 17 pls (9 col.), 109 text-figs, 240 distr. maps. Colchester.

Emmet, A. M. & Heath, J. (Eds). 1989. *The Moths and Butterflies of Great Britain and Ireland* **7**(1): ix, 370 pp., 24 col. pls, 22 text-figs, 74 distr. maps. Colchester.

Emmet, A. M. & Heath, J. (Eds). 1989. *The Moths and Butterflies of Great Britain and Ireland* **7**(2): ix, 398 pp., 4 col. pls, 8 text-figs, 28 distr. maps. Colchester.

Emmet, A. M. & Langmaid, J. R. (Eds). 2002. *The Moths and Butterflies of Great Britain and Ireland* **4**(1): 326 pp., 7 pls, 95 text-figs, 146 distr. maps. Colchester.

Emmet, A. M. & Langmaid, J. R. (Eds). 2002. *The Moths and Butterflies of Great Britain and Ireland* **4**(2): 277 pp., 6 pls, 63 text-figs, 161 distr. maps. Colchester.

Evans, D. 2010. *Stegania cararia* (Hb.) (Lep.: Geometridae) at Merriott, Somerset – the first record for mainland Britain. *The Entomologist's Record and Journal of Variation* **122**: 11-12.

Fauna Europaea. 2012. Fauna Europaea version 2.5. Web Service available online at http://www.faunaeur.org

Fibiger, M., Ronkay, L., Steiner, A. & Zilli, A. 2009. Pantheinae, Dilobinae, Acronictinae, Eustrotiinae, Nolinae, Bagisarinae, Acontiinae, Metoponinae, Heliothinae and Bryophilinae. *Noctuidae Europaeae* **11**: 504 pp., 13 col. pls., 346 monochrome pls, numerous distr. maps. Sorø.

Fibiger, M., Ronkay, L., Yela, J. L. & Zilli, A. 2010. Rivulinae, Boletobiinae, Hypenodinae, Araeopteroninae, Eublemminae, Herminiinae, Hypeninae, Phytometrinae, Euteliinae and Micronoctuidae, including Supplement to Noctuidae Europaeae, volumes 1-11. *Noctuidae Europaeae* **12**: 451 pp., 18 col. pls., 357 monochrome pls, numerous distr. maps. Sorø.

Fletcher, C. H. 2012. Scalloped Sack-bearer *Lacosoma chiridota* Grote: a possible adventive species new for Britain. *Atropos* **46**: 77.

Fletcher, D. S. 1979. *In* Nye, I. W. B. (Ed.), *The generic names of Moths of the World* **3**: xx, 243 pp., 2 pls. London.

Fletcher, D. S. & Nye, I. W. B. 1982. *In* Nye, I. W. B. (Ed.), *The generic names of Moths of the World* **4**: xiv, 192 pp., 1 pl. London.

Ford, L. T. 1949. *A Guide to the smaller British Lepidoptera* 230 pp. London.

Ford, L. T. 1958. *Supplement to a Guide to the smaller British Lepidoptera* 15 pp. London.

Frölich, F. A. G. 1828. *Enumeratio Tortricum Württembergiae*. Dissertatio inauguralis ii, 102 pp. Tübingen.

Gibeaux, C. 1981. Répartition en France des *Digitivalva* du groupe *granitella* Tr.; *D. pulicariae* Klimesch, espèce nouvelle pour la France. [Lepidoptera Yponomeutidae, Acrolepiinae]. *Alexanor* **12**(1): 39-42.

Gibeaux, C. 1985. Révision des *Stenoptilia* de France avec la description de deux espèces nouvelles (1ere) (Lep. Pterophoridae). *Entomologica gallica* **1**(4): 235-266.

Gibbs, D. 2004. *Coleophora frischella* (Linnaeus, 1758) (Lepidoptera: Coleophoridae) confirmed as a British species. *Entomologist's Gazette* **55**: 73-80.

Gilligan, T. M., Baixeras, J., Brown, J. W. & Tuck, K. R. 2012. T@RTS: Online World Catalogue of the Tortricidae (Ver. 2.0). http://www.tortricid.net/catalogue.asp [accessed 17 September 2012-22 April 2013.]

Goater, B. 1986. *British Pyralid Moths* 175 pp., 12 text-figs, 9 col. pls. Colchester.

Goater, B. & Honey, M. R. 2003. Three exotic Lepidoptera in Hampshire (Thyrididae, Arctiidae, Ctenuchidae), with notes on distinguishing *Antichloris* species imported with bananas. *Entomologist's Gazette* **54**: 105-110.

Goater, B., Ronkay, L. & Fibiger, M. 2003. Catocalinae & Plusiinae. *Noctuidae Europaeae* **10**: 452 pp., 16 col. pls., 332 monochrome pls, numerous distr. maps. Sorø.

Goodey, B. 2003. *Eupithecia massiliata* Dardoin & Millière (Lep.: Geometridae) – a Pug moth new to the British fauna from Epping Forest. *The Entomologist's Record and Journal of Variation* **115**: 167-170.

Goodey, B. 2008. *Aethes fennicana* (M. Hering, 1924) (Lep.: Tortricidae) new to the British Isles. *The Entomologist's Record and Journal of Variation* **120**: 89-90.

Grieshuber, J. & Lamas, G. 2007. A Synonymic List of the Genus *Colias* Fabricius, 1807 (Lepidoptera: Pieridae). *Mitteilungen der Münchener Entomologischen Gesellschaft* **97**: 131-171.

Griffin, F. J. 1932. A note on Haworth's 'Lepidoptera Britannica' etc. 1803-1828. *Annals and Magazine of Natural History* (10) **9**: 531-532.

Griffin, F. J. 1937. Doubleday, H., 1850, a synonymic list of British Lepidoptera, London, [1847]-[1849], 1850. *Journal of the Society for the Bibliography of Natural History* **1**: 87.

Hall, P. 2010. *Ectoedemia longicaudella* Klimesch, 1953 (Lep.: Nepticulidae) new to Britain. *The Entomologist's Record and Journal of Variation* **120**: 89-90.

Hammond, M. 2008. Tamarisk Plume *Agdistis tamaricis* (Zell.) – a Plume moth new to the Channel Islands. *Atropos* **34**: 38-40.

Harman, T. 2004. The first British record of *Chiasmia aestimaria* Hb. *Atropos* **23**: 49-50.

Harper, M. W. 1993. *Pleurota aristella* (Linnaeus) (Lepidoptera: Oecophoridae) resident in Jersey. *Entomologist's Gazette* **44**: 11-13.

Harrison, J. W. Heslop 1927. *Acidalia (Sterrha) laevigata* Sc. in Durham. *The Entomologist* **60**: 222.

Hart, C. 2006. Exhibit – Annual Exhibition, 2005. *British Journal of Entomology and Natural History* **19**(3): 173.

Hart, C. 2009. Exhibit – Annual Exhibition, 2008. *British Journal of Entomology and Natural History* **22**(3): 166.

Hart, C. 2011. *British Plume Moths. A guide to their identification and biology.* 278 pp., 46 col. pls, 27 monochrome pls. Reading.

Hausmann, A. 2004. Sterrhinae. *In* Hausmann, A. (Ed.) *The Geometrid Moths of Europe* **2**: 600 pp., 24 col. pls, 61 monochrome pls, numerous distr. maps. Stenstrup.

Hausmann, A., Haszprunar, G., Segerer, A. H., Speidel, W., Behounek, G. & Hebert, P. D. N. 2011. Now DNA-barcoded: the butterflies and larger moths of Germany (Lepidoptera: Rhopalocera, Macroheterocera). *Spixiana* **34**: 47-58.

Hausmann, A. & Viidalepp, J. 2012. Larentiinae I (Cataclysmini, Xanthorhoini, Euphyiini, Larentiini, Hydriomenini, Stamnodini, Cidariini, Operophterini, Asthenini, Phileremini, Rheumapterini, Solitaneini, Melanthiini, Chesiadini, Trichopterygini). *In* Hausmann, A. (Ed.), *The Geometrid Moths of Europe* **3**: 743 pp., 25 col. pls, 110 monochrome pls, numerous distr. maps. Vester Skerninge.

Haworth, A. H. 1803-1828. *Lepidoptera Britannica* 1-4. Londini.

Heath, J. (Ed.). 1976. *The Moths and Butterflies of Great Britain and Ireland* **1**: 343 pp., 13 pls (4 col.), 85 text-figs, 152 distr. maps. London.

Heath, J. & Emmet, A. M. (Eds). 1979. *The Moths and Butterflies of Great Britain and Ireland* **9**: 288 pp., 13 col. pls, 19 text-figs, 203 distr. maps. London.

Heath, J. & Emmet, A. M. (Eds). 1983. *The Moths and Butterflies of Great Britain and Ireland* **10**: 459 pp., 13 col. pls, 23 text-figs, 225 distr. maps. Colchester.

Heath, J. & Emmet, A. M. (Eds). 1985. *The Moths and Butterflies of Great Britain and Ireland* **2**: 460 pp., 14 pls (12 col.), 123 text-figs, 223 distr. maps. Colchester.

Heckford, R. J. 2002. *Syncopacma albifrontella* (Heinemann, 1870) (Lepidoptera: Gelechiidae), a surprising addition to the British fauna. *Entomologist's Gazette* **53**: 205-211.

Heckford, R. J. 2003. *Stathmopoda diplaspis* (Meyrick, 1887) (Lepidoptera: Oecophoridae) an adventive species new to the British Isles. *Entomologist's Gazette* **54**: 1-4.

Heckford, R. J. 2004a. Exhibit – Annual Exhibition, 2003. *British Journal of Entomology and Natural History* **17**(3): 158.

Heckford, R. J. 2004b. *Anatrachyntis simplex* (Walsingham, 1891) (Lepidoptera: Cosmopterigidae) an adventive species new to the British Isles and a larval description. *Entomologist's Gazette* **55**: 95-101.

Heckford, R. J. 2011. A note on the early stages of *Udea uliginosalis* (Stephens, 1834) (Lepidoptera: Pyralidae). *Entomologist's Gazette* **62**: 101-112.

Heckford, R. J. 2013. *Stathmopoda auriferella* (Walker, 1864) (Lepidoptera: Oecophoridae) an adventive species new to the British Isles. *Entomologist's Gazette* **64**: 7-10.

Heckford, R. J. & Sattler, K. 2002. *Bryotropha dryadella* (Zeller, 1850) a newly recognised British species, and the removal of *B. figulella* (Staudinger, 1859) from the British list (Lepidoptera: Gelechiidae). *Entomologist's Gazette* **53**: 69-80.

Heckford, R. J. & Sterling, P. H. 2004. *Anatrachyntis badia* (Hodges, 1962) (Lepidoptera: Cosmopterigidae) an adventive species new to the British Isles, possibly second record from Spain and a larval description. *Entomologist's Gazette* **55**: 81-89.

Hemming, F. 1937. *Hübner. A bibliographical and systematic account of the entomological works of Jacob Hübner and of the supplements thereto by Carl Geyer, Gottfried Franz von Frölich and Gottlieb August Wilhelm Herrich-Schäffer* **1**: xxxiv, 605 pp. London.

Hemming, R. & Grundy, D. 2007. The first British record of Silvery Gem *Eucarta virgo* (Treit.). *Atropos* **31**: 3-5.

Heppner, J. B. 1981. The dates of E. J. C. Esper's Die Schmetterlinge in Abbildungen ... 1776-[1830]. *Archives of Natural History* **10**(2): 251-254.

Heppner, J. B. 1982. Dates of selected Lepidoptera literature for the western hemisphere fauna. *Journal of the Lepidopterists' Society* **36**(2): 87-111.

Heslop, I. R. P. 1947. *Indexed check-list of the British Lepidoptera, with the English name of each of the 2313 species* 85 pp. London.

Hicks, M. & Clifton, J. 2012. The first British record of Maize Wainscot *Sesamia nonagrioides* (Lefeb.). *Atropos* **45**: 9-10.

Higgott, J. B. 2006. *Emmelina argoteles* (Meyrick, 1922) (Lep.: Pterophoridae) – a newly recognised British Plume moth. *The Entomologist's Record and Journal of Variation* **118**: 195-197.

Higgott, J. B. & Harvey, R. M. 2005. *Catocala conjuncta* (Esper, 1787) (Lepidoptera: Noctuidae) new to the British Isles. *Entomologist's Gazette* **56**: 217-222.

Hodges, R. W. *et al*. 1983. *Check list of the Lepidoptera of America North of Mexico* xxiv, 284 pp. London.

Homan, R. 2010. *Tuta absoluta* (Meyrick, 1917: Lep.: Gelechiidae): an adventive species new to Britain. *The Entomologist's Record and Journal of Variation* **122**: 31-32.

Homan, R. 2012. A British record of *Phyllocnistis citrella* Stainton, 1856 (Lep.: Phyllocnistidae). *The Entomologist's Record and Journal of Variation* **124**: 279-281.

Honey, M. R. 2001. Exhibit – Annual Exhibition, 2000. *British Journal of Entomology and Natural History* **14**(3): 147.

Honey, M. R. 2002. Exhibit – Annual Exhibition, 2001. *British Journal of Entomology and Natural History* **15**(3/4): 164.

Honey, M. R. 2003. Exhibit – Annual Exhibition, 2002. *British Journal of Entomology and Natural History* **16**(3): 168.

Honey, M. R. & Plant, C. W. 2003. *Lithophane consocia* (Borkhausen, 1792) (Lep.: Noctuidae): Softly's Shoulder-knot – a Noctuid moth new to Britain. *The Entomologist's Record and Journal of Variation* **115**: 159-165.

Houghton, D. 2011. *Elegia fallax* (Stdgr.) – a Pyralid moth new to mainland Britain. *Atropos* **44**: 41-42.

Hübner, J. 1796-[1836]. *Sammlung europäischer Schmetterlinge* **1-9**. Augsburg.

Hübner, J. [1808]-1818. *Zuträge zur Sammlung exotischer Schmettlinge* **1**: 40 pp., pls [1]-[35]. Augsburg.

Hübner, J. 1816-[1825]. *Verzeichniss bekannter Schmettlinge* 431 pp. Augsburg.

Huemer, P. 2013. Die Schmetterlinge Österreichs (Lepidoptera). Systematische und faunistische Checkliste. *Studiohefte* **12**: 304 pp., 128 col. pls. Innsbruck.

Huemer, P. & Karsholt, O. 2010. Gelechiidae II (Gelechiinae: Gnorimoschemini). *In* Huemer, P., Karsholt, O. & Nuss, M. (Eds), *Microlepidoptera of Europe* **6**: 586 pp., 21 col. pls, 184 monochrome pls. Stenstrup.

ICZN, see: International Commission on Zoological Nomenclature.

International Commission on Zoological Nomenclature. 1999. *International Code of Zoological Nomenclature* (Edn 4) xxix, 306 pp. London.

International Commission on Zoological Nomenclature. 2000. Opinion 1944. *Papilio sylvanus* Esper, 1777 (currently known as *Ochlodes sylvanus* or *O. venatus faunus*; Insecta Lepidoptera): specific name conserved. *Bulletin of Zoological Nomenclature* **57**: 56-57.

International Commission on Zoological Nomenclature. 2003. Opinion 2041 (Case 3081). *Alucita ochrodactyla* Denis & Shiffermüller, 1775 (currently *Gillmeria* or *Platyptilia ochrodactyla*; Insecta Lepidoptera): specific name conserved by designation of a neotype for *Phalaena tetradactyla* Linnaeus, 1758. *Bulletin of Zoological Nomenclature* **60**: 167-168.

James, T. 2008. Common Forest Looper *Pseudocoremia suavis* (Butler): a new species to Britain. *Atropos* **33**: 13-16.

Joannis, J. de. 1922. Duponchel ou Zeller? note complémentaire. *Bulletin de la Société Entomologique de France* **17**: 277-280.

Kaila, L., Bengtsson, B. Å., Šulcs, I. & Junnilainen, J. 2001. A revision of the *Elachista regificella* siroom-complex (Lepidoptera: Elachistidae). *Entomologica Fennica* **12**: 153-168.

Kaila, L. & Langmaid, J. R. 2005. The *Elachista regificella* Sircom -complex (Lep.: Elachistidae) in Britain. *The Entomologist's Record and Journal of Variation* **117**: 187-193.

Karsholt, O., Aarvik, L., Agassiz, D., Huemer, P. & Tuck, K. 2005. *Acleris effractana* (Hübner, 1799) – a Holarctic Tortricid. *Nota lepidopterologica* **28**: 93-102.

Karsholt, O., Mutanen, M., Lee, S. & Kaila, L. 2013. A molecular analysis of the Gelechiidae (Lepidoptera, Gelechioidea) with an interpretative grouping of its taxa. *Systematic Entomology* **38**: 334-348.

Karsholt, O. & Nielsen, P. S. 2013. *Revideret fortegnelse over Danmarks Sommerfugle* 120 pp. København.

Karsholt, O. & Razowski, J. (Eds). 1996. *The Lepidoptera of Europe: A distributional checklist* 380 pp. Stenstrup.

Kloet, G. S. & Hincks, W. D. 1945. *A check list of British Insects* lix, 483 pp. Stockport.

Kloet, G. S. & Hincks, W. D. 1972. A check list of British Insects: Lepidoptera (Edn 2). *Handbooks for the Identification of British Insects* **11**(2): viii, 153 pp.

Knaggs, H. G. 1867. Occurrence of a *Bucculatrix* (*B. artemisiella*) new to Britain. *The Entomologist's Monthly Magazine* **4**: 36.

Knill-Jones, S. A. 2007. *Aedia leucomelas* (Linnaeus, 1758) (Lepidoptera: Noctuidae) new to Britain. *Entomologist's Gazette* **58**: 180-182.

Langmaid, J. R. 2002. *Noctua janthina* ([Denis & Schiffermüller, 1775]) (Lep.: Noctuidae): a Yellow Underwing moth new to the British list. *The Entomologist's Record and Journal of Variation* **114**: 19-22.

Langmaid, J. R. 2009. *Phyllonorycter hostis* Triberti, 2007 (Lepidoptera: Gracillariidae), a species previously known in Britain as *P. cydoniella* ([Denis & Schiffermüller], 1775). *Entomologist's Gazette* **60**: 151-152.

Langmaid, J. R. & Agassiz, D. J. L. 2005. Changes in the names of British Lepidoptera. *The Entomologist's Record and Journal of Variation* **117**:143-147.

Langmaid, J. R. & Agassiz, D. J. L. 2010. *Cnephasia pumicana* (Zeller, 1847) (Lep.: Tortricidae) stat. rev. newly recognised as British. *The Entomologist's Record and Journal of Variation* **122**: 137-142.

Langmaid, J. R. & Corley, M. F. V. 2007. *Phyllocnistis ramulicola* sp. nov. (Lepidoptera: Gracillariidae) in England and Portugal. *Entomologist's Gazette* **58**: 227-237.

Langmaid, J. R., Porter, J. & Collins, G. A. 2007. *Bucculatrix ulmifoliae* M. Hering, 1931 (Lep.: Bucculatricidae) resident in England. *The Entomologist's Record and Journal of Variation* **119**: 195-201.

Langmaid, J. R., Sattler, K. & Lopez-Vaamonde, C. 2010. Morphology and DNA barcodes show that *Calybites hauderi* does not occur in the British Isles (Gracillariidae). *Nota lepidopterologica* **33**: 191-197.

Langmaid, J. R. & Young, M. R. 2006. Microlepidoptera review of 2005. *The Entomologist's Record and Journal of Variation* **118**: 241-265.

LepIndex, see: Beccaloni *et al.*

Le Quesne, W. J. 1947. Two additions to the list of Jersey butterflies and notes on other species. *The Entomologist's Monthly Magazine* **83**: 134.

Le Quesne, W. J. 1990. Entomology Section Report for 1989. *Annual Bulletin. Société Jersiaise* **25**(2): 220-223.

Leraut, P. J. A. 2001. Contribution á l'étude des Phycites Paléarctiques (Lepidoptera, Pyralidae, Phycitinae). *Revue Française d'Entomologie* **23**(2): 129-147.

Leraut, P. [J. A.] 2012. *Moths of Europe 3*: Zygaenids, Pyralids 1 and Brachodids 599 pp., 112 col. pls, 201 text-figs, distr. maps. Verrièrres-le Buisson.

Linnaeus, C. 1758. *Systema Naturae* (Edn 10) **1**: 824 pp. Stockholm.

Linnaeus, C. 1767. *Systema Naturae* (Edn 12). Lepidoptera, pp. 774-900. Stockholm.

Long, M. & Long, R. 1964. Entomological Report for 1963. *Annual Bulletin. Société Jersiaise* **18**(4): 374-377.

Long, R. 2007. Two moths new to Britain and the Channel Islands in 2006. *Atropos* **31**: 73.

Long, R. 2008. The Feline *C. erminea*: a new moth for Britain and the Channel Islands. *Atropos* **35**: 67.

Luff, W. A. 1873. A list of the nocturnal Macro-Lepidoptera inhabiting Guernsey and Sark, with notes of their occurrence. *The Entomologist* **6**: 375-379.

Luff, W. A. 1899. The Micro-Lepidoptera of Guernsey. *Report and Transactions. Guernsey Society of Natural Science.* **3**: 267-277.

Mackay, A. & Fray, R. 2002. *Diplopseustis perieresalis* (Walker) on Tresco, Isles of Scilly – the first record for Britain and the western Palearctic region. *Atropos* **16**: 26.

Manning, D. 2007. *Clepsis coriacana* (Rebel, 1894) (Lep.: Tortricidae) new to Britain. *The Entomologist's Record and Journal of Variation* **119**: 235-237.

Manley, C. 2008 *British Moths and Butterflies. A photographic guide*. 352pp. Numerous col. pls. London.

Mason, P. B. 1892. *Hercyna phrygialis*, Hb., probably a British insect. *The Entomologist's Monthly Magazine* **28**: 264.

MBGBI, see: Emmet (1996); Emmet & Heath; Emmet & Langmaid; Heath; Heath & Emmet.

Mead-Briggs, M. & Eeles, P. 2010. *Argynnis cybele* (Lepidoptera: Nymphalidae) – a 'new' record for the British Isles. *British Journal of Entomology and Natural History* **23**(3): 167-169.

Meyrick, E. 1895. *A Handbook of British Lepidoptera* vi, 843 pp. London.

Meyrick, E. [1928]. *A revised Handbook of British Lepidoptera* vi, 914 pp. London.

Minet, J., Barbut, J. & Lalanne-Cassou, B. 2012. Les Noctuelles: classification et clef de détermination des familles (Lepidoptera : Noctuoidea). *Alexanor* **25** (2011): 131-151.

Mironov, V. 2003. Larentiinae II (Perizomini and Eupitheciini). *In* Hausmann, A. (Ed.), *The Geometrid Moths of Europe* **4**: 463 pp., 16 col. pls, 87 text-figs, 46 monochrome pls, numerous distr. maps. Stenstrup.

Mitchell, A. 2009. Boxworm Moth *Diaphania perspectalis* (Walk.) – a new Pyralid moth to Britain and Ireland. *Atropos* 36: 17-18.

Money, D. 2009. *Opogona omoscopa* (Meyr.) in Cleveland. *Atropos* 37: 39-40.

Moore, D. & Woods, R. 2002. *Agrotis graslini* Rambur: new to the Channel Islands. *Atropos* 16: 29.

Morris, F. O. 1872. *A Natural History of British Moths* 4: vi, 321 pp., col. pls 97-132. London.

Mosley, C. 1926. *Caligo* sp. at Huddersfield. *The Entomologist* 59: 171.

Mutanen, M. 2005. Delimitation difficulties in species splits: a morphometric case study on the *Euxoa tritici* complex. *Systematic Entomology* 30: 632-643.

Mutanen, M., Aarvik, L., Huemer, P., Kaila, L., Karsholt, O. & Tuck, K. 2012a. DNA barcodes reveal that the widespread European tortricid moth *Phalonidia manniana* (Lepidoptera: Tortricidae) is a mixture of two species. *Zootaxa* 3262: 1-21.

Mutanen, M., Aarvik, L., Landry, J.-F., Segerer, A. & Karsholt, O. 2012b. *Epinotia cinereana* (Haworth, 1811) bona sp., a Holarctic tortricid distinct from *E. nisella* (Clerck, 1759) (Lepidoptera: Tortricidae: Eucosmini) as evidenced by DNA barcodes, morphology and life history. *Zootaxa* 3318: 1-25.

Mutanen, M., Kaitala, A. & Mönkkönen, M. 2006. Genital variation within and between three closely related *Euxoa* moth species: testing the lock-and-key hypothesis. *Journal of Zoology* 268: 109-119.

Newman, E. 1869. *An illustrated Natural History of British Moths* viii, 486 pp. London.

Nieukerken, E. J. van, Kaila, L., Kitching, I. J., Kristensen, N. P., Lees, D. C., Minet, J., Mitter, C., Mutanen, M., Regier, J. C., Simonsen, T. J., Wahlberg, N., Yen, S.-H., Zahiri, R., Adamski, D., Baixeras, J., Bartsch, D., Bengtsson, B. Å., Brown, J. W., Bucheli, S. R., Davis, D. R., De Prins, J., De Prins, W., Epstein, M. E., Gentili-Poole, P., Gielis, C., Hättenschwiler, P., Hausmann, A., Holloway, J. D., Kallies, A., Karsholt, O., Kawahara, A., Koster, S. J. C., Kozlov, M., Lafontaine, J. D., Lamas, G., Landry, J.-F., Lee, S., Nuss, M., Park, K. T., Penz, C., Rota, J., Schmidt, B. C., Schintlmeister, A., Sohn, J. C., Solis, M. A., Tarmann, G. M., Warren, A. D., Weller, S., Yakovlev, R. V., Zolotuhin, V. V. & Zwick, A. 2011. Order Lepidoptera Linnaeus, 1758. In Zhang, Z.-Q. (Ed.), Animal biodiversity: An outline of higher-level classification and survey of taxonomic richness. *Zootaxa* 3148: 212-221.

Nieukerken, E. J. van, Laštůvka, A. & Laštůvka, Z. 2010. Western Palaearctic *Ectoedemia* (*Zimmermannia*) Hering and *Ectoedemia* Busck s. str. (Lepidoptera, Nepticulidae): five new species and new data on distribution, hostplants and recognition. *ZooKeys* 32: 1-82.

Nieukerken, E. J. van, Mutanen. M. & Doorenweerd, C. 2012. DNA barcoding resolves species complexes in *Stigmella salicis* and *S. aurella* species groups and shows additional cryptic speciation in *S. salicis* (Lepidoptera: Nepticulidae). *Entomologisk Tidskrift* 132: 235-255.

Nuss, M., Landry, B., Vegliante, F., Tränkner, A., Mally, R., Hayden, J., Segerer, A., Li, H., Schouten, R., Solis, M. A., Trofimova, T., De Prins, J. & Speidel, W. 2003-2013: Global Information System on Pyraloidea. www.pyraloidea.org [accessed 3 October 2010-22 April 2013.]

Nye, I. W. B. 1975. *The generic names of Moths of the World* 1: 568 pp., 1 pl. London.

Nylander, W. 1848. In Tengström, J. M. J., Bidrag till Finlands fjäril-fauna. *Notiser ur Sällskapets pro Fauna & Flora Fennica Förhandlingar* 1: 69-164.

Oakes, L., Oakes, H., Clifton, J. & Plant, C. W. 2010. *Barea asbolaea* (Meyrick, 1833 [sic]) (Lep.: Oecophoridae *sensu stricto*): an adventive moth new to the British fauna. *The Entomologist's Record and Journal of Variation* 122: 185-190.

Odin, N. 2010. *Dinumma deponens* Walk. at Landguard Bird Observatory, Suffolk. *Atropos* 41: 19-20.

Opler, P. A., Lotts, K., & Naberhaus, T. coordinators. 2012. Butterflies and Moths of North America. http://www.butterfliesandmoths.org/ [accessed 3 October 2010-22 April 2013.]

Orhant, G. E. R. J. 2012. *Aporophyla lutulenta* (Denis & Schiffermüller, 1775) et *Aporophyla lueneburgensis* (Freyer, 1848), une seule et meme espèce! (Lep. Noctuidae). *Oriena* 18: 4-9.

Õunap, E., Viidalepp, J. & Saarma, U. 2008. Systematic position of Lythriini revised: transferred from Larentiinae to Sterrhinae (Lepidoptera, Geometridae). *Zoologica Scripta* 2008: 1-9 doi:10.1111/j.1463-6409.2008.00327.x.

Owen, J. 2004. Exhibit - Annual Exhibition, 2003. *British Journal of Entomology and Natural History* 17(3): 154.

Owen, J. 2013. Exhibit - Annual Exhibition, 2012. *British Journal of Entomology and Natural History* 26(13): 34.

Palmer, R. M., Porter, J. & Collins, G. A. 2012. *Smaller Moths of Surrey* 543 pp. 32 col. pls., numerous distr. maps. Woking.

Parsons, M. S. 2002. *Cosmopterix pulchrimella* Chambers, 1875 (Lepidoptera: Cosmopterigidae) new to the British Isles. *Entomologist's Gazette* 53: 93-96.

Parsons, M. [S.] 2003. The changing moth and butterfly fauna of Britain during the twentieth century. *The Entomologist's Record and Journal of Variation* 115: 49-66.

Parsons, M. [S.] 2010. The changing moth and butterfly fauna of Britain – the first decade of the twenty-first century. *The Entomologist's Record and Journal of Variation* 122: 13-22.

Parsons, M. S. & Radford, J. 2002. *Dioryctria sylvestrella* (Ratzeburg, 1840) (Lepidoptera: Pyralidae) new to Britain. *Entomologist's Gazette* 53: 137-142.

Parsons, M. [S.], Sterling, M. J. & Sterling, P. H. 2012. Exhibit – Annual Exhibition, 2011. *British Journal of Entomology and Natural History* 25(3): 163.

Patton, S. 2005. *Hyphoraria* [sic] *testudinaria* in Sussex. *Atropos* 26: 53.

Patton, S. & Perry, M. 2003. *Paysandisia archon* – the first British record. *Atropos* 18: 28.

Patzak, H. 1976. Zur Identität der Arten um *Coleophora silenella* Herrich-Schäffer, 1855 (Lepidoptera, Coleophoridae). *Deutsche Entomologische Zeitschrift* (N. F.) 23: 157-164.

Peet, T. 2007. Sombre Brocade *Dryobotodes tenebrosa* (Esp.): new to Britain and the Channel Islands. *Atropos* 31: 78.

Percival, N. J. & Harvey, M. C. 2011. *Harpella forficella* (Scopoli) (Lep.: Oecophoridae) new to the UK. *British Journal of Entomology and Natural History* 24(4): 220.

Pickles, A. J. 2005. *Chrysodeixis eriosoma* (Doubleday, 1843) (Lep.: Noctuidae) in Hampshire. *The Entomologist's Record and Journal of Variation* **117**: 131-132.

Pierce, F. N. 1910. *The genitalia of the group Noctuidae of the Lepidoptera of the British Islands* xiv, 62 pp., 15 pls. Liverpool.

Pierce, F. N. 1914. *The genitalia of the group Geometridae of the Lepidoptera of the British Islands* xxix, 84 pp., 48 pls. Liverpool.

Pierce, F. N. & Metcalfe, J. W. 1922. *The genitalia of the group Tortricidae of the Lepidoptera of the British Islands* xxii, 101 pp., 34 pls. Oundle.

Pierce, F. N. & Metcalfe, J. W. 1935. *The genitalia of the tineid families of the Lepidoptera of the British Islands* xxii, 116 pp., 68 pls. Oundle.

Pierce, F. N. & Metcalfe, J. W. 1938. *The genitalia of the British Pyrales with the Deltoids and Plumes* xiii, 69 pp., 29 pls. Oundle.

Pitkin, B. & Jenkins, P. 2004. Butterflies and Moths of the World: Generic Names and their Type-species. http://www.nhm.ac.uk/research-curation/research/projects/butmoth/ [accessed 16 May 2012-22 April 2013.]

Pratt, C. 2012. Fir Carpet *Thera vetustata* (D. & S.) – a species new to Britain. *Atropos* **47**: 2-8.

Prichard, A. W. & Clifton, J. 2004. *Ectoedemia hannoverella* (Glitz, 1872) (Lep.: Nepticulidae) new to the British Isles. *The Entomologist's Record and Journal of Variation* **116**: 153-157.

Razowski, J. 1970. Cochylidae. *In* Amsel, H. G., Gregor, F. & Reisser, H., *Microlepidoptera Palaearctica* 3(1) xiv, 528 pp., 288 figs. Wien.

Razowski, J. 2002. *Tortricidae (Lepidoptera) of Europe.* Tortricinae and Chlidanotinae **1**: 247 pp., 71 pls, 16 col. pls. Bratislava.

Razowski, J. 2003. *Tortricidae (Lepidoptera) of Europe.* Olethreutinae **2**: 301 pp., 95 pls, 18 col. pls. Bratislava.

Reid, J. 2008. Raspberry Clearwing moth *Pennisetia hylaeiformis* (Laspeyres, 1801) (Lep.: Sesiidae) in south Cambridgeshire and north Hertfordshire. *The Entomologist's Record and Journal of Variation* **120**: 165-170.

Richens, R. H. 1963. Four new Stigmellid elm-leaf mines. *Entomologist's Gazette* **14**: 36-38.

Riley, A. M. 1987. *Lomographa cararia* (Hubn. (Lep.: Geometridae) on Jersey – a new species to the Channel Islands and the British Isles. *The Entomologist's Record and Journal of Variation* **99**: 65-66.

Riley, A. M. & Prior, G. 2003. *British and Irish Pug Moths (Lepidoptera: Geometridae, Larentiinae, Eupitheciini). A guide to their identification and biology* 264 pp., numerous text-figs, 49 distr. maps. Colchester.

Russell, P. 2009. The record of *Colias palaeno* (Linnaeus, 1761) (Lepidoptera: Pieridae) from Sussex – an alternative view, with notes on the dispersal of the natural history content of the Borough of Lewes Museum. *Entomologist's Gazette* **60**: 205-219.

Scoble, M. J. (Ed.) 1999. *Geometrid Moths of the World: a catalogue (Lepidoptera, Geometridae)* **1**, **2**. Collingwood and Stenstrup.

Scott, M. A., Scott, W. J. & Scott, T. R. 2007. Reports from coastal stations 2006. Longstone Heritage Centre, St Mary's, Isles of Scilly. *Atropos* **30** (2006/2007): 49-50.

Segerer, A., Behounek, G., Speidel, W., Witt. T. J. & Hausmann, A. 2011. *Die Gross-Schmetterlinge Deutschlands, 2011 – The Macrolepidoptera of Germany, 2011.* 308 pp. Budapest.

Shaffer, M. 2008. *Channel Islands Lepidoptera. A history and compilation of the recorded Butterflies and Moths 1830-2003* 710 pp. [Privately published.]

Sharpe, P. D. & Manning, D. V. 2006. *Euchromius cambridgei* (Zeller, 1867) (Lep.: Crambinae) an adventive species new to Britain. *The Entomologist's Record and Journal of Variation* **118**: 17-18.

Sherman, N. & Clifton, J. 2009. *Nemapogon falstriella* (Haas, 1881) (Lepidoptera: Tineidae) new to the British Isles. *Entomologist's Gazette* **60**: 77-80.

Shirt, D. B. (Ed.) 1987. *British Red Data books*: **2**. Insects, xliv, 402 pp. Peterborough.

Skinner, B. 1984. *Colour Identification Guide to the Moths of the British Isles* x, 267 pp., 42 col. pls., 57 text-figs. London.

Skinner, B. 2009. *Colour Identification Guide to the Moths of the British Isles* (Edn 3) 325 pp., 51 col. pls., 57 text-figs. Stenstrup.

Sohn, J-C., Regier, J. C., Mitter, C., Davis, D., Landry, J-C., Zwick, A. & Cummings, M. P. 2013. A molecular phylogeny for Yponomeutoidea (Insecta, Lepidoptera, Ditrysia) and its implications for classification, biogeography and the evolution of host plant use. *PloS ONE* 8 (4) e55066: 1-23. DOI:10.1371/journal.pone.0055066.t001.

Solly, F. 2012. The first British record of the Tortricoid moth *Gravitarmata margarotana* (Hein.). *Atropos* **45**: 12-13.

Sommerer, M. D. 2002. To agree or not to agree – the question of gender agreement in the International Code of Zoological Nomenclature. *Nota lepidopterologica* 25: 191-204.

South, R. 1908. *The Moths of the British Isles* **1**, **2**. London.

South, R. 1961. *The Moths of the British Isles* **1**, **2**. London.

Spence, B. 2003. Eastern Nycteoline *Nycteola asiatica* (Krulikovski) in Yorkshire – a moth previously unrecorded in Britain. *Atropos* **19**: 9-10.

Stainton, H. T. 1851. *A supplementary catalogue of the British Tineidae & Pterophoridae* 28 pp. London.

Stainton, H. T. 1857. *A Manual of British Butterflies and Moths* **1**: xii, 338 pp., text figs. London.

Stainton, H. T. 1859. *A Manual of British Butterflies and Moths* **2**: xi, 480 pp., text figs. London.

Stainton, H. T. 1864. *The Natural History of the Tineina* **8**: vii, 315 pp., 8 col. pls. London.

Stainton, H. T. 1870. New British species in 1869. *Entomologist's Annual* **1870**: 137-143.

Steele, T. 2012. *Pyrausta aerealis* (Hb.): new to Britain. *Atropos* **47**: 62-63.

Stephens, J. F. 1834-1835. *Illustrations of British Entomology; or, a Synopsis of indigenous Insects: containing their generic and specific distinctions; with an account of their metamorphoses, times of appearance, localities, food, and economy, as far as practicable* Haustellata **4**: 436 pp., pls 33-40. London.

Sterling, P. H. 2012. Exhibit – Annual Exhibition, 2011. *British Journal of Entomology and Natural History* **25**(3): 159.

Sterling, P. H. & Ashby, M. 2006. *Dichelia histrionana* (Frölich, 1828) (Lep.: Tortricidae) new to the British Isles. *The Entomologist's Record and Journal of Variation* **118**: 19-22.

Sterling, P. H. & Costen, P. D. M. 2011. Southern Grass Emerald *Chlorissa cloraria* (Hübner, [1813]) (Lep.: Geometridae) new to the Channel Islands. *The Entomologist's Record and Journal of Variation* **123**: 1-11.

Sterling, P. H., Evans, D. & Jeffes, M. 2012. *Musotima nitidalis* (Walker, [1866]) (Lepidoptera: Crambidae) new to Britain. *Entomologist's Gazette* **63**: 43-47.

Sterling, P. H., Koster, S. (J. C.) & Costen, P. D. M. 2004. *Pyroderces argyrogrammos* (Zeller, 1847) (Lepidoptera: Cosmopterigidae) new to the Channel Islands. *Entomologist's Gazette* **55**: 161-165.

Sterling, P. H. & Parsons, M. S. 2007. *Zelleria oleastrella* (Millière, 1864) (Lepidoptera: Yponomeutidae). *Entomologist's Gazette* **58**: 239-243.

Svensson, I. 2006. *Nordens Vecklare*. The Nordic Tortricidae (Lepidoptera, Tortricidae) 349 pp 70 pls, 32 col. pls, 471 distr. maps. Lund.

Terry, R. 2012. *Bucculatrix chrysanthemella* Rebel, 1896 (Lep.; Bucculatricidae) new to Britain. *The Entomologist's Record and Journal of Variation* **124**: 59-63.

Tortricid.net http://www.tortricidae.com/default.asp *see Gilligan et al.*

Traugott-Olsen, E. & Nielson, E.S. 1977. The Elachistidae (Lepidoptera) of Fennoscandia and Denmark. *Fauna Entomoligia Scandinavia* **6**: 299 pp., 45 text-figs, 108 pls (16 col. pls.).

Trebilcock, S. 2003. Saddleback Moth caterpillar *Sibine ?stimulea* (Clemens) (Lep.: Limacodidae): – a possible new record for the UK discovered in Somerset. *The Entomologist's Record and Journal of Variation* **115**: 177.

Truscott, L. 2007. *Conogethes punctiferalis* (Guenée, 1854) (Lepidoptera: Crambidae) at light in Cornwall, newly recorded for Europe. *Entomologist's Gazette* **58**: 203-204.

Truscott, L. 2010. Brassy Waved Umber *Menophra japygiara* [sic] (Costa) in Cornwall: accidental import or possible immigrant? *Atropos* **39**: 19-20.

Tulloch, J. B. G. 1939. Insects and other things which arrive by steamer from overseas. *The Entomologist* **72**: 114-116.

Tunmore, M. 2009. Exhibit – Annual Exhibition, 2008. *British Journal of Entomology and Natural History* **22**(3): 164.

Turton, W. 1802. *A general system of nature* **3**: 784 pp. London.

Tutt, J. W. 1901-1905. *Practical hints for the field entomologist*. 1-3. London

Vane-Wright, R. I. & Tennent, W. J. 2007. Whatever happened to Albin's Hampstead Eye? *Entomologist's Gazette* **58**: 205-218.

Waring, P. & Townsend, M. 2003. *Field Guide to the Moths of Great Britain and Ireland* 432 pp., numerous col. text-figs and pls. Hampshire.

Watson, A., Fletcher, D. S. & Nye, I. W. B. 1980. *In* Nye, I. W. B. (Ed.), *The generic names of Moths of the World* **2**: xiv, 228 pp., 1 pl. London.

Wedd, D. 2001. A moth new to the Channel Islands. *Atropos* **12**: 76.

Wedd, D. 2003. Grouville Dart *Agrotis syricola* Corti & Draudt. *Atropos* **20**: 32.

Wedd, D. 2009. Insect Miscellany. *Alderney Wildlife* **21**: 14-15.

Wedd, D. & Long, R. 2003. Jersey Mocha *Cyclophora ruficiliaria* (H.-S.). *Atropos* **20**: 31-32.

Wilterding, J. H. & Balogh, G. J. 2002: Review of the North American Gray *Pyla* Grote (Lepidoptera: Pyralidae: Phycitinae) with description of a new species from western United States. *Proceedings of the Entomological Society of Washington* **104**(2): 485-504.

Wilton, D. 2011. *Cydia indivisa* Danilevsky, 1963 (Lep.: Tortricidae) new to Britain and other interesting records from Bernwood Forest in Buckinghamshire. *The Entomologist's Record and Journal of Variation* **123**: 46-49.

Witt, T. J. & Ronkay, L. 2011. Lymantriinae and Arctiinae including phylogeny and check list of the Quadrifid Noctuoidea of Europe. *Noctuidae Europaeae* **13**: 448 pp., 20 col. pls., 306 monochrome pls, numerous distr. maps. Sorø.

Zahiri, R., Holloway, J. D., Kitching, I. J., Lafontaine, J. D., Mutanen, M. & Wahlberg, N. 2011. Molecular phylogenetics of Erebidae (Lepidoptera, Noctuoidea). *Systematic Entomology* **37**: 102-124.

Index of Vernacular Names

Species whose numbers have 3 decimal places are found in the main list, those with 4 decimal places are found in Appendix A and those prefixed 'B' in Appendix B.

Accent Gem	73.006	Barred Fruit-tree Tortrix	49.025
Adonis Blue	61.019	Barred Hook-tip	65.003
African	73.0771	Barred Red	70.284
African Carnation Tortrix	49.0381	Barred Rivulet	70.134
African Cotton Leafworm	73.089	Barred Sallow	73.180
Agrotina Midget	73.0911	Barred Straw	70.093
Albin's Hampstead Eye	B42	Barred Tooth-striped	70.201
Alchymist	72.085	Barred Umber	70.223
Alder Kitten	71.006	Barred Yellow	70.085
Alder Moth	73.036	Barrett's Marbled Coronet	73.278
Alfalfa Moth	49.326	Basker	72.0271
Almond-eyed Ringlet	59.0081	Bath White	58.009
American Painted Lady	59.025	Beaded Chestnut	73.186
American Wainscot	73.296	Beautiful Arches	73.240
Angle Shades	73.113	Beautiful Brocade	73.265
Angle-barred Pug	70.169	Beautiful Carpet	70.068
Angled Gem	72.0011	Beautiful China-mark	63.118
Angle-striped Sallow	73.211	Beautiful Golden Y	73.016
Angoumois Grain Moth	35.034	Beautiful Gothic	73.178
Annulet	70.287	Beautiful Hook-tip	72.069
Anomalous	73.061	Beautiful Marbled	72.074
Antirrhinum Brocade	73.060	Beautiful Plume	45.010
Antler Moth	73.254	Beautiful Snout	72.007
Apollo	56.001	Beautiful Utetheisa	72.0341
Apple & Plum Case-bearer	37.016	Beautiful Yellow Underwing	73.257
Apple Ermine	16.003	Bedrule Brocade	73.239
Apple Fruit Moth	20.019	Bedstraw Hawk-moth	69.014
Apple Leaf Miner	21.001	Bee Moth	62.001
Apple Leaf Skeletonizer	48.007	Beech-green Carpet	70.099
Apple Pith Moth	39.002	Beet Moth	35.118
Apple Pygmy	4.013	Belted Beauty	70.250
Archer's Dart	73.322	Berber	73.115
Argent & Sable	70.120	Berger's Clouded Yellow	58.012
Arran Brown	59.006	Bilberry Pug	70.145
Arran Carpet	70.097	Bilberry Tortrix	49.033
Ash Bud Moth	22.002	Birch Mocha	70.032
Ash Pug	70.169	Bird-cherry Ermine	16.001
Ash Shoulder-knot	B100	Bird's Wing	73.105
Ashworth's Rustic	73.362	Black Arches	72.010
Asian Cotton Leafworm	73.0892	Black Collar	73.310
August Thorn	70.233	Black Hairstreak	61.007
Autumn Green Carpet	70.096	Black Mountain Moth	70.289
Autumnal Moth	70.109	Black Rustic	73.233
Autumnal Rustic	73.365	Black Snout	72.0071
Autumnal Snout	B78	Black V Moth	72.008
Azalea Leaf Miner	15.007	Black Witch	72.0815
Balsam Carpet	70.050	Black-banded	73.236
Banana Stowaway	72.0253	Blackberry Looper	70.3051
Barberry Carpet	70.124	Blackneck	72.063
Barred Carpet	70.139	Black-spotted Chestnut	73.196
Barred Chestnut	73.331	Black-veined Moth	70.291

Black-veined White	58.005	Brown Scallop	70.118
Blair's Mocha	70.033	Brown Silver-line	70.222
Blair's Shoulder-knot	73.206	Brown-dotted Clothes Moth	12.034
Blair's Wainscot	73.135	Brown-line Bright-eye	73.290
Bleached Pug	70.180	Brown-spot Pinion	73.187
Blomer's Rivulet	70.116	Brown-tail	72.012
Blood-vein	70.029	Brown-veined Wainscot	73.141
Blossom Underwing	73.243	Brussels Lace	70.288
Blotched Emerald	70.300	Bud Moth	49.224
Bloxworth Blue	61.011	Buff Arches	65.009
Bloxworth Snout	72.006	Buff Ermine	72.019
Blue Pansy	59.0321	Buff Footman	72.043
Blue Underwing	72.076	Buff-tip	71.025
Blue-bordered Carpet	70.084	Bulrush Wainscot	73.136
Bond's Wainscot	73.148	Burnet Companion	72.083
Bordered Beauty	70.227	Burnished Brass	73.012
Bordered Chequer	B70	Burren Green	73.116
Bordered Gothic	73.277	Butterbur	73.124
Bordered Grey	70.262	Buttoned Snout	72.004
Bordered Pearl	63.029	Cabbage Moth	73.274
Bordered Pug	70.188	Cacao Moth	62.064
Bordered Sallow	73.070	Camberwell Beauty	59.028
Bordered Straw	73.074	Camellia Tortrix	49.0201
Bordered White	70.276	Cameo	73.117
Bramble Shoot Moth	49.294	Campanula Pug	70.185
Brassy Waved Umber	70.2571	Campion	73.276
Breckland Plume	45.026	Canary-shouldered Thorn	70.234
Brick	73.192	Carnation Tortrix	49.030
Bright Wave	70.003	Case-bearing Clothes Moth	12.027
Bright-line Brown-eye	73.267	Cassia's Owl-butterfly	59.0136
Brighton Wainscot	73.143	Castor Semi-looper	72.0811
Brimstone	58.013	Centre-barred Sallow	73.219
Brimstone Moth	70.226	Cereal Stem Moth	17.016
Brindled Beauty	70.248	Cereal Tortrix	49.053
Brindled Green	73.225	Chalk Carpet	70.043
Brindled Ochre	73.234	Chalk Hill Blue	61.020
Brindled Plume	45.011	Chamomile Shark	73.053
Brindled Pug	70.156	Channel Islands Pug	70.152
Brindled White-spot	70.273	Chequered Fruit-tree Tortrix	49.024
Brixton Beauty	B86	Chequered Skipper	57.004
Broad-barred White	73.279	Cherry Bark Tortrix	49.200
Broad-bordered Bee Hawk-moth	69.009	Cherry Fruit Moth	20.021
Broad-bordered White Underwing	73.256	Chestnut	73.194
Broad-bordered Yellow Underwing	73.343	Chestnut-coloured Carpet	70.078
Broken-barred Carpet	70.086	Chevron	70.090
Broom Moth	73.271	Chimney Sweeper	70.130
Broom-tip	70.196	Chinese Character	65.007
Brother	73.0331	Chocolate-tip	71.027
Brown Argus	61.015	Cinnabar	72.031
Brown China-mark	63.114	Cistus Forester	54.003
Brown Hairstreak	61.003	Citron Plume	45.039
Brown House-moth	28.010	Clancy's Rustic	73.093
Brown Oak Tortrix	49.014	Clay	73.298
Brown Plume	45.012	Clay Fan-foot	72.051
Brown Rustic	73.102	Clay Triple-lines	70.037

Cleopatra	58.014	Crescent Dart	73.324
Clifden Nonpareil	72.076	Crescent Plume	45.023
Cliff Plume	45.002	Crescent Striped	73.161
Cloaked Carpet	70.064	Crimson Speckled	72.034
Cloaked Minor	73.172	Crimson-ringed	56.001
Cloaked Pug	70.149	Crinan Ear	73.129
Clouded August Thorn	B71	Cryptic Wood White	58.002
Clouded Border	70.207	Cudweed	73.054
Clouded Brindle	73.155	Cumberland Gem	B97
Clouded Buff	72.023	Cumbrian Umber	B63
Clouded Drab	73.242	Currant Clearwing	52.013
Clouded Magpie	70.206	Currant Pug	70.182
Clouded Silver	70.280	Currant Shoot Borer	9.001
Clouded Yellow	58.010	Currant Spanworm	B68
Clouded-bordered Brindle	73.156	Cyclamen Tortrix	49.037
Clover Case-bearer	37.034	Cypress Carpet	70.083
Coast Dart	73.311	Cypress Pug	70.159
Cocksfoot Moth	19.007	Cypress Tip Moth	20.007
Codling Moth	49.338	Dappled White	58.004
Comma	59.031	Dark Arches	73.162
Common Blue	61.018	Dark Bordered Beauty	70.228
Common Carpet	70.061	Dark Brocade	73.238
Common Clothes Moth	12.026	Dark Chestnut	73.195
Common Emerald	70.305	Dark Crimson Underwing	72.081
Common Fan-foot	72.056	Dark Dagger	73.037
Common Footman	72.045	Dark Fruit-tree Tortrix	49.026
Common Forest Looper	70.290	Dark Green Fritillary	59.019
Common Heath	70.275	Dark Marbled Carpet	70.098
Common Lutestring	65.013	Dark Mottled Willow	73.088
Common Marbled Carpet	70.097	Dark Spectacle	73.002
Common Plume	45.044	Dark Spinach	70.069
Common Pug	70.183	Dark Sword-grass	73.327
Common Quaker	73.244	Dark Tussock	72.016
Common Rustic	73.169	Dark Umber	70.119
Common Swift	3.002	Dark-barred Twin-spot Carpet	70.052
Common Wainscot	73.291	Death's-head Hawk-moth	69.005
Common Wave	70.278	December Moth	66.001
Common White Wave	70.277	Deep-brown Dart	73.231
Concolorous	73.149	Delicate	73.295
Cone Tortricid	49.2981	Dentated Pug	70.129
Conformist	73.203	Devon Carpet	70.104
Confused	73.165	Devonshire Wainscot	73.303
Convolvulus Hawk-moth	69.004	Dew Moth	72.050
Copper Underwing	73.062	Dewick's Plusia	73.010
Cork Moth	12.016	Diamond-back Moth	18.001
Corn Moth	12.015	Dingy Angle	B67
Coronet	73.047	Dingy Footman	72.044
Cosmopolitan	73.304	Dingy Mocha	70.030
Cotoneaster Webworm	35.084	Dingy Shears	73.222
Cousin German	73.367	Dingy Shell	70.112
Coxcomb Prominent	71.021	Dingy Skipper	57.001
Cream Wave	70.027	Dingy White Plume	45.034
Cream-bordered Green Pea	74.011	Docker	72.0254
Cream-spot Tiger	72.027	Dog's Tooth	73.266
Crescent	73.119	Dorset Cream Wave	70.210

Dot Moth	73.270	Elephant Hawk-moth	69.016
Dotted Border	70.255	Elgin Shoot Moth	49.308
Dotted Border Wave	70.010	Elm Spanworm	70.2361
Dotted Carpet	70.266	Emperor Moth	68.001
Dotted Chestnut	73.197	Engrailed	70.270
Dotted Clay	73.353	Epping Pug	70.1561
Dotted Fan-foot	72.052	Essex Emerald	70.301
Dotted Footman	72.039	Essex Skipper	57.005
Dotted Rustic	73.339	Essex Y	73.020
Double Dart	73.351	Euonymus Leaf-notcher	54.0032
Double Kidney	73.212	European Corn-borer	63.028
Double Line	73.288	European Map	59.032
Double Lobed	73.168	European Vine Moth	49.182
Double Square-spot	73.361	Eversmann's Rustic	73.309
Double-barred	B80	Exile	73.167
Doubleday's Pug	B64	Eyed Hawk-moth	69.002
Double-spot Brocade	73.067	False Codling Moth	49.3431
Double-spotted Spangle	B85	False Grayling	59.0132
Double-striped Pug	70.141	False Mocha	70.035
Dowdy Plume	45.021	False Water Betony	B91
Downland Plume	45.024	Fan-foot	72.053
Drab Looper	70.117	Fawn Sallow	73.0641
Dried Currant Moth	62.067	Feathered Beauty	70.260
Dried Fruit Moth	62.068	Feathered Brindle	73.230
Drinker	66.010	Feathered Ear	73.262
Duke of Burgundy	60.001	Feathered Footman	72.033
Dumeril's Rustic	73.130	Feathered Gothic	73.253
Dun-bar	73.216	Feathered Ranunculus	73.235
Dungeness Pigmy Footman	72.048	Feathered Thorn	70.244
Dusky Brocade	73.154	Feline	71.004
Dusky Carpet	B72	Fen Square-spot	73.335
Dusky Clearwing	52.004	Fen Wainscot	73.137
Dusky Dart	73.313	Fenn's Wainscot	73.150
Dusky Fan-foot	72.059	Fern	70.127
Dusky Hook-tip	65.004	Festoon	53.001
Dusky Marbled Brown	71.026	Fiery Clearwing	52.015
Dusky Peacock	70.213	Fiery Skipper	57.0071
Dusky Plume	45.037	Figure of Eight	73.033
Dusky Sallow	73.120	Figure of Eighty	65.010
Dusky Scalloped Oak	70.242	Fir Carpet	70.080
Dusky Thorn	70.235	Firethorn Leaf Miner	15.053
Dusky-lemon Sallow	73.183	Fisher's Estuarine Moth	73.122
Dwarf Cream Wave	70.006	Five-spot Burnet	54.010
Dwarf Pug	70.162	Five-spotted Hawk-moth	69.0051
Ear Moth	73.128	Flame	73.328
Early Grey	73.069	Flame Brocade	73.229
Early Moth	70.282	Flame Carpet	70.053
Early Thorn	70.237	Flame Shoulder	73.329
Early Tooth-striped	70.202	Flame Wainscot	73.305
Eastern Bollworm	74.0122	Flax Tortrix	49.051
Eastern Bordered Straw	73.075	Fletcher's Pug	70.164
Eastern Clover	B96	Flounced Chestnut	73.188
Eastern Nycteoline	74.010	Flounced Rustic	73.131
Edinburgh Pug	70.176	Forester	54.002
Egyptian Bollworm	74.012	Fortified Carpet	70.044

Four-dotted Footman	72.038	Great Peacock Moth	68.0011
Four-spotted	73.031	Great Prominent	71.016
Four-spotted Footman	72.041	Great Spangled Fritillary	59.0138
Four-spotted Fungus Moth	B83	Greater Chocolate-tip	B75
Fox Moth	66.008	Green Arches	73.352
Foxglove Pug	70.151	Green Carpet	70.100
French Red Underwing	72.080	Green Garden Looper	73.0091
Freyer's Pug	70.176	Green Hairstreak	61.005
Frosted Green	65.015	Green Oak Tortrix	49.059
Frosted Orange	73.121	Green Pug	70.144
Frosted Yellow	70.220	Green Silver-lines	74.008
Fruitlet Mining Tortrix	49.371	Green Silver-spangled Shark	B89
Fused Burnished Brass	B84	Green-brindled Crescent	73.068
Galium Carpet	70.063	Green-brindled Dot	B94
Garden Carpet	70.049	Green-underside Blue	61.0131
Garden Dart	73.314	Green-veined White	58.008
Garden Pebble	63.057	Gregson's Dart	B104
Garden Rose Tortrix	49.077	Gregson's Plume	45.014
Garden Tiger	72.026	Grey	73.285
Gatekeeper	59.011	Grey Arches	73.261
Gem	70.047	Grey Birch	70.274
Gentian Plume	45.020	Grey Carpet	70.197
Geometrician	72.088	Grey Chi	73.228
Geranium Bronze	61.0081	Grey Dagger	73.038
Ghost Moth	3.005	Grey Mountain Carpet	70.072
Giant Ear	73.125	Grey Pine Carpet	70.081
Glanville Fritillary	59.034	Grey Pug	70.190
Glaucous Shears	73.272	Grey Scalloped Bar	70.292
Goat Moth	50.001	Grey Shoulder-knot	73.202
Gold Four-spot	B73	Grey Square	74.0123
Gold Spangle	73.018	Grey Tortrix	49.050
Gold Spot	73.022	Grizzled Skipper	57.002
Gold Swift	3.004	Ground Lackey	66.004
Gold Triangle	62.075	Grouville Dart	73.326
Golden Plusia	73.014	Guernsey Underwing	73.108
Golden Twin-spot	73.008	Gypsy Moth	72.011
Golden-rod Brindle	73.207	Handmaid	72.0502
Goldenrod Plume	45.005	Harnessed Moth	72.0274
Golden-rod Pug	70.161	Haworth's Minor	73.118
Goldwing	73.049	Haworth's Pug	70.146
Goosefoot Pug	70.167	Hawthorn Moth	25.001
Gothic	73.368	Heart & Club	73.320
Gothic Dart	73.3141	Heart & Dart	73.317
Grass Eggar	66.006	Heart Moth	73.218
Grass Emerald	70.297	Heath Fritillary	59.036
Grass Rivulet	70.137	Heath Rivulet	70.135
Grass Wave	70.295	Heath Rustic	73.356
Grass Webworm	63.055	Hebrew Character	73.249
Gray Hairstreak	61.0041	Hedge Brown	59.011
Grayling	59.013	Hedge Rustic	73.252
Great Brocade	73.350	Heliotrope Moth	72.0342
Great Dart	73.315	Hemp Agrimony Plume	45.043
Great Kidney	72.0814	Herald	72.001
Great Leopard	72.0282	Hermit	59.0133
Great Oak Beauty	70.267	High Brown Fritillary	59.020

Hoary Footman	72.047	Large Emerald	70.299
Hoary Plume	45.006	Large Fruit-tree Tortrix	49.013
Holly Blue	61.012	Large Heath	59.004
Holly Tortrix	49.223	Large Lace Border	B59
Hollyhock Seed Moth	35.032	Large Nutmeg	73.157
Honeysuckle Moth	17.003	Large Pale Clothes Moth	12.030
Horehound Plume	45.035	Large Ranunculus	73.237
Hornet Moth	52.002	Large Red-belted Clearwing	52.007
Horse Chestnut	70.225	Large Skipper	57.009
Humming-bird Hawk-moth	69.010	Large Tabby	62.074
Illioneus Giant Owl	59.0134	Large Thorn	70.232
Indian Meal Moth	62.062	Large Tortoiseshell	59.029
Indian Red Admiral	59.0251	Large Twin-spot Carpet	70.055
Ingrailed Clay	73.333	Large Wainscot	73.134
Irish Annulet	70.286	Large Wall	59.0021
Irish Plume	45.007	Large White	58.006
Iron Prominent	71.012	Large Yellow Underwing	73.342
Isabelline Tiger	72.0272	Latin	73.080
Isle of Wight Wave	70.007	Latreille's Latin	73.081
Jade Hawk-moth	69.0111	Latticed Heath	70.218
Jasione Pug	70.185	Lead Belle	70.040
Jersey Black Arches	74.006	Lead-coloured Drab	73.246
Jersey Emerald	70.298	Lead-coloured Pug	70.153
Jersey Mocha	70.034	Least Black Arches	74.004
Jersey Tiger	72.030	Least Carpet	70.004
Jubilee Fan-foot	72.058	Least Minor	73.146
Julia	59.0137	Least Yellow Underwing	73.346
July Belle	70.041	Leek Moth	19.011
July Highflier	70.074	Lempke's Gold Spot	73.023
Jumping Bean Moth	49.3411	Leopard Moth	50.002
Juniper Carpet	70.082	Lesser Belle	72.068
Juniper Pug	70.158	Lesser Broad-bordered	
Juniper Webber	35.022	Yellow Underwing	73.348
Kent Black Arches	74.002	Lesser Common Rustic	73.170
Kentish Glory	67.001	Lesser Cream Wave	70.025
Kew Arches	73.3062	Lesser Lichen Case-bearer	11.004
Kidney-spotted Minor	B99	Lesser Swallow Prominent	71.018
Knot Grass	73.045	Lesser Treble-bar	70.193
Laburnum Leaf Miner	21.004	Lesser Wax Moth	62.005
Lace Border	70.021	Lesser Yellow Underwing	73.345
Lackey	66.003	Lesser-spotted Pinion	73.215
L-album Wainscot	73.300	Lettuce Shark	B90
Landguard Curved-ribbon	72.0012	Levant Blackneck	72.065
Langmaid's Yellow Underwing	73.347	Lewes Wave	70.019
Lang's Short-tailed Blue	61.009	Lichen Case-bearer	11.005
Lappet	66.012	Light Arches	73.163
Larch Case-bearer	37.066	Light Brocade	73.263
Larch Pug	70.163	Light Brown Apple Moth	49.039
Larch Tortrix	49.257	Light Crimson Underwing	72.082
Large Blue	61.013	Light Emerald	70.283
Large Chequered Skipper	57.003	Light Feathered Rustic	73.316
Large Copper	61.002	Light Grey Tortrix	49.049
Large Dagger	B87	Light Knot Grass	73.042
Large Dark Prominent	71.014	Light Magpie	B66
Large Ear	73.127	Light Orange Underwing	70.204

Lilac Beauty	70.231	May Highflier	70.075
Lime Hawk-moth	69.001	Mazarine Blue	61.017
Lime-speck Pug	70.173	Meadow Brown	59.010
Ling Pug	70.179	Meal Moth	62.072
Little Emerald	70.303	Mediterranean Brocade	73.089
Little Thorn	70.221	Mediterranean Flour Moth	62.063
Lobster Moth	71.009	Mediterranean Fritillary	59.018
Local Long-tailed Satin	B74	Mediterranean Hawk-moth	69.0141
Locust Bean Moth	62.040	Melonworm	63.0491
Long-tailed Blue	61.008	Mere Wainscot	73.145
Lorimer's Rustic	73.094	Mere's Pug	70.176
Lulworth Skipper	57.007	Merveille du Jour	73.224
Lunar Double-stripe	72.086	Middle Lace Border	B58
Lunar Hornet Moth	52.003	Middle-barred Minor	73.176
Lunar Marbled Brown	71.011	Milkweed	59.001
Lunar Thorn	70.238	Miller	73.040
Lunar Underwing	73.193	Minor Shoulder-knot	73.220
Lunar Yellow Underwing	73.344	Minsmere Crimson Underwing	72.077
Lunar-spotted Pinion	73.217	Mocha	70.031
Lychnis	73.281	Monarch	59.001
Lydd Beauty	70.261	Monkey Slug Moth	53.0001
Lyme Grass	73.138	Moorland Clouded Yellow	B39
Magpie	70.205	Morris's Wainscot	73.148
Maiden's Blush	70.036	Mother of Pearl	63.038
Maize Wainscot	73.177	Mother Shipton	72.084
Mallow	70.070	Mottled Beauty	70.265
Mallow Skipper	57.0011	Mottled Grey	70.101
Manchester Treble-bar	70.191	Mottled Pug	70.184
Many-lined	70.058	Mottled Rustic	73.092
Many-plumed Moth	44.001	Mottled Umber	70.256
Maori	73.3031	Mountain Burnet	54.006
Maple Prominent	71.022	Mountain Plume	45.018
Maple Pug	70.148	Mountain Ringlet	59.007
Map-winged Swift	3.003	Mouse Moth	73.064
Marbled Beauty	73.084	Mugwort Plume	45.040
Marbled Brown	71.010	Mullein	73.058
Marbled Clover	73.072	Mullein Wave	70.023
Marbled Coronet	73.283	Mung Moth	63.045
Marbled Green	73.085	Muslin Footman	72.036
Marbled Grey	73.083	Muslin Moth	72.022
Marbled Minor	73.173	Narrow-bordered Bee Hawk-moth	69.008
Marbled Orchard Tortrix	49.156	Narrow-bordered Five-spot Burnet	54.009
Marbled Pug	70.170	Narrow-winged Pug	70.168
Marbled Tuffet	73.0321	Nelected Rustic	73.355
Marbled White	59.012	Netted Carpet	70.088
Marbled White Spot	73.024	Netted Mountain Moth	70.216
March Moth	70.245	Netted Pug	70.155
Marsh Carpet	70.140	New Forest Burnet	53.007
Marsh Dagger	73.041	Ni Moth	73.003
Marsh Fritillary	59.033	Nine-spotted	72.0501
Marsh Mallow Moth	73.125	Niobe Fritillary	B40
Marsh Moth	73.103	Nonconformist	73.205
Marsh Oblique-barred	72.060	Northern Arches	73.167
Marsh Pug	70.154	Northern Brown Argus	61.016
Mathew's Wainscot	73.292	Northern Dart	73.363

Name	Code	Name	Code
Northern Deep-brown Dart	73.232	Pale Mottled Willow	73.095
Northern Drab	73.248	Pale November Moth	70.108
Northern Eggar	66.007	Pale Oak Beauty	70.268
Northern Footman	72.046	Pale Pinion	73.201
Northern Ruby Tiger	72.024	Pale Prominent	71.020
Northern Rustic	73.341	Pale Shining Brown	73.259
Northern Spinach	70.091	Pale Shoulder	73.028
Northern Winter Moth	70.105	Pale Stigma	73.185
November Moth	70.107	Pale Tussock	72.015
Nun	73.0271	Pale-lemon Sallow	73.184
Nut Bud Moth	49.248	Pale-shouldered Brocade	73.264
Nut Leaf Blister Moth	15.064	Pale-shouldered Cloud	73.112
Nutmeg	73.255	Palm Moth	51.0001
Nut-tree Tussock	73.032	Parsnip Moth	32.036
Oak Beauty	70.251	Passenger	72.087
Oak Eggar	66.007	Patton's Tiger	72.028
Oak Hook-tip	65.002	Pauper Pug	70.164
Oak Lutestring	65.014	Pea Moth	49.324
Oak Nycteoline	74.009	Peach Blossom	65.008
Oak Processionary	71.001	Peach Twig Borer	35.019
Oak Rustic	73.223	Peacock	59.026
Oak Yellow Underwing	72.075	Peacock Moth	70.211
Oak-tree Pug	70.157	Pear Leaf Blister Moth	21.008
Oberthür's Grizzled Skipper	57.0021	Pearl-bordered Fritillary	59.014
Oblique Carpet	70.046	Pearly Underwing	73.307
Oblique Striped	70.039	Pease Blossom	73.077
Obscure Wainscot	73.302	Pebble Hook-tip	65.005
Ochraceous Wave	70.001	Pebble Prominent	71.013
Ochreous Pug	70.171	Peppered Moth	70.252
Old Lady	73.107	Phoenix	70.089
Old World Bollworm	73.076	Pigmy Footman	72.048
Old World Webworm	63.061	Pimpinel Pug	70.165
Oleander Hawk-moth	69.011	Pine Beauty	73.241
Olive	73.213	Pine Bud Moth	49.300
Olive Crescent	72.070	Pine Carpet	70.077
Olive-tree Beauty	70.259	Pine Hawk-moth	69.007
One-spotted Varient Moth	B69	Pine Leaf-mining Moth	49.304
Orache Moth	73.106	Pine Processionary	71.002
Orange Footman	72.049	Pine Resin-gall Moth	49.301
Orange Moth	70.230	Pine Shoot Moth	49.305
Orange Sallow	73.179	Pine-tree Lappet	66.009
Orange Swift	3.001	Pinion-spotted Pug	70.174
Orange Underwing	70.203	Pinion-streaked Snout	72.061
Orange Upperwing	73.199	Pink-barred Sallow	73.181
Orange-tailed Clearwing	52.010	Pink-spotted Hawk-moth	69.0041
Orange-tip	58.003	Pistol Case-bearer	37.049
Orchard Ermine	16.002	Plain Clay	73.366
Oriental Fruit Moth	49.3541	Plain Golden Y	73.017
Paignton Snout	72.005	Plain Plume	45.038
Painted Lady	59.024	Plain Pug	70.166
Painted Meal Moth	62.0711	Plain Wave	70.018
Pale Brindled Beauty	70.247	Plum Fruit Moth	49.357
Pale Clouded Yellow	58.011	Plum Tortrix	49.157
Pale Eggar	66.002	Plumed Fan-foot	72.057
Pale Grass Eggar	66.006	Plumed Prominent	71.024

Pod Lover	73.286	Reed Leopard	50.003
Poplar Grey	73.046	Reed Tussock	72.014
Poplar Hawk-moth	69.003	Reedbed Plume	45.045
Poplar Kitten	71.007	Remm's Rustic	B98
Poplar Lutestring	65.011	Rest Harrow	70.296
Porter's Rustic	73.104	Rhomboid Tortrix	49.070
Portland Moth	73.308	Riband Wave	70.016
Portland Ribbon Wave	70.017	Rice Moth	62.004
Potato Tuber Moth	35.126	Ringed Border	70.209
Powdered Quaker	73.247	Ringed Carpet	70.263
Powdered Rustic	73.098	Ringed China-mark	63.117
Powdered Wainscot	73.035	Ringlet	59.009
Pretty Chalk Carpet	70.128	Rivulet	70.132
Pretty Marbled	73.025	Robust Tabby	72.0871
Pretty Pinion	70.136	Rose Leaf Miner	4.015
Privet Hawk-moth	69.006	Rose Plume	45.022
Purple Bar	70.087	Rose Tortrix	49.016
Purple Clay	73.332	Rosy Footman	72.035
Purple Cloud	73.111	Rosy Marbled	73.091
Purple Emperor	59.022	Rosy Marsh Moth	73.364
Purple Hairstreak	61.004	Rosy Minor	73.171
Purple Marbled	72.072	Rosy Rustic	73.123
Purple Thorn	70.239	Rosy Underwing	72.079
Purple Treble-bar	70.194	Rosy Wave	70.028
Purple-barred Yellow	B60	Round-winged Muslin	72.037
Purple-bordered Gold	70.002	Royal Mantle	70.056
Purple-edged Copper	B44	Ruby Tiger	72.024
Purple-shaded Gem	73.013	Ruddy Carpet	70.057
Purple-shot Copper	61.0023	Ruddy Highflier	70.076
Puss Moth	71.003	Rufous Minor	73.175
Queen of Spain Fritillary	59.016	Rush Veneer	63.052
Radford's Flame Shoulder	73.330	Rush Wainscot	73.152
Raisin Moth	62.066	Rustic	73.097
Rannoch Brindled Beauty	70.249	Rustic Shoulder-knot	73.158
Rannoch Looper	70.217	Rustic Sphinx	69.0052
Rannoch Sprawler	73.066	Rusty Wave	70.0042
Raspberry Clearwing	52.001	Rusty-dot Pearl	63.031
Raspberry Moth	9.003	Saddleback Caterpillar Moth	53.0011
Real's Wood White	B38	Sallow	73.182
Red Admiral	59.023	Sallow Clearwing	52.009
Red Carpet	70.048	Sallow Kitten	71.005
Red Chestnut	73.336	Sallow Nycteoline	B105
Red Sword-grass	73.209	Saltern Ear	73.126
Red Twin-spot Carpet	70.051	Saltmarsh Plume	45.001
Red Underwing	72.078	Sand Dart	73.323
Red-barred Tortrix	49.004	Sandhill Rustic	73.132
Red-belted Clearwing	52.011	Sandy Carpet	70.138
Reddish Buff	73.078	Satellite	73.210
Reddish Light Arches	73.164	Satin Beauty	70.264
Red-green Carpet	70.095	Satin Lutestring	65.012
Red-headed Chestnut	73.198	Satin Stowaway	72.0252
Red-line Quaker	73.189	Satin Wave	70.009
Red-necked Footman	72.042	Satyr Pug	70.177
Red-tipped Clearwing	52.008	Saxifrage Plume	45.019
Reed Dagger	73.035	Saxon	73.110

Scallop Shell	70.121	Short-winged Plume	45.036
Scalloped Hazel	70.240	Shoulder Stripe	70.066
Scalloped Hook-tip	65.001	Shoulder-striped Clover	73.073
Scalloped Oak	70.241	Shoulder-striped Wainscot	73.301
Scalloped Sack-bearer	64.0001	Shuttle-shaped Dart	73.325
Scar Bank Gem	73.005	Silky Wainscot	73.100
Scarce Arches	73.133	Silky Wave	70.005
Scarce Black Arches	74.005	Silurian	73.306
Scarce Blackneck	72.064	Silver Barred	73.027
Scarce Bordered Straw	73.076	Silver Cloud	73.251
Scarce Brindle	73.166	Silver Hook	73.026
Scarce Burnished Brass	73.011	Silver Y	73.015
Scarce Chocolate-tip	71.029	Silver-ground Carpet	70.054
Scarce Copper	B43	Silver-spotted Skipper	57.008
Scarce Dagger	73.043	Silver-striped Hawk-moth	69.018
Scarce Footman	72.046	Silver-studded Blue	61.014
Scarce Forester	54.001	Silver-washed Fritillary	59.017
Scarce Goldenrod Plume	45.042	Silvery Arches	73.260
Scarce Hook-tip	65.006	Silvery Gem	73.079
Scarce Light Plume	45.027	Single-dotted Wave	70.011
Scarce Marbled	72.071	Six-belted Clearwing	52.014
Scarce Meal-moth	B95	Six-spot Burnet	54.008
Scarce Merveille du Jour	73.034	Six-striped Rustic	73.358
Scarce Plume	45.015	Skin Moth	12.036
Scarce Prominent	71.023	Slate Flash	B47
Scarce Pug	70.178	Slender Brindle	73.160
Scarce Silver Y	73.021	Slender Burnished Brass	73.004
Scarce Silver-lines	74.007	Slender Pug	70.147
Scarce Swallowtail	56.002	Slender Scotch Burnet	54.005
Scarce Tissue	70.122	Slender-striped Rufous	70.125
Scarce Tortoiseshell	59.030	Sloe Carpet	70.281
Scarce Umber	70.254	Sloe Pug	70.143
Scarce Vapourer	72.018	Small Angle Shades	73.114
Scarce Wormwood	73.051	Small Apollo	56.0003
Scarlet Tiger	72.029	Small Argent & Sable	70.060
Scorched Carpet	70.208	Small Autumnal Moth	70.110
Scorched Wing	70.224	Small Black Arches	74.001
Scotch Annulet	70.285	Small Blood-vein	70.024
Scotch Argus	59.008	Small Blue	61.010
Scotch Burnet	54.006	Small Brindled Beauty	70.246
Seathorn Hawk-moth	69.0142	Small Brown Shoemaker	59.0252
September Thorn	70.236	Small China-mark	63.116
Seraphim	70.198	Small Chocolate-tip	71.028
Setaceous Hebrew Character	73.359	Small Clouded Brindle	73.159
Shaded Broad-bar	70.045	Small Copper	61.001
Shaded Fan-foot	72.054	Small Dark Yellow Underwing	73.258
Shaded Pug	70.189	Small Dotted Buff	73.147
Shark	73.052	Small Dotted Footman	72.040
Sharp-angled Carpet	70.065	Small Dusty Wave	70.008
Sharp-angled Peacock	70.212	Small Eggar	66.005
Shears	73.273	Small Elephant Hawk-moth	69.017
Shining Marbled	73.086	Small Emerald	70.302
Shore Wainscot	73.299	Small Engrailed	70.271
Short-cloaked Moth	74.003	Small Fan-foot	72.055
Short-tailed Blue	61.011	Small Fan-footed Wave	70.013

Small Goldenrod Plume	45.041	Spiny Bollworm	74.0121
Small Grass Emerald	70.306	Splendid Brocade	73.268
Small Heath	59.005	Spotted Clover	73.071
Small Lappet	66.011	Spotted Fritillary	59.035
Small Magpie	63.025	Spotted Oleander Wasp Moth	72.0251
Small Marbled	72.073	Spotted Shoot Moth	49.307
Small Mottled Willow	73.087	Spotted Sulphur	73.029
Small Mountain Ringlet	59.007	Spotted White Plume	45.031
Small Pearl-bordered Fritillary	59.015	Sprawler	73.065
Small Phoenix	70.094	Spring Usher	70.253
Small Plume	45.025	Spruce Bud Moth	49.259
Small Purple-barred	72.067	Spruce Carpet	70.079
Small Quaker	73.245	Spruce Seed Moth	49.335
Small Ranunculus	73.280	Spurge Hawk-moth	69.013
Small Rivulet	70.133	Square Spot	70.272
Small Rufous	73.142	Square-spot Dart	73.312
Small Scabious Plume	45.017	Square-spot Rustic	73.357
Small Scallop	70.015	Square-spotted Clay	73.354
Small Seraphim	70.199	Star-wort	73.055
Small Skipper	57.006	Stephens' Gem	73.019
Small Square-spot	73.334	Stone Pinion	73.206
Small Tabby	62.073	Stored Nut Moth	62.003
Small Tortoiseshell	59.027	Stout Dart	73.349
Small Wainscot	73.144	Strange Wave	70.0043
Small Waved Umber	70.126	Stranger	73.269
Small White	58.007	Straw Belle	70.293
Small White Wave	70.111	Straw Dot	72.002
Small Yellow Underwing	73.048	Straw Underwing	73.109
Small Yellow Wave	70.114	Strawberry Tortrix	49.065
Smoky Wainscot	73.293	Streak	70.195
Smoky Wave	70.026	Streaked Plusia	73.007
Snout	72.003	Streaked Wave	70.0201
Softly's Shoulder-knot	73.204	Streamer	70.067
Sombre Brocade	73.227	Striped Hawk-moth	69.015
Sooty Copper	61.0022	Striped Lychnis	73.057
Sorcerer	73.030	Striped Twin-spot Carpet	70.104
Southern Armyworm	73.0891	Striped Wainscot	73.289
Southern Brindled Green	73.226	Sub-angled Wave	70.020
Southern Chestnut	73.191	Summer Fruit Tortrix	49.041
Southern Festoon	56.0002	Sundew Plume	45.029
Southern Grass Emerald	70.307	Suspected	73.221
Southern Rustic	73.340	Sussex Emerald	70.304
Southern Wainscot	73.294	Svensson's Copper Underwing	73.063
Soybean Looper	73.0211	Swallow Prominent	71.017
Spalding's Dart	73.321	Swallowtail	56.003
Spanish Carpet	70.042	Swallow-tailed Moth	70.243
Spanish Festoon	56.0001	Sweet Gale Moth	73.044
Spanish Moth	73.3061	Sweetheart Underwing	72.0873
Speckled Beauty	70.269	Sweet-potato Hornworm	69.0041
Speckled Footman	72.032	Sword-grass	73.208
Speckled Wood	59.003	Sycamore	73.039
Speckled Yellow	70.229	Tamarindi Owlet	59.0135
Spectacle	73.001	Tamarisk Peacock	70.219
Spinach	70.092	Tamarisk Plume	45.003
Spindle Ermine	16.004	Tamarisk Pug	70.169

Tansy Plume	45.009	Vine Moth	49.112
Tapestry Moth	12.025	Vine's Rustic	73.099
Tawny Marbled Minor	73.174	Viper's Bugloss	73.287
Tawny Pinion	73.200	V-Moth	70.215
Tawny Prominent	71.008	V-Pug	70.142
Tawny Shears	73.286	Wall	59.002
Tawny Shoulder	B103	Water Betony	73.056
Tawny Speckled Pug	70.187	Water Carpet	70.103
Tawny Wave	70.022	Water Ermine	72.021
Tawny-barred Angle	70.214	Water Veneer	63.115
Tea Tabby	62.0721	Waved Black	72.066
Thistle Ermine	62.042	Waved Carpet	70.113
Three-humped Prominent	71.015	Waved Tabby	B76
Thrift Clearwing	52.016	Waved Umber	70.257
Thyme Moth	35.120	Wax Moth	62.006
Thyme Plume	45.033	Weaver's Fritillary	59.0151
Thyme Pug	70.172	Weaver's Wave	70.013
Tiger Swallowtail	56.0031	Webb's Wainscot	73.151
Timothy Tortrix	49.031	Wedgeling	73.090
Tissue	70.123	Welsh Clearwing	52.005
Toadflax Brocade	73.059	Welsh Wave	70.115
Toadflax Pug	70.150	Western Thyme Plume	45.032
Tobacco Hornworm	69.0053	White Admiral	59.021
Tomato Hornworm	69.0051	White Colon	73.275
Tomato Sphinx	69.0053	White Ermine	72.020
Transparent Burnet	54.004	White Plume	45.030
Traveller	70.0581	White Prominent	71.019
Treble Brown Spot	70.012	White Satin Moth	72.009
Treble Lines	73.101	White Spot	73.284
Treble-bar	70.192	White-banded Carpet	70.073
Tree-lichen Beauty	73.082	White-barred Clearwing	52.006
Trent Double-stripe	72.0872	White-letter Hairstreak	61.006
Triangle	53.002	White-line Dart	73.313
Triangle Plume	45.004	White-line Snout	72.062
Triple-barred	B81	White-lined Hawk-moth	69.0151
Triple-spotted Clay	73.360	White-mantled Wainscot	73.140
Triple-spotted Pug	70.175	White-marked	73.337
Tropical Tobacco Moth	12.0441	White-pinion Spotted	70.279
True Lover's Knot	73.338	White-point	73.297
Tunbridge Wells Gem	73.009	White-shouldered House-moth	28.009
Turnip Moth	73.319	White-speck	73.296
Turquoise Blue	B48	White-spotted Pinion	73.214
Twenty-plume Moth	44.001	White-spotted Pug	70.160
Twin-spot Carpet	70.131	Wild Cherry Sphinx	69.0061
Twin-spot Plume	45.013	Willow Beauty	70.258
Twin-spotted Quaker	73.250	Willow Ermine	16.005
Twin-spotted Wainscot	73.139	Willow Tortrix	49.238
Twin-striped Tabby	B77	Willowherb Hawk-moth	69.012
Uncertain	73.096	Winter Moth	70.106
Union Rustic	73.153	Wood Carpet	70.062
Valerian Pug	70.181	Wood Sage Plume	45.028
Vapourer	72.017	Wood Tiger	72.025
Varied Coronet	73.282	Wood White	58.001
Variegated Golden Tortrix	49.015	Woodland Grayling	59.0131
Vestal	70.038	Woods's Dart	73.318

Wormwood	73.050
Wormwood Pug	70.179
Yarrow Plume	45.008
Yarrow Pug	70.186
Yellow Belle	70.294
Yellow Horned	65.016
Yellow Shell	70.059
Yellow V Moth	12.046
Yellow-barred Brindle	70.200
Yellow-collared Scape Moth	72.0503
Yellow-legged Clearwing	52.012
Yellow-line Quaker	73.190
Yellow-ringed Carpet	70.071
Yellow-tail	72.013
Zebra	59.0221

Index of Scientific Names

Current specific names are in lower case, junior synonyms and subspecific names are in *italics* in lower case, genus and higher order names are in UPPER CASE. Numbers for genera indicate the first species within the genus in each list. Species whose numbers have 3 decimal places are found in the main list, those with 4 decimal places are found in Appendix A and those prefixed 'B' are in Appendix B.

abbreviana	49.234	ACOMPSIA	35.026
abbreviata	70.156	ACONTIA	73.028, 73.0271, B86
abdominalis	20.008	ACONTIINAE	73.028, 73.0271
abietana	49.067	ACONTIINI	73.028, 73.0271
abietaria (Deileptenia)	70.264	ACOSMETIA	73.078
abietaria (Eupithecia)	70.149	ACROBASIS	62.033, B51
abietella	62.028	ACROCERCOPS	15.019
abjecta	73.161	ACROCLITA	49.226
abrasana	49.052	ACROLEPIA	19.014
abrasana	B33	ACROLEPIINAE	19.009
ABRAXAS	70.205, B66	ACROLEPIOPSIS	19.011
ABRAXINI	70.205	ACRONICTA	73.036, 73.039, B87, B88
ABROSTOLA	73.001	ACRONICTINAE	73.034
ABROSTOLINI	73.001	acroxantha	28.024
abrotani	73.051	ACTEBIA	73.308
abruptaria	70.257	acteon	57.007
abruptella	38.017	ACTINOTIA	73.111
abscisana	49.183	ACTINOTIINI	73.110
absinthiata	70.179	acuminatana	49.313
absinthii	73.050	acuminatella	35.109
absoluta	35.127	acuta	73.009
absynthiata	70.179	acutellus	63.026
acanthadactyla	45.010	*adaequata*	70.136
ACANTHOLEUCANIA	73.304	ADAINA	45.043
ACANTHOPSYCHE	11.016	adaucta	B96
ACANTHOPSYCHINI	11.016	ADELA	7.006
ACASIS	70.200	*adelaidae*	49.126
accalis	63.0421	ADELIDAE	7.001, B2
accentifera	73.006	ADELINAE	7.001
ACENTRIA	63.115	ADELOIDEA	6.001
ACENTROPINAE	63.114, 63.1141	adelphella	62.017
acerbella	49.0381	adippe	59.020
aceriana	49.283	adjectella	37.008
acerifoliella	15.084	*adjunctana*	49.029
aceris (Acronicta)	73.039	adjunctella	37.068
aceris (Stigmella)	4.012	*adonis*	61.019
acetosae	4.001	ADOXOPHYES	49.041, 49.0411
acetosellae	73.185	ADSCITA	54.002
ACHAEA	72.0811	adscitella	38.017
ACHARIA	53.0011	adspersella	37.104
achatana	49.215	adusta	73.238
achatinella	62.051	adustata	70.208
ACHERONTIA	69.005	adustella	41.002
ACHERONTIINI	69.004, 69.0041	*advena (Orthosia)*	73.248
achilleae	54.005	*advena (Polia)*	73.259
ACHLYA	65.016	advenaria	70.221
ACHROIA	62.005	advenella	62.035
acis	61.017	AEDIA	73.030
ACLERIS	49.061	AEDIINAE	73.030

aegeria	59.003	AGROTERA	63.041
aegon	61.014	agrotina	73.0911
aegopodiella	32.045	AGROTIS	73.315, 73.3271, B104
aegrotalis	63.0381	ahenella (Coleophora)	37.031
aemula	B76	ahenella (Hypochalcia)	62.030
aemulana	49.270	*airae*	38.036
aenea	72.066	ALABONIA	28.022
aeneana	49.113	alacella	35.025
aeneella	4.026	albedinella	14.007
aeneofasciella	4.049	albella	37.004
aequidentellus	47.004	alberganus	59.0081
aerariella	20.019	albersana	49.199
aeratana (Dichrorampha)	49.307	albicans	37.101
aeratana (Dichrorampha)	49.309	*albicapitella (Parachronistis)*	35.162
aeratella	37.001	albicapitella (Paraswammerdamia)	16.019
aerealis	63.010	albiceps	35.162
aereipennis	37.106	albicilla	62.008
aeriferana	49.021	albicillata	70.068
aerugula	74.005	*albicolon*	73.275
aescularia	70.245	albicomella	12.005
aesculi	50.002	*albicornuella*	37.026
aestimaria	70.219	albicosta	37.063
aestivaria	70.305	albidella (Coleophora)	37.050
aestivella	35.055	*albidella (Coleophora)*	37.049
aestuariella	37.079	albidella (Elachista)	38.046
AETHALURA	70.274	albifasciella	4.089
AETHES	49.114	*albifrontella (Caryocolum)*	35.128
aethiops (Erebia)	59.008	albifrontella (Elachista)	38.030
aethiops (Tachystola)	28.024	albifrontella (Syncopacma)	35.005
aethiops (Xenolechia)	35.155	albimacula	73.284
aethopis	28.024	albimaculea	28.005
affinis (Bryotropha)	35.047	*albinella*	38.015
affinis (Cosmia)	73.215	albipalpella	35.007
affinitana	49.103	albipuncta	73.297
affinitata	70.132	albipunctata (Cyclophora)	70.160
aganocarpa	35.139	*albipunctata (Eupithecia)*	70.032
AGAPETA	49.109	albipunctella (Depressaria)	32.045
AGARISTINAE	72.0504	*albipunctella (Nemapogon)*	12.017
AGASSIZIELLA	63.1177	albistria	20.023
agathina	73.356	*albistrigalis*	72.062
AGDISTINAE	45.001	*albistrigatis*	72.062
AGDISTIS	45.001	albitarsella	37.032
agestis	61.015	*alboater*	73.0271
AGLAIS	59.026	ALBOCOSTA	73.310
aglaja	59.019	albovenosa	73.035
AGLOSSA	62.073, 62.0721	albuginana	49.365
agnotana	49.369	albula	74.002
AGONOPTERIX	32.007	*albulalis*	74.002
agrammella	37.069	albulata (Asthena)	70.111
agrimoniae	4.093	albulata (Perizoma)	70.137
agrimoniella	4.093	alburnella	35.150
AGRIOPIS	70.253	alceae	57.0011
AGRIPHILA	63.089	alchemillata	70.133
AGRIUS	69.004, 69.0041	alchimiella	15.008
AGROCHOLA	73.186	alchymista	72.085

alciphron	61.0023	ALUCITIDAE	44.001
ALCIS	70.265	ALUCITOIDEA	44.001
alcyonipennella (Coleophora)	37.106	*alveolus*	57.002
alcyonipennella (Coleophora)	37.035	*alveus*	57.0021
aleella (Aethes)	49.121	*amandana*	49.094
aleella (Parachronistis)	35.162	amani	4.081
aleella (Pseudotelphusa)	35.153	AMATA	72.0501
ALEIMMA	49.060	*amata (Cyclophora)*	70.036
ALEUCIS	70.281	*amata (Timandra)*	70.029
alexis (Glaucopsyche)	61.0131	*amataria (Cyclophora)*	70.036
alexis (Polyommatus)	61.018	*amataria (Timandra)*	70.029
alfacariensis	58.012	amatrix	72.0873
algae (Cryphia)	73.082	ambigua	73.099
algae (Globia)	73.152	ambigualis	63.064
algira	72.087	ambiguella	49.112
alienella	38.025	AMBLYPTILIA	45.010
alismana	49.108	amethystina	B97
allionella	1.003	amethystinella	37.047
allisella	32.006	*amoenana*	49.296
ALLOPHYES	73.068	AMPHIPOEA	73.126
alnetella	4.009	AMPHIPYRA	73.062
alni	73.036	AMPHIPYRINAE	73.062, 73.0641
alniaria (Ennomos)	70.232	AMPHISBATIS	30.004
alniaria (Ennomos)	70.234	amplana	49.343
alnifoliae	37.010	*amyotella*	15.042
alnifoliella	15.067	ANACAMPSINAE	35.001
alpella	17.008	ANACAMPSIS	35.011
alpestrana (Dichrorampha)	49.314	*anacampsoidella*	35.048
alpestrana (Dichrorampha)	49.323	anachoreta	71.029
alpicola (Parornix)	15.031	ANANIA	63.016
alpicola (Xestia)	73.363	ANAPLECTOIDES	73.352
alpina (Eudonia)	63.070	ANARSIA	35.019
alpina (Xestia)	73.363	ANARTA	73.255, 73.257
alpinalis	B52	anastomosis	B75
alpinana (Dichrorampha)	49.320	*anatipenella (Coleophora)*	37.049
alpinana (Dichrorampha)	49.319	anatipennella (Coleophora)	37.049
alpinella (Elachista)	38.028	*anatipennella (Coleophora)*	37.050
alpinella (Platytes)	63.112	ANATRACHYNTIS	34.0111
alpium	73.034	anceps (Apamea)	73.157
alsinella	35.128	anceps (Peridea)	71.016
alsines	73.096	ANCHOSCELIS	73.187
ALSOPHILA	70.245	ancilla	72.0502
alstromeriana	32.031	ancipitella	63.065
alsus	61.010	ANCYLIS	49.201
ALTENIA	35.156	ANCYLODES	62.044
alternana	49.098	ANCYLOLOMIA	63.113
alternaria	70.212	ANCYLOSIS	62.052
alternata (Epirrhoe)	70.061	andalusica	73.278
alternata (Macaria)	70.212	*andereggiella*	20.010
alternella (Cnephasia)	49.050	anderidae	15.069
alternella (Pseudotelphusa)	35.153	andrenaeformis	52.010
alternella (Tortricodes)	49.044	ANEDA	73.276
alticolella (Coleophora)	37.073	ANEPIA	73.286
alticolella (Coleophora)	37.074	ANERASTIA	62.069
ALUCITA	44.001	ANERASTIINI	62.069

angelicella	32.032	ANTITYPE	73.228
ANGERONA	70.230	ANYBIA	40.011
ANGERONINI	70.230	APAMEA	73.154
angliae	59.013	APAMEINI	73.116
anglica	70.191	APANTESIS	B70
anglicata	70.158	APATETRINAE	35.032
anglicella	15.028	APATURA	59.022, B41
anguinalis	63.009	APATURINAE	59.022
angularia (Ennomos)	70.233	APATURINI	59.022
angularia (Fagivorina)	70.269	APEIRA	70.231
angulifasciella	4.094	APHANTOPUS	59.009
angulipennis	63.1177	APHELIA	49.010, 49.033
angustalis	62.070	APHELOSETIA	38.004
angustana	49.111	APHOMIA	62.001, 62.0021
angustea	63.069	apicella (Ancylis)	49.212
angustella (Bryotropha)	35.043	apicella (Coleophora)	37.099
angustella (Nephopterix)	62.032	apicella (Pseudoswammerdamia)	16.014
angusticolella	12.024	apiciaria	70.227
angusticollella	10.006	apicina	72.0021
angustiorana	49.004	apicipunctella	38.032
angustipennella	42.002	apiformis	52.002
angustipennis	12.008	APLASTA	70.296
annadactyla	45.017	APLOCERA	70.192
annularia	70.031	APLOTA	28.027
annulata	70.031	APOCERURA	71.004
annulatella (Coleophora)	37.083	APOCHEIMA	70.246
annulatella (Coleophora)	37.087	APODA	53.001
annulatella (Rhigognostis)	18.005	APODIA	35.060
annulicornis	35.160	apollo	56.001
anomala	73.061	APOMYELOIS	62.039
anomalella	4.015	APORIA	58.005
ANOMINI	72.0011	APOROPHYLA	73.230
ANOMIS	72.0011	APOTOMIS	49.146
ANOMOGYNA	73.363	applana	32.018
ANOMOLOGINAE	35.038	aprica	73.0271
ANORTHOA	73.250	aprilella	35.059
anseripennella	37.039	aprilina	73.224
antennariella	37.067	APROAEREMA	35.010
ANTEQUERINAE	34.001	APTEROGENUM	73.222
ANTHOCHARINI	58.003	aquana	49.295
ANTHOCHARIS	58.003	aquata	B63
ANTHOPHILA	48.001	ARASCHNIA	59.032
anthracinalis	B8	arbutella	49.177
anthraciniformis	52.010	arcella (Argyresthia)	20.015
anthyllidella	35.010	arcella (Nemapogon)	12.021
ANTICHLORIS	72.0252	arceuthata	70.176
ANTICLEA	70.067	arceuthina	20.004
ANTICOLLIX	70.129	ARCHANARA	73.140
ANTIGASTRA	63.051	ARCHIEARINAE	70.203
antiguana	49.193	ARCHIEARIS	70.203
antiopa	59.028	ARCHINEMAPOGON	12.013
antiqua	72.017	ARCHIPINI	49.011, 49.0161
antiquana	49.193	archippus	59.001
ANTISPILA	6.001	ARCHIPS	49.011, 49.0161
antistacta	12.0452	archon	51.0001

ARCTIA	72.026	armoricanus	57.0021
ARCTIINAE	72.019, 72.0251	AROGA	35.094
ARCTIINI	72.019, 72.0251	artaxerxes	61.016
ARCTORNIS	72.008	*artemis*	59.033
ARCTORNITHINI	72.008	artemisiae	73.051
arctostaphyli	37.021	artemisicolella	37.090
arcuatella (*Archinemapogon*)	12.013	*artemisiella* (*Bucculatrix*)	B9
arcuatella (Ectoedemia)	4.096	*artemisiella* (*Coleophora*)	37.101
arcuella	49.179	*artemisiella* (*Euzophera*)	62.050
arcuosa	73.147	artemisiella (Scrobipalpa)	35.120
ardeaepennella	37.052	aruncella	1.004
arenaria (*Coscinia*)	72.032	*arundinata*	63.066
arenaria (Fagivorina)	70.269	arundinetella	35.075
arenella	32.017	*arundinis* (*Nonagria*)	73.136
ARENOSTOLA	73.137	*arundinis* (*Phragmataecia*)	50.003
areola	73.069	asbolaea	28.028
arethusa	59.0132	ASCALPHA	72.0815
ARETHUSANA	59.0132	asella	53.002
argentana	49.046	ashworthii	73.362
argentea	B89	asiatica	74.010
argentella (Elachista)	38.004	asinalis	63.040
argentella (Psamathocrita)	35.063	*aspera*	35.142
argentimaculella	12.006	asperella	17.004
argentina	73.260	aspersana	49.078
argentipedella	4.099	aspidiscana	49.276
argentula (Coleophora)	37.102	ASPILA	49.356
argentula (*Deltote*)	73.027	ASPILAPTERYX	15.015
argiades	61.011	ASPITATES	70.293
argiolus	61.012	ASPITATINI	70.292
ARGOLAMPROTES	35.064	ASSARA	62.047
argoteles	45.045	asseclana	49.051
argus	61.014	assectella	19.011
argyllensis	54.007	assimilata	70.182
ARGYNNINI	59.014, 59.0151	assimilella (Agonopterix)	32.024
ARGYNNIS	59.017, 59.0201, B40	assimilella (Stigmella)	4.040
argyrana	49.363	*assimilis*	73.167
argyrella	62.0181	*associata*	70.092
ARGYRESTHIA	20.001, 20.008, B14, B15	asterella	35.064
ARGYRESTHIIDAE	20.001, B14	asteris (Coleophora)	37.082
ARGYROGRAMMA	73.0092	asteris (Cucullia)	73.055
ARGYROGRAMMATINI	73.003, 73.0091	asteris (Epischnia)	62.031
argyrogrammos	34.011	ASTEROSCOPUS	73.065
argyropeza	4.085	ASTHENA	70.111
ARGYROPLOCE	49.177	ASTHENINI	70.111
argyrospila	49.0161	astrantiae	32.033
ARGYROTAENIA	49.020	*astrarche*	61.015
ARICIA	61.015	atalanta	59.023
aridella (*Elachista*)	38.047	ATELIOTUM	12.0011
aridella (Pediasia)	63.110	ATEMELIA	22.001
aridus	B27	*aterrima*	35.155
arietella	28.014	ATETHMIA	73.219
arion	61.013	athalia	59.036
aristella	28.026	ATHETIS	73.103
ARISTOTELIA	35.050	ATHRIPS	35.084
armigera	73.076	*atlantica* (*Camptogramma*)	70.059

atlantica (*Hipparchia*)	59.013	auromarginella	4.046
atlantica (*Lycia*)	70.250	aurulentella	20.009
atmoriella	20.001	*ausonia*	58.004
ATOLMIS	72.042	australis (Aporophyla)	73.230
atomalis	63.064	*australis* (*Colias*)	58.012
atomaria	70.275	AUTOGRAPHA	73.015
atomella	32.012	AUTOSTICHIDAE	27.001
atra (Acanthopsyche)	11.016	*autumnana*	49.080
atra (Blastodacna)	39.002	autumnaria (Ennomos)	70.232
atra (*Blastodacna*)	39.001	*autumnaria* (*Epirrita*)	70.109
atrata	70.130	autumnata	70.109
atrella (Eulamprotes)	35.081	autumnitella	19.014
atrella (Scrobipalpa)	35.117	AUXIMOBASIS	B26
atricapitana	49.139	*avellana*	53.001
atricapitella	4.061	*avellanella* (*Parornix*)	15.029
atricollis	4.095	avellanella (Semioscopis)	32.001
atricomella	38.025	averilla	73.3031
atrifrontella	4.079	aversata	70.016
atriplicella	35.117	AXYLIA	73.328
atriplicis (Colephora)	37.088	azaleella	15.007
atriplicis (Trachea)	73.106	BACOTIA	11.010
atropos	69.005	BACTRA	49.194
atropunctana	49.159	BACTRINI	49.194
atropunctaria	70.297	badia	34.0111
atrosignaria	70.004	*badiana* (*Aethes*)	49.128
aucupariae	4.025	badiana (Ancylis)	49.214
audouinana	49.058	badiata	70.066
AUGASMA	37.001	badiella	32.038
augur	73.351	badiipennella	37.011
augustana	49.238	baja	73.353
augustella	28.006	bajularia	70.300
aurago	73.180	baliodactylus	45.034
aurana	49.379	balteolella	26.002
aurantiana	49.376	BANKESIA	11.007
aurantiaria	70.254	*bankesiella*	62.031
aurata	63.006	bankiana	73.027
aureatella	1.003	BAPTINI	70.279
aureliana	35.010	*barbalis*	72.056
aurella	4.045	BAREA	28.028
aureola	72.049	*barrettii*	73.278
auriciliella	4.073	*basalella*	4.055
auricoma	73.043	*basalis*	35.104
aurifera	73.004	basaltinella	35.045
auriferella	42.0022	basiguttella	4.058
auriflua	72.013	*basilinea*	73.158
aurifrontella	39.003	basistrigalis	63.063
aurimaculella	14.002	*batavus*	61.002
aurinia	59.033	BATIA	28.015
aurita	49.376	batis	65.008
auritella (Pseudopostega)	5.003	BATRACHEDRA	36.001, 36.0021
auritella (*Stigmella*)	4.035	BATRACHEDRIDAE	36.001, 36.0021
aurocapitella	39.003	*baumanniana*	49.115
aurofasciana	49.169	*baynesi*	57.001
aurofasciella	35.036	beatricella	49.123
auroguttella	15.016	bechsteinella	14.012

bedellella	38.010	bigella	62.049
BEDELLIA	24.001	bigramma	73.315
BEDELLIIDAE	24.001	bilbaensis	49.125
beirnei	4.069	bilinealis	63.1175
belgaria	70.292	bilineata	70.059
belgiaria	70.292	biloba	73.019
bella	72.0341	bilunana	49.254
bellana	49.048	*bilunaria*	70.237
bellargus	61.019	*bimaculana*	49.230
BEMBECIA	52.014	bimaculata (Lomographa)	70.279
bembeciformis	52.003	bimaculata (Megalographa)	B85
BENA	74.007	*bimaculella*	39.006
benanderi (*Coleophora*)	37.083	bimaculosa	73.067
benanderi (*Coleophora*)	37.093	binaevella	62.058
bennetii	45.001	binaria	65.002
berbera	73.063	binderella	37.030
berberata	70.124	*binotapennella*	37.108
bergmanniana	49.063	binotella	41.006
bernoulliella	37.049	biplaga	74.0121
bertrami	45.008	*bipunctana*	62.002
betulae (*Heliozela*)	6.005	*bipunctanus*	62.002
betulae (Ortholepis)	62.011	bipunctaria	70.043
betulae (Parornix)	15.025	bipunctella	33.006
betulae (*Phyllonorycter*)	15.052	bipunctidactyla	45.013
betulae (Thecla)	61.003	bipunctosa	32.027
betulana	49.012	*birdella*	17.014
betularia	70.252	biren	73.272
betulella (Acrolepiopsis)	19.012	*biriviata* (*Epirrhoe*)	70.061
betulella (Coleophora)	37.053	biriviata (Xanthorhoe)	70.050
betulella (*Coleophora*)	37.052	biselata	70.013
betuletana	49.150	*bisetata*	70.013
betulicola (Caloptilia)	15.005	BISIGNA	28.001
betulicola (Stigmella)	4.005	*bisontella*	17.015
betulina	11.011	bisselliella	12.026
betulinella (*Anacampsis*)	35.012	BISTON	70.251
betulinella (Nemaxera)	12.014	BISTONINI	70.246
biangulata	70.064	*bistortata*	70.270
biarcuana	49.207	bistriatella	62.039
biatomella	38.023	bistriga	62.007
bicolorana	74.007	bistrigella	8.005
bicolorata (Hecatera)	73.279	bisulcella	38.018
bicolorata (Macaria)	B67	*biundularia*	70.270
bicolorata (*Plemyria*)	70.084	*biundulata*	70.270
bicolorella	37.030	biviella	62.061
bicoloria (Leucodonta)	71.019	*bivittata*	72.032
bicoloria (*Mesoligia*)	73.172	bjerkandrella (Tebenna)	48.004
bicostella	28.025	*bjerkandrella* (*Tebenna*)	48.005
bicruris	73.281	blancardella (Phyllonorycter)	15.046
bicuspis	71.006	*blancardella* (*Phyllonorycter*)	15.047
bidentata	70.240	blanda	73.097
bifaciata	70.134	blandella (Brachmia)	35.028
bifasciana (Piniphila)	49.180	blandella (Caryocolum)	35.134
bifasciana (Spatalistis)	49.058	blandelloides	35.135
bifida	71.007	blandiata	70.136
bifractella	35.060	*blandina*	59.008

blandulella	35.137	*britannica* (*Lycia*)	70.250
BLASTOBASIDAE	41.001, B26	*britannica* (*Pachetra*)	73.262
BLASTOBASIS	41.001	*britannica* (*Philereme*)	70.119
BLASTODACNA	39.001	*britannica* (*Pieris*)	58.008
BLASTOTERE	20.001	*britannica* (*Pseudoips*)	74.008
blattariae (*Anacampsis*)	35.011	britannica (Thera)	70.079
blattariae (*Anacampsis*)	35.012	*britannicus*	56.003
blattariella	35.012	britanniodactylus	45.028
blenna	73.269	BRITHYS	73.3062
blomeri	70.116	brizella	35.052
BOARMIINI	70.257, 70.2571	brockeella	20.011
boeticus	61.008	brongniardella	15.019
BOHEMANNIA	4.071	brumata	70.106
boisduvaliella	62.019	*brunichiana*	49.284
boleti	12.010	brunnea	73.332
BOLETOBIINAE	72.066	brunnearia	70.262
BOLORIA	59.014, 59.0151	brunneata	70.217
bombycina (*Papestra*)	73.272	*brunneella*	32.038
bombycina (Polia)	73.259	brunnichana	49.231
BOMBYCOIDEA	67.001, 68.0011	*brunnichella* (*Epinotia*)	49.231
BOMOLOCHA	72.007	brunnichella (Stephensia)	38.003
bondii	73.148	*brunnichiana* (*Epiblema*)	49.284
bonnetella	20.022	*brunnichiana* (*Epinotia*)	49.231
borealis	72.024	*brunnichiella*	38.003
boreata	70.105	BRYOLEUCA	73.083
boreella	35.042	BRYOPHILA	73.083, 73.084
borelii	73.122	BRYOPHILINAE	73.082
BORKHAUSENIA	28.011	BRYOPSIS	73.085
borreonella	12.007	BRYOTROPHA	35.038, B17
boscana	49.085	BUCCULATRICIDAE	14.001, B9
botrana	49.182	BUCCULATRIX	14.001, B9
BOUDINOTIANA	70.204	bucephala	71.025
bowesi (*Cleora*)	70.263	BUCKLERIA	45.029
bowesi (*Hellinsia*)	45.042	buettneri	73.135
boyerella	14.007	*bulgarica*	73.073
BRACHIONYCHA	73.066	buoliana	49.305
BRACHMIA	35.028	BUPALINI	70.276
brachydactylus	45.036	BUPALUS	70.276
BRACHYLOMIA	73.220	*burrenensis*	*70.293*
bractea	73.018	CABERA	70.277
bractella	28.021	CABERINI	70.277
bradfordi	4.073	caca	72.0254
bradleyi	40.007	CACOECIMORPHA	49.030
branderiana	49.145	CACYREUS	61.0081
brassicae (Mamestra)	73.274	CADRA	62.066
brassicae (Pieris)	58.006	caecana	49.350
BRASSOLINI	59.0134	caecimaculana	49.263
brevilinea	73.150	*caenosa*	72.014
briseis	59.0133	CAENURGINA	B80
britanna	61.012	caernensis	61.014
britanniae (*Idaea*)	70.014	caeruleocephala	73.033
britanniae (*Pyronia*)	59.011	*caesia* (*Hadena*)	73.285
britannica (*Anthocharis*)	58.003	*caesia* (*Swammerdamia*)	16.017
britannica (*Apamea*)	73.165	caesiata	70.072
britannica (*Arctia*)	72.027	*caesiella* (*Agapeta*)	49.109

caesiella (*Paraswammerdamia*)	16.019	cana	49.265
caesiella (Swammerdamia)	16.015	canapennella	38.037
caespititiella (Coleophora)	37.069	*candidata*	70.111
caespititiella (*Coleophora*)	37.073	candidula	73.086
cagnagella	16.004	*candidulana*	49.273
cahiritella	62.067	canella	62.043
cahorsensis	38.009	CANEPHORA	B4
caja	72.026	caninae	B92
CALAMIA	73.116	caniola	72.047
CALAMOTROPHA	63.079	*cannae*	73.152
c-album	59.031	capensis	73.0771
calcatrippae	73.277	capitella	9.001
caledonensis	54.004	CAPPERIA	45.028
caledonia	59.008	caprana	49.229
caledoniana	49.064	caprealis	62.073
caledoniella	15.052	capreana	49.151
calida	58.012	*capreella*	14.005
calidella	62.068	capreolella	32.022
calidoniana	49.064	caprimulgella	12.023
caliginosa (Acosmetia)	73.078	*capsincola*	73.281
caliginosa (Noctua)	73.346	*capsophila*	73.286
CALIGO	59.0134	captans	12.004
CALLIMORPHA	72.029	captiuncula	73.146
CALLISTEGE	72.084	CAPUA	49.009
CALLISTO	15.022	capucina	71.021
CALLITEARA	72.015	caradjai	27.002
CALLOPHRYS	61.005	CARADRINA	73.092
CALLOPISTRIA	73.080	CARADRININI	73.092
callunae	66.007	cararia	70.209
callunaria	70.177	*carbonana* (*Endothenia*)	49.189
CALOCESTRA	73.255	*carbonana* (*Endothenia*)	49.190
calodactyla (*Amblyptilia*)	45.010	carbonaria	70.216
calodactyla (Platyptilia)	45.005	CARCHARODUS	57.0011
CALOPHASIA	73.059	CARCINA	31.001
CALOPTILIA	15.002	cardamines	58.003
CALOSPILOS	70.206	carduella	32.013
CALOTHYSANIS	70.023, 70.0281	cardui	59.024
CALOTRIPIS	47.003	*caricis*	38.045
CALPINAE	72.0012	*carinisella*	38.045
calthella	1.005	*carlinella* (*Metzneria*)	35.055
calvella	11.018	*carlinella* (*Phycitodes*)	62.057
CALYBITES	15.017, B10	carmelita	71.023
calycotomella	37.037	*carnella*	62.021
CALYMNIA	73.216	*carnica*	73.363
cambrica	70.115	CARPATOLECHIA	35.148
cambricaria	70.115	carphodactyla	45.039
cambridgei	63.0761	carpinata	70.202
camelina	71.021	carpinella (Parornix)	15.027
CAMERARIA	15.089	carpinella (Stigmella)	4.033
camilla	59.021	*carpinicolella*	15.065
CAMPAEA	70.283	CARSIA	70.191
CAMPAEINI	70.283	CARTEROCEPHALUS	57.004
campanulata	70.185	CARYOCOLUM	35.128
campoliliana	49.269	*cassentiniellus*	63.105
CAMPTOGRAMMA	70.059	cassiae	59.0136

cassiteridum	59.010	ceratoniae	62.040
CASSYMINI	70.207	CERATOPHAGA	12.0421
casta	11.012	cerealella	35.034
castanea	73.355	*certata*	70.122
castaneae	50.003	CERURA	71.003
castigata	70.190	CERURINAE	71.003
CASTNIIDAE	51.0001	cerusella	38.039
castrensis	66.004	cerussella	63.111
CATACLYSMINI	70.039	cervinalis (Hydria)	70.122
CATACLYSTA	63.116	cervinalis (*Larentia*)	70.070
catalaunalis	63.051	*cervinata*	70.070
catalaunensis	73.326	*cespitalis*	63.005
CATAPLECTICA	47.007	cespitana	49.164
CATARHOE	70.056	cespitis	73.252
CATASTIA	B50	CEUTHOLOPHA	62.0291
CATEPHIA	72.085	*chaerophyllata*	70.130
catharticella	4.014	chaerophyllella	47.005
CATOCALA	72.075, 72.0873	chaerophylli	32.047
CATOCALINI	72.075, 72.0873	chalcites	73.008
catoptrana	49.271	chalcogrammella	37.045
CATOPTRIA	63.096	chamomillae	73.053
CAUCHAS	7.009	*chaonia*	71.011
cauchiata	B64	*characterea*	73.155
cauchyata	B64	CHARADRA	73.0321
caudana	49.071	CHARANYCA	73.101
caudella	17.001	*chariclea*	58.006
cautella (Cadra)	62.067	CHARISSA	70.287
cautella (*Gelechia*)	35.105	*charlotta*	59.019
cavella	15.059	CHAZARA	59.0133
CEDESTIS	16.021	chenopodiata	70.045
CELAENA	73.118	*chenopodiella*	43.007
CELASTRINA	61.012	CHESIADINI	70.191
celerella	35.096	CHESIAS	70.195
celerio	69.018	chi	73.228
CELYPHA	49.160	CHIASMIA	70.218
cembrae	63.062	CHILO	63.077
cembrella	63.062	CHILODES	73.100
CEMIOSTOMINAE	21.003	CHILOIDES	49.198
centaureata	70.173	CHIMABACHIDAE	29.001
centifoliella	4.017	CHIONODES	35.095
centonalis	74.005	chiridota	64.0001
centrago	73.219	chlamitulalis	74.006
centrostrigalis	B54	*chlamytulalis*	74.006
centrostrigaria	70.0581	CHLIDANOTINAE	49.001
centurionalis	63.067	CHLOANTHA	73.112
cephalonica	62.004	CHLOEPHORINAE	74.007, 74.0121
CEPHIMALLOTA	12.024, B7	CHLOEPHORINI	74.007
CEPPHIS	70.221	chloerata	70.143
CERAMICA	73.271	*chlorana*	74.011
CERAPTERYX	73.254	CHLORISSA	70.306
cerasana	49.025	CHLOROCHLAMYS	70.3051
cerasi	73.244	CHLOROCLYSTA	70.095
cerasicolella	15.050	CHLOROCLYSTIS	70.142
cerasivorella	37.016	chloroleucaria	70.3051
CERASTIS	73.336	chlorosata	70.222

choragella	12.010	cinnamomella	62.052
CHOREUTIDAE	48.001	cinxia	59.034
CHOREUTINAE	48.001	*circe*	63.0022
CHOREUTIS	48.006	circellaris	73.192
CHOREUTOIDEA	48.001	circumflexa	73.020
CHORISTONEURA	49.017	circumvoluta	62.042
christiernana	32.051	CIRRHIA	73.182
christyi	70.108	cirrigerella	62.041
chrysantheana	49.050	cirsiana	49.286
chrysanthemella	14.004	CISSEPS	72.0503
chryseis	B40	citrago	73.179
chrysidiformis	52.015	citrana	49.219
chrysitis	73.012, B83	*citraria*	70.294
CHRYSOCLISTA	39.005	citrata	70.098
chrysocomae	45.042	citrella	15.0931
CHRYSOCRAMBUS	63.105	citri	22.0041
CHRYSODEIXIS	73.008, 73.0091	citrinalis	32.051
CHRYSOESTHIA	35.035	*cladiella*	19.002
chrysolepidella	2.002	*clarensis* (*Eupithecia*)	70.183
chryson	73.011	*clarensis* (*Hipparchia*)	59.013
chrysonuchella	63.107	clathrata	70.218
CHRYSOPELEIINAE	34.012	claustrella	11.010
chrysoprasaria	70.302	clavaria	70.070
chrysorrhoea (Euproctis)	72.012	CLAVIGESTA	49.303
chrysorrhoea (*Euproctis*)	72.013	clavipalpis	73.095
CHRYSOTEUCHIA	63.080	clavis	73.320
chrysozona	73.280	clematella	12.021
cicadella	43.011	*clemensella*	36.001
cicatricella (Eriocrania)	2.006	cleopatra	58.014
cicatricella (Friedlanderia)	63.078	CLEORA	70.263
cidarella	14.008	CLEORODES	70.288
CIDARIA	70.085	CLEPSIS	49.035, 49.0371, B30, B31
CIDARIINI	70.077	clerkella	21.001
cilialis	63.013	CLETHROGYNA	72.018
ciliatella	35.046	*clinosema*	35.065
ciliella (Agonopterix)	32.019	clintoni	35.122
ciliella (*Falseuncaria*)	49.142	cloacella	12.016
cilium	73.088	clorana	74.011
CILIX	65.007	cloraria	70.307
cinctana	49.007	CLOSSIANA	59.014
cinctaria	70.263	CLOSTERA	71.027, B75
cinctella (Elachista)	38.017	clypeiferella	37.107
cinctella (Syncopacma)	35.002	CLYTIE	72.0872
cincticulella	35.006	CNAEMIDOPHORUS	45.022
cinerea (Acronicta)	73.044	CNEPHASIA	49.049, 49.050, 49.0412, B33
cinerea (Agrotis)	73.316	CNEPHASIELLA	49.049
cinereana	49.256	CNEPHASIINI	49.042, 49.0412
cinerella	35.026	cnicana	49.127
cinereopunctella	38.041	cnicella	32.034
cinerosella	62.050	cnicicolana	49.287
cingillella	38.013	c-nigrum	73.359
cingulata (Agrius)	69.0041	*cochylidella*	12.019
cingulata (Pyrausta)	63.003	COCHYLIDIA	49.129
ciniflonella	32.005	COCHYLIMORPHA	49.097
cinnamomeana	49.023	COCHYLINI	49.092

COCHYLIS	49.133	comptana	49.205
CODONIA	70.035	compunctella	16.018
COENOBIA	73.142	*concinnata*	70.097
COENOCALPE	70.125	*concolor*	73.149
COENONYMPHA	59.004	*concomitella*	15.046
COENONYMPHINI	59.004	CONDICA	73.0771
COENOPHILA	73.364	CONDICINAE	73.078, 73.0771
coenosa	72.014	CONDICINI	73.078, 73.0771
COENOTEPHRIA	70.102	*confinis*	35.049
coerulata	70.075	*conflua*	73.333
coffearia	49.0201	*conformis*	73.203
coffeella	15.023	confusa (Hadena)	73.283
cognata (*Eupithecia*)	70.187	confusa (Macdunnoughia)	73.010
cognata (Thera)	70.078	confusalis	74.004
cognatana	49.328	*confusella* (*Infurcitinea*)	12.004
cognatella	16.004	*confusella* (*Infurcitinea*)	12.005
COLEOPHORA	37.002, B22	confusella (Stigmella)	4.003
COLEOPHORIDAE	37.001, B22	congelatella	49.043
COLEOTECHNITES	35.159	congressariella	35.016
COLIADINAE	58.010	conicolana	49.330
COLIADINI	58.010	coniferana	49.332
COLIAS	58.010, B39	*coniferata*	70.078
collitella	38.006	conigera	73.290
COLOBOCHYLA	72.068	CONISANIA	73.278
COLOBURA	59.0221	CONISTRA	73.194
COLOCASIA	73.032	*conjugata*	70.023
colonella	62.001	conjugella	20.019
colongella	B7	conjuncta	72.077
COLOSTYGIA	70.099	CONOGETHES	63.0521
COLOTOINI	70.244	*conscripta*	35.018
COLOTOIS	70.244	*conscriptella*	35.018
colquhounana	49.048	consequana	49.226
columbariella	12.031	*consignata*	70.174
comae	70.029	consimilana	49.038
comai	70.029	consobrinalis	62.0761
comariana (Aclerís)	49.065	consocia	73.204
comariana (*Aclerís*)	49.066	consociella	62.038
combinella	16.014	consonaria	70.272
comes	73.345	consortana	49.312
COMIBAENA	70.300	*consortaria*	70.268
COMIBAENINI	70.300	consortella	38.048
comitata	70.069	*conspersa*	73.283
comma (Hesperia)	57.008	conspersana	49.056
comma (Leucania)	73.301	conspersella	35.067
commoides	B101	conspicillaris	73.251
COMMOPHILA	49.113	*conspicuata*	70.220
communana	49.055	conspicuella	37.058
comparana (*Aclerís*)	49.065	conspurcatella	11.007
comparana (*Aclerís*)	49.066	*constrictaria*	70.172
comparella	15.087	*constrictata*	70.172
complana	72.046	*contaminana*	49.070
complanella	10.001	contaminella	63.109
complanula	72.045	*conterminana*	49.275
compositella	49.347	conterminella	32.010
compta	73.282	*contigua* (*Caryocolum*)	35.138

contigua (Lacanobia)	73.265	costana	49.037
contiguaria	70.014	costella (Scrobipalpa)	35.123
continuella	4.044	*costella* (*Ypsolopha*)	17.010
conturbatella	40.001	costipunctana (Epiblema)	49.289
convolutella	62.045	*costipunctana* (*Pammene*)	49.363
convolvuli	69.004	*costosa*	32.030
conwagana	49.091	COSYMBIINI	70.030
conwayana	49.091	*crabroniformis*	52.003
conyzae	37.036	craccae	72.064
COPIPANOLIS	73.0641	CRAMBIDAE	63.001, 63.0381, B52
COPITARSIA	73.0581	CRAMBINAE	63.076, 63.0761
COPTOTRICHE	10.003	CRAMBUS	63.081, 63.0881
coracina	70.289	*cramerella*	15.034
coracipennella	37.014	*crameri*	58.004
CORANARTA	73.258	CRANIOPHORA	73.047
CORCYRA	62.004	CRASSA	28.013
cordigera	73.258	*crassa*	73.315
coriacana	49.0371	crassalis	72.007
coridon	61.020	crassiflavella	12.024
cornella (*Argyresthia*)	20.015	crassiorella	11.013
cornella (*Scythropia*)	25.001	crassiuscula (Caenurgina)	B80
CORNUTIPLUSIA	73.020	crassiuscula (Scythris)	43.005
corollana	49.331	*crataegana*	49.014
coronata (Anania)	63.018	*crataegata*	70.226
coronata (*Chloroclystis*)	70.142	crataegella (Eudonia)	63.067
coronillaria	70.298	crataegella (Scythropia)	25.001
coronillella (*Syncopacma*)	35.001	crataegella (Stigmella)	4.023
coronillella (*Syncopacma*)	35.006	crataegi (Aporia)	58.005
CORORTHOSIA	73.247	*crataegi* (*Bucculatrix*)	14.012
corticana (*Apotomis*)	49.149	crataegi (Trichiura)	66.002
corticana (*Zeiraphera*)	49.260	craterella	63.106
corticea	73.320	*cratipennella*	37.070
corticella (*Lampronia*)	9.003	*cremiaria*	B72
corticella (*Nemaxera*)	12.014	crenana	49.241
corylana	49.024	crenata (Apamea)	73.156
corylata	70.086	crenata (Gluphisia)	71.026
coryli (Colocasia)	73.032	*crepuscularia* (*Ectropis*)	70.270
coryli (Phyllonorycter)	15.064	*crepuscularia* (*Ectropis*)	70.271
corylifoliella	15.052	crepusculella	5.004
COSCINIA	72.032	*cretacella*	62.057
COSMARDIA	B21	*cretaceus*	61.014
COSMIA	73.214	*cretata*	70.043
cosmodactyla	45.011	*cribralis*	72.052
cosmophorana	49.334	cribraria	72.032
COSMOPTERIGIDAE	34.001, 34.0111	*cribrella*	62.042
COSMOPTERIGINAE	34.004, 34.0111	*cribrum*	72.032
COSMOPTERIX	34.005	cribrumalis	72.052
COSMORHOE	70.087	crinanensis	73.129
COSSIDAE	50.001	crini	73.3062
COSSINAE	50.001	crisonalis	63.1173
COSSOIDEA	50.001, 51.0001	cristana	49.076
COSSUS	50.001	cristatella	14.001
COSTACONVEXA	70.058, 70.0581	cristella	B49
costaestrigalis	72.061	*cristulalis*	74.004
costalis	62.075	CROCALLIS	70.241

croceago	73.199	CYDALIMA	63.054
crocealis	63.022	CYDIA	49.324, 49.3411, B37
croceus	58.010	*cydippe*	59.020
crocicapitella	12.039	*cydoniella*	15.047
CROCIDOSEMA	49.261	cydoniella	B12
crocogrammos	37.038	*cygnipennella*	38.004
croesella	7.008	*cygnipennis*	38.004
CROMBRUGGHIA	45.026	*cylindrella*	42.002
cruciana	49.238	CYMATOPHORINA	65.014
cruciata	53.002	CYMOLOMIA	49.176
cruciferarum	18.001	CYNAEDA	63.056
cruda	73.245	cynosbatella	49.292
CRYPHIA	73.082	*cythisaria*	70.297
CRYPSEDRA	73.117	*cytisaria*	70.297
crypta	73.313	cytisella	35.065
cryptella	4.065	DAHLICA	11.003
CRYPTOBLABES	62.007, 62.0071	DAHLICINI	11.003
CRYPTOBLABINI	62.007	dahlii	73.331
CTENOPLUSIA	73.005	*dalella*	18.004
cucubali	73.276	DANAINAE	59.001
cuculata	70.056	DANAUS	59.001
cuculipennella	15.002	DAPHNIS	69.011, 69.0111
cuculla	71.022	daplidice	58.009
cucullatella	74.003	dardoinaria	70.242
CUCULLIA	73.050, B89, B90	DASYCAMPA	73.197
CUCULLIINAE	73.050, 73.0581	DASYCERA	28.020
cucullina	71.022	DASYPOLIA	73.234
culiciformis	52.007	DASYSTOMA	29.003
culmella	63.080	daucella	32.039
cultraria	65.003	*daucellus*	47.004
cuneatella	35.103	*davus*	59.004
CUPIDO	61.010	dealbana	49.279
cuprariella	37.034	*dealbata*	70.291
cuprea	73.013	deauratella (Coleophora)	37.046
cuprealis	62.073	deauratella (Oegoconia)	27.003
cuprella	7.007	*deauratella (Oegoconia)*	27.001
cupressata	70.083	debiliata	70.145
cupressella	20.007	*decemguttella*	33.001
cupriacella	7.003	decentella	4.076
currucipennella	37.054	deceptoria	73.025
cursoria	73.311	*deciduana*	49.337
curtisella	22.002	decimalis	73.253
curtula	71.027	*declaratella*	35.016
curvatula	65.004	decoloraria	70.048
curvella (Argyresthia)	20.015	*decolorata*	70.138
curvella (Argyresthia)	20.022	*decolorella*	41.003
curvipunctosa	32.020	decorata	B58
curvistrigana	49.100	decorella (Carpatolechia)	35.148
curzoni	70.177	*decorella* (Mompha)	40.005
cuspis	B87	*decrepidella*	35.041
cyaneimarmorella	12.008	decrepitalis	63.036
CYANIRIS	61.017	*decreta*	54.010
cybele	59.0201	*decretana*	49.012
CYBOSIA	72.038	*deflorata*	72.0282
CYCLOPHORA	70.030	defoliaria	70.256

degeerella	7.001	DIACHRYSIA	73.011, B84
degenerana	B105	DIACRISIA	72.023
degeneraria	70.017	DIALECTICA	15.020, 15.0201
degreyana	49.141	diana	48.006
DEILEPHILA	69.016	DIANOBIA	73.264
DEILEPTENIA	70.264	DIAPHANIA	63.0491, B53
delius	56.0003	DIAPHORA	72.022
delphinii	73.077	DIARSIA	73.331
DELPLANQUEIA	62.015	DIASEMIA	63.043, 63.0421
DELTOTE	73.024, 73.025	DIASEMIOPSIS	63.044
delunella	63.072	DIATARAXIA	73.267
demarniana	49.243	DICALLOMERA	72.016
demaryella	14.013	DICHAGYRIS	73.310
demuthi	73.132	DICHELIA	49.034
DENDROLIMUS	66.009	DICHOMERIDINAE	35.021
DENISIA	28.004	DICHOMERIS	35.021
denotata	70.185	DICHONIOXA	73.227
densicornella	38.013	*dichrodactylus*	45.009
densicornuella	38.013	DICHRORAMPHA	49.309
dentalis	63.056	DICRANURINAE	71.008
dentaria	70.237	*dictaea*	71.017
dentella (Phaulernis)	47.002	*dictaeoides*	71.018
dentella (Ypsolopha)	17.003	DICYCLA	73.218
DENTICUCULLUS	73.144	didyma (Melitaea)	59.035
denticulella	15.022	didyma (Mesapamea)	73.170
dentina	73.273	*didyma (Mesapamea)*	73.169
deplana (Eilema)	72.043	didymata	70.131
deplana (Lithosia)	72.041	diffinis (Cosmia)	73.214
deponens	72.0012	diffinis (Teleiopsis)	35.147
depressa	72.043	difflualis	63.1141
depressana	32.048	diffluella	35.124
DEPRESSARIA	32.036, B16	DIGITIVALVA	19.009, B13
DEPRESSARIIDAE	32.001, B16	dilectella	20.006
DEPRESSARIINAE	32.001	DILOBA	73.033
DEPRESSARIINI	32.003	DILOBINAE	73.033, 73.0331
DEPRESSARIODES	32.005	DILOPHONOTINI	69.008
depressella	32.048	dilucidana	49.122
deprivata	73.3271	diluta (Cymatophorina)	65.014
depuncta	73.366	*diluta (Delplanqueia)*	62.015
derasa	65.009	*diluta (Pempeliella)*	62.014
derasana	49.210	dilutaria (Idaea)	70.005
derasella	35.024	*dilutaria (Idaea)*	70.006
deridens	73.0321	dilutata	70.107
derivalis	72.051	dilutella	62.015
derivata	70.067	*dimidiana*	49.159
derivatella	37.103	dimidiata	70.011
desertella	35.041	dimidiatus	62.0721
deshaisiana	49.3411	*dimidioalba*	49.156
designata	70.053	diminutalis	63.1171
desperatella	4.029	diminutana	49.209
despicata	63.005	*diniana*	49.257
DEUDORIGINI	61.0071	DINUMMA	72.0012
deviella	37.091	DIORYCTRIA	62.025
devoniella	15.029	DIPHTHERA	72.0813
dia	59.0151	diplaspis	42.0021

DIPLODOMA	11.001	*douglasii* (*Bankesia*)	11.007
DIPLOPSEUSTIS	63.042	*douglasii* (*Dahlica*)	11.004
dipoltella	49.118	DOUGLASIIDAE	26.001
dipsacea	73.072	DOUGLASIOIDEA	26.001
dirce	59.0221	DREPANA	65.004
discidia	4.006	DREPANIDAE	65.001
discipunctella	32.049	DREPANINAE	65.001
discordella	37.044	DREPANOIDEA	65.001
disertella	38.007	dromedarius	71.012
DISMORPHIINAE	58.001	drupiferarum	69.0061
dispar (Lycaena)	61.002	*drurella* (*Chrysoesthia*)	35.035
dispar (*Lymantria*)	72.011	*drurella* (*Cosmopterix*)	34.007
dispilella	38.005	*druryella*	34.007
dispunctella (*Elachista*)	38.007	DRYADAULA	12.009
dispunctella (*Elachista*)	38.009	DRYADAULINAE	12.009
dissimilis	73.266	dryadella (Bryotropha)	35.044
dissoluta	73.141	dryadella (Stigmella)	4.050
distans	45.026	DRYAS	59.0137
distentella	15.068	DRYMONIA	71.010
distinctana	49.253	DRYOBOTA	73.223
distinctaria	70.172	DRYOBOTODES	73.225
distinctata	70.281	dubiella	12.028
distinctella	35.095	*dubitalis*	63.066
distinguenda (*Stigmella*)	4.006	dubitana	49.137
distinguenda (*Stigmella*)	4.008	dubitata	70.123
ditella	12.043	dubitella	15.057
ditrapezium	73.360	*dubrisana*	49.116
DITULA	49.004	*dulcella*	4.047
DIURNEA	29.001	dumerilii	73.130
diversa	4.038	dumetana	49.027
diversana	49.017	*dumetata*	70.286
dives (Graphania)	B102	*dumetella*	63.085
dives (Graphania)	73.3031	dumi	B56
divisella (Mompha)	40.005	duplana (Rhyacionia)	B36
divisella (Monochroa)	35.072	*duplana* (*Rhyacionia*)	49.308
dodecea (Ethmia)	33.001	duplaris	65.013
dodecea (*Exoteleia*)	35.160	duplicella	11.002
dodecea (*Pseudotelphusa*)	35.154	DUPONCHELIA	63.046
dodecella	35.160	duratella	B32
dodonaea (Drymonia)	71.010	*durdhamellus*	35.027
dodonaea (Tischeria)	10.002	DYPTERYGIA	73.105
dodoneata	70.157	DYPTERYGIINI	73.105
dolabraria	70.224	DYSAUXES	72.0502
DOLICHARTHRIA	63.050	DYSCIA	70.292
dolobraria	70.224	DYSERIOCRANIA	2.001
domestica (Bryophila)	73.084	DYSGONIA	72.087
domestica (Bryotropha)	35.038	dysodea	73.280
dominula	72.029	DYSSTROMA	70.097
DONACAULA	63.121	DYSTEBENNA	39.004
dorsana (Dichrorampha)	49.321	EANA	49.045, 49.047
dorsana (Grapholita)	49.351	EARIAS	74.011, 74.0121
dorylas	B48	EAROPHILA	70.066
dotata	70.091	*eburnata*	70.014
doubledayana	49.168	ECCOPISA	62.046
douglasella	32.044	ECLIPTOPERA	70.094

ECTOEDEMIA	4.074, 4.082
ECTROPIS	70.270
edmandsii	62.060
edusa	58.010
efformata	70.193
effractana	49.072
effractella	62.046
egenaria	70.164
EGIRA	73.251
EIDOPHASIA	18.007
EILEMA	72.043
ekebladella	10.001
ELACHISTA	38.004, 38.019, B23, B24, B25
ELACHISTIDAE	38.001, B23
ELAPHRIA	73.091, 73.0911
ELAPHRIINI	73.090, 73.0911
electa	72.079
ELECTROPHAES	70.086
ELEGIA	62.009
eleochariella	38.044
eleus	61.001
elinguaria	70.241
elocata	72.080
elongaria	70.0041
elongella (Caloptilia)	15.004
elongella (Monochroa)	35.069
ELOPHILA	63.114, 63.1141
elpenor	69.016
elutalis	63.033
elutata	70.074
elutella	62.064
elymi	73.138
ELYMNIINI	59.002, 59.0021
emargana	49.071
emarginata	70.015
EMATURGA	70.275
emberizaepenella	15.076
emeritella	B16
EMMELIA	73.029
EMMELINA	45.044
emortualis	72.070
emortuella	12.014
empetrella	43.009
EMPYREUMA	72.0251
emutaria	70.028
ENARGIA	73.211
ENARMONIA	49.200
ENARMONIINI	49.199
ENDOTHENIA	49.186
ENDOTHENIINI	49.186
ENDOTRICHA	62.077, 62.0761
ENDOTRICHINI	62.077, 62.0761
ENDROMIDAE	67.001
ENDROMIS	67.001
ENDROSIS	28.009
ENNOMINAE	70.205, 70.2361
ENNOMINI	70.231, 70.2361
ENNOMOS	70.232, 70.2361, B71
ENTEPHRIA	70.071
ENTEUCHA	4.001
EPAGOGE	49.005
EPERMENIA	47.003
EPERMENIIDAE	47.001
EPERMENIINAE	47.001
EPERMENIINI	47.003
EPERMENIOIDEA	47.001
ephemeraeformis	B6
ephemerella	63.115
EPHESTIA	62.063
ephippella	20.021
EPIBLEMA	49.284
EPICALLIMA	28.018
EPICHNOPTERIGINAE	11.014
EPICHNOPTERIGINI	11.014
EPICHNOPTERIX	11.014
EPICHORISTODES	49.0381
EPIGRAPHIINI	32.001
epilobiella (Mompha)	40.010
epilobiella (*Mompha*)	40.011
EPINOTIA	49.228
EPIONE	70.227
EPIONINI	70.226
epiphron	59.007
EPIPHYAS	49.039
EPIRRHOE	70.060
EPIRRITA	70.107
EPISCHNIA	62.031
EPISEMINI	73.178
EPIZEUXIS	B76, B77
epomidion	73.155
eppingella	11.011
equestrata	B73
equitella	19.004
ERANNIS	70.256
EREBIA	59.006, 59.0081
EREBIDAE	72.001, 72.0011, B76
EREBIINI	59.006, 59.0081
EREBINAE	72.075, 72.0811
erectana	49.349
eremita	73.225
EREMOBIA	73.120
ericella	63.084
ericetana (*Endothenia*)	49.192
ericetana (*Gypsonoma*)	49.282
ericetaria (*Perizoma*)	70.135
ericetaria (*Selidosema*)	70.262
ericetata	70.135
ericetella	35.017
ericinella	35.050

eridania	73.0891	EULITHIS	70.089
erigerana	49.131	EUMAEINI	61.005
erigerella	37.085	EUMICHTIS	73.235
ERIOCRANIA	2.003	EUPATULA	B82
ERIOCRANIIDAE	2.001	euphorbiae (Acronicta)	B88
ERIOCRANIOIDEA	2.001	*euphorbiae (Acronicta)*	73.044
ERIOGASTER	66.005	euphorbiae (Hyles)	69.013
ERIOGASTRINI	66.005	*euphorbiana*	49.181
ERIOPINAE	73.080	*euphorbiata*	70.117
ERIOPSELA	49.218	euphrosyne	59.014
ERIOPYGINI	73.306	EUPHYDRYAS	59.033
ERIOPYGODES	73.306	EUPHYIA	70.064
eriosoma	73.0091	EUPHYIINI	70.064
eriphia	72.0253	EUPITHECIA	70.146, 70.1561, B64, B65
erippus	59.001	EUPITHECIINI	70.141, 70.1561
erminea	71.004	EUPLAGIA	72.030
erosaria	70.236	EUPLEXIA	73.114
eruta	73.313	EUPLOCAMUS	B8
erxlebella	13.002	EUPOECILIA	49.111
ERYNNIS	57.001	EUPROCTIS	72.012
erythrocephala	73.198	EUPSILIA	73.210
erythrogenella	4.092	eurema	4.066
eskoi	38.027	EURHODOPE	62.041
esperella	15.065	EUROIS	73.350
ESPERIA	28.019	EUSPILAPTERYX	15.016
ETAINIA	4.074	EUSTIXIA	63.0661
ETHMIA	33.001	EUSTROMA	70.088
ETHMIIDAE	33.001	EUSTROTIINAE	73.024
ETHMIINAE	33.001	EUTHALES	73.082
ETIELLA	62.020	EUTHRIX	66.010
EUBLEMMA	72.071	EUTRACHIA	49.045
EUCARTA	73.079, B97	*eutyphron*	61.013
EUCHALCIA	73.013	EUXOA	73.311
EUCHLOE	58.004	EUZOPHERA	62.048, 62.0491
EUCHOECA	70.112	EVERES	61.011
EUCHROMIA	72.0271	EVERGESTIS	63.057
EUCHROMIUS	63.076, 63.0761	evonymella	16.001
EUCLEMENSIA	34.003	EXAERETIA	32.005, 32.006
EUCLIDIA	72.083	*exanthemaria*	70.278
EUCLIDIINI	72.083	exanthemata	70.278
EUCOSMA	49.264	EXAPATE	49.043, B32
EUCOSMINI	49.218, 49.2981	*excelsa*	35.112
EUCOSMOMORPHA	49.199	exclamationis	73.317
EUDARCIA	12.003	exigua	73.087
EUDEMIS	49.143	exiguata	70.184
EUDIA	68.001	*exiguella*	38.048
EUDONIA	63.067	*eximia*	34.005
EUDRYAS	72.0504	*exoleta*	73.208
EUDYSCIA	70.292	EXOTELEIA	35.160
EUGNORISMA	73.365	*expallidana (Cnephasia)*	49.057
EUGNOSTA	B34	*expallidana (Eucosma)*	49.264
EUHYPONOMEUTA	16.009	expallidata	70.180
EULAMPROTES	35.079	*expolita*	73.146
EULIA	49.090	exsiccata	72.065
EULIINI	49.090	exsoleta	73.208

extensaria	70.178	fennicana	49.126
extensella	38.025	ferchaultella	11.009
extersaria	70.273	ferrago	73.298
extimalis	63.058	ferrugalis	63.031
extrema	73.149	ferrugana (Acleris)	49.083
exulans	54.006	*ferrugana (Acleris)*	49.084
exulis	73.167	*ferrugaria*	70.051
FABRICIANA	59.020	ferrugata (Xanthorhoe)	70.052
fabriciana	48.001	*ferrugata (Xanthorhoe)*	70.051
fabriciella	37.048	ferruginea	73.102
FABULA	73.133	*ferruginella*	12.038
fagana (Carcina)	31.001	festaliella	46.001
fagana (Pseudoips)	74.008	*festiva (Diarsia)*	73.333
fagaria	70.292	festiva (Diphthera)	72.0813
fagata	70.105	festucae	73.022
fagella	29.001	festucicolella	B24
fagi (Hipparchia)	59.0131	fibulella	7.009
fagi (Stauropus)	71.009	*ficella*	62.068
fagiglandana	49.342	fictrix	12.0331
faginella	15.063	*ficulella*	62.066
fagivora	15.026	figulella	B17
FAGIVORINA	70.269	figulilella	62.066
FALCARIA	65.001	filicivora	12.048
falcataria	65.005	filigrammaria	70.110
falciformis	47.006	filipendulae (Stigmella)	4.052
falconipennella	15.011	filipendulae (Zygaena)	54.008
fallacella	43.001	*fimbria*	73.343
fallax	62.009	fimbrialis	70.304
falsella	63.102	*fimbriana*	49.362
FALSEUNCARIA	49.141	*fimbriata (Eriocrania)*	2.004
falstriella	12.0221	fimbriata (Noctua)	73.343
farfarae	49.284	*finitimana*	49.252
farinalis	62.072	finitimella	15.032
farinatella	16.022	*firmaria*	70.077
farinella	38.002	firmata	70.077
farrella	62.019	*fischeriella*	19.007
farreni	47.007	*fissipuncta*	73.222
fascelina	72.016	*fissurana*	49.083
fascelinella	63.108	fixa	73.049
fasciana (Deltote)	73.023	flammatra	73.310
fasciana (Pammene)	49.367	flammea (Panolis)	73.241
fasciapennella	16.013	flammea (Senta)	73.305
fasciaria	70.284	flammea (Trigonophora)	73.229
fasciella (Dichomeris)	35.024	flammealis	62.077
fasciella (Nemophora)	7.004	flammeolaria	70.114
fasciuncula	73.176	*flava (Lasiocampa)*	66.006
faunus	57.009	*flava (Thymelicus)*	57.006
favicolor	73.292	*flavaginella (Coleophora)*	37.083
favillaceana (Acleris)	49.069	*flavaginella (Coleophora)*	37.084
favillaceana (Capua)	49.009	*flavaginella (Coleophora)*	37.091
FAVONIUS	61.004	flavago	73.121
FELTIA	73.3141, B103	flavalis	63.039
fenestratella	12.042	flavescentella	12.029
fenestrella	28.009	flavicaput	39.003
fennica	73.309	flaviciliana	49.135

flavicincta	73.237	fraxinella	22.002
flavicinctata	70.071	fraxini	72.076
flavicomella	38.029	*frequentella*	63.074
flavicornis	65.016	freyerella	38.047
flavidorsana	49.319	freyi	B25
flavifrontella (Pseudatemelia)	30.001	FRIEDLANDERIA	63.078
flavifrontella (Pseudatemelia)	30.003	friesei	16.024
flavimaculella (Phaulernis)	47.001	frischella (Coleophora)	37.034
flavimaculella (Teleiodes)	35.145	*frischella (Coleophora)*	37.033
flavimitrella	9.005	*frischella (Coleophora)*	37.035
flavipennella	37.007	froelichiella	15.080
flavirena	73.094	*frontis*	72.007
flaviventris	52.009	fuciformis	69.009
flavofasciata	70.138	fucosa	73.126
fletcherella	43.005	fugitivella	35.149
fletcheri	4.015	*fulgens*	4.055
flexana (Stophedra)	49.381	*fuligana (Endothenia)*	49.189
flexana (Stophedra)	49.382	*fuligana (Endothenia)*	49.190
flexula	72.069	*fuligana (Lobesia)*	49.183
florida	73.335	fuliginaria	72.066
floslactata	70.027	fuliginosa	72.024
floslactella	4.032	*fuliginosella*	35.049
floslactis	38.038	*fulva*	73.144
fluctuata	70.049	*fulvago*	73.182
fluctuosa	65.012	fulvalis	63.032
fluctuosalis	63.1172	*fulvana (Archips)*	49.013
fluviata	70.047	fulvana (Eucosma)	49.267
fluxa	73.145	fulvata	70.085
foenella	49.288	*fulvescens*	40.010
follicularis	37.103	fulvicollis	72.0503
FOMORIA	4.077	fulviguttella	47.001
fontis	72.007	fulvimitrella	12.011
forficalis	63.057	*fumata*	70.026
forficella (Donacaula)	63.121	fumatella	35.096
forficella (Harpella)	28.023	*fumosae*	70.155
formicaeformis	52.008	*fumosella*	35.090
formosa	62.024	*funalis*	53.001
formosana (Enarmonia)	49.200	funebrana	49.357
formosana (Lozotaeniodes)	49.040	funebris	63.024
formosella	28.018	*funerella*	33.002
forskaleana	49.062	furcata	70.074
forsskaleana	49.062	furcatellus	63.101
forsterana	49.029	furcifera	73.203
forsterella	19.006	FURCULA	71.005
fovealis	63.046	furfurana	49.195
fractifasciana	49.221	furuncula	73.172
fragariella	4.045	furva	73.165
francillana	49.124	fusca (Matilella)	62.012
francillonana	49.124	fusca (Sterrhopterix)	11.018
frangulella	14.006	*fusca (Zelleria)*	16.010
frangutella	14.006	fuscalis	63.016
frater	73.0331	fuscantaria	70.235
fraternana	49.253	fuscatella	9.006
fraternella	35.133	*fuscedinella*	37.015
fraxinata	70.169	fuscella	12.034

fuscescens	28.012	gemmella	35.161
fuscicornis	37.047	gemmiferana	49.353
fuscipennis	35.065	geniculea	63.095
fuscipunctella	12.034	geniculella	15.086
fuscoaenea	43.003	*genistae* (*Anarsia*)	35.020
fuscoaurella	28.014	genistae (Coleophora)	37.041
fuscocuprea	43.005	*genistae* (*Lacanobia*)	73.263
fuscocuprella (Coleophora)	37.020	genistella	62.022
fuscocuprella (*Monochroa*)	35.066	genitalana	49.054
fuscodactyla	45.012	*gentiana*	49.186
fuscolimbatus (*Merrifieldia*)	45.032	gentianaeana	49.186
fuscolimbatus (*Merrifieldia*)	45.033	*gentianana*	49.186
fusconebulosa	3.003	geoffrella	28.022
fuscovenosa	70.006	GEOMETRA	70.299
fuscoviridella	19.003	GEOMETRIDAE	70.001, 70.0041, B58
fuscus	45.012	GEOMETRINAE	70.296, 70.3051
GAGITODES	70.140	GEOMETRINI	70.299
galactaula	37.074	GEOMETROIDEA	70.001, 70.0041
galactodactyla	45.031	*germarana*	49.377
galathea	59.012	germmana	49.377
galbanella	35.043	gerningana	49.008
galbanus	65.016	*gerronella*	35.028
galbulipennella	37.092	geryon	54.003
GALGULA	73.090	*geyeriana* (*Gynnidomorpha*)	49.105
galiata	70.063	*geyeriana* (*Gynnidomorpha*)	49.106
GALLERIA	62.006	GIBBERIFERA	49.227
GALLERIINAE	62.001, 62.0021	gibbosella	35.107
GALLERIINI	62.005	giganteana	49.362
gallicana	49.380	gigantella	63.120
gallicolana	49.365	GILLMERIA	45.008
gallii	69.014	gilvago	73.183
gallobritannidactyla	45.016	gilvaria	70.293
gamma	73.015	gilvata	63.011
GANDARITIS	70.093	gilvicomana	49.099
gangabella (Elachista)	38.015	*glabraria*	70.266
gangabella (*Elachista*)	38.012	glabratella (Argyresthia)	20.002
ganomella	12.033	*glabratella* (*Argyresthia*)	20.001
gardesanella	37.096	*glabrella*	35.041
GASTROPACHA	66.012	GLACIES	70.289
GASTROPACHINI	66.011	*glandifera*	73.085
gaunacella	10.005	GLAPHYRIINAE	63.057
gei	4.045	glareosa	73.365
gelatella	49.043	*glauca*	73.272
GELECHIA	35.097	glaucata	65.007
GELECHIIDAE	35.001, B17	glaucicolella	37.071
GELECHIINAE	35.083	glaucinalis	62.076
GELECHIOIDEA	27.001, 34.0111	glaucinella	20.017
gemina	73.154	GLAUCOLEPIS	4.064
geminana (Ancylis)	49.207	GLAUCOPSYCHE	61.0131
geminana (*Rhopobota*)	49.223	glaucus	56.0031
geminatella	38.020	gleichenella	38.022
geminipuncta	73.139	glitzella (Coleophora)	37.025
gemmaria	70.258	*glitzella* (*Coleophora*)	37.024
gemmatella	39.005	GLOBIA	73.151
gemmea	73.117	globulariae	54.001

GLOTTULINI	73.3061	*grevillana*	49.153
GLUPHISIA	71.026	GRIPOSIA	73.224
glutinosae	4.008	*grisea*	73.312
glyphica	72.083	grisealis	72.055
GLYPHIPTERIGIDAE	19.001, B13	griseana	49.257
GLYPHIPTERIGINAE	19.002	griseata (Lithostege)	70.197
GLYPHIPTERIX	19.002	*griseata* (*Timandra*)	70.029
gnaphalii	73.054	*griseella*	4.067
gnidiella	62.0071	grisella	62.005
gnoma	71.018	*griseocapitella*	16.015
gnomana	49.006	griseola	72.044
GNOPHINI	70.285	*griseovariegata*	73.241
GNOPHOS	70.285	*grossana*	49.342
GNORIMOSCHEMA	35.108	grossulariata	70.205
goedartella	20.012	grossulariella	62.045
GONEPTERYGINI	58.013	grotiana	49.005
GONEPTERYX	58.013	gryphipennella	37.006
gonodactyla	45.004	gueneana	49.0571
GONODONTINI	70.240	*gueneeana*	49.318
gonostigma (*Orgyia*)	72.017	*gueneei*	73.132
gonostigma (*Orgyia*)	72.018	gularis	62.003
goossensiata	70.179	*guttea*	15.022
gordius	61.0023	GYMNANCYLA	62.043
gorganus	56.003	GYMNOSCELIS	70.141
GORTYNA	73.121	GYNNIDOMORPHA	49.104
gothica	73.249	GYPSONOMA	49.278
gracilalis	63.070	gysseleniella	16.021
gracilis (Orthosia)	73.247	haasi	18.002
gracilis (*Plusia*)	73.023	HABROSYNE	65.009
GRACILLARIA	15.014	HADA	73.273
GRACILLARIIDAE	15.001, 15.0201, B9	HADENA	73.281
GRACILLARIINAE	15.001, 15.0201	HADENINAE	73.241, 73.2611
GRACILLARIOIDEA	13.001, 15.0201	HADENINI	73.255, 73.2611
graminis	73.254	HAEMACHOLA	73.191
GRAMMODES	72.088	haematidea	73.191
grandaevana	49.291	haidarabadi	12.0421
grandipennis	43.002	halterata	70.198
grandirena	72.0814	HALYSIDOTA	72.0273
grandis	28.003	hamana	49.109
granella	12.015	HAMEARINI	60.001
granitana	49.236	HAMEARIS	60.001
granitella (Digitivalva)	B13	hamella	63.087
granitella (*Digitivalva*)	19.010	hammoniella	6.005
granulatella	37.090	*hamula*	65.002
granulosella	32.020	hannoverella	4.083
GRAPHANIA	73.3031, B102	HAPLOTINEA	12.043
GRAPHIINI	56.002	harpagula	65.006
GRAPHIPHORA	73.351	HARPELLA	28.023
graphodactyla	45.020	HARPYIA	71.008
GRAPHOLITA	49.347, 49.3541	harrisella	15.034
GRAPHOLITINI	49.309, 49.3411	HARRISINA	54.0031
graslini	73.318	hartigiana	49.176
gravesi	58.013	hartmanniana (Aethes)	49.114
GRAVITARMATA	49.302	*hartmanniana* (*Apotomis*)	49.148
gregsoni	38.047	*hartwiegi*	65.014

hastata	70.120	hepatica (Polia)	73.260
hastiana (Acleris)	49.080	HEPIALIDAE	3.001, 3.0001
hastiana (Acleris)	49.073	HEPIALOIDEA	3.001, 3.0001
hastiana (Acleris)	49.075	HEPIALUS	3.005
hauderi (Caloptilia)	15.012	*hera*	72.030
hauderi (Calybites)	B10	*heraclei (Agonopterix)*	32.018
haworthana	19.005	*heraclei (Depressaria)*	32.036
haworthi	2.006	heracliana (Agonopterix)	32.018
haworthiata	70.146	*heracliana (Depressaria)*	32.036
haworthii	73.118	*herbosana*	49.323
headleyella	4.064	*hercyniana*	49.252
hebenstreitella	49.018	HERCYNINI	B50
hebridensis	70.155	heringella	4.088
hebridicola	73.356	heringi	4.091
hebudium	70.151	*heringiana*	49.271
HECATERA	73.279	*hermannella*	35.035
heckfordi	4.086	*hermelina*	71.007
hecta	3.004	*herminata*	11.001
HEDYA	49.155	HERMINIA	72.053
heegeriella	15.036	HERMINIINAE	72.051
heinemanni	10.004	*heroldella*	16.015
HELCYSTOGRAMMA	35.030	HERPETOGRAMMA	63.055, B54
HELICONIINAE	59.014, 59.0137	herrichiana	49.368
HELICONIINI	59.014, 59.0137	herzogi	73.321
HELICOVERPA	73.076	HESPERIA	57.008
HELIODINES	23.001	*hesperica*	73.206
HELIODINIDAE	23.001	HESPERIIDAE	57.001, 57.0011
HELIOPHOBUS	73.277	HESPERIINAE	57.005, 57.0071
HELIOTHINAE	73.070	*heterodactyla (Capperia)*	45.028
HELIOTHIS	73.072, B96	heterodactyla (Pselnophorus)	45.036
HELIOZELA	6.003	HETEROGENEA	53.002
HELIOZELIDAE	6.001	HETEROPTERINAE	57.003
hellerella	39.001	HETEROPTERUS	57.003
HELLINSIA	45.038	*hethlandica (Mesotype)*	70.131
hellmanni	73.145	*hethlandica (Xanthorhoe)*	70.048
HELLULA	63.061	*hethlandicaria*	70.072
HELOTROPHA	73.119	hexadactyla	44.001
helveola	72.043	*hexapterata*	70.198
helveticaria	70.176	*heydeni*	12.018
helvola (Agrochola)	73.188	heydeniana	49.131
helvola (Eilema)	72.043	*hibernica (Anthocharis)*	58.003
hemargyrella	4.055	*hibernica (Camptogramma)*	70.059
HEMARIS	69.008	*hibernica (Eupithecia)*	70.176
hemerobiella	37.039	*hibernica (Gnophos)*	70.286
hemidactylella	15.013	*hibernica (Hipparchia)*	59.013
HEMISTOLA	70.302	*hibernica (Lycaena)*	61.001
HEMISTOLINI	70.302	*hibernica (Platyptilia)*	45.007
HEMITHEA	70.305	*hibernica (Sideridis)*	73.277
HEMITHEINI	70.305, 70.3051	*hibernica (Tethea)*	65.011
heparana	49.026	*hieracii*	45.024
heparata	70.112	HIEROXESTINAE	12.045, 12.0451
hepariella	16.010	hilarella	15.058
hepatariella	32.004	hipparchia	53.0001
hepatica (Apamea)	73.155	HIPPARCHIA	59.013, 59.0131
hepatica (Lithophane)	73.201	hippocastanaria	70.225

hippocastanella	14.009	hyalinalis	63.030
hippophaella	35.104	hyalinata (Diaphania)	B53
hippophaes	69.0142	*hyalinata (Diaphania)*	63.0491
hippothoe	B44	hybnerella	4.030
HIPPOTION	69.018	HYBOMA	73.041
hirsuta	B4	*hybridana*	49.002
hirsutella	11.018	hybridella	49.136
hirtaria	70.248	HYDRAECIA	73.123
hirundodactylus	45.013	HYDRELIA	70.113
hispida	73.178	HYDRIA	70.121
hispidaria	70.246	HYDRILLULA	73.103
histrionana	49.034	HYDRIOMENA	70.074
HODEBERTIA	63.049	HYDRIOMENINI	70.074
hodgkinsoni	4.017	hydrolapathella	37.018
hodgkinsonii	45.013	hyemana (Acleris)	49.082
HOFMANNIA	16.012	*hyemana (Acleris)*	49.044
hofmanniella	15.020	HYLAEA	70.284
HOFMANNOPHILA	28.010	hylaeiformis	52.001
hohenwartiana	49.266	HYLEPHILA	57.0071
holdenella (Elachista)	38.025	HYLES	69.013, 69.0141
holdenella (Elachista)	38.030	hyoscyamella	B20
holdenella (Elachista)	38.036	HYPAGYRTIS	B69
holmiana	49.061	HYPANARTIA	59.0252
holosericata	70.005	HYPATIMA	35.018
HOMOEOSOMA	62.054	HYPATOPA	41.006
HOMONA	49.0201	HYPENA	72.003
HOMOSETIA	12.0031	HYPENINAE	72.003, 72.0071
HOPLODRINA	73.096	HYPENODES	72.060
hordei	35.034	HYPENODINAE	72.060
HORISME	70.126, B63	hyperantus	59.009
hornigi (Coleophora)	37.026	*hyperborea*	73.363
hornigi (Monochroa)	35.077	HYPERCALLIA	32.051
horrealis	12.0011	HYPERCALLIINI	32.051
horridella	17.006	HYPERCOMPE	72.0282
hortella	15.038	*hypericana*	49.345
horticolla	35.136	*hypericella*	32.008
hortuella	63.080	hyperici	73.112
hortulata	63.025	HYPHILARE	73.297
hospes	73.104	HYPHORAIA	72.028
hostilis	62.016	HYPOCHALCIA	62.030
hostis	15.047	HYPOCHROSINI	70.223
hubnerella	35.018	HYPOMECIS	70.267
hucherardi	73.125	hypothous	69.0111
huebneri (Caryocolum)	35.140	HYPPA	73.110
huebneri (Caryocolum)	35.141	HYPSOPYGIA	62.075
hugginsi	70.218	*hyrciniana*	49.252
humeralis	35.148	HYSTEROPHORA	49.096
humerella	B18	*ianthinana*	49.359
humidalis	72.060	*ibipennella (Coleophora)*	37.052
humiliata	70.007	*ibipennella (Coleophora)*	37.053
humiliella	14.005	icarus	61.018
humilis	38.036	ichneumoniformis	52.014
humuli	3.005	*icterana*	49.031
huntera	59.025	icterata	70.187
hyale	58.011	*ictericana*	49.057

icteritia	73.182	indica (Vanessa)	59.0251
icterodactylus (Merrifieldia)	45.032	indigata	70.171
icterodactylus (Merrifieldia)	45.033	indivisa	49.333
IDAEA	70.001, 70.0041	*infesta*	73.157
idaeella	37.023	infida	49.147
IDAEINI	70.001, 70.0041	*infimella (Nemapogon)*	12.016
iernes	59.010	*infimella (Nemapogon)*	12.020
ignobilella	4.030	*inflatae*	37.105
ignorata	49.361	*inflatella*	35.131
ilia	B41	INFURCITINEA	12.004
ilicaria	70.261	injectiva	49.3421
ilicifolia	66.011	innotata	70.169
ilicis	B46	*inopella*	35.061
illigerella	47.006	inopiana	49.092
illioneus	59.0134	inopinata	45.015
illuminatella	20.002	*inornata*	70.018
illuminatella	B14	*inornatana (Ancylis)*	49.207
illunaria	70.237	*inornatana (Ancylis)*	49.208
illunaris	72.0872	inornatella	35.029
illustraria	70.239	*inquilina*	49.362
illustris	73.013	inquinata	70.0042
illutana	49.329	inquinatana	49.344
ilmatariella	35.043	inquinatella	63.090
imbecilla	73.306	insectella	12.044
imbutata	70.191	insecurella	47.003
imella	12.040	insigniata	70.174
imitaria	70.024	*insignipennella*	16.010
immaculata	70.302	insignitella	15.072
immaculatella	35.082	inspersella	43.008
immanata	70.098	instabilella	35.114
immorata	70.019	*insula (Agrotis)*	73.325
immundana	49.240	*insula (Pararge)*	59.003
immundella	4.068	insulana	74.012
immutata	70.025	insularis	12.0011
imperialella	15.020	*insularis (Maniola)*	59.010
implicitana	49.132	*insularis (Zygaena)*	54.009
impluviata	70.075	*insularum*	72.025
impudens	73.289	*intaminatella*	35.083
impura	73.293	interjecta	73.346
incanana	49.047	*interjectana*	49.051
incanaria	70.008	*interjectaria (Idaea)*	70.005
incarnatana	49.296	*interjectaria (Idaea)*	70.006
incarnatella	18.006	intermedialis	B78
incerta	73.242	*intermediella (Caryocolum)*	35.133
incertana	49.049	*intermediella (Psyche)*	11.012
includens	73.0211	internana	49.349
incognitella	4.053	internella (Batia)	28.016
incommoda	73.0581	*internella (Thiotricha)*	35.037
inconditella	12.018	interpunctella	62.062
incongruella	30.004	interrogationis	73.021
inconspicuella	11.004	*interruptella*	35.093
INCURVARIA	8.001	intimella	4.082
INCURVARIIDAE	8.001	intricata	70.176
INCURVARIINAE	8.001	inturbata	70.148
indica (Diaphania)	63.0491	inulae	37.098

inulella (*Bryotropha*)	35.040	juniperella	35.021
inulella (*Ptocheuusa*)	35.061	JUNONIA	59.0321, B42
inulifolia	37.103	junoniella	15.048
INULIPHILA	19.010	JUNONIINI	59.0321
io	59.026	jurassicella	40.006
IPHICLIDES	56.002	jurtina	59.010
IPIMORPHA	73.212	juventina	73.080
ipsilon	73.327	juvernica	58.002
iris	59.022	kadenii	73.093
irregularis	73.287	kaekeritziana	32.026
irriguana	49.170	*kaltenbachii*	2.003
irriguata	70.170	KESSLERIA	16.012
irrorella (Setina)	72.050	kilmunella	38.026
irrorella (Yponomeuta)	16.006	*kleemannella*	15.082
isabella	72.0272	klemannella	15.082
ISCHNOSCIA	12.007	*klimeschi*	35.110
isertana	49.260	*knaggsiella*	35.140
isidis	62.0291	*knautiata*	70.179
islandicus	45.018	*knilli*	73.132
isodactylus	45.006	*knockella*	35.036
isogrammaria	70.146	kochiella	49.085
isolata	70.059	kollariella	B11
ISOPHRICTIS	35.053	KORSCHELTELLUS	3.002
ISOTRIAS	49.002	kroesmanniella	35.141
ISSORIA	59.016	kuehnella	37.051
ISTURGIA	70.220	kuehniella	62.063
italica	28.008	kuhlweiniella	15.038
ITAME	B68	kuznetzovi	32.014
ivella	20.010	labecula	73.223
jacobaeae	72.031	laburnella	21.004
janata	72.0811	labyrinthella	15.093
janira	59.010	LACANOBIA	73.263
janiszewskae	34.014	lacertinaria	65.001
janthe	73.348	LACINIPOLIA	73.2611, B99
janthina (Noctua)	73.347	LACOSOMA	64.0001
janthina (*Noctua*)	73.348	*lactaearia*	70.303
janthinana	49.359	*lactana*	49.203
japygiaria	70.2571	*lactata*	70.027
jasioneata	70.185	lacteana (Bactra)	49.196
joannisi	15.085	lacteana (Eucosma)	49.273
jocelynae	54.009	lactearia	70.303
JOCHEAERA	73.036	lacteella	40.003
JODIA	73.199	*lactella*	28.009
JODIINI	70.303	lacticolella	41.003
JODIS	70.303	*lactipennis*	73.202
JORDANITA	54.001	lactucae	B90
josephinae	30.003	lacunana	49.166
jota	73.017	lacustrata	63.067
jubata	70.266	LAELIA	72.014
julia	59.0137	laetana	49.203
juliana	49.367	laetus (Crombrugghia)	45.027
juncicolella	37.028	*laetus* (*Crombrugghia*)	45.026
junctella	35.139	*laevigata* (*Eupithecia*)	70.158
jungiella	49.354	laevigata (Idaea)	70.0043
juniperata	70.082	laevigatella	20.001

laevigella	12.036	lateritia	73.166
lafauryana	49.019	LATEROLIGIA	73.168
laichartingella	11.001	lathamella	39.006
laisalis	63.0524	lathonia	59.016
l-album	73.300	lathoniana	B34
lambda	73.205	lathoniellus	63.086
lambdella	28.017	LATHRONYMPHA	49.345
lamda	73.205	lathyrana	49.355
laminella	43.005	*lathyri (Athrips)*	35.086
LAMPIDES	61.008	*lathyri (Thiotricha)*	35.037
LAMPRONIA	9.001	lathyrifoliella	21.006
LAMPRONIINAE	9.001	*laticinctella*	35.011
LAMPROPTERYX	70.103	*latifasciana (Acleris)*	49.066
lancealana	49.194	*latifasciana (Celypha)*	49.169
lancealis	63.017	*latiorana (Clepsis)*	49.037
lanceolana	49.194	*latiorana (Eucosma)*	49.270
lanella	12.0291	latistria	63.091
lanestris	66.005	*latomarginata*	54.009
langiella	40.011	latreillei	73.081
lantanella	15.051	*latreillella*	34.002
LAOTHOE	69.003	latruncula	73.174
lapella	12.033	laudabilis	73.2611
lapidata	70.125	lautella	15.073
lapidea	73.206	leautieri	73.206
lapidella	11.008	lecheana	49.022
lappella (Metzneria)	35.056	*leechi*	73.132
lappella (Tinea)	12.033	legatella	70.195
lapponaria	70.249	leguminana	49.340
lapponica	4.002	lemnata	63.116
LARENTIA	70.070	lemniscella	4.043
LARENTIINAE	70.039, 70.0581	LEMONIA	B56, B57
LARENTIINI	70.066	LEMONIIDAE	B56
laricana	49.225	LENISA	73.139
laricaria	70.270	lentiginosella	35.092
laricella (Batrachedra)	36.002	*lepida*	73.286
laricella (Coleophora)	37.066	leplastriana	49.346
lariciata	70.163	leporina	73.040
laripennella (Coleophora)	37.083	LEPTIDEA	58.001, B38
laripennella (Coleophora)	37.084	LEPTIDEINI	58.001
laripennella (Coleophora)	37.086	LEPTOLOGIA	73.189
laripennella (Coleophora)	37.087	LEPTOTES	61.009
laripennella (Coleophora)	37.104	*lethe (Euchromia)*	72.0271
larseniella	35.003	*lethe (Hypanartia)*	59.0252
LASIOCAMPA	66.006, 66.007	LEUCANIA	73.301, B101
LASIOCAMPIDAE	66.001	LEUCANIINI	73.288, 73.3031
LASIOCAMPINAE	66.005	*leucapennella (Coleophora)*	37.004
LASIOCAMPINI	66.006	leucapennella (Povolnya)	15.018
LASIOCAMPOIDEA	66.001	*leucatea*	35.158
LASIOMMATA	59.002, 59.0021	leucatella	35.158
LASPEYRIA	72.069	LEUCINODES	63.0522
lassella	37.077	LEUCOCHLAENA	73.178
latella	35.040	LEUCOCYTINI	73.079
latentaria	70.102	leucodactyla	45.033
laterana	49.066	LEUCODONTA	71.019
laterella	12.013	leucogaster	73.330

leucographa	73.337	lineana (Apotomis)	49.148
leucographella	15.053	lineana (Nyctegretis)	62.051
LEUCOMA	72.009	linearia	70.037
leucomelanella	35.131	lineata (Hyles)	69.0151
leucomelas	73.030	*lineata (Hyles)*	69.015
LEUCOMINI	72.009	lineata (Siona)	70.291
leucophaea	73.262	lineatella	35.019
leucophaearia	70.253	lineola (Eudonia)	63.071
LEUCOPTERA	21.003	lineola (Thymelicus)	57.005
leucoschalis	63.0881	*lineolata*	70.039
LEUCOSPILAPTERYX	15.021	lineolea (Coleophora)	37.038
leucostigma	73.119	*lineolea (Coleophora)*	37.099
leucostola	15.031	linetella	63.105
leucotreta	49.3431	linneella	39.005
leuwenhoekella	34.001	linosyridella	37.097
levana	59.032	lipsiana (Acleris)	49.088
LEVARCHAMA	4.065	*lipsiana (Acleris)*	49.073
LEVIPALPUS	32.004	lipsiella	29.002
libanotidella	32.038	literana	49.087
libatrix	72.001	*literella*	20.012
licarsisalis	63.055	literosa	73.171
lichenaria	70.288	*lithargyrea*	73.298
lichenea	73.235	*lithargyria*	73.298
lichenella	11.005	lithargyrinella	37.040
lienigialis	62.071	LITHININI	70.221
lienigianus	45.040	LITHOCOLLETINAE	15.034
lienigiella	34.010	lithodactyla	45.037
LIGDIA	70.208	LITHOMOIA	73.207
ligea	59.006	LITHOPHANE	73.200
lignea (Blastobasis)	41.002	LITHOSIA	72.041
lignea (Blastobasis)	41.004	LITHOSIINI	72.035
ligniperda	50.001	LITHOSTEGE	70.197
ligula	73.195	lithoxylaea	73.163
ligulella (Syncopacma)	35.002	LITOLIGIA	73.171
ligulella (Syncopacma)	35.003	litoralis	73.299
ligustri (Craniophora)	73.047	*litterata*	63.043
ligustri (Sphinx)	69.006	*littoralana*	49.287
limacodes	53.001	littoralis (Lobesia)	49.185
LIMACODIDAE	53.001, 53.0001	littoralis (Spodoptera)	73.089
limbalis	63.011	*littorana*	49.226
limbaria	70.220	littorella	35.057
limbata	63.059	littoricola	38.011
limbata	B70	litura (Agrochola)	73.187
limbella	43.007	litura (Macaria)	73.0892
limbirena	73.005	liturata	70.214
limboundata	B59	*liturella*	32.0256
LIMENITIDINAE	59.021	liturosa	32.008
LIMENITIDINI	59.021	livornica	69.015
LIMENITIS	59.021	lixella	37.061
limitata	70.045	ljungiana	49.020
LIMNAECIA	34.004	l-nigrum	72.008
limoniella	37.003	lobarzewskii	49.356
limosipennella	37.012	lobella	32.003
linariata	70.150	LOBESIA	49.181, 49.182
LINDERA	12.0442	LOBESIINI	49.181

LOBESIODES	49.181	lunaris (Batia)	28.015
LOBOPHORA	70.198	lunaris (Minucia)	72.086
lobulata	70.202	*lunata*	73.122
locupletella	40.013	*lundana*	49.214
loeflingiana	49.060	*lunigera*	73.324
loewii	45.021	*lunina*	73.119
logaea	49.308	lunosa	73.193
loganella	15.024	lunula	73.059
logiana (Acleris)	49.086	lunulana	49.351
logiana (*Acleris*)	49.073	lunularia	70.238
LOMASPILIS	70.207	LUPERINA	73.130
LOMOGRAPHA	70.279	lupulina	3.002
LONGALATEDES	73.138	LUQUETIA	32.003
longana	49.057	luridana	49.104
longicaudella	4.080	*luridata* (*Parectropis*)	70.273
longicornis	35.089	luridata (Scotopteryx)	70.041
longirostris	57.0081	lurideola	72.045
lonicerae	54.009	lusciniaepennella	37.022
LOPHOPTILUS	40.012	lutarea (Coleophora)	37.002
lophyrella	34.013	*lutarea* (*Paraswammerdamia*)	16.020
loreyi	73.304	*lutarea* (*Pexicopia*)	35.032
lorquiniana	49.074	*lutarella* (*Crassa*)	28.013
lota	73.189	*lutarella* (*Eilema*)	72.048
lotella (Anerastia)	62.069	lutatella	35.030
lotella (Leucoptera)	21.003	lutea (Spilosoma)	72.019
loti	54.005	*lutea* (*Xanthia*)	73.181
louisella	4.075	*luteago*	73.278
LOXOSTEGE	63.002	lutealis	63.033
LOZOTAENIA	49.029, B29	*luteata*	70.114
LOZOTAENIODES	49.040	luteella	4.007
lubricalis	B77	LUTEOHADENA	73.278
lubricipeda	72.020	luteolata	70.226
lucasii	72.0812	*lutescens*	35.040
lucella	17.007	luticomella	38.029
lucens	73.127	lutipennella (Coleophora)	37.005
lucernalis	63.0491	*lutipennella* (*Coleophora*)	37.007
lucernea	73.341	lutosa	73.134
lucida	73.028	lutulenta	73.231
lucidella	35.071	lutulentella	35.070
lucina	60.001	luzella	9.002
lucipara	73.114	LYCAENA	61.001, 61.0022, B43, B44
lucipeta	73.340	LYCAENIDAE	61.001, 61.0022, B43
luctuata	70.073	LYCAENINAE	61.001, 61.0022
luctuella	35.144	LYCAENINI	61.001, 61.0022
luctuosa	73.031	lychnidis	73.186
luculella	35.144	lychnitis	73.057
luedersiana	49.370	LYCIA	70.248
LUEHDORFIINI	56.0001	LYCOPHOTIA	73.338
luneburgensis	73.232	*lyellella*	35.148
LUFFIA	11.008	LYGEPHILA	72.063
lugubrata	70.073	LYMANTRIA	72.010
lunaedactyla	45.023	LYMANTRIINAE	72.008
lunalis	72.058	LYMANTRIINI	72.010
lunana	49.010	LYONETIA	21.001
lunaria	70.238	LYONETIIDAE	21.001

LYONETIINAE	21.001	*manniana* (*Gynnidomorpha*)	49.104
LYPUSIDAE	30.001	manniana (Phalonidia)	49.101
LYSANDRA	61.019	*manniella*	35.132
lythargyrella	63.104	mansuetella	1.002
lythargyria	73.298	*manuelaria*	70.261
LYTHRIA	B60	MARASMARCHA	45.023
MACARIA	70.211	marcidella	19.013
MACARIINI	70.211, B67	margaritana	49.118
maccana (Acleris)	49.068	margaritaria	70.283
maccana (*Acleris*)	49.080	*margaritata*	70.283
MACDUNNOUGHIA	73.010	margaritella	63.100
machaon	56.003	margarotana (Aethes)	49.117
machinella	37.096	margarotana (Gravitarmata)	49.302
macilenta	73.190	marginana	49.188
MACROCHILO	72.052	marginaria	70.255
MACROGLOSSINAE	69.008, 69.0111	marginata	70.207
MACROGLOSSINI	69.010, 69.0111	*marginatella*	37.021
MACROGLOSSUM	69.010	*marginatus*	B95
macrops	B82	marginea (Catastia)	B50
MACROTHYLACIA	66.008	marginea (Coptotriche)	10.003
MACROTHYLACIINI	66.008	marginella (Dichomeris)	35.022
maculana	49.232	marginella (*Sophronia*)	35.091
macularia	70.229	*marginepunctata* (*Idaea*)	70.010
maculata	70.229	marginepunctata (Scopula)	70.023
maculea	35.134	marginepunctella	11.001
maculella	35.134	marginicolella	4.043
maculicerusella	38.039	*marginosa*	73.277
maculiferella	35.136	marionella	4.084
MACULINEA	61.013	mariscolore	61.018
maculipennis	18.001	maritima (Bucculatrix)	14.003
maculosana	49.096	maritima (Chilodes)	73.100
maera	59.0021	maritima (*Eucosma*)	49.273
maestingella	15.063	maritima (Heliothis)	73.073
magdalenae	4.024	maritima (Phycitodes)	62.057
magna	7.013	maritima (*Thetidia*)	70.301
magnificella (*Elachista*)	38.019	*maritimana*	49.117
magnificella (*Elachista*)	38.021	maritimella (Coleophora)	37.078
magnificella (*Elachista*)	38.022	*maritimella* (*Coleophora*)	37.096
maillardi	73.167	*marmorata*	73.167
MALACOSOMA	66.003	marmorea (Acrobasis)	62.037
MALACOSOMATINAE	66.003	marmorea (Caryocolum)	35.132
MALACOSOMATINI	66.003	*marsata*	35.143
malella	4.013	marshalli	61.0081
malifoliella	21.008	MARTANIA	70.139
malinellus	16.003	*martialis*	63.031
malvae	57.002	MARUCA	63.045
malvella	35.032	masculella	8.002
MAMESTRA	73.274	*masseyi*	61.014
mananii	73.285	massiliata	70.1561
MANDUCA	69.0051	matura	73.109
manea	B47	maura	73.107
manihotalis	62.0712	*maxima*	4.070
manilensis	63.1143	mayrella	37.048
MANIOLA	59.010	MECYNA	63.039
MANIOLINI	59.009	medicaginis	49.326

mediofasciella (*Stigmella*)	4.099	METALAMPRA	28.008
mediofasciella (*Stigmella*)	4.100	METALECTRA	B83
mediopectinellus	17.014	metallella	6.001
medon	61.015	metallica	7.002
MEESSIA	12.003	metallicana	49.171
MEESSIINAE	12.002, 12.0031	metaxella	7.014
megacephala	73.046	METAXMESTE	B55
MEGALOGRAPHA	73.019, B85	meticulosa	73.113
MEGANEPHRIA	73.067	*metonella*	12.0272
MEGANOLA	74.001	METOPONIINAE	73.048
MEGASEMA	73.359	*metra*	58.007
megera	59.002	METZNERIA	35.054
megerlella	38.012	metzneriana	49.274
melagynalis	63.1142	metzneriella	35.058
melaleucanus	B31	mi	72.084
MELANARGIA	59.012	*miaria*	70.100
MELANARGIINI	59.012	miata	70.096
MELANCHRA	73.270	micacea	73.123
melanella	11.002	micalis	48.005
melanopa	73.256	micana	49.173
MELANTHIA	70.128	micella (*Argolamprotes*)	35.064
MELANTHIINI	70.125	*micella* (*Aristotelia*)	35.050
melilotella	37.033	microdactyla	45.043
meliloti	54.007	microgrammana	49.327
melinus	61.0041	*micrometra*	35.069
MELITAEA	59.034	MICROPTERIGIDAE	1.001
MELITAEINI	59.033	MICROPTERIGOIDEA	1.001
mellinata	70.092	MICROPTERIX	1.001
mellonella	62.006	microtheriella	4.010
menciana	49.0201	MICRURAPTERYX	B11
mendica (*Argyresthia*)	20.018	*mictodactyla*	45.013
mendica (*Diaphora*)	72.022	milhauseri	71.008
mendica (*Diarsia*)	73.333	millefoliata	70.186
MENOPHRA	70.257, 70.2571	millenniana	49.337
menthastri	72.020	*millieraria*	70.176
menyanthidis	73.042	millieridactyla	45.019
mercurella	63.074	MILTOCHRISTA	72.035
mercuriana	49.239	milvipennis	37.009
merei	14.005	MIMALLONIDAE	64.0001
meridionalis	45.002	MIMALLONOIDEA	64.0001
MERRIFIELDIA	45.032	MIMAS	69.001
MESAPAMEA	73.169, B98	miniata	72.035
MESEMBRYNUS	54.004	minima	73.147
MESOACIDALIA	59.019	minimana	49.106
MESOGONA	73.185	minimella (*Ectoedemia*)	4.100
MESOLEUCA	70.068	minimella (*Nemophora*)	7.005
MESOLIGIA	73.172	minimus	61.010
mesomella	72.038	miniosa	73.243
MESOPHLEPS	35.014	ministrana	49.090
MESOTYPE	70.131	MINOA	70.117
mespilella	15.045	minorata (*Perizoma*)	70.135
mespilicola	4.031	minorata (*Scopula*)	70.0281
messaniella	15.040	*minorella* (*Bryotropha*)	35.046
messingiella	18.007	*minorella* (*Glyphipterix*)	19.004
METAGNORISMA	73.366	MINUCIA	72.086

minusculella	4.028	mulinella	35.093
minutana	49.278	multistrigaria	70.101
minutata (Eublemma)	72.071	munda	73.250
minutata (Eupithecia)	70.179	mundana	72.036
minutella	28.011	mundella	35.048
MIRIFICARMA	35.092	munitata	70.048
miscella (Chrysoesthia)	35.036	muralis	73.085
miscella (Mompha)	40.012	murana	63.068
misella (Haplotinea)	12.043	muraria	70.265
misella (Haplotinea)	12.044	murariella	12.0271
mitterbacheriana	49.216	muricata	70.002
mixtana	49.082	muricolor	70.184
mnemon	59.007	murinata	70.117
MNIOTYPE	73.238	murinella	35.111
MOCIS	B81	murinipennella	37.072
modestella	37.002	muscaeformis	52.016
moeniacella (Coleophora)	37.088	muscella	B5
moeniacella (Coleophora)	37.091	muscerda	72.039
moeniata	70.044	muscosella	35.102
moeschleri	72.0273	musculana	49.028
MOITRELIA	62.013	musculinana	49.028
molesta	49.3541	musculosa	73.143
molliculana	49.138	MUSOTIMA	63.119
MOMA	73.034	MUSOTIMINAE	63.119
MOMPHA	40.001	mussehliana	49.107
MOMPHIDAE	40.001	MUSSIDIA	62.0321
monacha	72.010	mutatella	62.027
monachella	12.041	MYELOIS	62.042
moneta	73.014	mygindiana	49.178
monilifera	11.002	myllerana (Prochoreutis)	48.002
MONIMA	73.243	myllerana (Prochoreutis)	48.003
MONOCHROA	35.065	myopaeformis	52.011
monodactyla	45.044	myricae	73.044
monoglypha	73.162	MYRMECOZELA	12.001
MONOPIS	12.036	MYRMECOZELINAE	12.001, 12.0011
monosemiella	38.039	myrtillana (Ancylis)	49.211
montanana	49.323	myrtillana (Rhopobota)	49.220
montanata	70.054	myrtillata	70.285
monticola	38.028	myrtillella	4.036
moritzella	B21	myrtilli	73.257
MORMO	73.107	MYTHIMNA	73.288
mormopis	12.0251	NAENIA	73.368
MOROPHAGA	12.010	naevana	49.223
morosa (Lampronia)	9.004	naeviferella	35.036
morosa (Monochroa)	35.067	nana (Cochylis)	49.133
morpheus (Caradrina)	73.092	nana (Hada)	73.273
morpheus (Heteropterus)	57.003	nana (Hadena)	73.283
MORPHINAE	59.0134	nana (Recurvaria)	35.157
morrisii	73.148	nanana	49.242
mouffetella	35.085	nanata	70.168
moyses	35.074	nanatella	32.025
mucronata	70.040	nanella	35.157
mucronella (Donacaula)	63.121	nanivora	16.016
mucronella (Ypsolopha)	17.001	napaeae	58.007
muelleriella	15.042	napi	58.008

NAPUCA	70.294	nigricana (Epinotia)	49.250
NARYCIA	11.002	nigricans	73.314
NARYCIINAE	11.001	*nigricella* (*Coleophora*)	37.014
NARYCIINI	11.001	*nigricella* (*Coleophora*)	37.015
NASCIA	63.013	*nigricella* (*Coleophora*)	37.016
nearctica	63.053	nigricomella	14.002
nebritana	49.324	nigricostana	49.191
nebulata	70.112	*nigricostella*	35.086
nebulella (Homoeosoma)	62.055	nigripunctella	12.002
nebulella (Paraswammerdamia)	16.020	*nigritella*	35.010
nebulosa	73.261	nigrivenella	62.0321
nebulosella	16.018	*nigrofasciaria*	70.067
neglectana	49.281	*nigrofusca*	73.313
NEMAPOGON	12.015, 12.0221	nigromaculana	49.269
NEMAPOGONINAE	12.011, 12.0221	nigropunctata (Pasiphila)	70.145
NEMATOCAMPA	B70	nigropunctata (Scopula)	70.020
NEMATOPOGON	7.011	*nimbana* (*Cydia*)	49.342
NEMATOPOGONINAE	7.011	*nimbana* (*Pammene*)	49.367
NEMAXERA	12.014	nimbella	62.056
NEMOPHORA	7.001	niobe	B40
nemoralis (Agrotera)	63.041	niphognatha	35.078
nemoralis (Herminia)	72.055	nisella	49.255
nemorella (*Crambus*)	63.086	*nitens* (*Polia*)	73.259
nemorella (Ypsolopha)	17.002	*nitens* (*Stigmella*)	4.045
nemorivaga	49.235	nitentella	35.115
NEMUS	73.217	nitidalis	63.119
NEOFACULTA	35.017	nitidana	49.382
NEOFRISERIA	35.087	*nitidella* (*Argyresthia*)	20.022
neophanes	62.039	*nitidella* (*Stigmella*)	4.020
NEOSPHALEROPTERA	49.042	nitidula	B86
NEPHOPTERIX	62.032	nitidulana	49.282
NEPTICULIDAE	4.001, B1	nitidulata	63.118
NEPTICULINAE	4.001	*nivea* (*Acentria*)	63.115
NEPTICULINI	4.001	*nivea* (*Stenolechia*)	35.161
NEPTICULOIDEA	4.001,	*nivealis*	63.034
nerii	69.011	*niveana*	49.086
nervosa (Agonopterix)	32.030	*nivearia*	70.197
nervosa (*Depressaria*)	32.039	niveicostella	37.043
neurica	73.140	*nivella*	35.134
neuropterella	35.054	nobilella	38.031
neustria	66.003	NOCTUA	73.342
ni	73.003	*noctualis*	72.071
nicaea	69.0141	noctuella	63.052
nicellii	15.081	NOCTUIDAE	73.001, 73.0091, B84
nicklerlii	73.132	NOCTUINAE	73.307, 73.3061
nictitans	73.128	NOCTUINI	73.307, 73.3141
NIDITINEA	12.034	NOCTUOIDEA	71.001, 72.0011
niger	35.159	*nodicolella*	40.009
nigra (Aporophyla)	73.233	NOLA	74.003
nigra (Gelechia)	35.106	NOLIDAE	74.001, 74.0121, B105
nigrata	63.009	NOLINAE	74.001
nigrella	38.047	NOLINI	74.001
nigrescens	70.120	NOMOPHILA	63.052
nigrescentella	15.071	NONAGRIA	73.136
nigricana (Cydia)	49.324	nonagrioides	73.177

normalis	B26	*obscura* (*Apamea*)	73.154
notana	49.084	*obscura* (*Spaelotis*)	73.349
notata (*Eupithecia*)	70.179	obscuralis	63.1174
notata (*Macaria*)	70.211	obscurana	49.366
notatella (*Carpatolechia*)	35.151	*obscuraria*	70.287
notatella (*Teleiodes*)	35.143	obscurata (*Charissa*)	70.287
notha	70.204	*obscurata* (*Epirrhoe*)	70.061
NOTHRIS	35.015	*obscurella* (*Bryotropha*)	35.046
NOTOCELIA	49.292	*obscurella* (*Bucculatrix*)	14.005
NOTODONTA	71.012	*obscurella* (*Coleotechnites*)	35.159
NOTODONTIDAE	71.001, B74	*obscurella* (*Elachista*)	38.037
NOTODONTINAE	71.010	obscurepunctella	38.001
NOTODONTINI	71.010	obsitalis	72.006
notulana	49.101	obsoleta	73.302
novembris	29.002	obsoletana	49.170
nubeculosa	73.066	obsoletella	35.116
nubiferana	49.156	obstipata	70.047
nubigera	73.075	obtusa	72.040
nubilalis	63.028	obtusana	49.204
nubilana	49.042	*obtusella*	37.078
NUDARIA	72.036	obumbratana	49.264
nupta	72.078	obviella	12.038
nutantella	37.105	*occidentalis* (*Cucullia*)	73.054
NYCTEGRETIS	62.051	*occidentalis* (*Calamia*)	73.116
NYCTEOLA	74.009, B105, B106	occidentis	49.181
NYCTEROSEA	70.047	*occidua*	70.178
NYCTOBRYA	73.085	occulta	73.350
NYGMIINI	72.012	*occultana*	49.257
nylandriella (*Stigmella*)	4.025	*occultella* (*Ectoedemia*)	4.099
nylandriella (*Stigmella*)	4.024	*occultella* (*Elachista*)	38.036
nymphaeata	63.114	ocellalis	62.0722
nymphagoga	72.075	ocellana (*Agonopterix*)	32.007
NYMPHALIDAE	59.001, 59.0021, B40	ocellana (*Spilonota*)	49.224
NYMPHALINAE	59.023, 59.0221	ocellaris	73.184
NYMPHALINI	59.023, 59.0221	ocellata (*Cosmorhoe*)	70.087
NYMPHALIS	59.028	ocellata (*Smerinthus*)	69.002
NYMPHULA	63.118	ocellatella	35.118
obductella	62.013	ocellea	63.076
obelisca	73.312	OCHLODES	57.009
obeliscata	70.081	*ochracae*	70.155
obesalis	72.005	*ochracea*	73.121
obfuscaria	70.285	*ochraceana*	49.009
obfuscata	70.285	ochraceella (*Mompha*)	40.002
obliquella (*Elachista*)	38.012	ochraceella (*Myrmecozela*)	12.001
obliquella (*Stigmella*)	4.038	ochrata	70.003
oblita	59.003	ochrea	37.060
oblitella (*Ancylosis*)	62.053	ochrearia	70.294
oblitella (*Monochroa*)	35.076	*ochreella*	38.016
obliteralis	63.1144	ochrodactyla	45.009
obliterata	70.112	ochroleuca	73.120
oblonga	73.161	ochroleucana	49.158
oblongana (*Endothenia*)	49.187	OCHROPACHA	65.013
oblongana (*Endothenia*)	49.188	OCHROPLEURA	73.329
oblongata	70.173	OCHSENHEIMERIA	17.014
obscenella	37.080	ochsenheimeriana	49.378

OCHSENHEIMERIINAE	17.014	ononaria	70.296
OCNEROSTOMA	16.023	ononidis	15.001
ocnerostomella	26.001	*onosmella*	37.065
OCRASA	62.076	*ontia*	49.052
octogenaria	73.096	oo	73.218
octogesima	65.010	opacella	11.016
octomaculana	49.050	*opassina*	72.0021
octomaculata	63.024	operculella	35.126
ocularis	65.010	OPEROPHTERA	70.105
oculatella	19.006	OPEROPHTERINI	70.105
oculea	73.128	ophiogramma	73.168
ODEZIA	70.130	OPHIUSINI	72.085, 72.0871
ODICE	B79	*ophthalmicana*	49.232
oditis	73.178	opima	73.248
ODONTIINAE	63.056, 63.0661	OPISTHOGRAPTIS	70.226
ODONTOGNOPHOS	70.286	OPOGONA	12.045, 12.0451
ODONTOPERA	70.240	oporana (Archips)	49.011
ODONTOSIA	71.023	*oporana* (*Archips*)	49.013
odorata	72.0815	OPOSTEGA	5.001
OECOPHORA	28.021	OPOSTEGIDAE	5.001
OECOPHORIDAE	28.001	OPOSTEGINAE	5.001
OECOPHORINAE	28.001	*oppletella*	35.096
OECOPHORINI	28.002	*oppositella*	28.011
OEGOCONIA	27.001	oppressana	49.280
OEGOCONIINI	27.001	OPSIPHANES	59.0135
oehlmanniella	8.003	or	65.011
oenone	59.0321	orana	49.041
ohridella	15.089	*orbicularia*	70.030
OIDAEMATOPHORUS	45.037	orbitella	37.029
OIKETICINAE	11.016	orbona	73.344
OINOPHILA	12.046	orbonalis	63.0523
oleae (*Elachista*)	38.038	*orcadensis*	70.082
oleae (Prays)	22.004	OREOPSYCHINI	B5
oleagina	B94	ORGYIA	72.017
oleastrella	16.011	ORGYIINI	72.014
oleella	38.001	ORIA	73.143
oleracea	73.267	orichalcea (Cosmopterix)	34.007
olerella	32.046	*orichalcea* (*Diachrysia*)	73.011
OLETHREUTES	49.179	orichalcea (Thysanoplusia)	73.004
OLETHREUTINAE	49.143, 49.2981	orientalis	12.0422
OLETHREUTINI	49.143	*orion*	73.034
OLIGIA	73.173	*orkneyensis*	73.333
OLINDIA	49.001	ornata	70.021
olivaceella	37.040	ornatella	62.014
olivalis	63.037	*ornithopus*	73.202
olivana	49.173	ornitopus	73.202
olivaria	70.099	orobana	49.352
olivata	70.099	orobi	21.007
oliviella	28.020	ORODESMA	72.0021
omicronaria	70.031	orstadii	38.034
omissella	15.021	ORTHOLEPIS	62.011
omoscopa	12.045	ORTHONAMA	70.046
OMPHALOSCELIS	73.193	ORTHOSIA	73.242
ONCOCERA	62.021	ORTHOSIINI	73.241
ONCOCNEMIDINAE	73.059	ORTHOTAENIA	49.154

ORTHOTELIA	19.001	PALPIFER	3.0001
ORTHTELIINAE	19.001	palpina	71.020
oseata	70.007	PALPITA	63.048
osseana	49.045	paludana	49.213
osseatella	62.0491	*paludata*	70.191
osseella	35.062	paludella	63.079
osseola	73.125	*paludicola*	37.068
osteodactylus	45.041	*paludis*	73.126
osthelderi	63.097	paludum (Buckleria)	45.029
ostrina	72.072	*paludum* (Elachista)	38.045
ostrinalis	63.008	*palumbaria*	70.041
OSTRINIA	63.028	palumbella	62.023
otidipennella	37.072	palustrana	49.174
otitae	37.092	*palustrella* (Elachista)	38.045
otregiata	70.104	*palustrella* (Zygaena)	54.010
OURAPTERYGINI	70.243	palustrellus	35.073
OURAPTERYX	70.243	PAMMENE	49.360
oxyacanthae (Allophyes)	73.068	pamphilus	59.005
oxyacanthae (Phyllonorycter)	15.043	PANCALIA	34.001
oxyacanthella	4.026	*pancratii*	73.3062
OXYPTILUS	45.024	pandalis	63.029
pabulatricula	73.153	PANDEMIS	49.023
PABULATRIX	73.153	PANDESMA	72.0871
PACHETRA	73.262	pandora	59.018
PACHYCNEMIA	70.225	PANDORIANA	59.018
PACHYGASTRIA	66.006	PANEMERIA	73.048
PACHYRHABDA	42.001	*paniscus*	57.004
PACHYTHELIA	11.017	PANOLIS	73.241
pactolana (Cydia)	49.336	pantaria	B66
pactolana (Cydia)	49.328	PANTHEINAE	73.032, 73.0321
pactolia	12.009	*panzerella* (Nematopogon)	7.012
padella	16.002	*panzerella* (Pseudatemelia)	30.002
padi	16.001	PAPESTRA	73.272
padifoliella	21.002	paphia	59.017
palaemon	57.004	PAPILIO	56.003, 56.0031
palaeno	B39	papilionaria	70.299
paleacea	73.211	PAPILIONIDAE	56.001, 56.0001
palealis	63.014	PAPILIONINAE	56.002, 56.0031
paleana	49.031	PAPILIONINI	56.003, 56.0031
palleago	73.183	PAPILIONOIDEA	56.001, 56.0001, B34
pallens (Ancylodes)	62.044	pappiferella	37.089
pallens (Mythimna)	73.291	*papyratia*	72.021
pallescentella	12.030	PARACHRONISTIS	35.162
palliatella	37.051	PARACOLAX	72.051
pallida	63.075	PARACORSIA	63.001
pallidactyla (Gillmeria)	45.008	PARACRANIA	2.002
pallidactyla (Marasmarcha)	45.023	PARADARISA	70.272
pallidana	49.140	paradoxa	4.020
pallidata	63.060	PARADRINA	73.094
pallidella	4.069	PARAHIPPARCHIA	59.013
pallifrons	72.048	*paralellaria*	70.228
pallifrontana	49.348	PARALIPSA	62.003
pallorella	32.028	PARAMESIA	49.006
pallustris	73.103	PARAMETRIOTIDAE	39.001
palpellus	28.027	PARANTHRENE	52.004

PARAPOYNX	63.117, 63.1171	PELEOPODIDAE	31.001
PARARGE	59.003	*pelidnodactyla*	45.018, B28
PARASCOTIA	72.066	peliella (Neofriseria)	35.087
PARASEMIA	72.025	*peliella (Neofriseria)*	35.088
parasitella (Ephestia)	62.065	pellionella	12.027
parasitella (Triaxomera)	12.012	PELOCHRISTA	49.263
PARASTICHTIS	73.221	PELOSIA	72.039
PARASWAMMERDAMIA	16.019	peltigera	73.074
PARATALANTA	63.029	PELURGA	70.069
PARDASENA	74.0123	PEMPELIA	62.022
PARECTOPA	15.001	PEMPELIELLA	62.014
PARECTROPIS	70.273	pendularia (Cyclophora)	70.030
parenthesella (Sophronia)	35.091	*pendularia (Cyclophora)*	70.032
parenthesella (Ypsolopha)	17.010	*penkleriana*	49.248
PAREULYPE	70.124	pennaria	70.244
pariana	48.007	pennella	37.065
paripennella (Coleophora)	37.106	PENNISETIA	52.001
paripennella (Coleophora)	37.026	PENNITHERA	70.077
paripunctella	35.154	pentadactyla	45.030
PARNASSIINAE	56.001, 56.0001	penthinana	49.175
PARNASSIINI	56.001, 56.0003	penziana	49.048
PARNASSIUS	56.001, 56.0003	PERCONIA	70.295
PARORNIX	15.024	*peregrina (Lacanobia)*	73.269
parthenias	70.203	peregrina (Prays)	22.005
partita	73.090	*perfasciata*	70.136
parva	72.073	PERIBATODES	70.258
parvidactyla	45.025	peribenanderi	37.093
parvulana	49.268	peribolata	70.042
parvulipunctella	36.0021	PERICALLIA	72.0281
pascuea	73.230	PERICLEPSIS	49.007
pascuella	63.081	PERIDEA	71.016
PASIPHILA	70.143	PERIDROMA	73.307
pasiuana	49.052	perieresalis	63.042
pasivana	49.052	PERIPHANES	73.077
passerella	16.016	PERISSOMASTICINAE	12.043
passulella	62.067	PERITTIA	38.001
pastinacella (Depressaria)	32.036	PERIZOMA	70.132
pastinacella (Depressaria)	32.049	PERIZOMINI	70.131
pastinum	72.063	*perla*	73.084
paucipunctella	35.058	perlella	63.088
paula	72.071	*perlepidana*	49.354
paupella	35.061	perlepidella	19.009
pauperana	49.262	perlucidalis	63.020
pauperella (Bryotropha)	35.040	permixtana (Gynnidomorpha)	49.107
pauperella (Scrobipalpa)	35.110	*permixtana (Lobesia)*	49.184
pavonia	68.001	permutana	49.081
paykulliana	49.249	permutatellus	63.096
PAYSANDISIA	51.0001	*pernigrella*	35.013
PECHIPOGO	72.056	pernotata	B65
pectinataria	70.100	perplexa	73.286
pectinea	8.001	*perplexana*	49.066
pedaria	70.247	*perplexella*	38.036
pedella	42.002	perpygmaeella	4.054
PEDIASIA	63.108	persicariae	73.270
pedriolellus	63.108	*personella*	12.020

perspectalis	63.054	PHYCITODES	62.057
petasitis	73.124	PHYLAPORA	73.231
petiverella	49.321	phyleus	57.0071
petraria	70.222	PHYLLOCNISTINAE	15.090, 15.0931
PETROPHORA	70.222	PHYLLOCNISTIS	15.090, 15.0931
petryi	6.002	PHYLLODESMA	66.011
PEXICOPIA	35.032	PHYLLONORYCTER	15.034, B12
pfeifferella	6.001	PHYLLOPORIA	8.005
pflugiana	49.285	PHYMATOPUS	3.004
phaeella	35.082	PHYTOMETRA	72.067
phaeodactyla	45.023	picaepennis	43.004
phaeodactylus	45.037	*picana*	49.149
phaeoleuca	63.074	picarella	12.022
phaeorrhoeus	72.012	*picata*	70.064
PHALACROPTERYGINI	11.018	piceaella	35.159
PHALERA	71.025	*piceana* (*Archips*)	49.011
phalerata	72.0274	*piceana* (*Epinotia*)	49.229
PHALERINAE	71.025	*piceata*	70.103
PHALONIDIA	49.099	pictalis	62.0711
PHANETA	49.262	*pictaria*	70.281
phasianipennella	15.017	*pictella*	35.079
PHAULERNINI	47.001	piercei	49.115
PHAULERNIS	47.001	*piercella*	12.035
phegea	72.0501	PIERIDAE	58.001, B38
PHENGARIS	61.013	PIERINAE	58.003
PHEOSIA	71.017	PIERINI	58.005
PHIARIS	49.170	PIERIS	58.006
PHIBALAPTERYX	70.039	pigra	71.028
PHIGALIA	70.247	pilella	7.011
PHILEDONE	49.008	pilleriana	49.003
PHILEDONIDES	49.010	pilosaria	70.247
PHILEREME	70.118	pilosellae	45.024
PHILEREMINI	70.118	PIMA	62.019
phillipsi	45.032	pimpinellae	32.037
phlaeas	61.001	pimpinellata	70.165
PHLOGOPHORA	73.113	PINARINAE	66.009
PHLOGOPHORINI	73.113	PINARINI	66.009
PHOBETRON	53.0001	pinastri	69.007
phoebus	56.0003	pinella	63.099
phoeniceata	70.159	pinguinalis	62.074
phoenicis	62.040	*pinguinella*	35.106
PHOTEDES	73.145	pinguis	62.048
PHRAGMATAECIA	50.003	pini (*Dendrolimus*)	66.009
PHRAGMATOBIA	72.024	*pini* (*Eupithecia*)	70.149
phragmitella (Chilo)	63.077	piniaria	70.276
phragmitella (Limnaecia)	34.004	piniariella	16.023
phragmitidis	73.137	pinicolana	49.306
phryganella	29.002	pinicolella	36.002
phrygialis	B55	*piniperda*	73.241
PHTHEOCHROA	49.092	PINIPHILA	49.180
PHTHORIMAEA	35.126	pinivorana	49.307
phycidella	41.001	pirithous	61.009
PHYCITA	62.029	pisi	73.271
PHYCITINAE	62.007, 62.0071	*pistacina*	73.186
PHYCITINI	62.008, 62.0071	pityocampa	71.002

plagiata	70.192	*politana* (*Dichrorampha*)	49.318
plagicolella	4.042	*politana* (*Lathronympha*)	49.345
plagiodactylus	45.013	politella (Bryotropha)	35.039
PLAGODIS	70.223	*politella* (*Coleophora*)	37.030
plantaginella	35.119	pollinariella	38.007
plantaginis	72.025	polychloros	59.029
platani	15.041	polychromella	35.009
platanoidella	15.085	POLYCHRYSIA	73.014
PLATHYPENA	72.0071	polycommata	70.201
PLATYEDRA	35.033	*polydactyla*	44.001
PLATYNOTA	49.0412	*polydama*	59.004
PLATYPERIGEA	73.093	polydectalis	63.1176
platyptera	73.060	*polygonalis*	63.011
PLATYPTILIA	45.004	POLYGONIA	59.031
PLATYTES	63.111	polygrammata	70.058
plebeja	73.273	*polygrammata*	70.0581
plebejana	49.261	POLYMIXIS	73.235, 73.236
PLEBEJUS	61.014	polyodon	73.111
plecta	73.329	POLYOMMATINAE	61.008, 61.0081
PLEMYRIA	70.084	POLYOMMATINI	61.008, 61.0081
PLEUROPTYA	63.038, 63.0381	POLYOMMATUS	61.018, B48
PLEUROTA	28.025	POLYPHAENIS	73.108
PLEUROTINI	28.025	POLYPLOCA	65.015
plexippus	59.001	polyxena	56.0002
PLODIA	62.062	*pomedax*	49.143
plumaria	70.262	*pomedaxana*	49.143
plumbagana	49.322	*pomella*	4.054
plumbana (Dichrorampha)	49.309	pomerana	38.035
plumbana (*Dichrorampha*)	49.311	*pomiliella*	12.002
plumbaria	70.041	pomonella (Cydia)	49.338
plumbata	70.084	*pomonella* (*Phyllonorycter*)	15.043
plumbea	70.155	*pomonella* (*Phyllonorycter*)	15.049
plumbella	16.007	PONTIA	58.009
plumbeolata	70.153	populana	49.372
plumella	11.014	populata	70.091
plumigera	71.024	populella	35.011
plumigeralis	72.057	populeti	73.246
PLUSIA	73.022	populetorum	15.003
PLUSIINAE	73.001, 73.0091	populi (Anacampsis)	35.011
PLUSIINI	73.010, 73.0211	populi (Laothoe)	69.003
PLUTELLA	18.001	populi (Poecilocampa)	66.001
PLUTELLIDAE	18.001	porata	70.035
PLUTELLOPTERA	18.002	porcellus	69.017
pneumonanthes	45.020	porphyrana	49.143
poae	38.024	porphyrea (Lycophotia)	73.338
podalirius	56.002	*porphyrea* (*Mniotype*)	73.240
podana	49.013	*porphyrea* (*Peridroma*)	73.307
POECILOCAMPA	66.001	porrectella	18.003
POECILOCAMPINAE	66.001	PORRITTIA	45.031
POECILOCAMPINI	66.001	*portlandicella*	35.048
poecilodactyla	44.001	posticana	49.299
poella	38.024	postremana	49.175
POLIA	73.259	postvittana	49.039
poliellus	63.094	potatoria	66.010
politana (*Argyrotaenia*)	49.020	potentillae	37.027

potentillella	43.006	PROTOSCHINIA	73.071
poterii	4.051	PROUTIA	11.011
POVOLNYA	15.018	PROXENUS	73.104
praeangusta	36.001	proxima	35.136
praecocella	20.003	*proximana*	49.253
praecox	73.308	proximella	35.152
praeformata	70.194	pruinata	70.297
praelatella	8.004	prunalis	63.034
prasina	73.352	prunaria	70.230
prasinana (Bena)	74.007	prunata	70.089
prasinana (Pseudoips)	74.008	prunetorum	4.011
prasinaria	70.284	*pruni (Paraswammerdamia)*	16.019
pratana	49.045	pruni (Satyrium)	61.007
pratella (Crambus)	63.085	*pruniana*	49.157
pratella (Crambus)	63.086	*pruniella (Anarsia)*	35.019
PRAYDIDAE	22.001, 22.0041	pruniella (Argyresthia)	20.021
PRAYS	22.002	prunifoliae	37.017
prenanthis	B91	prunifoliella	21.002
pretiosa	4.048	*prunivorana*	49.356
primaria	70.282	PRYERIA	54.0032
primulae	73.333	PRYERIINI	54.0032
PRISTEROGNATHA	49.175	PRYOPTERON	52.015
privatana	49.0411	PSACAPHORA	40.013
proboscidalis	72.003	PSAMATHOCRITA	35.062
procellata	70.128	PSAMMOTIS	63.027
procerella	28.001	PSAPHIDINAE	73.065
processionea	71.001	PSAPHIDINI	73.0641, B95
PROCHOREUTIS	48.002	PSELNOPHORUS	45.036
PROCRIDINAE	54.001, 54.0031	PSEUDALETIA	73.296
PROCRIDINI	54.001	PSEUDARGYROTOZA	49.091
PRODENIINI	73.087, 73.0891	PSEUDATEMELIA	30.001
PRODOXIDAE	9.001	PSEUDENARGIA	73.115
prodromana	49.010	PSEUDEUSTROTIA	73.086
prodromaria	70.251	PSEUDEUSTROTIINI	73.086
profugella	47.008	*pseudoalpestrana*	49.314
profundana	49.144	*pseudobombycella*	11.006
progemmaria	70.255	PSEUDOCOCCYX	49.299, 49.2981
PROLITA	35.089	PSEUDOCOREMIA	70.290
PROLITHA	73.206	PSEUDOIPS	74.008
promissa	72.082	PSEUDOPANTHERA	70.229
promutata	70.023	*pseudoplatanella*	4.056
pronuba	73.342	PSEUDOPLUSIA	73.0211
pronubana	49.030	PSEUDOPLUTELLA	18.003
pronubella	13.001	PSEUDOPOSTEGA	5.003
propinquella (Agonopterix)	32.016	PSEUDOSCIAPHILA	49.145
propinquella (Mompha)	40.004	pseudospretella	28.010
propugnata	70.053	PSEUDOSWAMMERDAMIA	16.014
prosapiaria	70.284	PSEUDOTELPHUSA	35.153
proserpina	69.012	PSEUDOTERPNA	70.297
PROSERPINUS	69.012	PSEUDOTERPNINI	70.296
prostratella	32.029	psi	73.038
PROTARCHANARA	73.150	*psilella*	35.124
protea	73.225	psittacata	70.095
PROTODELTOTE	73.024	PSODOS	B73
PROTOLAMPRA	73.367	PSORICOPTERA	35.107

PSYCHE	11.012	*punctosa*	48.003
PSYCHIDAE	11.001, B3	*punctularia*	70.274
PSYCHINAE	11.008	punctulata	70.274
PSYCHINI	11.008	*punicealis*	63.006
PSYCHOIDES	12.047	pupillana	49.277
PTERAPHERAPTERYX	70.199	puppillaria	70.033
pterodactyla (*Emmelina*)	45.044	pupula	63.0661
pterodactyla (Stenoptilia)	45.012	purdeyi	49.304
PTEROPHORIDAE	45.001, B27	purpuralis (Pyrausta)	63.007
PTEROPHORINAE	45.004	purpuralis (Zygaena)	54.004
PTEROPHOROIDEA	45.001	*purpurana*	49.162
PTEROPHORUS	45.030	purpuraria	B60
PTEROSTOMA	71.020	purpurea	32.009
PTILOCEPHALA	B5	purpurina	72.074
PTILODON	71.021	pusaria	70.277
PTILOPHORA	71.024	pusiella	33.003
PTOCHEUUSA	35.061	pusillata	70.158
PTYCHOLOMA	49.022	*pustulata*	70.300
PTYCHOLOMOIDES	49.021	puta	73.325
pubicornis	9.007	putnami	73.023
pudibunda	72.015	putrescens	73.303
pudorina	73.289	putridella	32.021
pulchella (Argyresthia)	B15	*putripennella*	39.002
pulchella (*Elachista*)	38.037	*putris* (*Apamea*)	73.156
pulchella (Utetheisa)	72.034	putris (Axylia)	73.328
pulchellana	49.020	PYGAERINAE	71.026
pulchellata	70.151	pygarga	73.024
pulchelloides	72.0342	*pygmaeana* (*Acrolepia*)	19.014
pulcherrima	54.008	pygmaeana (Epinotia)	49.246
pulcherrimella	32.042	pygmaeata	70.154
pulchra	35.132	pygmaeella (Argyresthia)	20.013
pulchrimella	34.009	*pygmaeella* (*Stigmella*)	4.054
pulchrina	73.016	pygmaeola	72.048
pulicariae	19.010	*pygmeana*	19.014
pulla (*Epichnopterix*)	11.014	pygmina	73.144
pulla (Scotochrosta)	B100	PYLA	62.012
pullana	49.189	pyralella	63.066
pullata	70.287	pyraliata	70.093
pulveralis	63.027	PYRALIDAE	62.001, 62.0021, B49
pulveraria	70.223	pyralina	73.217
pulveratella	35.083	PYRALINAE	62.070, 62.0711
pulverella	32.012	PYRALINI	62.070, 62.0711
pulverosella	4.071	PYRALIS	62.071, 62.0711
pulverulenta	73.245	PYRALOIDEA	62.001, 62.0021, B44
pumicana	49.053	pyramidea	73.062
pumilata	70.141	pyrausta	33.005
pumilella	35.157	PYRAUSTA	63.003
punctalis (Dolicharthria)	63.050	PYRAUSTINAE	63.001
punctalis (Synaphe)	62.070	pyrella	16.017
punctaria	70.036	*pyrenaeella*	15.012
punctata	70.280	PYRGINAE	57.001, 57.0011
punctidactyla	45.011	PYRGUS	57.002, 57.0021
punctifera	35.085	pyri (Saturnia)	68.0011
punctiferalis	63.0521	pyri (Stigmella)	4.027
punctinalis	70.268	pyrina	50.002

pyritoides	65.009	RAPALA	B47
pyrivorella	15.045	RAPHIA	73.0331
PYRODERCES	34.011	raptricula	73.083
PYRONIA	59.011	raschkiella	40.015
PYRRHARCTIA	72.0272	ratzeburgiana	49.259
PYRRHIA	73.070	ravida	73.349
pyrrhulipennella	37.055	*razowskii*	39.006
pythonissata	70.098	reali (Leptidea)	B38
quadra	72.041	*reali (Leptidea)*	58.002
quadrana (Eriopsela)	49.218	reaumurella	7.006
quadrana (Gypsonoma)	49.282	rebeli	41.005
quadriella	20.010	recens	72.018
quadrifasciaria	70.055	*reclusa*	71.027
quadrifasiata	70.055	rectangulata	70.144
quadriguttella	43.007	rectifasciana	49.002
quadrillella	33.002	rectilinea	73.110
quadrimaculana	49.193	recurvalis	63.047
quadrimaculella	4.072	RECURVARIA	35.157
quadripuncta (Oegoconia)	27.001	*redimitana*	49.382
quadripuncta (Oegoconia)	27.002	regiana	49.375
quadripuncta (Oegoconia)	27.003	regiella	4.022
quadripunctaria	72.030	regificella (Elachista)	38.019
quadripunctata	73.095	*regificella (Elachista)*	38.021
quadripunctella	9.004	reliquana	49.184
quadrisignata	B83	remissa	73.154
quaestionana (Dichrorampha)	49.318	remmi	B98
quaestionana (Dichrorampha)	49.320	*remutaria*	70.027
quaestionella	35.067	renigera	B99
quercana (Bena)	74.007	repandalis	63.001
quercana (Carcina)	31.001	repandana	62.034
quercaria	B71	repandaria	70.227
quercifolia	66.012	repandata	70.265
quercifoliae	4.091	*repentiella*	4.037
quercifoliella	15.039	*resinea*	63.072
quercinaria (Ennomos)	70.233	*resinella (Eudonia)*	63.072
quercinaria (Ennomos)	70.236	resinella (Retinia)	49.301
quercus (Favonius)	61.004	resistaria	B70
quercus (Lasiocampa)	66.007	resplendella	6.004
questionana	49.318	*reticella*	11.015
quinnata	15.065	rcticularis	63.043
quinqueguttella	15.070	*reticulata (Acleris)*	49.070
quinquella	4.087	reticulata (Eustroma)	70.088
quinquemaculatus	69.0051	reticulata (Sideridis)	73.277
quinquepunctella	35.057	retiella	11.015
radiatella	17.011	*retiferana*	49.307
radiella	32.036	retinella	20.016
rajella (Phyllonorycter)	15.067	RETINIA	49.301
rajella (Phyllonorycter)	15.066	retusa	73.212
RAMAPESIINI	49.004	revayana	74.009
ramburialis	63.044	reversalis	63.012
ramella	49.249	*revinctella*	38.017
ramosella	37.094	*rhamnata*	70.119
ramulicola	15.091	rhamni	58.013
rancidella	35.084	rhamniella	34.012
rapae	58.007	rhediella	49.371

rhenella	62.018	rosana	49.016
RHEUMAPTERA	70.120	roseana	49.134
RHEUMAPTERINI	70.120	*roseticolana*	49.358
RHIGOGNOSTIS	18.004	rostralis	72.004
RHIZEDRA	73.134	rostrana	49.0412
rhododactyla	45.022	*rotundaria*	70.277
RHODOMETRA	70.038	rotundella	32.023
RHODOMETRINI	70.038	*ruberaria*	70.076
RHODOPHAEA	62.024	ruberata	70.076
rhombana	49.070	rubescana	49.271
rhombea	35.097	rubi (Callophrys)	61.005
rhombella	35.097	rubi (Diarsia)	73.334
rhomboidaria	70.258	rubi (Macrothylacia)	66.008
rhomboidea (*Xestia*)	73.354	rubidata	70.057
rhomboidea (*Xestia*)	73.361	*rubiella*	9.003
rhomboidella	35.018	rubigana	49.128
RHOPOBOTA	49.220	rubiginata (Plemyria)	70.084
rhoumensis	59.005	rubiginata (Scopula)	70.022
RHYACIA	73.339	rubiginea	73.197
RHYACIONIA	49.305, B36	rubiginosa	73.196
rhynchosporella	38.046	rubiginosana	49.251
ribeana	49.025	rubivora	4.097
ribearia	B68	*rubricata*	70.022
ribeata	70.264	rubricollis	72.042
richardsoni	12.003	rubricosa	73.336
ricini	72.0281	*rubritibiella*	62.033
ridens	65.015	*rubrotibiella*	B44
RIODINIDAE	60.001	rufa	73.142
RIODININAE	60.001	rufana (Acleris)	49.089
ripae	73.323	rufana (Celypha)	49.160
rivata	70.062	rufata	70.196
RIVULA	72.002	rufescens	35.031
rivulana	49.167	ruficapitella	4.060
rivularis	73.276	ruficeps	22.003
RIVULINAE	72.002, 72.0021	ruficiliana	49.142
rivulosa	B95	ruficiliaria	70.034
robertsonella	35.020	*ruficinctata*	70.071
roborana (Archips)	49.014	ruficornis	71.011
roborana (Notocelia)	49.295	rufifasciata	70.141
roboraria	70.267	*rufillana*	49.380
roborella (Phycita)	62.029	rufimitrana	49.258
roborella (Stigmella)	4.063	rufimitrella	7.010
roboricolella	11.012	rufipennella	15.006
roboris (Drybotodes)	73.226	rufocinerea	38.038
roboris (Phyllonorycter)	15.035	rugosana	49.095
robusta	72.0871	rumicis	73.045
robustana	49.197	rumina	56.0001
robustella	15.009	*rupicapraria*	70.282
roesella	23.001	rupicola	49.129
ROESLERSTAMMIA	13.001	ruralis	63.038
ROESLERSTAMMIIDAE	13.001	*rurea*	73.156
rorrella (*Chrysocrambus*)	63.106	rurestrana	49.163
rorrella (Yponomeuta)	16.005	ruricolella	12.019
rosaceana	49.162	rurinana	49.036
rosaecolana	49.297	RUSINA	73.102

russata	70.097	*sannio*	72.023
russula	72.023	*saponariae*	73.277
rustica	69.0052	*saportella*	15.038
rusticana	49.035	*saralella*	35.044
rusticata	70.004	sarcitrella	28.009
rusticella	12.036	SARROTHRIPINI	74.009, 74.0121
rutella	12.0441	*satellitia*	73.210
rutilana	49.119	satura	73.240
rutilus	61.002	saturatella	37.042
sabella	62.0021	*saturnana* (*Dichrorampha*)	49.309
sabellicae	58.008	*saturnana* (*Dichrorampha*)	49.310
sabinellus	35.100	SATURNIA	68.001, 68.0011
SABRA	65.006	SATURNIIDAE	68.001, 68.0011
sabulicola	49.131	SATURNIINAE	68.001, 68.0011
sabulifera	72.0011	SATURNIINI	68.001, 68.0011
sabulosa	54.004	satyrata	70.177
sacchari	12.0451	SATYRINAE	59.002, 59.0021
sacraria	70.038	SATYRINI	59.013, 59.0131
sagitella	15.088	SATYRIUM	61.006, B45, B46
sagittata	70.140	saucia	73.307
sagittigera	73.262	sauciana	49.153
sakhalinella	4.006	saxicola	62.059
salaciella	5.001	saxicolella	37.083
SALEBRIOPSIS	62.008	saxifragae (Kessleria)	16.012
SALIANA	57.0081	*saxifragae* (*Stenoptilia*)	45.019
salicalis	72.068	scabiodactylus (Stenoptilia)	45.014
salicaria	70.102	*scabiodactylus* (*Stenoptilia*)	45.013
salicata	70.102	*scabiosata*	70.189
salicella (Dasystoma)	29.003	*scabiosella* (Nemophora)	7.002
salicella (Hedya)	49.155	scabiosella (Phyllonorycter)	15.077
salicicolella	15.056	*scabra*	72.0071
salicis (Leucoma)	72.009	*scabrana*	49.085
salicis (Stigmella)	4.035	scabrella	17.005
salicis (*Stigmella*)	4.038	scabriuscula	73.105
salicolella	11.011	scalariella	15.0201
salicorniae (Coleophora)	37.108	scalella	35.153
salicorniae (*Scrobipalpa*)	35.113	*scandinaviaria*	70.262
salictella	15.054	SCARDIINAE	12.010
saligna	15.090	SCELIODES	63.0524
salinella (Coleophora)	37.075	*schaefferella* (*Chrysoesthia*)	35.035
salinella (Scrobipalpa)	B19	schaefferella (Schiffermuelleria)	28.002
salinella (*Scrobipalpa*)	35.113	*schalleriana* (Acleris)	49.073
salmachus	52.013	*schalleriana* (*Acleris*)	49.066
salmacis	61.016	SCHIFFERMUELLERIA	28.002
salopiella	2.005	SCHIFFERMUELLERINA	28.003
saltitans	49.3411	SCHINIA	B95
samadensis	35.119	schistacea	B47
sambucalis	63.018	schmidiella	34.006
sambucaria	70.243	schmidtiellus	35.027
sambucata	70.243	schoenicolella	19.008
samiatella	4.062	SCHOENOBIINAE	63.120
sangiella	35.001	SCHOENOBIUS	63.120
sangii	2.008	*schrankella*	40.013
sanguinalis	63.004	SCHRANKIA	72.061, B78
sanguinolentella	35.059	schreberella	15.074

SCHRECKENSTEINIA	46.001	SCROBIPALPA	35.109, B19, B20
SCHRECKENSTEINIIDAE	46.001	SCROBIPALPULA	35.124
SCHRECKENSTEINIOIDEA	46.001	scrophulariae	73.056
schreibersiana	49.093	scutosa	73.071
schuetzeella	62.026	scutulana	49.285
schulziana	49.172	*scutulata*	70.011
schumacherana	49.001	SCYTHRIDIDAE	43.001, 43.0061
schwarzella	34.002	SCYTHRIS	43.001, 43.0061
schwarziellus	7.012	SCYTHROPIA	25.001
scillonea	73.235	SCYTHROPIIDAE	25.001
scintillulana	48.002	*secalella*	73.170
scintilulana	48.002	secalis	73.169
SCIOTA	62.016	secundaria	70.260
scirpi	38.043	*sedata*	35.126
scirpicolana	49.197	sedatana	49.310
scitella	21.008	sedella	16.008
SCLEROCONA	63.026	SEDINA	73.135
scoliaeformis	52.005	segetum	73.319
SCOLIOPTERYGINAE	72.001, 72.0011	*segontii*	54.004
SCOLIOPTERYGINI	72.001	sehestediana	48.003
SCOLIOPTERYX	72.001	SELAGIA	62.0181, 62.0181
scolopacina	73.160	SELANIA	49.346
SCOPARIA	63.062	selasella	63.092
scopariana	49.355	selene	59.015
scopariella (Agonopterix)	32.011	SELENEPHERINI	66.010
scopariella (Phyllonorycter)	15.061	SELENIA	70.237
SCOPARIINAE	63.062	SELIDOSEMA	70.262
scopigera	52.014	*sellana* (*Endothenia*)	49.187
scopoliana	49.266	*sellana* (*Endothenia*)	49.188
SCOPULA	70.019, 70.0201, B58, B59	semele	59.013
SCOPULINI	70.019, 70.0201	*semialbana*	49.036
scota	59.013	*semialbella*	38.004
scotana	49.086	semiargus	61.017
scotica (*Achlya*)	65.016	semibrunnea	73.200
scotica (*Acronicta*)	73.042	semicostella	35.091
scotica (*Aplocera*)	70.192	*semidecandrella*	35.128
scotica (*Chesias*)	70.196	semifascia	15.012
scotica (*Coenonympha*)	59.004	semifasciana	49.146
scotica (*Erebia*)	59.007	semiferanus	49.0162
scotica (*Eupithecia*)	70.183	semifulvella	12.032
scotica (*Helotropha*)	73.119	semifusca	20.020
scotica (*Lycia*)	70.249	*semifuscana*	49.229
scotica (*Scopula*)	70.027	*seminella*	35.115
scotica (*Scotopteryx*)	70.040	SEMIOPHORA	73.249
scotica (*Tethea*)	65.011	SEMIOSCOPIS	32.001
scotica (*Thera*)	70.081	semipurpurella	2.007
scotica (*Thera*)	70.082	semirubella	62.021
scotica (*Zygaena*)	54.005	*semirufa*	62.064
scoticella	15.030	semitestacella	20.024
scotinella	35.098	senecionana	49.035
SCOTOCHROSTA	B100	senectana	49.317
SCOTOPTERYX	70.040, B61	senectella	35.046
scribaiella	34.008	*senescens*	43.004
scribonia	72.0282	senex	72.037
scriptella	35.156	senilella	18.004

SENTA	73.305	siculana (Nycteola)	B106
senticetella	35.099	SIDERIDIS	73.275
sepiaria	B72	signaria	70.213
sepium	11.010	signata	73.0092
seppella	1.004	signatana	49.237
septembrella	4.078	signatella	27.004
septentrionalis (*Heliothis*)	73.073	*silacea*	35.056
septentrionalis (*Pieris*)	58.008	silaceata	70.094
septodactyla	45.040	silacella	35.014
sequana	49.316	silenella (Coleophora)	B22
sequax	35.146	*silenella* (*Coleophora*)	37.105
sequella	17.012	silesiaca	32.041
serella	4.051	silvella	63.082
serena (*Hecatera*)	73.279	*similana*	49.230
serena (*Melanargia*)	59.012	similaria	70.273
seriata	70.008	similella (Denisia)	28.004
sericata	73.108	similella (Elegia)	62.010
sericea	72.046	similis (Bryotropha)	35.049
sericealis	72.002	similis (Euproctis)	72.013
sericiella	6.003	simplana	49.227
sericina	73.108	simplex	34.0112
sericopeza	4.074	*simplicella* (*Cephimallota*)	12.024
serotinus	45.013	simplicella (Dioryctria)	62.027
serpentata	70.001	simpliciana	49.315
serpylletorum	37.056	simpliciata	70.166
serratella (Coleophora)	37.015	simpliciella	19.007
serratella (*Coleophora*)	37.016	simplonia	58.004
serricornella	38.042	simulans	73.339
serricornis	38.042	*simulata*	70.078
servella	35.069	SIMYRA	73.035
servillana	49.339	sinapis	58.001
SESAMIA	73.177	sinensis	43.0061
SESIA	52.002	singula	35.088
SESIIDAE	52.001	sinica	54.0032
SESIINAE	52.002	*sinuana*	49.231
SETINA	72.050	*sinuata*	70.056
SETOMORPHA	12.0441	sinuella (Homoeosoma)	62.054
SETOMORPHINAE	12.0441	sinuella (Leucoptera)	21.009
sexalata	70.199	sinuosaria	70.167
sexalisata	70.199	SIONA	70.291
sexguttella	35.036	*sircomella*	14.010
sexnotatus	3.0001	siterata	70.095
sexpunctella (*Ethmia*)	33.004	SITOCHROA	63.014
sexpunctella (Prolita)	35.089	SITOTROGA	35.034
sexstrigata	73.358	smaragdaria	70.301
sexta	69.0053	smeathmanniana	49.120
SHARGACUCULLIA	73.056, B92, B93	SMERINTHINAE	69.001
shepherdana	49.079	SMERINTHINI	69.001
shetlandica	70.054	SMERINTHUS	69.002
sibilla	59.021	sobrina	73.367
sibylla	59.021	*sobrinata*	70.158
siccella	43.010	socia	73.201
siccifolia	37.013	sociana	49.281
sicula	65.006	*sociata*	70.061
siculana (Ancylis)	49.212	sociella	62.001

sodalella	B51	sphinx	73.065
sodaliana	49.094	spilodactylus	45.035
sodorensium	70.265	SPILOMELINAE	63.031, 63.0381
solandriana (Epinotia)	49.233	SPILONOTA	49.224
solandriana (Epinotia)	49.231	SPILOSOMA	72.019
solidaginis	73.207	*spilotella*	12.037
solieri	73.239	spinella	37.016
solitariella	37.100	spini	B45
solutella	35.090	spiniana	49.373
somnulentella	24.001	spinicolella	15.049
SOPHRONIA	35.091, B18	*spiniella (Argyresthia)*	20.020
sorbi (Phyllonorycter)	15.044	*spiniella (Paraswammerdamia)*	16.019
sorbi (Stigmella)	4.041	spinifera	B104
sorbiana	49.018	*spinolella*	15.058
sorbiella	20.014	spinosella (Argyresthia)	20.018
sordens	73.158	spinosella (Ectoedemia)	4.098
sordida	73.157	spinosissimae	4.016
sordidana	49.228	*spinula*	65.006
sordidata	70.074	*spissicella*	62.029
sordidatella	32.043	*spissicornis*	37.048
SORHAGENIA	34.012	splendana	49.341
sororcula	72.049	splendens	73.268
sororculana	49.152	*splendida*	59.010
sororculella	35.101	*splendidella*	62.025
sororiata	70.191	splendidissimella	4.047
sp. (Ectropis)	70.271	splendidulana	49.360
sp. (Harrisina)	54.0031	SPODOPTERA	73.087, 73.0891
sp. (Homosetia)	12.0031	SPOLADEA	63.047
spadicearia	70.051	sponsa	72.081
SPAELOTIS	73.349	*sponsana*	49.069
sparganella	19.001	*spretella*	12.034
SPARGANIA	70.073	SPULERIA	39.003
sparganii	73.151	squamatella	4.070
SPARGANOTHINI	49.003	squamosella	37.085
SPARGANOTHIS	49.003	*stabilana*	49.228
sparrmannella	2.004	stabilella	38.049
sparsana	49.069	*stabilis*	73.244
sparsaria	70.129	stachydalis	63.019
sparsata	70.129	staejohannis	72.0504
sparshalli	B74	*stagnalis*	63.1173
sparsiciliella	35.010	stagnana	49.221
spartiata	70.195	stagnata	63.118
spartiella	35.020	staintoni	11.007
spartifoliella	21.005	*staintoniana*	49.153
SPATALISTIS	49.058	staintoniella	15.062
spatulella	5.002	STANDFUSSIANA	73.341
speciosa	4.056	stangei	35.121
spectrana	49.037	*stanneella*	6.003
speculalis	63.098	stannella	16.009
spheciformis	52.006	STATHMOPODA	42.002, 42.0021
sphendamni	4.075	STATHMOPODIDAE	42.001, 42.0021
SPHINGIDAE	69.001, 69.0041	statices (Adscita)	54.002
SPHINGINAE	69.004, 69.0041	*statices (Polymixis)*	73.236
SPHINGINI	69.006, 69.0051	staticis	45.002
SPHINX	69.006, 69.0061	STAUROPUS	71.009

STEGANIA	70.209	strigula (Meganola)	74.001
steinbachi	72.0255	*strigularia*	70.270
steinkellneriana	32.002	strigulatella	15.066
stellatarum	69.010	striolella	12.035
stenochrysis	B84	*strobilana*	49.360
STENOLECHIA	35.161	strobilella	49.335
STENOPTILIA	45.012, B27, B28	*stroemiana*	49.230
STENOPTINEA	12.008	STROPHEDRA	49.381
stephensi (Dystebenna)	39.004	STRYMON	61.0041
stephensi (Zygaena)	54.008	sturnipennella	40.009
STEPHENSIA	38.003	styracis	73.0641
stephensiana	49.050	suaedella	35.112
sternipennella	37.084	*suaedivora*	37.091
steropodes	42.001	suasa	73.266
STERRHINAE	70.001, 70.0041	suava	B79
STERRHOPTERIX	11.018	suavella	62.036
stettinensis	15.079	suavis	70.290
stevensata	70.158	SUBACRONICTA	73.046
STICTEA	49.178	subalbidella	38.016
sticticalis	63.002	*subapicella*	4.089
sticticana	49.284	subaquilea	28.007
stigmatella	15.010	subarcuana	49.208
stigmatica	73.354	*subbaumanniana*	49.114
STIGMELLA	4.002	subbimaculella	4.090
STILBIA	73.061	subbistrigella	40.008
stimulea	53.0011	*subciliata*	70.148
stipella	35.036	subcinerea	35.033
stolida	72.088	*subcognata*	62.039
stolidella	35.049	*subcuprella*	35.066
straminata (Idaea)	70.018	subdecurtella	35.051
straminata (Idaea)	70.010	*subdivisella*	40.006
straminea (Cochylimorpha)	49.097	suberivora	4.057
straminea (Mythimna)	73.294	*subfasciaria*	70.137
straminella	63.093	subfasciella	16.022
stramineola	72.044	*subfulvata*	70.187
strataria	70.251	subfusca	63.062
stratiotata	63.117	subfuscata	70.190
streliciella (Exoteleia)	35.160	subgothica	73.3141
streliciella (Gnorimoschema)	35.108	*subjectana*	49.049
strelitziella	35.108	sublustris	73.164
striana	49.161	subnigrella	38.033
striata	72.033	subnitidella	4.067
striatella	35.053	*subobscurella*	38.037
striatipennella	37.099	subocellana (Epinotia)	49.244
strigana	49.345	subocellana (Lozotaenia)	B29
strigaria	70.305	*subocellea (Athrips)*	35.086
strigata (Cabera)	70.277	subocellea (Elachista)	38.007
strigata (Hemithea)	70.305	subocellea (Thiotricha)	35.037
strigilaria	70.020	*subochracea*	54.006
strigilata (Pechipogo)	72.056	subochreella	30.002
strigilata (Scopula)	70.020	subpropinquella	32.015
strigilis	73.173	subpurpurella	2.001
strigillaria	70.295	subrosea (Coenophila)	73.364
strigosa	73.041	*subrosea (Teleiodes)*	35.144
strigula (Lycophotia)	73.338	subroseana	49.130

subsequana (Acroclita)	49.226	SYNGRAPHA	73.021
subsequana (Epinotia)	49.247	SYNTHYMIA	73.049
subsericeata	70.009	SYNTOMINI	72.0501
subsignaria	70.2361	syricola	73.326
subsyracusia	54.010	syringaria	70.231
subterranea	B103	syringella	15.014
subtilella	12.007	*tabacella*	35.126
subtristata	70.061	tabaniformis	52.004
subtusa	73.213	*tabulella*	11.010
subumbrata	70.189	TACHYSTOLA	28.024
succedana (Cydia)	B37	*taedella*	49.252
succedana (Cydia)	49.325	*taeniadactyla*	45.005
succenturiata	70.188	taenialis	72.062
suecicella	35.008	taeniata	70.139
suffumata	70.103	*taeniatella (Elachista)*	38.014
suffusa	73.203	*taeniatella (Elachista)*	38.015
suffusana	49.298	taeniipennella	37.074
suffusella (Monochroa)	35.076	taeniolella	35.004
suffusella (Phyllocnistis)	15.092	tages	57.001
sulphurella (Esperia)	28.019	TALEPORIA	11.006
sulphurella (Povolnya)	15.018	TALEPORIINAE	11.006
sulzella	7.008	TALEPORIINI	11.006
SUNIRA	73.192	tamaricis	45.003
superstes	73.098	tamarindi	59.0135
suppeliella	35.088	*tamarisciata*	70.169
susinella	21.009	tamesis	37.070
suspecta	73.221	*taminata*	70.279
suspectana	49.364	*tanacetella*	35.053
suspectella	35.040	*tanaceti*	49.323
svenssoni (Amphipyra)	73.063	tantillaria	70.162
svenssoni (Stigmella)	4.059	*tapetiella*	12.025
swammerdamella	7.015	tapetzella	12.025
SWAMMERDAMIA	16.015	taraxaci (Hoplodrina)	73.097
swederella	15.008	taraxaci (Lemonia)	B57
sybilla	59.021	*tarquiniella*	35.079
sylvanus	57.009	tarsicrinalis	72.054
sylvata (Abraxas)	70.113	tarsipennalis	72.053
sylvata (Hydrelia)	70.206	TATHORHYNCHUS	72.065
sylvaticella	37.076	taurella	17.014
sylvella (Phyllonorycter)	15.084	TEBENNA	48.004
sylvella (Ypsolopha)	17.009	*tectella*	35.047
sylvestrana	49.303	tedella	49.252
sylvestraria	70.010	*tegulella*	35.047
sylvestrella	62.025	TEICHOBIINAE	12.047
sylvestris	57.006	*teidensis*	37.077
sylvicolana	49.314	TELCHINES	55.0001
sylvina	3.001	TELECHRYSIDINI	32.050
SYMMOCA	27.004	TELECHRYSIS	32.050
SYMMOCINAE	27.001	TELEIODES	35.142
SYMMOCINI	27.004	TELEIOPSIS	35.147
SYNANTHEDON	52.005	TELEPHILA	35.027
SYNAPHE	62.070	temerata	70.280
SYNCOPACMA	35.001	temerella	35.013
SYNDEMIS	49.028	templi	73.234
SYNEDOIDA	72.0814	TENAGA	12.002

tenebrata	73.048	*thaumas*	57.006
tenebrella	35.066	THAUMATOTIBIA	49.3431
tenebrosa (Dichonioxa)	73.227	THAUMETOPOEA	71.001
tenebrosa (*Rusina*)	73.102	THAUMETOPOEINAE	71.001
tenebrosana	49.358	THECLA	61.003
tenebrosella	35.066	THECLINAE	61.003, 61.0041
tenella	15.037	THECLINI	61.003, 61.0041
tenerana	49.248	THERA	70.078, B62
tenerella	15.037	THERIA	70.282
tengstroemi	4.051	THERIINI	70.282
tengstromi	38.021	therinella (Coleophora)	37.081
tentaculella	63.113	*therinella*(*Coleophora*)	37.093
tenuiata	70.147	THETIDIA	70.301
tenuicornis	9.006	*thetis*	61.019
tephradactyla	45.038	THIODIA	49.219, B35
TEPHRONIA	B72	THIOTRICHA	35.037
terebrella	62.047	THIOTRICHINAE	35.037
terminella (Ethmia)	33.004	THISANOTIA	63.107
terminella (Mompha)	40.014	THOLERA	73.252
ternata	70.026	THOLERINI	73.252
terrealis	63.021	*thomsoni*	58.008
terrella (Bryotropha)	35.040	thoracella	14.009
terrella (*Phthorimaea*)	35.126	thrasonella	19.002
tersata	70.127	*thuleana*	49.111
tesselatella	39.004	*thuleella*	35.049
tessellatella	12.0442	*thulei*	73.333
tesseradactyla	45.007	*thulensis*	3.005
tesserana	49.121	*thules*	70.049
tessulatana	49.2981	THUMATHA	72.037
testacea	73.131	*thunbergella*	1.001
testaceata	70.113	THYATIRA	65.008
testalis	63.049	THYATIRINAE	65.008
testata	70.090	THYMELICUS	57.005
testudinaria	72.028	*thymiaria* (*Hemithea*)	70.305
testudo	53.001	*thymiaria* (*Thalera*)	70.304
testulalis	63.045	*thyone*	59.013
TETHEA	65.010	THYRIDIDAE	55.0001
TETHEELLA	65.012	THYRIDOIDEA	55.0001
tetradactyla (*Gillmeria*)	45.009	THYRIDOPTERYX	B6
tetradactyla (*Merrifieldia*)	45.032	THYSANOPLUSIA	73.004
tetradactyla (*Merrifieldia*)	45.033	TILIACEA	73.179
tetragonana	49.293	tiliae (Mimas)	69.001
tetragonella	35.068	tiliae (Stigmella)	4.004
tetralunaria	70.239	*tiliaria* (*Ennomos*)	70.234
tetralunaris	70.239	*tiliaria* (*Ennomos*)	70.236
tetrapunctella	35.086	timais	73.3061
tetraquetrana	49.245	TIMANDRA	70.029
teucriana	49.033	TIMANDRINI	70.029
teucrii	45.028	TINAGMA	26.001
thalassina	73.264	*tincta* (*Photedes*)	73.146
THALERA	70.304	*tincta* (*Polia*)	73.260
THALERINI	70.304	tinctella	28.013
thalia	59.015	*tinctoriella*	37.042
THALPOPHILA	73.109	TINEA	12.027, 12.0271
thapsiphaga	B93	tineana	49.217

TINEIDAE	12.001, 12.0011, B7	TRICHIURA	66.002
TINEINAE	12.024, 12.0251	TRICHODIA	66.003
TINEOIDEA	11.001, 12.0011	TRICHOPHAGA	12.025, 12.0251
TINEOLA	12.026	TRICHOPLUSIA	73.003
TINTHIINAE	52.001	TRICHOPTERYGINI	70.198
tiphon	59.004	TRICHOPTERYX	70.201
tipuliformis	52.013	tricolor	37.062
TIRATHABINI	62.001, 62.0021	tricolorella	35.138
tircis	59.003	tridactyla (Merrifieldia)	45.032
TISCHERIA	10.001	*tridactyla (Merrifieldia)*	45.033
TISCHERIIDAE	10.001	*tridactyla (Merrifieldia)*	45.034
TISCHERIOIDEA	10.001	*tridactyla (Pterophorus)*	45.030
tithonus	59.011	tridens (Acronicta)	73.037
tityrella	4.034	tridens (Calamia)	73.116
tityrus	61.0022	*trifasciana*	49.002
tityus	69.008	trifasciata (Argyresthia)	20.005
togata (*Eupithecia*)	70.149	*trifasciata (Hydriomena)*	70.075
togata (Xanthia)	73.181	*trifasciata (Mocis)*	B81
tormentillella	4.051	trifasciella	15.083
torminalis	4.021	trifolii (Anarta)	73.255
torquatella	22.001	trifolii (Coleophora)	37.033
torquillella	15.033	trifolii (Lasiocampa)	66.006
torrana (Dichrorampha)	49.309	trifolii (Zygaena)	54.010
torrana (Dichrorampha)	49.311	TRIFURCULA	4.064, 4.067
torridana	B35	TRIFURCULINI	4.064
tortricella	49.044	*trigemina (Abrostola)*	73.001
TORTRICIDAE	49.001, 49.0161, B29	*trigemina (Abrostola)*	73.002
TORTRICINAE	49.003	*trigeminana*	49.289
TORTRICINI	49.058	trigeminata	70.012
TORTRICODES	49.044	trigeminella	37.019
TORTRICOIDEA	49.001, 49.0161	trigonella	49.230
TORTRIX	49.059	*trigonodactylus*	45.004
torva	71.014	TRIGONODES	72.0812
TOXOCAMPINAE	72.063	TRIGONOPHORA	73.229
trabealis	73.029	trigrammica	73.101
TRACHEA	73.106	trileucana	B30
TRACHONITIS	B49	*trilinearia*	70.037
tragopoginis	73.064	*trilophus*	71.015
transitana	49.017	*trimacula*	71.010
translucens	12.0272	*trimaculana (Epinotia)*	49.234
transversa	73.210	trimaculana (Notocelia)	49.298
transversata	70.119	trimaculata	70.210
trapeziella	38.040	trimaculella	4.039
trapezina	73.216	*trimaculosa*	73.260
trauniana	49.374	tringipennella	15.015
treitschkiella	6.002	trinotella	12.033
tremula	71.017	TRIODIA	3.001
tremulella	35.011	*triparella*	35.154
trepida	71.016	tripartita(Abrostola)	73.001
TRIAENA	73.037	*tripartita (Abrostola)*	73.002
triangulum	73.361	TRIPHOSA	70.123
triatomea	38.005	triplasia (Abrostola)	73.002
TRIAXOMASIA	12.023	*triplasia (Abrostola)*	73.001
TRIAXOMERA	12.011	tripoliana	49.272
TRICHIOCERCUS	B74	*tripoliella*	37.082

tripuncta	32.050	ulicicolella	15.060
tripunctana (*Acleris*)	49.084	ulicis	73.115
tripunctana (*Notocelia*)	49.292	*ulicitella*	32.029
tripunctaria	70.160	uliginosalis	63.035
triquetrella	11.003	*uliginosana*	49.074
TRISATELES	72.070	uliginosellus	63.083
triseriatella	38.008	*ulmana*	49.001
trisignaria	70.175	*ulmariae*	4.052
tristalis	72.051	*ulmata*	70.206
tristana	49.073	ulmella (Bucculatrix)	14.010
tristata	70.060	*ulmella* (*Scoparia*)	63.065
tristella	63.089	ULMIA	73.215
tristrigella	15.078	*ulmicola*	4.018
tritici	73.313	ulmifoliae (Bucculatrix)	14.011
tritophus	71.015	*ulmifoliae* (*Stigmella*)	4.018
trochilella	37.095	ulmifoliella	15.075
troglodytella (*Coleophora*)	37.095	ulmiphaga (Stigmella)	B1
troglodytella (*Coleophora*)	37.103	*ulmiphaga* (*Stigmella*)	4.018
truncata	70.097	ulmivora	4.018
truncicolella	63.073	ultimaria (Eupithecia)	70.152
trux	73.324	*ultimaria* (*Eupithecia*)	70.158
tuberculana	74.005	ultimella	32.040
TUBULIFERODES	30.003	umbellana	32.029
tubulosa	11.006	umbra	73.070
tullia	59.004	umbrana	49.075
tumidana	62.033	umbraria	70.259
tumidella	62.034	umbratica (Cucullia)	73.052
tunbergella	1.001	*umbratica* (*Rusina*)	73.102
turbida	73.275	*umbrifera*	70.040
turbidana (Apotomis)	49.149	*umbrosa*	73.358
turbidana (Epiblema)	49.290	umbrosella	35.048
turbidella	4.084	unangulata	70.065
turca	73.288	unanimis	73.159
turdipennella	36.001	*uncana*	49.202
turfosalis	72.060	uncella	49.202
turicella	4.034	uncula	73.026
turicensis	12.028	unculana	49.210
turionana	49.300	undalis	63.061
turionella	49.300	*undulana* (*Nycteola*)	74.009
turpella	35.106	undulana (Orthotaenia)	49.154
tussilaginella	35.125	undulata	70.121
tussilaginis	35.125	undulella	B3
TUTA	35.127	unguicella	49.201
typhae	73.136	*unguicula*	65.003
typica	73.368	*unicolor*	B4
TYRIA	72.031	unicolorella (Ephestia)	62.065
tyronensis	70.262	unicolorella (Eulamprotes)	35.080
TYTA	73.031	*unidentaria*	70.052
udana (*Gynnidomorpha*)	49.108	*unifasciana*	49.038
udana (Phalonidia)	49.102	*unifasciata*	70.134
udana (*Phalonidia*)	49.101	unifasciella	38.014
uddmanniana	49.294	unimaculella	2.003
UDEA	63.031, B52	*unionalis*	63.048
udmanniana	49.294	unipuncta	73.296
ulicetana	49.325	*unipunctana*	49.223

unipunctata	B69	versurella	37.086
unipunctella	15.092	verticalis	63.015
unitana	49.032	*verticillata*	73.009
unitella	28.014	*vertunea*	71.026
upupana	49.206	vespertaria	70.228
urella	17.015	vespiformis	52.012
URESIPHITA	63.011	vestianella	37.087
urticae (Aglais)	59.027	vestigialis	73.322
urticae (Spilosoma)	72.021	vetulata	70.118
urticana	49.154	vetusta	73.209
urticata	63.025	vetustata	70.080
ustalella	35.023	*vetustella*	14.010
ustella	17.011	v-flava	12.046
ustomaculana	49.222	vialis	55.0001
ustulana	49.190	vibicella	37.059
UTETHEISA	72.034, 72.0341	vibicigerella	37.057
utonella	38.045	*vibrana*	48.005
vacciniana	49.211	viburnana	49.033
vacciniella	15.048	*viburniana*	49.033
vaccinii	73.194	viciae	54.007
vacculella	17.016	vicinaria	B61
vafra	63.069	vicinella	35.131
vagans	63.0522	*viduaria*	70.269
VALERIA	B94	*vigintipunctata*	16.008
valerianata	70.181	*vilella*	35.033
vancouverana	49.318	villica	72.027
VANESSA	59.023, 59.0251	villida	B42
variabilis	73.013	villosella	11.017
variata (Thera)	B62	viminalis	73.220
variata (*Thera*)	70.079, 70.081	*viminetella*	37.022
variatella	12.020	*vimineticola*	4.038
variegana (Acleris)	49.077	viminetorum	15.055
variegana (*Hedya*)	49.156	VIMINIA	73.042
variella (*Nematopogon*)	7.013	viminiella	15.054
variella (*Scythris*)	43.009	*vinculella*	12.003
v-ata	70.142	vinella (Syncopacma)	35.006
vectisana	49.105	*vinella* (*Syncopacma*)	35.007
velleda	3.003	*vinolentella*	39.002
velocella	35.094	vinula	71.003
venata	57.009	violacea	37.026
venosa	73.035	violella	B2
venosana	49.198	*virens*	73.116
venosata	70.155	viretata	70.200
VENUSIA	70.115	virgata	70.039
venustula	73.091	virgaureae (Coleophora)	37.080
verbascalis	63.023	virgaureae (Lycaena)	B43
verbascella	35.015	*virgaureana*	49.051
verbasci	73.058	virgaureata	70.161
verellus	63.103	*virgella*	35.089
verhuella	12.047	virginiensis	59.025
verhuellella	12.047	virgo	73.079
vernaria	70.302	virgulana	74.0123
verrucella	62.033	*virgularia*	70.008
versicolor	73.175	virgulata	70.0201
versicolora	67.001	viridana	49.059

viridaria (*Colostygia*)	70.100	woodiella (*Euclemensia*)	34.003
viridaria (*Phytometra*)	72.067	*woolhopiella*	4.100
viridata	70.306	XANTHIA	73.181
viridella	7.006	xanthographa	73.357
viridis	72.0252	xanthomelas	59.030
viriplaca	73.072	xanthomista	73.236
viscariella	35.130	XANTHOPASTIS	73.3061
viscerella	4.019	XANTHORHOE	70.048
vitalbata	70.126	XANTHORHOINI	70.040, 70.0581
vitellina	73.295	xenia	15.093
vitisella	37.024	XENOLECHIA	35.155
vitrata	63.045	*xerampelina*	73.219
vitrealis	63.048	XESTIA	73.353
VITTAPLUSIA	73.007	XYLENA	73.207
vittata (*Blasobasis*)	41.004	XYLENINAE	73.086, 73.0891
vittata (*Orthonama*)	70.046	XYLENINI	73.179
vittata (*Vittaplusia*)	73.007	XYLOCAMPA	73.069
vittella (*Earias*)	74.0122	xylosteana	49.015
vittella (*Ypsolopha*)	17.013	xylostella (*Plutella*)	18.001
VITULA	62.060	*xylostella* (*Ypsolopha*)	17.003
vlachi	37.094	XYSTOPHORA	35.083
vorticella	35.002	yeatiana	32.035
vossensis	4.002	yildizae	12.013
vulgana	49.009	YPONOMEUTA	16.001
vulgata	70.183	YPONOMEUTIDAE	16.001
vulgella	35.142	YPONOMEUTINAE	16.001
vulnerariae	37.064	YPONOMEUTOIDEA	16.001, 22.0041
vulpinaria	70.004	ypsillon	73.222
wagae	35.143	*ypsilon*	73.327
wailesella	21.004	YPSOLOPHA	17.001
w-album	61.006	YPSOLOPHIDAE	17.001
walkerana	49.010	YPSOLOPHINAE	17.001
walkeriella	35.065	*ytenensis*	54.007
walsinghamana	49.106	ZANCLOGNATHA	72.058
warneckei	73.073	zebeana	49.337
warringtonellus	63.088	ZEIRAPHERA	49.257
WATSONALLA	65.002	zelleralis	72.059
wauaria	70.215	zelleri (*Acrobasis*)	62.034
wavaria	70.215	zelleri (*Aphomia*)	62.002
weaverella	12.037	ZELLERIA	16.010
weaveri	4.077	zelleriella	4.037
weirana	49.381	ZELOTHERSES	49.031
weirella	32.043	*zephyrana*	49.116
WHEELERIA	45.035	*zephyrella*	32.020
WHITTLEIA	11.015, B3	ZERYNTHIA	56.0001
wilkella	35.079	zeta	73.167
wilkinsoni	37.029	*zetterstedtii*	45.005
williana	49.116	ZEUZERA	50.002
wimmerana	49.273	ZEUZERINAE	50.002
w-latinum	73.263	ziczac	71.013
wockeella	37.109	zieglerella	34.005
woeberiana	49.200	ZIMMERMANNIA	4.079
wolffiella	12.017	*zinckeella*	35.035
woodiana	49.165	zinckenella	62.020
woodiella (*Ephestia*)	62.065	*zinckenii*	8.001

zoegana	49.110
zollikoferi	73.133
zonaria	70.250
zonariella	38.018
zophodactylus	45.021
ZOPHODIA	62.045
ZYGAENA	54.004, 54.005
ZYGAENIDAE	54.001, 54.0031
ZYGAENINAE	54.004, 54.0032
ZYGAENINI	54.004
ZYGAENOIDEA	53.001, 53.0001